D1668170

CILKA'S KEUZE

ANDER WERK VAN HEATHER MORRIS

De tatoeëerder van Auschwitz

Heather Morris

Cilka's keuze

Vertaling Karin de Haas

HarperCollins

MIX
Papier van
verantwoorde herkomst
FSC® C083411

Voor dit boek is papier gebruikt dat onafhankelijk is gecertificeerd door FSC®
ten behoeve van verantwoord bosbeheer.
Kijk voor meer informatie op www.harpercollins.co.uk/green

HarperCollins is een imprint van Uitgeverij HarperCollins Holland, Amsterdam

Copyright © 2019 Heather Morris
Oorspronkelijke titel: *Cilka's Journey*
Copyright Nederlandse vertaling: © 2019 HarperCollins Holland
Vertaling: Karin de Haas
Nawoord: © 2019 Owen Matthews
Omslagontwerp: Michael Storrings
Bewerking: Pinta Grafische Producties
Omslagbeeld: © Ildiko Neer/Arcangel Images; © Francesco Goncalves/Getty Images; © Shutterstock
Ontwerp kaart: Sophie McDonnell
Zetwerk: Mat-Zet B.V., Soest
Druk: CPI Books GmbH, Germany

ISBN 978 94 027 0411 2
ISBN 978 94 027 5876 4 (e-book)
NUR 302
Eerste druk oktober 2019

Originele uitgave in het Engels onder de naam *Cilka's Journey* verschenen bij Zaffre, een imprint van
Bonnier Books UK.
The right of Heather Morris to be identified as Author of this work has been asserted by her in
accordance with the Copyright, Designs and Patents Act, 1988.

HarperCollins Holland is een divisie van Harlequin Enterprises ULC
® en ™ zijn handelsmerken die eigendom zijn van en gebruikt worden door de eigenaar van het
handelsmerk en/of de licentienemer. Handelsmerken met ® zijn geregistreerd bij het United States Patent
& Trademark Office en/of in andere landen.

www.harpercollins.nl

Niets uit deze uitgave mag openbaar worden gemaakt door middel van druk, fotokopie, internet of op
welke andere wijze dan ook zonder voorafgaande schriftelijke toestemming van de uitgever.

Dit is een fictieboek. Namen, plaatsen, gebeurtenissen en voorvallen zijn ofwel ontleend aan de fantasie
van de schrijver, ofwel fictief gebruikt.

Voor mijn kleinkinderen
Henry, Nathan, Jack, Rachel en Ashton.
Vergeet nooit de moed, de liefde, de hoop
die ons is gegeven door degenen die het hebben overleefd
en degenen die het niet hebben overleefd.

Dit boek is fictie, gebaseerd op wat ik over Cecilia 'Cilka' Klein te weten ben gekomen uit de getuigenis van Lale Sokolov, de tatoeëerder van Auschwitz, die haar in Auschwitz-Birkenau kende, uit de getuigenissen van anderen die haar kenden en uit mijn eigen onderzoek. Hoewel het boek feiten en verslaglegging verweeft met de ervaringen van vrouwelijke overlevenden van de Holocaust en de ervaringen van vrouwen die aan het eind van de Tweede Wereldoorlog naar de Russische goelags werden gestuurd, is het een roman en geeft het niet de volledige feiten van Cilka's leven weer. Bovendien bevat het een mengeling van personages; sommigen gebaseerd op mensen die echt hebben bestaan, sommigen een samenstelling van meerdere personen, en anderen volledig verzonnen. Er zijn een heleboel feitelijke verslagen in omloop waarin deze gruwelijke periodes uit onze geschiedenis zijn vastgelegd, en ik verwijs de geïnteresseerde lezer hier graag naar.

Meer informatie over Cecilia Klein en haar familie, en over de goelags, is te vinden achter in dit boek. Ik hoop dat er na publicatie van de roman nog meer details aan het licht zullen komen over Cilka en de mensen die haar ooit kenden.

Heather Morris, oktober 2019

HOOFDSTUK 1

Concentratiekamp Auschwitz,
27 januari 1945

Cilka staart naar de man die voor haar staat, een soldaat van het leger dat het kamp is binnengetrokken. Hij zegt iets in het Russisch, en daarna in het Duits. Hij torent boven het achttienjarige meisje uit. *'Du bist frei.'* Je bent vrij. Ze weet niet of ze de woorden echt heeft gehoord. De enige Russen die ze hiervoor in het kamp heeft gezien, waren uitgemergeld, stervend van de honger – krijgsgevangenen.

Zou vrijheid werkelijk bestaan? Is het mogelijk dat deze nachtmerrie is afgelopen?

Wanneer ze niet reageert, buigt de soldaat zich naar haar toe en legt hij zijn handen op haar schouders. Ze krimpt ineen.

Vlug trekt hij zijn handen terug. 'Sorry, ik wilde je niet laten schrikken.' Hij gaat verder in hakkelend Duits. Hoofdschuddend lijkt hij te concluderen dat ze hem niet verstaat. Hij maakt een weids gebaar en spreekt de woorden nog een keer langzaam uit. 'Je bent vrij. Je bent veilig. Wij zijn het Sovjetleger en we zijn gekomen om jullie te helpen.'

'Ik begrijp het,' fluistert Cilka en ze trekt de jas die haar tengere lichaam verbergt, wat strakker om zich heen.

'Versta je Russisch?'

Cilka knikt. Als kind heeft ze een Oost-Slavisch dialect geleerd, Roetheens.

'Hoe heet je?' vraagt de man vriendelijk.

Ze kijkt op en zegt met heldere stem: 'Mijn naam is Cecilia Klein, maar mijn vrienden noemen me Cilka.'

'Wat een prachtige naam,' zegt hij. Het is vreemd om naar een man te kijken die niet een van haar bewakers is en die er toch zo gezond uitziet. Zijn heldere ogen, zijn volle wangen, het blonde haar dat onder zijn pet uit piept. 'Waar kom je vandaan, Cilka Klein?'

De herinneringen aan haar oude leven zijn vervaagd, wazig geworden. Op een gegeven moment was het te pijnlijk geworden om terug te denken aan haar voormalige leven met haar familie, in Bardejov.

'Ik kom uit Tsjecho-Slowakije,' zegt ze met gebroken stem.

Concentratiekamp Auschwitz-Birkenau, februari 1945

Cilka zit in de barak, zo dicht mogelijk bij de ene kachel die warmte biedt. Ze weet dat ze de aandacht heeft getrokken. De andere vrouwen die nog konden lopen, onder wie haar vriendinnen, zijn een week geleden door de ss het kamp uit gedreven. De overgebleven gevangenen zijn ziek, uitgemergeld, of het zijn kinderen. En dan is Cilka er nog. Het was de bedoeling dat ze allemaal zouden worden doodgeschoten, maar in hun haast om zelf weg te komen, hebben de nazi's hen aan hun lot overgelaten.

De soldaten hebben gezelschap gekregen van andere functionarissen – agenten van de contra-inlichtingendienst, heeft Cilka gehoord, hoewel ze niet precies weet wat dat betekent – om een situatie het hoofd te bieden waar de gemiddelde soldaat niet voor is opgeleid. Het is de taak van de Sovjetdienst om de orde te bewaren, in het bijzonder met het oog op bedreigingen voor de Russische staat. Hun rol, heeft Cilka van de soldaten begrepen, is om alle gevangenen te ondervragen en vast te stellen of ze hebben gecollaboreerd of hebben samengewerkt met de nazi's. Het terugtrekkende Duitse leger wordt beschouwd als vijand van de Sovjet-Unie, en iedereen die mogelijk een connectie met ze heeft, is automatisch ook een vijand van de staat.

Een soldaat komt het blok binnen. 'Kom mee,' zegt hij, wijzend naar Cilka. Een hand grijpt haar rechterarm vast en sleurt haar overeind. Er is inmiddels een aantal weken verstreken en de bewoners van de barak zijn eraan gewend geraakt dat er dagelijks mensen worden opgehaald om te worden ondervraagd. In Cilka's ogen is ze gewoon 'aan de beurt'. Ze is achttien jaar oud en ze kan alleen maar hopen dat ze zullen begrijpen dat ze geen andere keus had dan te doen wat ze moest doen om te overleven. Geen andere keus dan de dood. Ze kan alleen maar hopen dat ze snel terug kan keren naar haar thuis in Tsjecho-Slowakije, dat ze verder zal kunnen met haar leven.

Wanneer ze het gebouw wordt binnengeleid dat de Russen als hoofd-kwartier gebruiken, werpt Cilka een voorzichtige glimlach naar de vier mannen die tegenover haar achter een tafel zitten. Ze zijn hier om haar kwaadaardige overmeesteraars te straffen, niet haar. Hun aanwezigheid is goed nieuws; er komt eindelijk een eind aan de verliezen. Haar glim-lach wordt niet beantwoord. Het valt haar op dat de uniformen van de mannen enigszins verschillen van die van de soldaten buiten. Op hun schouders zitten blauwe epauletten, en hun petten, die ze op de tafel voor zich hebben liggen, hebben een lint in dezelfde kleur blauw met een rode streep.

Uiteindelijk glimlacht een van hen naar haar en hij spreekt haar met vriendelijke stem aan. 'Wil je ons vertellen hoe je heet?'

'Cecilia Klein.'

'Waar kom je vandaan, Cecilia? Land en woonplaats.'

'Ik kom uit Bardejov in Tsjecho-Slowakije.'

'Wat is je geboortedatum?'

'17 maart 1926.'

'Hoelang ben je hier al?'

'Ik ben hier gekomen op 23 april 1942, vlak na mijn zestiende verjaar-dag.'

De agent zwijgt even, bestudeert haar. 'Dat is een hele tijd geleden.'

'Een eeuwigheid, op deze plek.'

'En wat heb je hier gedaan sinds april 1942?'

'In leven blijven.'

'Ja, maar hoe heb je dat gedaan?' Hij neemt haar met een schuin hoofd op. 'Zo te zien heb je geen honger geleden.'

Cilka geeft geen antwoord, maar ze voelt aan haar haar, dat ze zelf weken geleden heeft afgesneden, nadat haar vriendinnen het kamp uit waren gedreven.

'Heb je gewerkt?'

'Ik heb gewerkt aan overleven.'

De vier mannen kijken elkaar aan. Een van hen pakt een vel papier en doet net alsof hij leest wat erop staat. 'We hebben een rapport over jou, Cecilia Klein,' zegt hij. 'Daarin staat dat je in leven bent gebleven door je aan de vijand te prostitueren.'

Cilka zegt niets. Ze slikt moeizaam, kijkt van de ene man naar de volgende, probeert te bevatten wat ze zeggen, wat ze verwachten dat zij zegt.

Een andere man doet zijn mond open. 'Het is een eenvoudige vraag. Heb je je door de nazi's laten neuken?'

'Ze waren mijn vijand. Ik was hun gevangene.'

'Maar heb je je door de nazi's laten neuken? We hebben gehoord van wel.'

'Zoals zoveel anderen in het kamp was ik gedwongen om te doen wat me werd opgedragen door degenen die me gevangenhielden.'

De eerste man staat op. 'Cecilia Klein, we sturen je naar Kraków, en daar wordt beslist over je lot.' Hij weigert haar nu aan te kijken.

'Nee!' zegt Cilka en ze komt ook overeind. Dit kan niet waar zijn. 'Jullie kunnen me dit niet aandoen! Ik ben een gevangene in het kamp!'

Een van de mannen, die tot nu toe niets heeft gezegd, vraagt rustig: 'Spreek je Duits?'

'Ja, een beetje. Ik ben hier drie jaar geweest.'

'We hebben gehoord dat je ook nog een heleboel andere talen spreekt, terwijl je Tsjecho-Slowaakse bent.'

Cilka protesteert niet, ze fronst haar voorhoofd, begrijpt niet waarom dit van belang is. Ze heeft talen geleerd op school, en andere heeft ze opgepikt in het kamp.

De mannen wisselen weer blikken.

'Dat je andere talen spreekt, is voor ons aanleiding om te denken dat je een spion bent en dat je hier bent om informatie door te spelen aan wie er dan ook voor wil betalen. In Kraków zal dit verder worden onderzocht.'

'Je kunt een veroordeling tot langdurige dwangarbeid verwachten,' zegt de eerste man.

Het duurt even voordat Cilka kan reageren en dan wordt ze bij de arm gegrepen door de soldaat die haar naar dit vertrek heeft gebracht, en onder luidkeels protest weggesleept.

'Ik werd gedwongen, ik werd verkracht! Nee! Alstublieft!'

De mannen reageren echter niet; ze lijken haar niet te horen. Ze zijn al weer bezig met de volgende.

Montelupich-gevangenis, Kraków, juni 1945

Cilka zit gehurkt in de hoek van een vochtige, stinkende cel. Het kost haar moeite om bij te houden hoeveel tijd er verstrijkt. Dagen, weken, maanden.

Ze knoopt geen gesprekken aan met de vrouwen om haar heen. Wanneer de bewakers iemand horen praten, wordt die persoon weggehaald en met blauwe plekken en gescheurde kleren teruggebracht. Houd je gedeisd, maak je klein, houdt ze zichzelf voor, tot je weet wat er gebeurt, en wat je moet zeggen en wat juist niet. Ze heeft een reep stof van haar jurk gescheurd om voor haar neus en mond te binden, in een poging om de stank van menselijke uitwerpselen, vocht en schimmel te dempen.

Op een dag halen ze haar uit de cel. Ze is zo verzwakt door de honger en de voortdurende waakzaamheid dat de gedaantes van de bewakers en de muren en de vloer allemaal onwerkelijk lijken, als in een droom. Ze staat samen met andere gevangenen in een gang in de rij en schuifelt langzaam richting een deur. Heel even kan ze tegen een warme, droge muur leunen. De gangen zijn verwarmd, voor de bewakers, maar de cellen niet. En hoewel het weer buiten inmiddels mild moet zijn, lijkt de kou van de nacht de hele dag in de gevangenis te blijven hangen.

Wanneer Cilka aan de beurt is, gaat ze een vertrek binnen waar een officier achter een bureau zit, zijn gezicht beschenen door groenachtig licht uit een enkele lamp. De soldaten bij de deur gebaren dat ze naar het bureau moet lopen.

De officier kijkt op zijn papier. 'Cecilia Klein?'

Ze kijkt om zich heen. Ze is alleen in het vertrek met drie potige mannen. 'Ja?'

De man kijkt omlaag en leest iets op van een papier. 'Je bent schuldig bevonden aan samenwerking met de vijand, als prostituee en als spion. Je bent veroordeeld tot vijftien jaar dwangarbeid.' Hij ondertekent het papier. 'Zet hier je handtekening om te laten zien dat je het hebt begrepen.'

Cilka heeft precies begrepen wat de man zei. Hij had Duits gesproken in plaats van Russisch. Is dit een list, denkt ze. Ze voelt de ogen van de soldaten bij de deur in haar rug prikken. Ze weet dat ze iets moet doen. Het lijkt of er niets anders op zit dan te doen wat ze van haar eisen.

De man draait het vel papier om en wijst naar een stippellijntje. De letters erboven zijn cyrillisch – Russisch schrift. Zoals zo vaak in haar jonge leven ziet ze zich voor twee mogelijke keuzes gesteld: de ene is het smalle pad dat zich voor haar opent; de andere, de dood.

De man geeft haar een pen en kijkt dan verveeld naar de deur, wachtend op de volgende persoon in de rij – voor hem is dit gewoon zijn werk.

Met trillende hand ondertekent Cilka het document.

Pas wanneer ze uit de gevangenis wordt geleid en in de laadbak van een truck wordt geduwd, beseft ze dat de winter is verdwenen, dat de lente nooit heeft bestaan en dat het zomer is. Hoewel de warmte van de zon haar verkilde lichaam koestert, haar lichaam dat nog leeft, doet de schittering ervan pijn aan haar ogen. Voordat ze de kans heeft gekregen om zich te acclimatiseren, komt de truck abrupt tot stilstand. Daar, voor haar, staat weer een treinwagon, onderdeel van een roodgeverfde veetrein.

HOOFDSTUK 2

**Een trein met bestemming Goelag Vorkoeta, Siberië,
honderdzestig kilometer ten noorden van de poolcirkel, juli 1945**

De vloer van de gesloten treinwagon is bedekt met stro, en iedere gevangene probeert een klein plekje te bemachtigen om te zitten. Oudere vrouwen
jammeren, baby's huilen klaaglijk. Het geluid van vrouwen die lijden –
Cilka had gehoopt dat ze dat nooit meer zou hoeven horen. De trein blijft
uren op het station staan, en door de hitte van de dag verandert de binnenkant van de wagon in een oven. De emmer water die ze moeten delen, is al
snel leeg. Het gehuil van de kinderen wordt heviger en de oude vrouwen
kunnen niets anders doen dan zichzelf in trance wiegen. Cilka is tegen een
van de wanden gaan zitten en put troost uit de kleine vleugjes wind die
door de smalle kieren dringen. Naast haar zit een vrouw die op haar leunt,
en een rug drukt tegen haar opgetrokken knieën. Ze laat het zo. Het heeft
geen zin om te vechten voor ruimte die er niet is.

Ze voelt dat de nacht is gevallen wanneer de trein schokkend in beweging komt en de locomotief moeizaam het onbekende aantal wagons
wegtrekt uit Kraków – weg, zo lijkt het, van elke hoop om ooit nog naar
huis terug te keren.

Ze had zichzelf een moment van hoop gegund, in de barak, op die
andere plek, terwijl ze afwachtte wat er zou gaan gebeuren. Zo stom had
ze niet moeten zijn. Het is haar lot om gestraft te worden. Misschien
verdient ze dat wel. Maar terwijl de trein sneller gaat rijden, zweert ze dat
ze nooit meer terecht zal komen op een plek als blok 25.

Er moeten meer manieren zijn om in leven te blijven zonder getuige
te zijn van massale sterfte.

Zal ze ooit weten of haar vriendinnen, die het kamp gedwongen hadden verlaten, een veilige plek hebben bereikt? Dat moest wel. Een andere gedachte kan ze niet verdragen.

Terwijl het ritme van de trein de kinderen en de baby's in slaap wiegt, wordt de stilte verbroken door de jammerkreet van een jonge moeder met een uitgemergelde baby in haar armen. Het kind is gestorven. Cilka vraagt zich af wat de andere vrouwen hebben gedaan om hier terecht te komen. Zijn ze ook Joods? De vrouwen in de gevangenis waren dat grotendeels niet geweest, had ze opgemaakt uit de verschillende gesprekken die ze had opgevangen. Ze vraagt zich af waar ze naartoe gaan. Als door een wonder dommelt ze in.

De trein remt plotseling af en de passagiers worden alle kanten op gesmeten. Hoofden botsen, ledematen raken verstrengeld en hun eigenaren slaken kreten van pijn. Cilka zet zich schrap door zich vast te klemmen aan de vrouw die de hele nacht op haar heeft geleund.

'We zijn er,' zegt iemand.

Cilka hoort verderop deuren van wagons openslaan, maar niemand verlaat de trein. Ook de deur van hun wagon wordt opengesmeten. Opnieuw wordt Cilka half verblind door fel zonlicht.

Buiten staan twee mannen. Eén duwt een emmer water naar grijpende handen. De tweede soldaat werpt een aantal hompen brood naar binnen en gooit dan de deur weer dicht. Opnieuw worden ze omhuld door halve duisternis. Er ontstaat een gevecht wanneer de vrouwen proberen een stuk brood te bemachtigen – een al te bekend tafereel voor Cilka. Het gekrijs wordt luider, tot er een oudere vrouw opstaat en zonder iets te zeggen haar handen heft. Zelfs in het halfdonker straalt haar houding een zekere macht uit. Iedereen zwijgt.

'We delen,' zegt ze met een stem vol autoriteit. 'Hoeveel broden hebben we?' Er gaan vijf handen omhoog, om aan te geven hoeveel broden ze moeten delen.

'Geef de kinderen eerst, en de rest delen we. Als iemand niets krijgt, dan krijgt zij de volgende keer als eerste. Mee eens?' De vrouwen met het brood beginnen er kleine stukjes af te scheuren en die aan de moeders te geven. Cilka krijgt niets. Ze is van slag. Als de plek waar ze naartoe gaan lijkt op de plek waar ze vandaan komt, weet ze niet of het zo'n goed idee is om het eten aan de kinderen te geven. Dan is het enkel verspilling. Ze weet dat het een vreselijke gedachte is.

De trein blijft een aantal uur stilstaan. De vrouwen en de kinderen vervallen weer in zwijgen.

Na een poos wordt de stilte verbroken door het geschreeuw van een meisje. Terwijl de vrouwen om haar heen haar proberen te kalmeren en te ontdekken wat er aan de hand is, snikt ze het uit en houdt een met bloed bedekte hand omhoog. Cilka ziet het in het flauwe licht dat door de kieren naar binnen valt.

'Ik ga dood!'

De vrouw die zich het dichtst bij het meisje bevindt, kijkt naar het bloed dat haar jurk bevlekt. 'Ze is ongesteld,' zegt ze. 'Ze mankeert niets, ze gaat niet dood.'

Het meisje blijft snikken.

Het meisje dat tegen Cilka's benen zit, iets jonger dan zij en gekleed in een vergelijkbare zomerjurk, komt overeind en roept: 'Hoe heet je?'

'Ana,' zegt het meisje jammerend.

'Ana, ik ben Josie. We zullen voor je zorgen,' zegt Cilka's buurvrouw en ze kijkt om zich heen. 'Toch?'

De vrouwen in de wagon mompelen en knikken instemmend.

Een van de vrouwen omvat Ana's gezicht en buigt zich naar haar toe. 'Heb je nog nooit een maandelijkse bloeding gehad?'

Het meisje schudt haar hoofd: nee. De oudere vrouw drukt haar tegen haar borst en wiegt haar troostend. Cilka voelt een vreemde steek van verlangen.

'Je gaat niet dood; je wordt een vrouw.'

Sommige van de vrouwen zijn al bezig repen van hun rokken en jurken te scheuren, die ze aan de vrouw geven die zich over het meisje heeft ontfermd.

De trein komt met een schok in beweging en Josie valt op de grond. Ze giechelt. Cilka kan het niet helpen, ze giechelt ook. Hun blikken ontmoeten elkaar. Josie lijkt een beetje op haar vriendin Gita. Donkere wenkbrauwen en wimpers, een mooie kleine mond.

Vele uren later stoppen ze opnieuw. Weer krijgen ze water en brood. Deze keer worden ze ook geïnspecteerd, en de jonge moeder wordt gedwongen haar dode baby aan de soldaten te geven. De vrouwen moeten haar tegenhouden wanneer ze probeert de wagon uit te komen om bij haar dode kindje te zijn. Ze blijft roerloos staan wanneer de deur dicht wordt gesmeten, en de vrouwen helpen haar naar een hoek waar ze stilletjes kan rouwen.

Cilka ziet dat Josie alles nauwgezet gadeslaat, met haar hand tegen haar mond gedrukt. 'Josie, is het toch?' vraagt ze. Ze spreekt Josie aan in het Pools, de taal die ze haar heeft horen gebruiken.

'Ja.' Josie draait zich voorzichtig om, zodat ze knie aan knie zitten.

'Ik ben Cilka.'

De andere vrouwen lijken zich aangemoedigd te voelen door het gesprek dat ze zijn begonnen. Cilka hoort anderen aan hun buren vragen hoe ze heten, en al snel klinkt door de hele wagon fluisterend geklets. Talen worden herkend, en de vrouwen ruilen van plek zodat de nationaliteiten bij elkaar komen te zitten. Verhalen worden gedeeld. Eén vrouw is ervan beschuldigd dat ze de nazi's hielp door hun brood te verkopen in haar bakkerswinkel in Polen. Een ander is gearresteerd omdat ze Duitse propaganda heeft vertaald. Weer een ander is gevangengenomen door de nazi's en werd er, toen ze samen met hen werd opgepakt, van beschuldigd dat ze voor hen spioneerde. Verbazingwekkend genoeg vloeien er niet alleen tranen, maar wordt er hier en daar ook gelachen terwijl iedere vrouw vertelt hoe ze in deze hachelijke situatie terecht is gekomen. Sommige van de vrouwen bevestigen dat de trein op weg is naar een werkkamp, maar ze hebben geen idee waar dat dan ligt.

Josie vertelt Cilka dat ze uit Kraków komt en dat ze zestien is. Cilka doet haar mond open om haar eigen leeftijd en geboorteplaats te delen, maar voordat ze daar de kans toe krijgt, verklaart een vrouw vlakbij met luide stem: 'Ik weet waarom zij hier is.'

'Laat haar met rust,' zegt de krachtige oudere vrouw die had voorgesteld om het brood te delen.

'Maar ik heb haar gezien, gekleed in een bontjas, midden in de winter, terwijl wij stierven van de kou.'

Cilka zegt niets. Ze krijgt het warm. Ze kijkt op en staart de vrouw die haar beschuldigt strak aan, een blik die de vrouw niet kan evenaren. Ze herkent haar vaag. Was zij niet ook een van de oudgedienden in Birkenau? Had ze geen warm, comfortabel baantje in het administratiegebouw?

'En jij, jij die haar wilt beschuldigen,' zegt de oudere vrouw, 'waarom ben jij hier, in deze luxueuze wagon, samen met ons op weg naar een zonvakantie?'

'Niets,' klinkt het zwakke antwoord. 'Ik heb niets gedaan.'

'We hebben geen van allen iets gedaan,' zegt Josie fel, ter verdediging van haar nieuwe vriendin.

Cilka klemt haar kaken op elkaar en wendt zich van de vrouw af. Ze voelt Josies zachte, geruststellende ogen op haar gezicht rusten. Ze glimlacht zwakjes naar haar. Dan draait ze haar hoofd naar de wand en sluit haar ogen in een poging de plotselinge herinnering te onderdrukken aan Schwarzhuber – de hoofdcommandant van Birkenau – die boven haar uittorent in dat kleine vertrek en zijn riem losmaakt, terwijl ze achter de muur vrouwen hoort huilen.

De volgende keer dat de trein stopt, krijgt Cilka haar portie brood. Instinctief eet ze de helft op en stopt de rest in het lijfje van haar jurk. Ze kijkt om zich heen, bang dat iemand haar in de gaten houdt en zal proberen het stuk brood van haar af te pakken. Dan draait ze haar gezicht weer naar de wand en doet haar ogen dicht.

Op de een of andere manier lukt het haar om in slaap te vallen.

Als ze langzaam wakker wordt, schrikt ze van Josie, die vlak voor haar zit. Josie steekt haar hand uit en voelt aan Cilka's kortgeknipte haar. Cilka onderdrukt de automatische neiging om haar weg te duwen.

'Ik vind je haar prachtig,' zegt Josie met haar trieste, vermoeide stem.

Cilka ontspant, steekt haar eigen hand uit en voelt aan het grof afge-hakte haar van het meisje. 'Ik vind het jouwe ook mooi.'

In de gevangenis was Cilka opnieuw geschoren en ontluisd. Een ver-trouwd proces voor haar, dat ze gevangenen op die *andere plek* zo vaak had zien ondergaan. Maar voor Josie is het waarschijnlijk nieuw.

In een wanhopige poging van onderwerp te veranderen, vraagt ze: 'Ben je hier samen met iemand?'

'Met mijn oma.'

Cilka volgt Josies blik naar de kordate oudere vrouw die eerder het woord had genomen en die haar arm nog steeds om het jonge meisje, Ana, heen heeft geslagen. Ze houdt hen aandachtig in de gaten. Ze wis-selen een knikje.

'Wil je niet wat dichter bij haar gaan zitten?' vraagt Cilka. Waar ze naartoe gaan, zal de oudere vrouw wellicht niet lang overleven.

'Dat is een goed idee. Misschien is ze bang.'

'Je hebt gelijk,' zegt Cilka. 'Ik ben ook bang.'

'Echt? Zo zie je er niet uit.'

'Reken maar dat ik bang ben. Als je nog een keertje wilt praten, kom dan naar me toe.'

Josie stapt voorzichtig over en om de vrouwen heen die tussen Cilka en haar grootmoeder zitten. Cilka kijkt toe, geholpen door streepjes licht die door de wagon vallen. Er verschijnt een kleine glimlach op haar ge-zicht wanneer ze ziet dat de vrouwen opschuiven om plaats te maken voor haar nieuwe vriendin.

'Volgens mij zijn we al negen dagen op weg. Ik heb geteld,' mompelt Josie tegen niemand in het bijzonder. 'Hoeveel langer nog?'

Er is nu meer ruimte in de wagon. Cilka heeft bijgehouden hoeveel vrouwen onderweg aan ziekte, honger of verwondingen zijn bezweken en door de soldaten uit de trein zijn gehaald wanneer ze stopten voor brood en water. Elf volwassenen, vier kinderen. Soms wordt er behalve droge hompen brood ook wat fruit naar binnen geworpen, dat de moe-ders in hun mond stoppen om het zacht te maken voor de kinderen.

Josie ligt nu opgekruld naast Cilka, met haar hoofd op Cilka's schoot. Haar slaap is onrustig. Cilka weet welke beelden door haar hoofd moeten schieten. Een paar dagen geleden is haar grootmoeder gestorven. Ze had zo sterk en moedig geleken, maar toen was ze gaan hoesten, steeds erger, en beven, en toen had ze haar portie voedsel geweigerd. Daarna was het hoesten gestopt.

Cilka had Josie zwijgend bij de deur van de wagon zien staan terwijl het lichaam van haar grootmoeder werd overhandigd aan de wachtende bewakers. Ze had een lichamelijke pijn gevoeld die zo hevig was dat ze dubbelsloeg en geen adem meer kreeg. Toch was er geen geluid gekomen, en geen tranen.

Auschwitz, 1942

Honderden meisjes worden op een hete zomerdag gedwongen om van Auschwitz naar Birkenau te lopen. Vier kilometer. Een lange pijnlijke tocht, die velen moeten afleggen op slecht passende laarzen, of erger nog, op blote voeten. Wanneer ze door de grote indrukwekkende stenen poort naar binnen gaan, zien ze een aantal barakken in aanbouw. Mannen die aan het werk zijn, stoppen om vol afschuw naar de nieuwkomers te staren. Cilka en haar zus Magda zijn ongeveer drie maanden in Auschwitz geweest en hebben er samen met andere Slowaakse meisjes gewerkt.

Ze worden naar een omheind gedeelte van het kamp gedreven, waar sommige gebouwen al af zijn en sommige nog in aanbouw. Ze krijgen bevel om te stoppen en in rijen te blijven staan, in de brandende zon, urenlang, of zo voelt het.

Achter zich horen ze commotie. Cilka kijkt achterom naar de ingang van het vrouwenkamp en ziet een hoge officier, omringd door soldaten, langs de rij meisjes lopen. De meeste meisjes houden hun hoofd omlaag. Cilka niet. Ze wil weten wie er zo belangrijk is dat hij bescherming nodig heeft tegen een groep ongewapende, weerloze meisjes.

'Obersturmführer Schwarzhuber,' zegt een bewaker, de hoge officier begroetend. 'Houdt u vandaag persoonlijk toezicht op de selectie?'

'Inderdaad.'

De hoge officier, Schwarzhuber, loopt verder langs de rij meisjes en vrouwen. Wanneer hij bij Cilka en Magda is, blijft hij even staan. Dan loopt hij door naar de voorkant van de rij, draait zich om en loopt terug. Deze keer kan hij de omlaag gerichte gezichten zien. Nu en dan gebruikt hij zijn wapenstok om de kin van een meisje omhoog te duwen.

Langzaam komt hij dichterbij. Hij blijft staan naast Cilka, met Magda achter haar. Hij brengt zijn stok omhoog. Cilka is hem voor; ze heft haar kin en kijkt hem recht in de ogen. Als ze zijn aandacht weet te trekken, zal hij haar zus negeren. Hij steekt zijn hand uit en tilt haar linkerarm op, schijnbaar om de vervagende cijfers op haar huid te bekijken. Cilka hoort Magda achter zich naar adem happen. Schwarzhuber laat haar arm los en loopt weer naar de voorkant van de rij. Cilka ziet hem iets zeggen tegen de ss-officier die naast hem loopt.

Ze zijn opnieuw gesorteerd. Links, rechts; bonzende harten, lichamen verstijfd van angst. Cilka en Magda mogen nog een dag blijven leven. Nu staan ze in de rij om opnieuw pijnlijk gemarkeerd te worden – om hun tatoeages van nieuwe inkt te laten voorzien, zodat ze nooit zullen vervagen. Ze staan dicht bij elkaar, maar zonder elkaar aan te raken, hoewel ze elkaar wanhopig graag gerust willen stellen. Ze fluisteren terwijl ze wachten – troostend, vol vragen.

Cilka telt het aantal meisjes voor haar. Vijf. Nog even en ze is aan de beurt, en daarna Magda. Opnieuw zal ze haar linkerarm aan iemand voorhouden om de slecht leesbare blauwe cijfers in haar huid te laten krassen. Drie maanden geleden, bij aankomst in Auschwitz, was ze voor het eerst gemarkeerd, en het gebeurde opnieuw nu ze was geselecteerd voor het nieuwe kamp, Auschwitz II: Birkenau. Ze begint te rillen. Het is zomer, de zon schijnt fel op haar neer. Ze vreest de pijn die ze zo dadelijk zal voelen. De eerste keer had ze een kreet geslaakt van de schrik. Deze keer, zo neemt ze zich voor, zal ze zwijgen. Hoewel ze pas zestien is, kan ze zich niet langer als een kind gedragen.

Vanuit de rij slaat ze de Tätowierer gade. Hij kijkt in de ogen van het *meisje van wie hij de arm vasthoudt. Ze ziet dat hij een vinger tegen zijn lippen drukt, ssst. Hij glimlacht naar haar. Hij slaat zijn blik neer wanneer het meisje wegloopt, en dan kijkt hij op om haar na te kijken. Hij pakt de arm van het volgende meisje in de rij en ziet niet dat het vorige meisje zich omdraait om naar hem te kijken.*

Vier. Drie. Twee. Eén. Nu is Cilka aan de beurt. Ze werpt een vlugge, geruststellende blik naar Magda en stapt dan naar voren. Met haar linkerarm langs haar lichaam staat ze voor de Tätowierer. Hij steekt zijn hand uit en tilt zachtjes haar arm op. Tot haar eigen verbazing trekt ze zich los, een vrijwel onbewuste reactie. Daardoor kijkt hij haar aan, recht in haar ogen, die – zo weet ze – zijn gevuld met woede en afkeer omdat ze weer zal worden verminkt.

'Het spijt me. Het spijt me zo,' fluistert hij zachtjes tegen haar. 'Geef me alsjeblieft je arm.'

Seconden verstrijken. Hij doet geen poging om haar aan te raken. Ze heft haar arm en biedt hem die aan.

'Dank je.' Ze hoort hem bijna niet, maar ze ziet dat zijn mond de woorden vormt. 'Het zal snel voorbij zijn.'

Terwijl het bloed van haar arm druppelt, hoewel minder dan de vorige keer, fluistert Cilka: 'Wees voorzichtig met mijn zus.' Dan loopt ze zo langzaam mogelijk verder, zodat Magda haar zo dadelijk in zal kunnen halen. Nieuwsgierig kijkt ze om zich heen, op zoek naar het meisje dat voor haar had gestaan. Ze kijkt om naar de Tätowierer. Haar heeft hij niet nagekeken toen ze wegliep. Ze ziet het meisje dat vijf plekken voor haar stond bij blok 29 staan, en voegt zich bij haar en de anderen die wachten om hun 'huis' binnen te worden gelaten. Ze bestudeert het meisje. Zelfs met haar geschoren hoofd en de vormeloze jurk die alle rondingen verbergt die ze mogelijk heeft, of ooit heeft gehad, is ze mooi. In haar grote donkere ogen is niets te zien van de wanhoop die Cilka bij zoveel anderen heeft waargenomen. Ze wil dit meisje leren kennen, het meisje naar wie de Tätowierer omkeek. Even later is Magda er ook, met een vertrokken gezicht van de pijn. Er zijn even geen bewakers die op hen letten, en Cilka pakt de hand van haar zus.

*Die avond, wanneer de meisjes in blok 29 ieder een plekje hebben ge-
zocht in een stapelbed dat ze met verscheidene anderen moeten delen, informeren ze behoedzaam naar elkaar: 'Waar kom jij vandaan?' Cilka
ontdekt dat het meisje uit de rij Gita heet. Ze komt uit een dorp in Slowakije, niet al te ver van Cilka en Magda's geboorteplaats Bardejov vandaan.
Gita stelt Cilka en Magda voor aan haar vriendinnen Dana en Ivanka.*

*De volgende dag worden de meisjes na het appel naar hun werkplek
gestuurd. Cilka wordt apart genomen, terwijl de anderen aan het werk
worden gezet in de Canada, waar ze de eigendommen, de sieraden en de
erfstukken sorteren die de gevangenen mee hebben gebracht naar Auschwitz, en het meeste ervan inpakken om naar Duitsland verzonden te worden. Cilka wordt echter op speciaal verzoek naar het administratiegebouw
gestuurd, waar ze aan het werk zal gaan.*

HOOFDSTUK 3

Goelag Vorkoeta,
Siberië

De temperatuur is aan het dalen. Niet plotseling, meer een geleidelijke verandering die Cilka en de anderen 's nachts opmerken wanneer ze tegen elkaar aan kruipen. Ze dragen allemaal zomerkleding. Cilka weet niet welke maand het is – ze gokt augustus of september – en ze weet niet waar ze naartoe gaan, hoewel er op elk station waar ze stoppen Russisch wordt gesproken.

De ene dag sijpelt over in de volgende. Ziekte kruipt door de wagon. Deerniswekkende hoestbuien zuigen het laatste beetje energie uit de vrouwen. Er worden steeds minder en steeds kortere gesprekken gevoerd. Bij de laatste paar stations hadden mannen uit medelijden hun *kal'sony*, zoals ze ze noemden, uitgetrokken en in de wagons gegooid. Cilka en Josie hadden de wijde, nog warme onderkledingstukken over hun met kippenvel bedekte benen getrokken en zwakjes gewuifd bij wijze van dank.

Drie dagen nadat ze voor het laatst zijn gestopt, komt de trein piepend tot stilstand en zwaaien de zware deuren open. Voor hen strekt zich een eindeloos, onbewoond landschap van aarde en geelgroen gras uit.

Deze keer worden ze niet begroet door een of twee bewakers. Tientallen mannen in uniform wachten hen op het perron op, met hun geweer in de aanslag.

'*Na vykhod!*' schreeuwen ze. Uitstappen!

Terwijl de vrouwen overeind krabbelen, waarbij sommigen door hun verzwakte benen zakken, gaat het geschreeuw door.

Cilka en Josie stappen samen met de anderen voor het eerst in weken naar buiten. Ze steken hun armen door die van twee oudere vrouwen die moeite hebben overeind te blijven. Niemand hoeft ze te vertellen welke kant ze op moeten gaan staan. In de verte zien ze een paar kale gebouwen op een onmetelijke vlakte. Alweer een kamp, denkt Cilka, omringd door leegte. De hemel is hier echter anders – een onvoorstelbaar uitgestrekt grijsblauw. Samen met de anderen sjokken zij en Josie naar de verderop gelegen gebouwen. Cilka probeert het aantal wagons te tellen waar mannen, vrouwen en kinderen uit stromen; mensen van allerlei leeftijden, in variërende gezondheidstoestand en een variërende mate van paniek. Sommige van hen zitten al vanaf het begin in de trein, anderen zijn onderweg toegevoegd.

De tijd lijkt stil te staan wanneer Cilka terugdenkt aan de rij waarin ze wachtte om die *andere plek* binnen te gaan. Die rij leidde naar een bestaan zonder einddatum. Deze keer kent ze haar einddatum, mocht ze lang genoeg leven om die te bereiken. Vijftien jaar. Zal het feit dat ze weet hoelang het zal duren, de dwangarbeid draaglijker maken? Durft ze te geloven dat het over vijftien jaar ook echt afgelopen zal zijn?

Even later staat ze voor een grote vrouw gekleed in een dik kakiuniform. Haar eigen kleding is nog steeds veel te dun voor dit weer. Ze moeten zich ergens in het hoge noorden bevinden. Ze voelt haar handen en voeten nauwelijks.

'Imya, familya?' blaft de vrouw tegen Cilka, zonder op te kijken van de lijst op haar klembord. Naam.

'Cecilia Klein.'

Wanneer haar naam is afgevinkt, volgt Cilka de rij vrouwen naar een grote betonnen bunker. Meteen kijkt ze naar het plafond, op zoek naar de veelzeggende aanwezigheid van douches. Zal het water zijn of gas? Ze wordt duizelig van opluchting wanneer ze niets dreigends waarneemt, en ze pakt Josie vast om haar evenwicht te bewaren.

'Gaat het?' vraagt Josie.

'Ja, ja, het gaat wel. Ik dacht dat we misschien zouden gaan douchen.'

'Ik zou een douche heerlijk vinden – dat is precies wat we nodig hebben.'

Cilka weet een klein glimlachje te produceren. Het lijkt zinloos om uit te leggen waarvoor ze had gevreesd. Wanneer ze de verbazing op de gezichten om haar heen ziet, dringt het tot haar door dat maar weinig van deze vrouwen eerder zoiets als dit hebben meegemaakt. Alleen overlevenden van die *andere plek*, of van andere kampen, dragen de last van het besef wat hun mogelijk te wachten staat.

Terwijl het vertrek volstroomt, komen er verscheidene mannelijke bewakers binnen.

'Kleren uit. Nu.'

Veel van de vrouwen kijken vragend om zich heen. De woorden worden in verschillende talen doorgefluisterd, en de betekenis ervan dringt door wanneer diverse vrouwen langzaam hun kleren beginnen uit te trekken.

'Je moet je uitkleden,' fluistert Cilka tegen Josie.

'Cilka, nee, dat kan ik niet! Niet waar mannen bij zijn.'

Klaarblijkelijk hadden ze in de gevangenis alleen Josies hoofd kaalgeschoren en was de volle beproeving haar bespaard gebleven. Cilka weet dat al hun lichaamshaar zal worden geschoren.

'Luister naar me. Je moet doen wat ze je opdragen.'

Cilka begint de knopen aan de voorkant van Josies jurk los te maken. Josie duwt haar hand weg en kijkt verward om zich heen naar de andere vrouwen, die bezig zijn zich uit te kleden. De naakte vrouwen houden hun handen voor hun kruis en hun borsten. Langzaam begint Josie haar kleren uit te trekken.

'Schiet op,' zegt Cilka. 'Laat je kleren maar gewoon op de grond vallen.'

Cilka kijkt naar de mannen die voor de deuren staan en bevelen schreeuwen. De manier waarop ze naar elkaar grijnzen en elkaar porren maakt haar misselijk. Ze kijkt naar het stapeltje kleren rond haar voeten. Ze weet dat ze ze niet terug zal zien.

De mannen voor de deuren stappen opzij wanneer er vier andere bewakers naar binnen komen die ieder een grote tuinslang met zich mee slepen. De harde straal van ijskoud water duwt de gillende vrouwen omver en tegen elkaar aan. De geur van chloor is overweldigend, en het gegil gaat over in kokhalzen en kuchen.

Cilka wordt tegen een muur van gebarsten tegels gesmeten en schaaft haar arm wanneer ze op de grond glijdt. Ze kijkt toe terwijl de bewakers sadistisch mikken op oudere, broze vrouwen die proberen hun verzet te laten blijken door stevig te blijven staan. Ze gaan vechtend ten onder. Cilka rolt zich op in foetushouding en blijft zo liggen tot de kranen worden dichtgedraaid en de lachende bewakers vertrekken.

Terwijl de vrouwen overeind krabbelen en richting de deur schuifelen, grijpt een aantal van hen een druipend kledingstuk om zichzelf mee te bedekken. Ze verlaten het gebouw en krijgen een dunne grijze handdoek die ze om zich heen kunnen slaan. Blootsvoets lopen ze over de ruwe, koude grond naar een iets verderop gelegen betonnen gebouw dat er precies hetzelfde uitziet als de bunker die ze zojuist hebben verlaten.

Cilka ziet Josie voor zich en haast zich om haar in te halen.

'Krijgen we nu nieuwe kleren?' vraagt Josie.

Cilka kijkt naar het strakke wanhopige gezicht van het meisje. Het wordt nog veel erger, denkt ze. Maar misschien kan ze haar tijdelijk opvrolijken.

'Ik hoop het – grijs staat me niet.' Tot haar genoegen onderdrukt Josie een giechel.

Ze worden ruw in vier rijen geduwd en terwijl ze wachten om naar binnen te gaan, horen ze luide kreten van protest uit het gebouw komen. Sommige vrouwen schrikken daar zo van dat ze uit hun rij breken. Ze vormen een doelwit voor de bewakers om op te schieten. De schoten missen bewust doel, maar de vrouwen vliegen wel terug in de rij. Een bron van vermaak.

Cilka voelt Josie naast zich beven.

Cilka en Josie gaan het gebouw binnen en zien wat er gebeurt met de vrouwen die hun voor zijn gegaan. Vier mannen staan achter vier stoelen. Vlakbij staan een paar grote, sterke vrouwen, ook gekleed in kaki-uniformen.

Cilka kijkt toe terwijl de vrouw voor haar naar de stoel loopt en wordt gedwongen om te gaan zitten. Het haar van de vrouw wordt ruw bij elkaar getrokken en met een grote schaar vlak bij haar hoofd afgeknipt. In één vloeiende beweging verwisselt de man de schaar voor een scheermes en schraapt daarmee over de schedel van de vrouw. Bloed sijpelt over haar gezicht en haar rug. Een van de andere vrouwen wordt overeind gerukt, omgedraaid en met een van haar voeten op de stoel gezet. Josie en Cilka kijken vol afgrijzen toe terwijl de man zonder enige emotie of zorgvuldigheid haar schaamhaar afscheert. Wanneer hij opkijkt en gebaart dat hij klaar is, duwt de vrouwelijke bewaker de vrouw weg en gebaart dat Josie naar voren moet komen.

Cilka gaat vlug in de rij ernaast staan, zodat zij als volgende aan de beurt is om geschoren te worden. Zo kan ze in elk geval naast Josie zitten terwijl deze vernedering plaatsvindt; ze heeft het allemaal al eerder meegemaakt. Samen lopen ze naar de stoelen. Zonder instructie gaan ze zitten. Cilka houdt haar blik zoveel mogelijk op Josie gericht, om haar zwijgend troost te bieden. Ze voelt een steek in haar hart wanneer ze tranen van machteloosheid over Josies wangen ziet biggelen. Het is duidelijk dat het meisje voor de eerste keer aan zoiets wreeds wordt onderworpen.

Wanneer hun hoofden zijn geschoren treuzelt Josie bij het opstaan, en een van de vrouwelijke bewakers slaat haar hard in het gezicht en trekt haar met een ruk overeind. Cilka zet haar eigen voet op de stoel en staart de man voor zich aan. Hij beantwoordt haar strakke blik met een flauwe tandeloze grijns, en ze weet dat ze een fout heeft gemaakt.

Wanneer Cilka en Josie weglopen, slechts bedekt met de grijze baddoeken, sijpelt er bloed langs de binnenkant van Cilka's dijbenen, haar straf omdat ze het heeft gewaagd om moed te tonen. Josie moet overgeven. Ze buigt zich kokhalzend voorover, maar er komen slechts gal en waterige vloeistof uit haar keel.

Ze volgen de anderen door een lange gang.

'Wat gaat er nu gebeuren?' vraagt Josie angstig.

'Ik weet het niet. Wat het ook is, verzet je niet; probeer onzichtbaar te zijn en doe wat je wordt opgedragen.'

'Is dat je advies? Wat het ook is, laat het over je heen komen?' Josies stem wordt luider, schaamte maakt plaats voor boosheid.

'Josie, ik heb dit eerder meegemaakt, geloof me.' Cilka zucht. Toch is ze ook opgelucht dat Josie opstandigheid toont. Dat vuur zal ze nodig hebben op deze plek.

'Heeft het iets te maken met de cijfers op je arm?' vraagt Josie. Cilka kijkt naar haar linkerarm, waarmee ze de baddoek om haar lichaam geslagen houdt. Iedereen kan haar tatoeage zien.

'Ja, maar vraag me daar niet meer naar.'

'Goed,' zegt Josie. 'Ik geloof je. In elk geval horen we niemand meer gillen vóór ons, dus zo erg kan het niet zijn, toch?'

'Laten we hopen dat we iets warms krijgen om aan te trekken. Ik ben bevroren. Ik voel mijn voeten niet meer.' Cilka probeert een luchtige toon aan te slaan.

Wanneer ze een vertrek aan het eind van de gang naderen, zien ze bij de deur stapels grijze handdoeken liggen. Ook hier houden vrouwelijke bewakers met uitdrukkingsloze gezichten toezicht. Verderop horen ze mannelijke stemmen.

'*Ty moya*,' roept een mannelijke bewaker tegen een van de vrouwen die voor hen in de rij staan. De vrouw daarachter, die al wat ouder is, schuifelt naar voren. Cilka en Josie zijn bijna aan de beurt.

'Loop door, ouwe heks,' schreeuwt de bewaker tegen de vrouw. Cilka's hart slaat een slag over. Wat gebeurt er?

'Hé, Boris, waar wacht je op?'

'Dat weet ik zodra ik haar zie.'

De vrouw voor Cilka draait zich met een blik vol medelijden om naar de jongere vrouwen en fluistert: 'Die klootzakken kiezen de vrouwen uit die ze willen neuken.' Ze neemt Cilka en Josie van top tot teen op. 'Jullie zitten wel goed.'

'Bedoelt ze dat ze ons uit zullen kiezen?' vraagt Josie.

Cilka schudt vol ongeloof haar hoofd. Het zal toch niet opnieuw gebeuren?

Ze keert zich naar Josie toe en kijkt haar recht in de ogen. 'Luister, Josie. Als een van de mannen jou uitkiest, ga dan met hem mee.'

'Waarom? Wat wil hij dan?'

'Hij wil je lichaam.'

Ze hoopt dat ze later aan Josie uit zal kunnen leggen dat hij haar lichaam kan krijgen, maar verder niets; op haar hart, haar geest en haar ziel kan hij geen aanspraak maken.

'Nee, nee, ik ben nog nooit met een jongen samen geweest. Cilka, dwing me alsjeblieft niet. Ik ga liever dood.'

'Nee, dat ga je niet. Je moet leven. Wij moeten leven. Hoor je me? Begrijp je me?'

'Nee, ik begrijp het niet. Ik heb niets gedaan, ik hoor hier niet te zijn.'

'Bijna niemand van ons hoort hier te zijn, maar we zijn er toch. Als je door één man als zijn eigendom wordt gekozen, zullen de anderen je met rust laten. Begrijp je me nu?'

Josies gezicht staat strak, verward. 'Ik… Ik denk het. O, Cilka, dit is je al eerder overkomen, hè?'

'Houd je hoofd omhoog, laat niet blijken dat je bang bent.'

'Daarnet vertelde je me nog dat ik onzichtbaar moest zijn.'

'Dat was toen, dit is nu; zo snel kunnen de dingen veranderen.'

Cilka heft haar eigen hoofd en kijkt de mannen recht in de ogen.

Administratieblok Birkenau, 1942

Cilka zit naast Gita. Ze zijn allebei ijverig aan het werk, maar ze kijken elkaar af en toe kort aan, wisselen kleine glimlachjes. Cilka is uit de selectierij gehaald en uitgekozen voor deze taak, in plaats van het werk in de Canada. En ze is dankbaar dat Gita hier nu ook werkt. Ze hoopt echter dat ze Magda ook op de een of andere manier in de warmte kan krijgen. Gita's haar is nog steeds kortgeknipt, maar om de een of andere reden heeft Cilka toestemming gekregen om het hare te laten groeien. Het valt zacht over haar hals en haar oren.

Ze ziet de twee ss-officieren niet aankomen en zonder waarschuwing wordt ze bij de arm gegrepen en overeind getrokken. Terwijl ze wordt weggesleurd, kijkt ze met een smekende blik om naar Gita. Steeds wanneer ze worden gescheiden, zou het de laatste keer kunnen zijn dat ze elkaar zien. Ze ziet een officier op Gita aflopen en haar hard in het gezicht slaan.

Terwijl ze wordt meegenomen naar buiten en door het vrouwenkamp wordt gesleept, probeert Cilka zich te verzetten. Ze is echter geen partij voor de twee mannen. Het is stil in het kamp – de vrouwen zijn allemaal aan het werk. Ze lopen langs de barakken waar de vrouwen wonen tot ze bij een identiek gebouw komen, alleen is dit omringd door een stenen muur. Cilka voelt gal opstijgen in haar keel. Ze heeft gehoord dat dit de plek is waar vrouwen naartoe gaan om te sterven.

'Nee... Alsjeblieft...' zegt ze. 'Wat gebeurt er?'

Op het zandpad buiten het gebouw staat een glanzende auto geparkeerd. De officieren openen het hek en lopen de voorplaats op, Cilka met zich meetrekkend. Een van hen klopt luid op de deur van het gebouw en wanneer die opengaat, duwen ze haar naar binnen en smijten de deur achter haar dicht. Ze komt op handen en voeten op een ruwe stenen ondergrond terecht, en voor haar, met achter zich rijen van primitieve lege houten stapelbedden, staat de man die ze herkent van de selectie. De hoofdcommandant van Birkenau, Schwarzhuber.

Het is een indrukwekkende man die zich zelden in het kamp laat zien. Hij tikt met zijn wapenstok tegen zijn hoge leren laars. Met een uitdrukkingsloos gezicht staart hij naar een ruimte boven Cilka's hoofd. Ze krabbelt overeind en deinst achteruit tot haar rug de deur raakt. Haar hand kruipt naar de deurkruk. In een flits vliegt de wapenstok door de lucht en slaat hard tegen haar hand. Ze slaakt een kreet van pijn en zakt op de vloer.

Schwarzhuber loopt naar haar toe en raapt zijn stok op. Hij torent boven haar uit. Zijn neusgaten verwijden zich. Hij ademt zwaar en kijkt haar dreigend aan.

'Dit wordt je nieuwe thuis,' zegt hij. 'Sta op.'

Ze krabbelt overeind.

'Volg mij.'

Hij neemt haar mee naar een kleine kamer waarin een los bed staat met houten latjes en een matras erop. 'Je weet dat elk blok een blokleider heeft?' zegt hij.

'Ja,' zegt ze.

'Nu, jij wordt de leider van blok 25.'

Cilka kan geen woorden vinden, geen adem. Hoe kunnen ze van haar verwachten dat zij de leider wordt van dit blok? Hoe kunnen ze dat van iémand verwachten? Dit is het blok waar vrouwen hun laatste uren door-brengen voordat ze naar de gaskamer worden gestuurd. En zal ze Magda ooit nog terugzien, en Gita? Dit is het meest beangstigende moment van haar leven.

'Je hebt bijzonder geboft,' zegt Schwarzhuber.

Hij neemt zijn pet af en gooit die naar de andere kant van de kamer. Met zijn andere hand slaat hij weer met zijn wapenstok tegen zijn laars. Bij elke klap krimpt Cilka ineen, verwachtend dat hij haar zal slaan, maar hij ge-bruikt de wapenstok om haar shirt omhoog te schuiven. Wanneer ze zich realiseert wat er van haar verwacht wordt, maakt Cilka met trillende han-den de bovenste twee knoopjes los. Daarna duwt hij de stok onder haar kin en dwingt haar op te staan. De man torent nog steeds boven haar uit. Zijn ogen lijken niets te zien; dit is een man wiens ziel is gestorven en wiens li-chaam nog moet volgen.

Hij spreidt zijn armen en ze interpreteert dit gebaar als 'kleed me uit'. Ze doet een stap in zijn richting, nog steeds op armlengte, en begint de vele kno-pen van zijn jasje los te maken. Een klap met de wapenstok op haar rug spoort haar aan om op te schieten. Schwarzhuber moet de wapenstok losla-ten zodat ze zijn jasje van zijn schouders kan laten glijden. Hij pakt het aan en gooit het achter zijn pet aan. Dan trekt hij zelf zijn hemd uit. Cilka maakt zijn riem en zijn rits los. Dan knielt ze en begint zijn laarzen uit te trekken.

Wanneer ze bezig is met de tweede, verliest ze haar evenwicht. Hij geeft haar een duw, zodat ze op het bed valt, en gaat schrijlings op haar zitten. Doodsbenauwd probeert Cilka zich te bedekken wanneer hij haar shirt openscheurt. Hij slaat haar hard met de achterkant van zijn hand in het gezicht en ze doet haar ogen dicht en geeft zich over aan het onvermijdelij-ke.

'Dat zijn de vertrouwelingen,' fluistert een vrouwelijke bewaker, met een sigaret tussen haar tanden geklemd.

De stem brengt Cilka terug naar het heden.

'Wat?'

'De mannen voor wie je zo dadelijk moet paraderen. Zij zijn de vertrouwelingen, gevangenen die hier al langer zijn en hoge posities bekleden in het kamp.'

'O, geen soldaten?'

'Nee, gevangenen zoals jij, die hier al lang zijn en de baantjes hebben die enige vaardigheid vergen, bij de administratie. Maar het zijn ook criminelen. Ze hebben hun eigen machtsnetwerk.'

Cilka begrijpt het. Een hiërarchie tussen oud en nieuw.

Ze stapt het vertrek binnen, op de voet gevolgd door Josie, allebei naakt en huiverend. Ze bekijkt de rijen van mannen waar ze tussendoor moet lopen. Tientallen ogen staren terug.

De man die vooraan in de rij aan haar rechterkant staat, doet een stap naar voren, en ze draait zich om zodat ze zijn blik kan ontmoeten. Ze neemt hem onbeschaamd op en komt tot de conclusie dat hij, waar hij ook vandaan komt, de leider van een bende moet zijn geweest. Hij is niet veel langer dan zij, gedrongen, duidelijk goed gevoed. Ze schat hem eind twintig, begin dertig. Ze bestudeert zijn gezicht, probeert verder te kijken dan de lichaamstaal die hij laat zien. Zijn gezicht verraadt hem. Trieste ogen. Om de een of andere reden is ze niet bang voor hem.

'Eindelijk,' wordt ergens tussen de mannen geroepen. 'Dat werd verdorie tijd, Boris.'

Boris steekt zijn hand uit naar Cilka. Ze neemt die niet aan, maar gaat wat dichter bij hem staan. Ze draait zich om en moedigt Josie aan om door te lopen.

'Kom hier, kleintje,' zegt een andere man. Cilka kijkt naar de man die zijn oog op Josie heeft laten vallen. Een grote bruut, maar met kromme schouders. Zijn tong schiet zijn mond in en uit, zodat zijn gele gebroken tanden worden onthuld. Hij straalt meer dierlijke energie uit dan Boris.

Josie wordt gekozen.

Cilka kijkt naar de man die werd aangesproken als Boris.

'Hoe heet je?' vraagt hij.

'Cilka.'

'Ga je kleren maar ophalen. Ik vind je wel als ik je nodig heb.'

Cilka loopt verder langs de rij mannen. Ze grijnzen allemaal naar haar en sommigen maken opmerkingen over haar huid, haar lichaam. Ze vindt Josie terug en even later lopen ze weer buiten, waar ze een volgende betonnen bunker in worden gedreven.

Eindelijk krijgen ze kleding in hun handen geduwd. Een shirt met ontbrekende knopen, een broek van de ruwste stof die Cilka ooit heeft gevoeld, een dikke jas en een muts. Allemaal grijs. De kniehoge laarzen zijn een paar maten te groot, maar dat zal nog goed van pas komen, als ze haar voeten in lappen heeft gewikkeld tegen de kou.

Eenmaal gekleed verlaten ze de bunker. Cilka beschermt haar ogen tegen het schitterende zonlicht. Ze bekijkt het kamp, dat op een dorp lijkt. Er zijn barakken die duidelijk bedoeld zijn om in te slapen, maar ze staan niet keurig op een rijtje, zoals in Birkenau. Ze verschillen in omvang en vorm. Achter het terrein ziet ze een kleine heuvel waarop een groot, kraanachtig apparaat verrijst. Het hek dat hen insluit, wordt op verschillende plekken onderbroken door uitkijktorens, maar niet half zo intimiderend als ze in het verleden heeft meegemaakt. Ze staart met samengeknepen ogen naar de bovenkant van het hek. Er zijn geen isolatoren te zien die erop wijzen dat het onder stroom staat. Wanneer ze naar het kale, desolate landschap achter het hek kijkt, begrijpt ze dat een elektrisch hek ook helemaal niet nodig is. Niemand zou daar overleven.

Terwijl ze naar de gebouwen sjokken die hun thuis zullen worden, blindelings achter de anderen aan, komt er een vrouw met een breed, verweerd gezicht naast hen lopen. De zon mag dan schijnen, maar de ijzige wind bijt in elk stukje blootgestelde huid – ze bevinden zich zo ver noordelijk dat er zelfs in de nazomer nog sneeuw op de grond ligt. De vrouw draagt verschillende lagen bovenkleding, onverwoestbaar ogende laarzen en een muts die ze zo ver mogelijk omlaag heeft getrokken en heeft vastgebonden onder haar kin. Ze werpt een sluwe blik naar Cilka en Josie.

'Zo, hebben jullie even geboft! Ik hoor dat jullie mannen hebben gevonden om jullie te beschermen.'

Cilka houdt haar hoofd omlaag. Ze heeft geen zin om met de vrouw in gesprek te gaan of haar aan te moedigen. Ze ziet het been niet dat voor haar wordt uitgestoken en haar laat struikelen, zodat ze met haar handen in haar zakken plat op haar gezicht valt.

Josie bukt zich om haar overeind te helpen, maar ze krijgt een duw in de rug en tuimelt zelf voorover. De twee meisjes liggen naast elkaar op de vochtige, halfbevroren grond.

'Bij mij komen jullie nergens met die mooie snuitjes. Vooruit, lopen.'

Cilka krabbelt als eerste overeind. Josie blijft op de grond liggen en pakt dan Cilka's hand om zich overeind te laten helpen.

Cilka waagt het om zich heen te kijken. Honderden vrouwen, allemaal identiek gekleed, met geschoren hoofden, hun gezichten verborgen in hun jassen. Het is onmogelijk om de anderen uit hun wagon eruit te pikken.

Ze krijgen opdracht een hut binnen te gaan en worden geteld door de barse vrouw. Cilka had haar aangezien voor een bewaker, maar ze draagt geen uniform, en wanneer Cilka langs haar heen loopt, ziet ze het nummer dat op haar jas en haar muts is genaaid. Ze zal wel een soort blokleider zijn, denkt Cilka.

Aan de ene kant van het vertrek staan eenpersoonsbedden en in het midden staat een kachel die iets van hitte verspreidt. De andere vrouwen zijn meteen naar de kachel gerend en verdringen zich daar, hun handen uitgestoken naar de warmte.

'Ik ben jullie brigadier en jullie zijn mijn eigendom,' zegt de barse vrouw. 'Ik heet Antonina Karpovna. An-to-ni-na Kar-pov-na,' herhaalt ze langzaam, wijzend naar zichzelf, zodat het niemand kan ontgaan wat ze bedoelt. 'Goed, *zechkas,* ik hoop dat jullie beseffen dat jullie mazzel hebben. Dit is een van de beste gevangenenhutten in het kamp.' Dat kon weleens kloppen, denkt Cilka. Geen stapelbedden. Echte matrassen. Ieder een eigen deken. 'Nou, jullie redden je wel,' zegt de brigadier met een wrange grijns en dan verlaat ze de hut.

'Wat is een *zechka?*' fluistert Josie.

'Ik weet het niet, maar vast niet iets positiefs.' Cilka haalt haar schouders op. 'Waarschijnlijk betekent het gevangene of zoiets.'

Ze kijkt om zich heen. Geen van de bedden is al in beslag genomen;

alle vrouwen zijn regelrecht naar de kachel gerend. Ze pakt Josie bij de arm en trekt haar mee naar de achterkant van de hut.

'Eerst een goed bed uitzoeken. Ga hier zitten.'

Cilka legt beslag op het laatste bed en duwt Josie op het bed ernaast.

Ze onderzoeken waar ze op zitten. Een dunne grijze deken op een vuilwit laken dat een met zaagsel gevuld matras bedekt.

Hun haast om een slaapplek te vinden gaat niet onopgemerkt aan de andere vrouwen voorbij. Ze duwen elkaar opzij in hun pogingen om een goede slaapplek te bemachtigen voor de komende nacht, en alle andere nachten die ze zullen overleven.

Al snel wordt duidelijk dat er voor iedereen een bed is. Mutsen worden afgezet en bij wijze van kussen op de matrassen gelegd.

Cilka kijkt naar de ruimte tegenover het voeteneind van hun bedden.

Er staan twee lege emmers. Toiletten. Ze zucht. Zolang ze in deze hut zal blijven, zal ze worden herinnerd aan haar overhaaste keuze. Ze had gedacht dat ze hier wat privacy zou hebben: een muur aan de ene kant, Josie aan de andere. Maar aan comfort hangt altijd een prijskaartje. Dat zou ze onderhand moeten weten.

Nu ze een plek hebben gezocht, geeft Cilka Josie een duwtje en gaan ze met uitgestrekte handen bij de kachel staan. Cilka heeft het gevoel dat ze op de eerste dag al een paar vijanden hebben gemaakt.

Josie krijgt een duw in de rug van een grote, ruw ogende vrouw van onbepaalde leeftijd. Ze valt naar voren en kwakt met haar gezicht op de harde houten vloer. Bloed sijpelt uit haar neus.

Cilka helpt haar overeind en stelpt het bloeden door haar shirt omhoog te trekken en tegen haar neus te drukken.

'Waarom deed je dat?' vraagt een stem.

'Pas maar op, trut, of ik doe het ook bij jou,' zegt de pestkop, met haar gezicht dicht bij dat van het meisje dat de vraag had gesteld.

De andere vrouwen slaan de woordenwisseling gade.

Cilka wil reageren, Josie verdedigen, maar ze moet eerst weten hoe alles op deze plek in zijn werk gaat, wie deze vrouwen zijn, of er een mogelijkheid is dat ze het allemaal met elkaar zullen kunnen vinden.

'Het geeft niet,' mompelt Josie tegen het meisje dat haar verdedigde, een jonge, tengere vrouw met een lichte huid en blauwe ogen. 'Dank je.'

'Gaat het wel?' vraagt het meisje, in Pools met een Russisch accent. Ze voelt steeds aan haar eigen geschoren hoofd.

'Het komt wel goed met haar,' zegt Cilka.

Bezorgd bestudeert het meisje Josies gezicht. 'Ik ben Natalja.'

Josie en Cilka stellen zichzelf voor.

'Ben je Russisch?' vraagt Josie.

'Ja, maar mijn familie woonde in Polen. Tientallen jaren lang. Alleen hebben ze nu besloten dat dat misdadig is.' Ze laat even haar hoofd zakken. 'En jullie?'

Josies gezicht betrekt. 'Ze wilden weten waar mijn broers waren. En ze geloofden me niet toen ik zei dat ik dat niet wist.'

'Wat rot voor je,' zegt Natalja. 'Misschien moeten we het er nu niet over hebben.'

'Of helemaal niet,' zegt de pestkop vanaf haar bed, met haar rug naar iedereen toe gekeerd. 'Het zijn allemaal varianten van hetzelfde zielige verhaal. Of we nu iets gedaan hebben of niet, we zijn bestempeld tot staatsvijand en we zijn hier om door dwangarbeid te worden gecorrigeerd.'

Ze blijft met haar rug naar hen toe liggen. Zucht.

Het vuur knettert in de kachel.

'Wat nu?' vraagt iemand.

Niemand waagt het om antwoord te geven. Sommige van de vrouwen lopen naar het bed dat ze hebben uitgekozen, gaan met opgetrokken knieën liggen en verzinken in hun eigen zwijgende gedachten.

Cilka pakt Josie bij de arm en trekt haar mee naar haar bed. Ze slaat de deken open en dringt erop aan dat het meisje haar schoenen uitdoet en gaat liggen. Haar neus bloedt niet meer. Cilka loopt terug naar de kachel. Natalja schept zorgvuldig meer kolen uit een kolenemmer in de roodgloeiende holte, met de punt van haar jas om haar hand gewikkeld om het deurtje open en dicht te doen.

Cilka kijkt naar de kolenvoorraad. 'Er is niet genoeg om de kachel de hele nacht te laten branden,' zegt ze, net zozeer tegen zichzelf als tegen Natalja.

'Ik zal vragen of we meer kunnen krijgen,' zegt Natalja op zachte fluistertoon. Ze heeft roze wangen en fijne handen, maar ze ziet er sterk uit. Cilka ziet in haar ogen dat ze denkt dat het allemaal goed gaat komen. Ze weet hoe snel dat gevoel kan verdwijnen.

'Misschien moeten we gewoon afwachten en kijken wat ze gaan doen. Als je nergens om vraagt, loop je ook minder risico op een pak slaag.'

'Ze zullen ons toch niet laten bevriezen,' zegt Natalja, met haar handen op haar heupen. Ze fluistert niet meer. Een paar vrouwen richten zich op en steunen op hun elleboog op hun matras om het gesprek op te kunnen vangen.

Cilka kijkt om zich heen, naar de gezichten die nu naar haar toe zijn gedraaid. Het is niet bij alle vrouwen even makkelijk om hun leeftijd te schatten, maar ze vermoedt dat zij en Josie bij de jongsten horen. Ze denkt terug aan haar eigen advies van een paar uur geleden. Val niet op, wees onzichtbaar.

'Nou?' blaft de pestkop aan de voorkant van de hut.

Alle ogen zijn op haar gericht.

'Ik weet net zo weinig als jullie. Ik sla er maar een slag naar. Maar ik denk dat we beter zuinig kunnen zijn met de kolen die we hebben, voor het geval we vandaag geen nieuwe meer krijgen.'

'Klinkt verstandig,' zegt een andere vrouw, die weer gaat liggen en haar hoofd wegdraait.

Langzaam loopt Cilka naar de achterkant van de hut, naar haar bed. Hoewel het maar een paar meter is van het midden van het vertrek naar het eind, is de kleine daling in temperatuur duidelijk voelbaar, en ze vraagt zich af of het wel zo slim was om privacy boven warmte te laten gaan bij het kiezen van een bed. Voordat ze gaat liggen, kijkt ze of alles goed is met Josie. Het meisje lijkt te slapen.

Het daglicht verdwijnt maar niet en Cilka heeft geen idee hoe laat het is. Ze slaat Natalja gade terwijl de Russische naar het dovende vuur loopt en er een paar kolen op legt. Grappig hoe mensen automatisch een bepaalde rol op zich nemen.

Op een gegeven moment valt ze in slaap, terwijl het nog licht is, of alweer licht… Ze weet het niet precies.

Ze wordt wakker van een luid gekletter buiten. De deur van de hut gaat open en de brigadier, Antonina Karpovna, verschijnt in de deuropening.

'Opstaan, zechkas.' Ze gebaart met haar hoofd en houdt haar handen stevig in de zakken van haar jas gestoken.

Cilka weet hoe het werkt. Ze is als eerste uit bed, maar ze verroert zich niet, in de hoop dat de vrouwen aan de voorkant van de hut als eerste naar buiten zullen gaan. De veiligste plek, zo weet ze, is ergens in het midden. Ze helpt de slaperige Josie overeind en trekt de dekens op hun bedden recht.

Dan loodst ze Josie naar buiten. Uit de hutten om hen heen stromen ook mensen de kou in.

Waar waren zij toen wij aankwamen? De vrouwen uit Cilka's hut gaan op een rommelig kluitje staan tot ze zien dat de vrouwen uit de andere hutten ordelijke rijen vormen. Ze volgen hun voorbeeld en gaan in twee rijen van tien staan.

Nu de hut leeg is, volgen ze de anderen door de dikke modder naar een groter gebouw. De ruwe stof van haar nieuwe kleren schuurt langs Cilka's huid. Muggen bijten in haar blootgestelde hals.

Ze merkt de starende blikken op, triest maar ook dreigend. Ze begrijpt het. Alweer een hut vol met gevangenen, meer monden te voeden, meer mensen met wie ze moeten vechten om de betere baantjes. De nieuwkomers zullen het zwaar hebben terwijl ze zich aanpassen en hun plek in de pikorde vinden, tot ze niet langer de nieuwkomers zijn. Zelf was ze een oudgediende geweest op die *andere plek* – zij en de andere Slowaakse meisjes die het hadden overleefd. Ze waren overal getuige van geweest. Ze waren in leven gebleven. Ze vraagt zich af of er een manier is om haar status en die van Josie te verbeteren zonder op te vallen. Of misschien is ze wel hier vanwege zulke gedachten. Misschien verdient ze dwangarbeid.

Ze gaat het eetgebouw binnen en volgt de vaste traditie: in de rij gaan staan, accepteren wat je krijgt, een bank vinden om op te zitten. Kijk omlaag, val niet op.

Er wordt een tinnen beker in haar hand geduwd. Ze kijkt naar Josie. Haar neus is gezwollen en er begint een blauwe plek te verschijnen. Wanneer ze verder schuifelen wordt er iets in de beker gegoten wat op pap lijkt, vol met kleine, witte, onherkenbare stukjes. Verder krijgen ze een homp oud brood uitgereikt. Josies handen trillen en wanneer ze het voedsel aan probeert te pakken, morst ze de helft. Pap en brood liggen op de grond. Langzaam bukt Josie en raapt het brood op. Cilka voelt een vreselijke drang om naar haar te schreeuwen. Weet ze wel hoeveel die kleine rantsoenen waard zijn!

Er zijn niet genoeg tafels en bankjes voor iedereen om te zitten. Een heleboel vrouwen staan bij de muren en houden de tafels in de gaten, wachtend tot iemand klaar is en er een plekje vrijkomt. Een aantal van hen eet staand, te hongerig om zich iets van tafelmanieren aan te trekken.

Een van de vrouwen uit Cilka's hut ziet dat er een plek vrijkomt en haast zich ernaartoe. De persoon die naast de vrije plek zit, slaat echter opzij met haar hand, zodat de beker van de vrouw uit haar hand vliegt en de inhoud zowel op de vloer als op een aantal vrouwen aan de tafel terechtkomt.

'Wacht op je beurt, *novichok*! Je hebt het recht niet verdiend om bij ons te zitten.'

De pikorde wordt duidelijk gemaakt, zodat de nieuwkomers die kunnen aanschouwen en doorgronden. Net als in Birkenau, waar voortdurend nieuwe gevangenen bij waren gekomen. Zij en Gita en de andere Slowaakse meisjes waren overgebleven uit duizenden, nadat ze al hun vrienden en familie waren kwijtgeraakt. De nieuwelingen begrepen het niet, ze kónden niet begrijpen wat hun lichamen en hun geesten hadden doorstaan, wat ze hadden moeten doen om te overleven.

'Eet je pap op en neem dan je brood, of bewaar dat voor later,' adviseert Cilka Josie. 'Soms is het beter om het te bewaren, zoals we in de trein deden, tot we weten hoe vaak en hoeveel we te eten krijgen.' Aan de magere gezichten van sommige vrouwen ziet ze dat het niet bijzonder vaak of voedzaam zal zijn.

Langzaam nemen de twee meisjes slokken van de bruine vloeistof. In elk geval is het heet. Echte substantie heeft het niet. Josie ziet anderen met lepels aan de tafels zitten en iets uit de pap scheppen wat lijkt op… aardappel, of misschien vis?

'Wij hebben geen lepel gekregen.'

'Ik denk dat dat iets is wat we zelf zullen moeten regelen,' zegt Cilka, met een blik op het versleten bestek dat sommige van de oudgedienden gebruiken, 'waar en op welke manier we maar kunnen.'

Al snel worden Cilka en de andere nieuwkomers opgehaald door hun brigadier. Antonina Karpovna drijft de vrouwen bij elkaar en leidt ze terug naar hun hut.

Wanneer de laatste vrouw binnen is, slaat Antonina hen gade terwijl ze naar hun bed of naar de kachel lopen.

'In het vervolg gaan jullie direct bij het voeteneind van je bed staan wanneer ik binnenkom. Is dat duidelijk?'

Vrouwen springen van hun bed of haasten zich ernaartoe, en iedereen gaat netjes bij het voeteneinde staan.

'Jullie moeten je ook omdraaien en met je gezicht naar me toe gaan staan. Ik geef maar één keer instructies en ik wil jullie in de ogen kunnen kijken en weten dat jullie het allemaal hebben begrepen. Wie heeft begrepen wat ik zei?'

Een aantal handen gaat gedwee de lucht in, waaronder die van Cilka. De rest heeft Antonina kennelijk niet verstaan, maar gewoon het voorbeeld van de anderen gevolgd.

'Wie het begrijpt, zorgt maar dat de anderen het ook snappen.'

Antonina kijkt zwijgend toe terwijl de vrouwen elkaar aankijken en een aantal van hen verduidelijken wat er is gezegd, voornamelijk in andere Slavische talen.

'Dit zijn de regels waaraan jullie je moeten houden zolang jullie hier zijn. We hebben al vastgesteld wanneer jullie werken en eten, en hoelang jullie mogen slapen. De lichten gaan om negen uur 's avonds uit, hoewel dat in de zomer niet echt verschil zal maken. Buiten de werktijden moeten jullie de vloer schrobben, de kolen aanvullen, sneeuwruimen voor het gebouw, je kleren verstellen, alles wat nodig is om hier te kunnen leven. Ik wil niet dat het hier een varkensstal wordt – ik wil van de vloer kunnen eten. Begrepen? Jullie horen het weksignaal vanzelf, daar zul je niet doorheen kunnen slapen. Twee van jullie legen 's ochtends de toiletemmers, het maakt mij niet uit wie, als het maar gebeurt. Pas als dat gedaan is, krijgen jullie te eten.'

Niemand zegt iets, maar alle hoofden knikken.

'Wie zijn plicht verzaakt – wie mijn brigade laat stikken – wordt in het hol gegooid.' Ze snuift. 'Het hol is een isoleercel in de Lagpunkt. Het is een vochtige, beschimmelde plek waar je gedwongen bent je lichaam in een onhandige positie te vouwen, of je nu staat, zit of ligt. Er is geen kachel en de sneeuw waait naar binnen door het open raam met tralies. Als je geluk hebt, krijg je een emmer om je behoefte te doen, en zo niet, dan zit er een stinkend gat in de grond dat je kunt gebruiken. Je krijgt hooguit een derde van je normale rantsoen – en het brood is zwart en hard. Begrepen?'

Iedereen knikt weer. Er trekt een huivering langs Cilka's ruggengraat.

Uit de zak die over haar schouder hangt, haalt Antonina lapjes stof en uit haar zak vist ze een gekreukeld stuk papier. 'Wanneer ik je naam noem, kom dan je nummer halen. Je hebt er twee: eentje moet op je muts, het andere op je jas. Je mag je nooit buiten vertonen zonder dat je nummer in elk geval op één kledingstuk zichtbaar is.'

Wanneer ze de namen opnoemt, lopen de vrouwen naar voren, nemen de lapjes aan die hun worden overhandigd en bekijken het nummer dat er slordig op is geverfd.

Alweer een nummer. Onbewust wrijft Cilka over haar linkerarm; verborgen onder haar kleding zit haar identiteit van die *andere plek*. Hoe vaak kan een mens worden gereduceerd, gewist? Wanneer haar naam wordt geroepen, neemt ze het lapje aan dat Antonina haar geeft en bekijkt ze haar nieuwe identiteit. 1-B494. Josie laat Cilka het hare zien. 1-B490.

'Naai de nummers vanavond nog op je kleding. Ik wil ze morgenochtend allemaal zien.' Ze zwijgt even, laat de vrouwen voor elkaar vertalen, slaat de verwarde blikken gade. 'Ik verwacht wat interessant naaiwerk te zien, het zal me veel over jullie vertellen,' zegt ze spottend.

Een stem vraagt: 'Hoe komen we aan naald en draad?'

Uit haar zak haalt de brigadier een klein stukje stof waar twee naalden op geprikt zitten. Ze zien eruit alsof ze van ijzerdraad zijn gemaakt, met een geslepen puntje aan het uiteinde. Ze geeft ze aan de dichtstbijzijnde vrouw.

'Aan de slag. Morgenochtend ben ik terug. Morgen gaan jullie aan het werk. Opstaan om zes uur.'

'Pardon,' zegt Natalja, 'waar halen we kolen vandaan?'

'Zoek dat zelf maar uit.'

Wanneer de deur achter haar dichtzwaait, verzamelen de vrouwen zich rond de kachel. Cilka is opgelucht dat niemand een pak slaag heeft gekregen omdat ze zoveel vragen hebben gesteld.

'Als we naar buiten gaan, zien we de anderen misschien kolen halen,' oppert Josie. 'Dan weten we waar we naartoe moeten.'

'Ga je gang,' zegt de pestkop, Elena, terwijl ze op haar bed gaat liggen. 'Dit kon weleens onze laatste vrije dag zijn.'

'Ik ga met je mee,' zegt Cilka.

'Ik ook,' zegt Natalja. 'De rest van jullie kan beginnen met naaien.'

'Ja, baas,' zegt Elena op kille toon.

Josie heeft de paar overgebleven kolen naast de kachel gelegd en pakt de lege emmer.

Met zijn drieën verlaten ze behoedzaam de hut en kijken om zich heen. Het is koud. Hier en daar zien ze gevangenen heen en weer schieten tussen gebouwen, en een groepje jonge vrouwen loopt vlug naar de hut naast die van hen, met emmers die helemaal vol zitten met kolen.

Natalja houdt een van de vrouwen tegen. 'Willen jullie ons alsjeblieft vertellen waar de kolen zijn?'

'Zoek ze zelf maar.'

Natalja rolt met haar ogen.

'Ze kwamen daar vandaan,' zegt Josie, wijzend naar een gebouw. 'Ergens daarachter. Laten we een kijkje gaan nemen.'

Een poosje later keren ze terug met een zware emmer vol kolen, die ze om beurten hebben gesjouwd. Natalja zet de emmer naast de kachel op de grond. Haar zachte handen glippen van het handvat en een deel van de kolen rolt op de grond. Ze kijkt verontschuldigend naar de andere vrouwen.

'Het geeft niet, ik veeg ze wel op,' biedt Josie aan.

Twee vrouwen zijn bezig om met vlugge bewegingen hun nummers op hun muts en hun jas te naaien.

'Waar hebben jullie die draad vandaan?' vraagt Natalja, voordat Cilka de kans krijgt.

'Van onze lakens,' zegt een van de twee, een oudere vrouw. Ze spreekt een Slavische taal die op het Slowaaks lijkt en herhaalt haar woorden in het Russisch. Ze kon weleens de oudste in de hut zijn en aan haar abrupte toon valt af te lezen dat ze een leven van hard werken en afzien achter de rug heeft. Ze vertelt dat ze Olga heet.

Cilka kijkt om zich heen en ziet andere vrouwen voorzichtig draad van het uiteinde van hun lakens trekken.

'Schiet op. Waarom doe je er zo lang over, Olga?' vraagt een ongeduldige Elena, die dreigend naast de oudere vrouw komt staan.

'Ik probeer het netjes te doen. Als je het de eerste keer goed doet, hoef je het niet opnieuw te doen.'

'Geef me die naald, stomme trut. Dit is niet het moment om te pronken met je borduurkunsten.'

Ongeduldig steekt Elena haar hand uit.

'Ik ben bijna klaar,' zegt Olga rustig. Cilka bewondert de manier waarop ze met de opvliegende Elena omspringt, maar ze begrijpt ook de impuls om uit te halen wanneer de dingen niet gaan zoals gepland. Dit moest Elena's eerste kamp zijn. Olga gaat wat sneller naaien en bijt de draad af met haar tanden voordat ze de naald doorgeeft. 'Alsjeblieft, *tuk krava*.'

Cilka onderdrukt een grijns. Olga heeft Elena zojuist op vriendelijke toon een vette koe genoemd in het Slowaaks.

De oudere vrouw knipoogt naar Cilka. 'Mijn vader was Slowaaks', zegt ze.

Elena grist met een nors gezicht de naald uit haar hand.

Cilka gaat op haar bed zitten en kijkt naar Josie, die een beetje verloren aan de lapjes met haar nummer frummelt. Zo sterk en vaardig als ze zich het ene moment toont, zo overweldigd lijkt ze het volgende.

'Geef die maar aan mij', zegt ze.

Josie kijkt gepijnigd.

'Eén dag tegelijk', zegt Cilka. 'Goed?'

Josie knikt.

Cilka begint draden uit haar laken te trekken. Wanneer ze een naald krijgt overhandigd, naait ze vlug de nummers op Josies en haar eigen kleding.

Steeds wanneer ze de naald door de stof prikt, voelt ze de pijn van een naald die in haar linkerarm krast. Alweer een nummer. Alweer een kamp. Ze vertrekt haar gezicht.

Ze is alles kwijtgeraakt. Ze is door een hel gegaan en is daar vervolgens voor gestraft. Plotseling voelt de naald zo zwaar als een baksteen. Hoe moet ze dit volhouden? Hoe kan ze voor een nieuwe vijand werken? In leven blijven om de vrouwen om haar heen honger te zien lijden, weg te zien kwijnen, te zien sterven? Want zij – zij zal leven. Ze heeft geen idee waarom ze daar altijd zo zeker van is geweest, waarom ze het gevoel heeft dat ze het vol zal houden – dat ze deze naald door de stof zal blijven steken, hoewel hij zo zwaar is als een baksteen, dat ze zal blijven naaien, dat ze zal blijven doen wat ze moet doen – maar ze wéét het gewoon. Ze begint boos te worden, woedend. En de naald voelt weer licht, licht en vlug. Dit vuur is wat haar gaande houdt – maar het is ook een vloek. Het maakt dat ze opvalt, dat ze de aandacht trekt. Ze moet het onderdrukken, het beheersen, het sturen.

Om te overleven.

HOOFDSTUK 4

Het angstaanjagende gekletter van een hamer op metaal wekt de nieuw-komers in Goelag Vorkoeta om zes uur. Antonina had gelijk – hier kun je onmogelijk doorheen slapen. Gedurende de nacht hebben de vrouwen om beurten kolen in de kachel gestopt, net genoeg om die brandend te houden. Hoewel de zon nog steeds het grootste gedeelte van de nacht schijnt, had er rijp op de grond gelegen toen ze na het eten naar de hut waren teruggekeerd. Ze hadden allemaal geslapen in de kleren die ze de vorige dag hadden gekregen.

De deur gaat open en een koude windvlaag waait naar binnen. Antonina Karpovna houdt de deur open en kijkt toe terwijl de vrouwen naar het voeteneind van hun bed rennen en zich naar haar toe keren. Ze knikt goed-keurend.

Ze loopt door de hut en inspecteert de nummers die de vrouwen op hun jassen hebben genaaid. Bij Elena blijft ze staan en blaft: 'Vanavond doe je het opnieuw. Dat is het slordigste naaiwerk dat ik ooit heb gezien.'

Wanneer ze terug is bij de deur, draait ze zich naar de twee dichtstbij-zijnde meisjes toe. 'Pak de emmers, dan laat ik jullie zien waar je ze kunt legen. Morgen neemt een van jullie een andere zechka mee en laat haar zien hoe het moet. Enzovoort, gesnapt?'

De twee meisjes haasten zich naar de toiletemmers aan de achterkant van de hut, recht tegenover Cilka's bed.

Terwijl Antonina en de twee meisjes met de emmers verdwijnen, blijft de rest van de vrouwen staan. Niemand durft zich te verroeren. Wanneer de meisjes met grauwe gezichten terugkeren, draagt Antonina hun alle-maal op om naar de eetzaal te gaan voor het ontbijt en zich om zeven uur weer bij de hut te melden voor het appel.

Buiten bukken de twee meisjes die de toiletemmers hebben leegge-gooid en wrijven met hun handen over de bevroren grond in een poging de stank en de urine kwijt te raken.

Als dit het eind van de zomer is, denkt Cilka terwijl ze samen met Josie naar het eetgebouw loopt, en er ligt nu al een dun laagje sneeuw op de grond, dan zijn ze geen van allen voorbereid op wat er nog gaat ko-men. Van de winter zal het ondraaglijk zijn om buiten te werken.

Het ontbijt bestaat uit een dikke, smakeloze haverpap. Josie denkt er-aan om haar kostbare stukje brood in haar mouw te stoppen. Net als de vorige dag zijn er geen vrije plekken aan de tafels. Deze keer weten de nieuwkomers wat ze moeten doen, en ze leunen tegen de muren.

Het is duidelijk dat ze de pap niet kunnen drinken. Ze kijken om zich heen en zien anderen die twee vingers gebruiken als lepel. Iets anders zit er voorlopig niet op.

Appel. Dit is Cilka zeer vertrouwd. Ze kan alleen maar hopen dat het snel zal gaan, met zijn twintigen. Dat niemand gedurende de nacht is verdwe-nen. Ze herinnert zich dat ze een keer een hele nacht buiten in de kou had gestaan tot een gevangene was gevonden. De pijn in haar knieën en haar enkels. En dat was nog niet eens de ergste nacht op die *andere plek*. Bij lange na niet. Antonina Karpovna begint hun namen te roepen. *Na-men. Ik ben geen nummer. En toch heb ik een nummer.* Cilka kijkt naar haar bedekte linkerarm en naar het nummer dat nu op haar ruwe bruine jas zit genaaid. *Ik heb een naam.* Ze geeft met luide stem antwoord, 'ja,' wanneer ze haar naam hoort. Ze krijgen opdracht om vier rijen van vijf te vormen.

Groepjes vrouwen lopen ondertussen langs hen heen, allemaal aange-voerd door een brigadier. Groepjes mannen ook, vanaf de andere kant van het kamp. Cilka en haar hutgenoten volgen hen naar de hekken waar het kampterrein ophoudt. Voor zover Cilka bij aankomst heeft kunnen zien, was er maar één ingang en één uitgang. Een eenvoudig hek van prikkeldraad markeert de grens. Groepjes mannen en vrouwen zwermen voorwaarts.

Wanneer ze bij de uitgang zijn en voor het eerst het dagelijkse ritueel van de gang naar het werk aanschouwen, vertragen ze hun pas en blijven ze staan. Wanneer Antonina aan de beurt is, ziet Cilka dat ze op een bewaker of opzichter afstapt en hem de lijst met namen laat zien. Dan gebaart Antonina dat de eerste rij vrouwen naar voren kan komen. De opzichter inspecteert hen en kiest vijf vrouwen uit die hij uit de rij haalt en naar voren duwt. Dit herhaalt hij met de volgende drie rijen. Hij knikt naar Antonina, die met de vrouwen meeloopt en hun opdraagt om achter de anderen aan te lopen. Ze volgen een spoorlijn, nu en dan struikelend over de rails, bedenkend dat het makkelijker is om over de rails te lopen dan hun voeten door de zuigende modder te slepen en de energie te verspillen die ze nodig zullen hebben voor het werk.

Opzichters lopen heen en weer langs de rijen mannen en vrouwen die naar de grote mijn sjokken die voor hen opdoemt. De mijn ziet eruit als een zwarte berg met een gat erin dat toegang geeft tot de hel. Hoge stapels steenkool liggen naast kleine gammele gebouwtjes. Bovenaan de mijn zien ze het rad dat de steenkool omhoogtakelt uit de diepte. Wanneer de vrouwen dichterbij komen, zien ze open karretjes op de rails staan.

Wanneer ze bij de mijn zijn, lopen de voorste vrouwen verschillende kanten op, op weg naar taken en plekken die ze al kennen. Antonina levert de nieuwkomers af bij een opzichter en volgt dan een aantal vrouwen uit de andere hutten, die ook bij haar brigade horen.

De opzichter loopt tussen de vrouwen door, pikt er een aantal uit en zet die apart.

'Hé, Alexei,' roept hij, 'kom deze maar halen. Ze zien eruit alsof ze wel een pikhouweel kunnen hanteren.'

Een andere opzichter komt naar hem toe en gebaart dat de vijftien overgebleven vrouwen hem moeten volgen. Cilka, Josie en Natalja blijven achter. De man neemt hen van top tot teen op.

'Jullie zouden met zijn drieën nog geen pikhouweel van de grond krijgen. Volg mij.'

Ze lopen naar een van de bergen steenkool en komen daar precies aan op het moment dat de kraan een nieuwe lading op een berg gooit. Ze worden bedekt met stof en kleine brokjes van de harde, scherpe steenkool.

'Pak een emmer en begin te scheppen. Wanneer de emmer vol zit, breng je hem naar een van de karretjes en gooi je hem daarin leeg,' zegt de man, wijzend naar de karretjes op de treinrails. Anderen zijn al bezig de karretjes vol te storten.

De vrouwen pakken een emmer en beginnen die te vullen.

'Met dat tempo komen jullie in de problemen,' waarschuwt een vrouw. 'Kijk hoe ik het doe.'

De vrouw pakt haar lege emmer en gebruikt die als een schep, zodat de emmer alvast halfvol zit. Dan laat ze de emmer op de grond zakken en gebruikt haar handen om hem tot de rand te vullen. De vrouwen proberen haar na te doen, met wisselend succes. Ze vullen allemaal hun emmer tot aan de rand en proberen hem dan op te tillen. Het lukt ze geen van allen; de emmers zijn te zwaar.

'Gooi er wat uit en doe er niet meer in dan je kunt dragen,' raadt de vrouw hun aan. 'Hoe langer je dit werk doet, hoe sterker je wordt.'

Cilka en Josie kunnen enkel een halfvolle emmer dragen, iets wat de opzichter bij de karretjes niet ontgaat. Het is één ding om ze te dragen, en iets anders om ze op te tillen en leeg te gooien.

De man die toezicht houdt op het werk kijkt minachtend naar de halflege emmers. 'Jullie krijgen geen pauze. Zwakkelingen als jullie moeten de achterstand inhalen.'

Op verschillende momenten ziet Cilka Antonina in een klein boekje schrijven, met de opzichters overleggen, verantwoording afleggen voor de productiviteit van haar brigade.

Het werk is zo zwaar dat Cilka, Josie en Natalja beginnen te kreunen en te hijgen. Ze kijken vol afgunst toe wanneer de anderen hun gereedschap tien minuten neer mogen leggen om pauze te houden. Cilka's schouders, nek en rug branden. Wanneer het gekletter van de gong een paar uur later klinkt, laten de vrouwen hun emmers, pikhouwelen en andere spullen ter plekke op de grond vallen. Mannen en vrouwen sjokken terug naar het spoor en zoeken de anderen uit hun brigade op – degenen met wie ze een hut delen, en de gevangenen uit nabijgelegen hutten. Ze gaan bij elkaar staan en wachten tot hun brigadiers hen komen ophalen. Zodra ze toestemming krijgen, sjokken ze zwijgend terug langs het spoor en blijven buiten het hek van het terrein staan. Antonina Karpovna geeft haar papier aan de bewaker bij de ingang, die de vrouwen telt. Dan schuifelen ze met pijnlijke lichamen achter Antonina aan naar de hut, waar nog maar een paar kooltjes gloeien in de kachel, zonder enige warmte te geven. Natalja gooit wat kolen in de kachel om het vuur weer op te stoken. Het verbaast Cilka dat het meisje de kracht kan vinden om zelfs maar naar de kolen te kijken, laat staan ze in de kachel te scheppen. Ze ploffen allemaal op hun bed en trekken de dekens over hun hoofd. Niemand zegt iets.

Wat door moet gaan voor hun avondeten helpt nauwelijks om hun energie aan te vullen. Wanneer ze terugkeren naar de hut, gaan de meeste vrouwen weer op hun bed liggen; maar een paar van hen verzamelen zich rond de kachel.

'Waar kijk jij naar?'

Cilka, die op haar bed ligt, herkent de stem. Elena.

'Niet naar jouw lelijke bakkes,' hoort ze Natalja antwoorden.

Cilka richt zich op en steunt op haar elleboog om te zien waar deze woordenwisseling toe zal leiden.

'Ik sla je in elkaar, trut, als je niet bij me uit de buurt blijft.'

'Laat me met rust, pestkop. Laat ons allemaal met rust,' snauwt Natalja uitdagend terug, terwijl ze overeind komt van haar bed.

'Natalja, ga zitten,' zegt Olga. 'Ze is het niet waard.'

Elena maakt een sissend geluid.

De uitputting heeft Cilka murw gemaakt. Ze begrijpt de boosheid, de felle woorden. Wanneer je je woede niet op je overmeesteraars kunt richten, uit angst voor je leven, vindt die andere uitwegen. Ze vraagt zich af hoe oud Elena is, wat haar is overkomen. Misschien is het probleem dat haar nooit eerder iets ís overkomen. Net als Cilka, vóór die *andere plek*. Ze had alle liefde, voedsel, kleding en comfort gehad die ze zich maar kon wensen. Wanneer dat allemaal van het ene op het andere moment wordt weggenomen... Tja, niemand weet hoe je dan zult reageren.

Ze moet zichzelf niet toestaan om terug te denken. Morgen... Morgen zal een herhaling zijn van vandaag, en de volgende dag ook, en de volgende week, en voor Cilka de volgende vijftien jaar.

Wanhoop overspoelt haar.

Auschwitz-Birkenau, 1943

Gehuld in een lange warme jas staat Cilka in de sneeuw buiten blok 25. Zoals ze al had gevreesd, verblijven in haar blok de vrouwen die hun laatste dagen op aarde meemaken, vaak te ziek om te bewegen, het leven al weggeëbd uit hun ogen. Dit is nu Cilka's wereld, en ze vervult haar rol daarin zodat ze in leven blijft. Vergelijkbaar geklede kapo's komen naar haar toe met vrouwen en meisjes in hun kielzog – uitgemergelde, spookachtige gedaantes, die elkaar vaak ondersteunen zodat ze niet door hun benen zakken. Iedere kapo vertelt de vrouwen onder haar hoede dat Cilka hun blokleider is, dat ze moeten doen wat zij zegt. Ze krijgen instructie om buiten in de kou te wachten op de ss-officier die het appel voor zijn rekening zal nemen.

Cilka voelt zich zo levenloos als de sneeuw. Haar ogen worden wazig wanneer ze de benige, gebogen lichamen ziet, maar haar gevoelens zijn verdwenen. Het begon toen Schwarzhuber haar dat kleine kamertje aan de voorkant van blok 25 wees en zijn regelmatige bezoekjes begonnen. Ze heeft ontdekt dat ze leeg kan worden, dat ze kan veranderen in een verzameling ledematen, niets meer dan botten, spieren en huid. Ze heeft daar niet voor gekozen. Het gebeurde gewoon. Ze denkt dat het net zoiets is als wat er gebeurde wanneer ze als kind haar knie ernstig schaafde – hoewel ze het bloed zag, duurde het een hele tijd voordat ze de pijn voelde.

Cilka staat zwijgend in de sneeuw en wacht tot iemand haar komt vertellen dat alle vrouwen die die avond in blok 25 worden verwacht, aanwezig zijn. Morgen, of misschien de dag daarna, als de nazi's besluiten dat ze iets beters te doen hebben, zullen ze allemaal naar de gaskamer worden gebracht die eruitziet als een klein wit huisje. En dan worden ze vermoord.

Er komt een hooggeplaatste ss-officier aan, met de laatste groep van tien vrouwen. Met zijn wapenstok slaat hij zonder enige aanleiding nietsvermoedende vrouwen. Iets doorbreekt Cilka's glazige toestand en ze haast zich naar de vrouwen toe.

'Schiet op, stelletje luie niksnutten!' roept ze. 'Ik heb ze,' zegt ze tegen de ss-officier en ze gaat voor hen staan als hij op het punt staat zijn wapenstok op het hoofd van een jong meisje te laten neerkomen. Cilka geeft het meisje een harde duw, zodat ze voorover in de sneeuw valt.

'Sta op en ga bij de anderen staan,' schreeuwt ze tegen het meisje.

De ss-officier kijkt toe, knikt naar Cilka en loopt weg. Hij ziet niet dat Cilka zich vooroverbuigt en het meisje voorzichtig overeind helpt.

'Vlug, ga bij de anderen staan,' zegt ze, een stuk vriendelijker.

Dan ziet ze dat de ss-officier terugkomt. 'Naar binnen, nu! Ik sta hier te bevriezen omdat jullie te langzaam en te lui zijn om in beweging te komen. Vooruit!' roept ze.

Ze draait zich naar de ss-officier toe en schenkt hem een brede glimlach. Dan volgt ze de vrouwen naar binnen en trekt de deur achter zich dicht.

De vrouwen zoeken een plekje om te gaan zitten of liggen, hoewel er nauwelijks ruimte is. Soms zit het blok zo vol dat een aantal van hen op de voorplaats terechtkomt, opgestapeld als beesten. Grauwe, magere gezichten staren naar Cilka – blikken vol doodsangst en hulpeloosheid. Ze wil dolgraag uitleggen dat ze tegen hen schreeuwt om te voorkomen dat de ss binnen zal komen.

De woorden blijven steken in haar keel.

Ze is zestien. Misschien wel de jongste persoon in de ruimte op dat moment. En ze zal hen allemaal overleven.

Ze ziet een vrouw met aangekoekt braaksel op haar wang. Wat ze daarnet ook voelde, het raakt weer afgesloten. Ze is zo vlak en blanco als de sneeuw, als de muren. Wanneer het lawaai dat de vrouwen maken, luider wordt – het gejammer en het gesnik en het slaan van handpalmen op muren, de gebeden en het aanroepen van de namen van geliefden en dierbare overledenen – draait Cilka zich om en loopt naar de voorkant van het blok, naar haar kamer, waar ze op haar bed gaat liggen.

De dagen zijn lang, zwaar en pijnlijk. Cilka moet reserves van lichamelijke kracht aanspreken waarvan ze niet eens wist dat ze die bezat. Zij en Josie hebben verschillende methodes uitgeprobeerd om hun broodrantsoen over de dag te verspreiden, om er maximale energie uit te putten. 's Avonds praten de vrouwen vaak over eten. Wanneer ze het over hun familie hebben, over thuis, gaat het vooral hierover – gedeelde maaltijden. Zuurkool en champignons, cottagecheese, worst, pierogi, vers fruit. Cilka moet diep in haar geheugen duiken om mee te kunnen praten, en ze moet de afgunst onderdrukken die voortkomt uit de wetenschap dat deze herinneringen voor de vrouwen om haar heen veel recenter zijn.

Het ziet er niet naar uit dat de vrouwen bereid zijn uitgebreid over hun arrestatie te praten, over recente gebeurtenissen, over de huidige verblijfplaats van hun familie. Of misschien zijn ze er nog niet achter of ze elkaar werkelijk kunnen vertrouwen. Wel vragen ze zich hardop af hoe het met hun dierbaren is. Margarethe, een sympathieke jonge Russin met een rond gezicht en kuiltjes in haar wangen, maakt zich continu zorgen over haar vermiste echtgenoot. Josie zit in over haar broers, en Olga piekert over haar kinderen. Weliswaar weet ze waar ze zijn, maar ze heeft geen idee hoe het met ze gaat en of ze wel iets van hen zal horen. Cilka denkt aan iedereen die ze kwijt is geraakt, maar ze kan geen uitdrukking geven aan haar gevoelens.

Op een avond zegt Olga tegen Cilka: 'Klein… dat is een veel voorkomende Joodse achternaam, toch?'

Cilka knikt. 'Inderdaad.' Ze staat op. 'Ik ga de kolen aanvullen.'

Wanneer de vrouwen een week later terugkeren van het werk, kondigt Elena aan dat Natalja de volgende dag de poepemmers moet legen, voor de tweede dag achter elkaar. De eerste zware sneeuwval is begonnen, en terwijl Elena dit zegt, trekt ze haar jas wat dichter om zich heen.

'Ik doe het wel,' biedt Josie aan. 'Het is al een poosje geleden dat ik aan de beurt was.'

'Ik ben hier de baas,' zegt Elena, overeind komend. 'Ik zeg wie wat moet doen.'

'Nee, dat ben je niet,' werpt Josie tegen. 'Niemand heeft jou de leiding gegeven. We doen het werk samen.'

Tot Cilka's verbazing zegt Elena niets terug. Ze knijpt gewoon haar ogen samen en gaat zitten, weggedoken in haar jas.

De vrouwen staan rond de kachel en laten de warmte hun zere spieren koesteren, in afwachting van het luide gekletter dat hun vertelt dat het tijd is om naar de eetzaal te gaan voor het avondmaal.

Plotseling krijgt Josie een harde duw in haar rug. Ze reageert door haar hand uit te steken, op zoek naar iets wat ze vast kan pakken om haar evenwicht te herstellen, en haar hand komt terecht op de hete kachelpijp. Haar gil weerkaatst tegen de muren.

Ze houdt haar arm naar voren, alsof ze hem af wil schudden. Er schieten duizend gedachten door Cilka's hoofd, beelden van zieke en gewonde vrouwen en wat er met hen is gebeurd. Nee, niet Josie. Cilka pakt haar vast, loodst haar het gebouw uit en duwt haar verbrande hand in de sneeuw die nu delen van de grond buiten bedekt. Josie sist tussen haar tanden door en begint hoorbaar te huilen.

'Stil nu,' zegt Cilka, een beetje barser dan bedoeld.

Na een paar minuten trekt ze Josies hand uit de sneeuw en onderzoekt de schade. De handpalm en alle vier de vingers zijn felrood, en de duim is de enige plek die niet getroffen is.

Ze duwt de hand weer in de sneeuw en draait Josies gezicht naar zich toe. Het is doodsbleek, zo wit als de sneeuw.

'Blijf hier, ik ben zo terug.'

Ze stormt weer naar binnen, blijft staan en staart naar de vrouwen die rond de kachel staan.

Een klaaglijk 'Hoe gaat het met haar?' blijft onbeantwoord.

'Wie heeft dit gedaan? Wie heeft haar geduwd?' Cilka heeft alleen gezien dat Josie plotseling naar voren tuimelde. Ze heeft echter haar vermoedens.

De meeste vrouwen wenden hun blik af, maar Cilka ziet dat Natalja een blik op de boosdoener werpt.

Cilka loopt naar Elena, die op haar bed zit.

'Ik kan je doormidden breken,' bijt Elena Cilka toe.

Cilka begrijpt het verschil tussen een loos dreigement – een vertoon van macht dat voortkomt uit hulpeloosheid – en de werkelijke intentie om anderen kwaad te doen.

'Een heleboel mensen die veel intimiderender zijn dan jij hebben geprobeerd mij te breken,' zegt ze.

'En ik heb gevochten met mannen die tien keer zo zwaar zijn als jij,' zegt Elena.

De vrouwen om hen heen stappen naar achteren, geven hun ruimte, ervan overtuigd dat ze met elkaar op de vuist zullen gaan.

'Sta op,' beveelt Cilka.

Elena blijft haar uitdagend aanstaren.

In Cilka's binnenste laait een vuur op. 'Ik vraag het je nog één keer. Sta op.'

De twee vrouwen staren elkaar een paar seconden aan en dan staat Elena langzaam op, pruilend, als een kind.

'Elena, ik ga je deken van je bed halen, hopen dat het laken eronder niet wemelt van de luizen, en er een stuk af scheuren. Je zult niet proberen om me tegen te houden. Is dat duidelijk?'

Elena snuift, maar ze knikt langzaam. De andere vrouwen komen weer dichterbij en gaan achter Cilka staan, nu ze doorhebben dat zij degene is die bepaalt wat er gebeurt.

Met één oog op Elena trekt Cilka de deken van het bed. Ze pakt de onderkant van het laken, brengt het naar haar mond en trekt er met haar tanden aan tot er een kleine scheur ontstaat. Met haar handen scheurt ze een strook van het laken.

'Dank je, Elena. Nu kun je je bed weer opmaken.' Ze keert zich naar de deur toe.

Daar staat Antonina Karpovna, met haar hand tegen de deurpost, zodat Cilka niet weg kan.

'Ga je problemen voor me veroorzaken?' vraagt ze.

'*Nyet*,' antwoordt Cilka in het Russisch. Nee.

Antonina haalt haar arm weg. Cilka loopt weer naar buiten, waar Josie in het tanende daglicht in de sneeuw zit. Ze wiegt haar lichaam heen en weer van de kou en de pijn. Cilka veegt de sneeuw van haar gewonde hand en verbindt die vervolgens met het afgescheurde laken. Ze helpt Josie overeind, slaat haar armen om haar heen en loodst haar weer naar binnen. Het voelt vreemd om zo dicht bij iemand te zijn. De laatste persoon die ze uit eigen vrije wil zo had aangeraakt, was Gita geweest. De vrouwen rond de kachel gaan opzij om hen zo dicht mogelijk bij de warmte te laten.

Het signaal voor het avondeten klinkt. Josie weigert haar bed te verlaten. Even voelt Cilka zich gefrustreerd, boos, over haar hulpeloosheid. Bijna laat ze haar achter. Dan bedenkt ze hoeveel erger het zal zijn als Josie niet eet, kracht verliest.

'Josie, kom op,' zegt ze en ze helpt het meisje overeind.

In de eetzaal geeft Cilka Josie haar beker soep. Ze pakt hem met haar linkerhand aan. Wanneer Josie een stuk oud brood krijgt uitgereikt, kan ze dat niet aanpakken, en het valt op de vloer. Een bewaker kijkt toe en wacht af wat Cilka, die als volgende in de rij staat, zal doen. Als ze Josie helpt, kan ze waarschijnlijk straf verwachten. Doet ze dat niet, dan zal Josies kracht eronder lijden. Josie bukt zich, met haar linkerhand stevig om haar beker geklemd, en ze kijkt smekend naar Cilka. Zonder haar blik van die van Josie los te maken, stopt Cilka haar eigen stuk brood tussen haar tanden en houdt het daar vast – een stille instructie. Voorzichtig zet Josie haar beker op de vloer, raapt de homp brood op en stopt die tussen haar tanden. Dan pakt ze de beker weer en loopt verder.

Zodra ze een plekje hebben gevonden om te staan, buiten het gezichtsveld van de bewaker, pakt Cilka het stuk brood uit Josies mond en helpt haar om het in de mouwen van haar jas te stoppen.

Terug in de hut vragen de vrouwen hoe het met Josies hand gaat. Dapper zegt Josie dat het wel goed komt. Cilka is blij dat ze zich na het eten wat hoopvoller voelt.

Zittend op haar bed kijkt Cilka naar de sneeuw die aan de buitenkant van het raam in vocht verandert, tranen die langs het glas omlaag biggelen. Ze vraagt Josie of ze haar verbrande hand mag bekijken. Voorzichtig wikkelt ze het geïmproviseerde verband af. Het laatste stukje, dat aan de beschadigde huid kleeft, moet ze lostrekken. Josie duwt haar andere hand in haar mond om te voorkomen dat ze een kreet slaakt van pijn.

'Het ziet er beter uit,' zegt ze, in een poging Josie te troosten met woorden die ze zelf niet gelooft. Ze weet hoe belangrijk het is om niet op te geven.

Natalja komt naar hen toe en gaat naast Josie zitten om de wond te bekijken.

'Ik zal Antonina morgen vragen of er hier een ziekenboeg is. Zo ja, dan kunnen zij je helpen en de wond fatsoenlijk verbinden.'

Cilka weet dat iemand die onder het werk uit probeert te komen, niet op sympathie hoeft te rekenen. Maar als Josies hand niet geneest, wordt de situatie nog veel ernstiger. Ze knikt.

'Bedankt, Natalja,' zegt ze.

Ze gaan allemaal in hun bed liggen. De nacht omhult hen, maar het wordt nog steeds vroeg dag en Cilka schrikt met bonkend hart wakker voordat de stilte haar weer in slaap sust.

Wanneer Antonina de volgende ochtend de hut binnenkomt, ziet ze er vermoeid uit. Zonder iets te zeggen gebaart ze dat de vrouwen in beweging moeten komen. Natalja wil haar over Josie vertellen, maar ze ziet dat Cilka haar hoofd schudt. Terwijl ze naar de eetzaal lopen, fluistert Cilka: 'Laat Josie eerst ontbijten, anders krijgt ze misschien niets.' Bovendien is ze zich bewust van Antonina's slechte humeur. Ze heeft geleerd om de gezichten te lezen van bewakers, opzichters, iedereen die macht heeft over de anderen.

Wanneer alle namen bij het appel zijn afgevinkt, knikt Natalja naar Cilka. Cilka en Josie hebben hun havermoutpap op en ze hebben allebei een stuk brood in hun mouw geschoven. Ook Antonina heeft weer wat kleur op haar gezicht.

'Pardon, Antonina Karpovna,' zegt Natalja. Het valt Cilka op dat ze haar formeel bij haar voor- en achternaam aanspreekt.

De brigadier geeft Natalja haar volle aandacht.

'Zoals u misschien weet van uw bezoek gisteravond, heeft Josie een verwonding aan haar rechterhand opgelopen. Is er een ziekenboeg die ze kan bezoeken?'

'Hoe is het gebeurd?' vraagt Antonina.

Zo te zien wil Natalja liever niet vertellen wie de schuldige is. Hoe lelijk de daad ook was, ze willen niet dat iemand in het hol gegooid wordt: de strafcel. Daar kun je verhongeren, ernstige ziektes oplopen, krankzinnig worden. Hoe woedend Cilka ook op Elena is – vooral vanwege de lafheid van haar daad, een duw in de rug – vindt ze dat de vrouw een tweede kans verdient.

Josie lijkt het daarmee eens te zijn. 'Ik ben gestruikeld vlak bij de kachel,' zegt ze, 'en ik heb mijn hand uitgestoken om mijn val te breken.'

Antonina wenkt Josie, en het meisje loopt naar de brigadier toe, met haar verbonden hand voor zich uit gestrekt.

'Hoe weet ik dat je niet gewoon onder het werk uit probeert te komen?'

Josie begrijpt haar en begint het verband los te wikkelen. Ze kan de tranen niet tegenhouden die in haar ogen springen wanneer ze de laatste laag weghaalt en de rauwe verbrande huid onthult.

Cilka doet een stap naar voren, zodat ze naast Josie staat. Ze wil niet opvallen, maar ze wil wel dat Josie weet dat ze er is, dat ze haar steunt.

Antonina neemt hen allebei op. 'Jullie stellen allebei niet veel voor, is het wel?' Ze kijkt naar Cilka. 'Breng haar weer naar binnen. Ik kom jullie straks halen.'

Cilka schrikt. Ze doet echter wat haar wordt opgedragen. Haastig lopen ze de hut weer in en Cilka kijkt over haar schouder naar de anderen terwijl die naar het werk schuifelen. De sneeuw waait op en omhult hen, en ze verdwijnen uit het zicht. Wat heeft ze gedaan?

Ze kruipen bij de kachel, met dekens om hun trillende lichamen geslagen. Cilka hoopt vurig dat ze aan de barre kou zullen wennen. Het is nog niet eens winter. Een kille windvlaag doet hen opschrikken. Antonina staat in de deuropening.

Cilka geeft Josie een zachte por en vlug lopen ze naar de deur en volgen Antonina naar buiten. Cilka zorgt dat de deur goed dicht zit achter hen.

Ze heeft Antonina vaak met een andere brigadier gezien – een vrouw met wie ze een hut deelt – dus ze veronderstelt dat de twee samen verantwoordelijk zijn voor de vrouwelijke gevangenen. Of misschien is de andere vrouw Antonina's assistent. Hoe het ook zit, zij moet degene zijn die toezicht houdt op de brigade tijdens het werk, terwijl Antonina deze taak op zich neemt.

Het is niet ver naar de ziekenboeg, maar door de sneeuwstorm gaat het lopen traag en moeizaam. De sneeuw is zo diep dat ze gedwongen zijn om hun benen erdoorheen te duwen, in plaats van stappen te zetten. Cilka probeert een idee te krijgen van de omvang van het complex, afgaande op het aantal slaaphutten die ze ziet. De andere, grotere gebouwen, die enigszins gescheiden staan van de rest, moeten administratiegebouwen of opslagruimtes zijn, maar ze kan nergens aan zien waarvoor ze gebruikt worden. Het gebouw waarin de ziekenboeg is gevestigd, ziet er aan de buitenkant ook neutraal uit.

Er staat een bewaker bij de ingang. Antonina ziet zich gedwongen de sjaal af te doen die ze om haar gezicht heeft gewikkeld, zodat ze iets tegen de man kan roepen. Cilka vraagt zich af wat hij misdaan heeft om met deze plicht gestraft te worden. Het lijkt weinig beter dan het bestaan van de gevangenen, hoewel hij waarschijnlijk een beter woonverblijf heeft en fatsoenlijk te eten krijgt. Met duidelijke tegenzin opent hij de deur en duwt de vrouwen naar binnen. Waarschijnlijk is hem opgedragen geen sneeuw naar binnen te laten.

De warmte van het gebouw slaat hun direct in het gezicht en ze wikkelen hun sjaals los. Josie gebruikt haar goede hand.

'Wacht hier,' draagt Antonina hun op. Ze blijven bij de gesloten deur staan en bekijken het vertrek dat ze zojuist binnen zijn gegaan.

Het is een soort wachtruimte. Gevangenen – mannen en vrouwen – zitten op de paar beschikbare stoelen en anderen zitten op de vloer, voorovergebogen, met gezichten die vertrokken zijn van de pijn. Weer anderen liggen opgekruld op de grond, slapend, bewusteloos, dood – dat valt niet te zeggen. Sommigen van hen kreunen zachtjes, een verontrustend geluid, een geluid dat Cilka maar al te goed kent. Ze kijkt de andere kant op, naar een portret van Stalin aan de muur.

Antonina staat bij de balie aan de andere kant van de ruimte en spreekt zachtjes met de potige dame erachter. Met een hoofdknikje keert ze terug naar Cilka en Josie.

'Jullie hebben nummer 509, wacht tot dat wordt omgeroepen.' Langzaam herhaalt ze de cijfers in het Russisch: *'Pyat'sot devyat.'* Zonder verder nog iets te zeggen loopt ze terug naar de deur. Wanneer ze die opent, waait er verse sneeuw naar binnen, die al snel smelt tot een plasje op de vloer.

Cilka pakt Josie bij de arm en loodst haar naar een klein stukje vrije muur waar ze tegenaan kunnen zitten. Pas als ze zich op de grond laten glijden, ziet Cilka dat verschillende hoofden omhooggaan en angstige ogen de nieuwkomers peilen. Is zelfs hier een hiërarchie? Ze ontmoet hun blikken zonder met haar ogen te knipperen. Zij kijken als eerste weg.

Cilka schrikt wakker als iemand hun nummer schreeuwt.

'Laatste kans!' roept de potige vrouw achter de balie.

Gedesoriënteerd ziet ze dat Josie ligt te slapen, met haar hoofd op Cilka's uitgestrekte benen. 'Hier! We komen eraan!' roept ze zo luid als ze kan.

Ze schudt Josie wakker en samen haasten ze zich naar de balie en de nors kijkende vrouw erachter.

De vrouw staat op, duwt Josie een klembord in haar hand en loopt naar een deur die toegang geeft naar het vertrek achter de balie. Cilka en Josie volgen.

In het andere vertrek leidt de vrouw hen langs rijen bedden die aan beide kanten van de kamer tegen de muur staan. Een ziekenzaal. Cilka kijkt naar de bedden. De lakens zijn wit. De dekens zijn grijs, maar dikker dan de dekens in de hut. De hoofden van de mannen en vrouwen die er liggen, worden ondersteund door kussens.

Aan de andere kant van de ziekenzaal is een behandelruimte die met een scherm van de rest van de zaal is afgescheiden. De scherpe geur van ontsmettingsmiddel dringt hun neusgaten binnen.

Josie wordt op een stoel geduwd naast een tafel die vol staat met flesjes, verband en instrumenten.

De vrouw gebaart naar het klembord dat Josie in haar hand heeft en geeft Cilka een pen. Cilka begrijpt dat het de bedoeling is dat ze het formulier invullen. De vrouw draait zich om en verdwijnt.

'Ik kan het niet,' fluistert Josie. 'Ik schrijf met mijn rechterhand.'

'Laat mij maar,' zegt Cilka.

Ze pakt het klembord, schuift wat spullen op de tafel opzij en legt het klembord neer.

Dan ziet ze dat het formulier in cyrillisch schrift is opgesteld. De letters lijken wel tunnels en hekjes, met verrassende boogjes en versieringen. Het is lang geleden dat ze het heeft gelezen. Het zal niet meevallen om het te schrijven.

'Goed,' zegt ze. 'Het eerste wat je moet invullen, is altijd je naam. Wat is je achternaam, Josie?'

'Kotecka, Jozefína Kotecka.'

Cilka schrijft de naam langzaam op, zo zorgvuldig mogelijk, hopend dat de artsen het kunnen lezen.

'Even kijken... volgens mij staat hier geboortedatum?'

'25 november 1930.'

'En hier vragen ze je woonplaats.'

'Ik heb geen adres meer. Ze hebben mijn vader gearresteerd nadat hij een dag niet op zijn werk was geweest. Hij was houthakker en hij ging op zoek naar mijn broers, die al drie dagen vermist werden. Daarna hebben ze mijn moeder opgepakt. Mijn grootmoeder en ik waren doodsbang, helemaal alleen in ons huis. En toen kwamen ze en arresteerden ons ook.' Josie kijkt gepijnigd. 'Niemand van mijn familie woont daar nu nog.'

'Ik weet het, Josie.' Cilka legt haar hand op Josies schouder. Zij was even oud als Josie toen ze iedereen was kwijtgeraakt.

'Ze sloten me op in de gevangenis.' Josie begint te huilen. 'Ze sloegen me, Cilka. Ze sloegen me en ze wilden weten waar mijn broers waren. Ik zei dat ik dat niet wist, maar ze weigerden me te geloven.'

Cilka knikt om te laten zien dat ze luistert. Gek toch, denkt ze, welke momenten en welke manieren het verleden kiest om zichzelf te onthullen. Maar niet voor haar. Ze zou de woorden onmogelijk kunnen vinden.

'Op een dag hebben ze mij en mijn grootmoeder in een vrachtwagen gezet en naar het treinstation gebracht, en daar heb ik jou ontmoet.'

'Het spijt me dat het allemaal weer wordt opgerakeld, Josie. Laten we…' Ze kijkt naar het formulier.

'Nee, het geeft niet,' zegt Josie. Ze kijkt op naar Cilka. 'Wil je me vertellen waarom jij hier bent? Ik weet alleen dat je uit Slowakije komt. En die vrouw in de trein zei dat ze ergens was waar jij ook was… Is jouw familie ook opgepakt?'

Cilka's maag verkrampt. 'Misschien een andere keer.'

'En toen we hier kwamen, wist je wat we moesten doen.' Verward fronst Josie haar wenkbrauwen.

Cilka negeert haar, doet net alsof ze het formulier weer bestudeert.

Ze horen iemand achter zich en wanneer ze zich omdraaien, zien ze een lange, slanke, aantrekkelijke vrouw in een witte doktersjas, met een stethoscoop om haar nek. Goudblonde vlechten zijn om haar hoofd gewikkeld en wanneer ze glimlacht verschijnen er kleine rimpeltjes rond haar blauwe ogen.

Ze bestudeert hun gezichten en spreekt hen direct aan in het Pools, een taal die ze allebei begrijpen. 'Waarmee kan ik jullie helpen?' Ze heeft een accent dat Cilka niet eerder heeft gehoord.

Josie wil opstaan.

'Nee, blijf zitten. Ik neem aan dat jij de patiënt bent.'

Josie knikt.

'En jij bent?'

'Ik ben haar vriendin. Ze hebben me gevraagd om bij haar te blijven.'

'Heb je moeite met het formulier?'

'We waren het aan het invullen,' zegt Cilka. Ze moet het wel vragen: 'Hoe wist u in welke taal u ons moest aanspreken?'

'Ik werk al lange tijd als arts in de kampen en ik heb geleerd om een goede inschatting te maken.' De dokter glimlacht hartelijk, vol vertrouwen, het eerste open gezicht dat Cilka heeft gezien sinds ze hier is aangekomen.

'Laat eens kijken,' zegt ze en ze neemt het klembord over van Cilka. 'Goed gedaan.'

Cilka bloost.

'Waarom vul je het niet verder in? Ik zal je de vragen voorlezen.'

'In het Russisch?'

'Ken je Russisch?'

'Ik kan het spreken, maar schrijven is wat moeilijker.'

'In dat geval denk ik dat je zeker verder moet gaan in het Russisch. Hoe sneller je het leert, hoe beter, op deze plek. Welke andere talen ken je?'

'Slowaaks, Tsjechisch, Pools, Hongaars en Duits.'

De dokter houdt haar hoofd schuin. 'Indrukwekkend.' Ze zegt het rustig. 'De volgende vraag op het formulier is: wat is het doel van uw bezoek aan het ziekenhuis?' Ze vraagt het in het Russisch.

Cilka begint iets op te schrijven.

De dokter kijkt over haar schouder mee. 'Dat komt aardig in de buurt. Waarom probeer je het niet de patiënt te vragen en dan op te schrijven wat ze zegt?'

Cilka raakt licht in paniek. Ze weet niet of de dokter serieus is of dat ze een spelletje met haar speelt. Waarom valt ze toch altijd op, hoe hard ze ook probeert om onopgemerkt te blijven? Ze stelt Josie de vraag in het Russisch. Josie kijkt haar verward aan.

Cilka probeert 'verbrande hand' in cyrillisch schrift op het formulier te schrijven.

'Niet slecht,' zegt de dokter. 'Dat is voorlopig wel genoeg. Ik regel de rest wel. Nu wil ik de patiënt onderzoeken.'

Josie steekt haar hand uit. De dokter schuift een stoel bij en begint het verband voorzichtig los te wikkelen.

'Wie heeft je verbonden?'

'Cilka.'

De dokter keert zich naar Cilka toe. 'En jij bent Cilka?'

'Ik heb de hand eerst een poosje in de sneeuw gehouden en toen heb ik een stuk laken afgescheurd en het zo goed mogelijk verbonden.'

'Goed gedaan, Cilka. Laten we de schade opnemen.' De dokter draait Josies hand om en bestudeert die nauwkeurig. 'Wiebel eens met je vingers.'

Josie doet een pijnlijke poging om met haar vingers te wiebelen, maar door de zwelling lukt het maar nauwelijks.

'Je hebt geluk gehad dat er iemand bij je was die wist dat er direct iets kouds op de brandwond moest. Dat heeft veel ellende voorkomen. Evenzogoed heb je zo te zien eerstegraads brandwonden op vijftig procent van je hand en op tachtig procent van je vier vingers. Je duim lijkt in orde.' Ze kijkt omhoog naar Josies gezicht. 'Het verband zal twee weken lang dagelijks verschoond moeten worden, en je mag niet werken, binnen of buiten.'

Ze wendt zich tot Cilka. 'Geef me die tube eens aan... Die waarop staat *maz ot ozhogov*.' Brandwondenzalf.

Cilka draait het dopje van de tube en geeft die aan de dokter.

Voorzichtig brengt de dokter de zalf aan op Josies hand.

'Kijk nu op de plank achter je en zoek een groot verband voor me uit.'

Cilka doet wat haar wordt opgedragen en geeft de dokter het juiste verband.

Het wordt behendig om Josies hand gewikkeld. Met haar tanden scheurt de dokter het allerlaatste stukje in tweeën en bind de eindjes vast om het op zijn plek te houden.

'Geef me nu dat schrijfblok en de pen van de tafel. Ik kan maar beter een briefje schrijven.'

Cilka kijkt toe terwijl ze schrijft, het briefje opvouwt en het aan Josie geeft.

'Ik heb precies opgeschreven wat ik heb gezegd. Je mag niet werken, binnen of buiten, en je moet hier minstens twee weken lang elke dag komen om het verband te laten verschonen. We zullen zien in hoeverre het tegen die tijd genezen is. Cilka…' vervolgt ze, 'ik ben onder de indruk van de manier waarop je je vriendin hebt geholpen, en je schrijft niet half zo slecht als je denkt.' Ze neemt haar op. 'Je hebt aanleg voor talen. Weet je, met al die nieuwe patiënten komen we heel wat personeel tekort op de ziekenafdeling. Zou je hier willen werken?'

Cilka beseft wat een buitenkans dit is. In een kamp heb je slechte banen – het zware lichamelijke werk in de buitenlucht – en je hebt goede banen. Op die *andere plek* betekende een 'goede' baan meer voedsel en warmte, maar in Cilka's geval betekende het ook dat ze onophoudelijk werd gebruikt en getuige was van de gruwelijkste omstandigheden in het kamp. Haar rol als leider van blok 25 was een straf, maar wel een straf waar ze voor haar gevoel nog steeds boete voor moet doen. Omdat ze het heeft overleefd, omdat ze voedsel voor sigaretten en die sigaretten vervolgens voor warme kleren heeft geruild. Terwijl de vrouwen haar blok binnenkwamen en weer vertrokken om te sterven. Binnenkwamen en vertrokken. Aan één stuk door.

Ze weet niet wat ze moet zeggen. Opnieuw vraagt ze zich af waarom ze altijd opvalt. Ze kijkt naar Josie; het voelt alsof ze haar vriendin zal verraden als ze ja zegt. Alsof ze dan alle vrouwen in de hut zal verraden.

'Natuurlijk wil ze dat,' zegt Josie.

Cilka kijkt haar aan. Josie knikt bemoedigend.

'Ik…' Als ze weigert, zullen ze haar dan in het hol gooien? Misschien zal de baan in elk geval betekenen dat ze meer voedsel kan smokkelen naar degenen die het nodig hebben, of dat ze het kan ruilen voor sigaretten, laarzen, jassen voor de anderen.

De dokter kijkt alsof ze er niets van begrijpt. Cilka veronderstelt dat niemand dit aanbod ooit zou weigeren.

'Ik denk niet dat ik dat kan,' zegt ze.

'Sorry?' zegt de dokter. 'We moeten allemaal werken.'

'Ik ben tevreden met mijn werk in de mijn,' zegt ze, maar ze hoort hoe toonloos haar stem is. Ooit had ze gedacht dat ze meer verdiende, of iets beters, maar ze weet dat daar altijd een hoge prijs aan verbonden is.

'Weet je wat,' zegt de dokter. 'Als je me de komende twee weken nu eens helpt wanneer Josie voor haar behandeling komt, dan kun je daarna besluiten.'

Josie werpt Cilka een aanmoedigende blik toe.

Langzaam knikt ze. 'Ja, dank u, dokter. Maar Josie dan?'

'Laten we daar over twee weken naar kijken. Ik weet zeker dat we geschikt werk voor haar kunnen vinden. In de tussentijd zal ik een briefje schrijven dat je aan je brigadier kunt geven. Ik wil dat je hier elke dag komt en Josie brengt; na het verwisselen van haar verband kan zij terugkeren naar jullie hut, maar jij blijft hier om te werken.'

De dokter krabbelt nog een briefje, scheurt het blaadje af en geeft het aan Cilka.

'Ga nu terug naar je hut en probeer wat te rusten.'

'Pardon,' vraagt Cilka, 'maar hoe moeten we u noemen?'

'Ik ben dokter Kaldani, Jelena Georgiëvna,' zegt ze. 'Jullie mogen zelf kiezen hoe jullie me noemen.'

'Dank u, Jelena Georgiëvna,' zeggen beide meisjes in koor.

Ze volgen de dokter door de ziekenzaal. Het gekreun en het gejammer van de patiënten laat Cilka's nekhaartjes overeind staan.

Ze zal doen wat haar wordt opgedragen.

Ze lopen langs de receptie, stappen de kou weer in en worstelen zich door de sneeuw terug naar hun hut.

HOOFDSTUK 5

'Ik weet dat je het koud hebt,' zegt Cilka tegen Josie. 'Maar ik vind dat we de kolen moeten sparen tot de anderen terugkomen. Ik zal er net genoeg bij doen om te voorkomen dat de kachel uitgaat.' Ze vraagt zich af of ze al bezig is op de een of andere manier goed te maken dat zij het de komende twee weken warmer zal hebben dan de andere vrouwen.

Ze helpt Josie op haar bed en zegt dat ze haar deken strak om zich heen moet trekken. Nadat ze een paar kooltjes in de kachel heeft geschept, gaat ze op haar eigen bed liggen en kijkt naar Josie, die een klein stukje verderop ligt. Ze bestudeert het gezicht van het jonge meisje. Haar gelaatstrekken zijn vervormd door kou, angst, pijn en verwarring.

'Schuif eens op.' Ze staat op en gaat naast Josie liggen, in de hoop dat dit haar zal troosten.

Een paar tellen later zijn zij en Josie allebei in slaap gevallen.

Ze worden wakker van een ijskoude windvlaag en het gekreun van de anderen die terugkeren. De vrouwen verdringen zich rond de kachel, trekken hun natte laarzen uit en wiebelen met hun tenen.

'Kijk eens wie er de hele dag in bed heeft gelegen,' zegt Elena honend.

Alle vrouwen draaien hun met roet besmeurde gezichten hun kant op. Cilka voelt hun woede, hun vermoeidheid, hun afgunst.

Natalja komt naar hen toe. 'Hoe gaat het met Josies hand?'

Cilka komt van het bed en haalt Josies hand tevoorschijn, zodat Natalja die kan bekijken.

'De dokter zegt dat het verband de komende twee weken elke dag verschoond moet worden.'

'Hoeft ze dan niet te werken?' Hannah, een van de laatste nieuwkomers, roept de vraag vanaf de andere kant van de kachel. Ze is een pezige vrouw die steeds het gezelschap van Elena zoekt.

'Natuurlijk niet,' zegt Cilka. 'Ze kan niet eens fatsoenlijk eten. Hoe moet ze dan werken?'

'Nou, in elk geval heb jij geen excuus,' zegt Hannah. 'Morgen sta je weer met een emmer kolen in je handen, is dat even een fijne verrassing?'

'Ik ben zo moe dat ik in slaap wil vallen en nooit meer wakker worden,' zegt Elena.

Voordat Cilka iets kan zeggen, gaat de deur open en verschijnt Antonina. Alle ogen schieten naar de deur, en de vrouwen gaan haastig aan het voeteneind van hun bedden staan. Ook Josie komt moeizaam overeind en neemt haar plek in.

Antonina loopt langs de vrouwen heen naar de bedden van Josie en Cilka. Alle blikken volgen haar.

'En?'

Cilka zegt: 'Pardon, Antonina Karpovna, mag ik de briefjes pakken die onder mijn kussen liggen?'

Antonina knikt. Cilka pakt de briefjes en overhandigt ze. Antonina leest eerst het briefje waarin Josies toestand wordt beschreven, en waarin staat dat ze niet mag werken en dat het verband elke dag verschoond moet worden. Ze zwijgt even, kijkt met samengeknepen ogen naar Josies hand en knikt. Dan leest ze het tweede briefje, kijkt naar Cilka en leest het opnieuw.

'Jullie hebben zojuist een plek op de eerste rang bemachtigd. Gefeliciteerd.' Ze geeft het briefje terug aan Cilka, met een peinzende uitdrukking op haar brede gezicht. 'Allemaal naar buiten en in de rij.'

De vrouwen lopen naar buiten en vormen twee nette rijen. Dan volgen ze Antonina naar de eetzaal. De avondmaaltijd wacht. Het sneeuwt niet meer, maar er ligt een dikke laag op de grond, waar ze moeizaam doorheen sjokken. Cilka heeft haar muts diep over haar voorhoofd getrokken en houdt haar blik omlaag gericht. Elena en Hannah komen echter naast haar lopen.

'Vertel ons wat er op dat briefje staat,' sist Elena door haar sjaal.

Cilka zegt niets.

Dan zegt Natalja, op beleefde toon: 'Cilka, we zijn nieuwsgierig…'

'Nou, ik heb geen ja gezegd,' zegt Cilka, 'maar ze komen mensen tekort in het ziekenhuis en ze hebben me gevraagd om daar te komen werken.'

Elena hapt naar adem. 'Jij hebt weer mazzel, trut.'

Hannah werpt Cilka een boze blik toe.

'Ze heeft nee gezegd,' zegt Josie, 'maar de dokter heeft haar gevraagd om op proef te komen.'

'Waarom heb je geen ja gezegd?' vraagt Natalja.

'Bang voor naalden?' probeert Cilka – een grapje om de spanning te doorbreken.

Olga, die hen al een poosje in de gaten houdt, giechelt.

'Ze wilde geen betere positie dan wij,' verklaart Josie. 'Eerlijk waar. Ik hoorde dat ze probeerde te weigeren.'

'Dat slaat nergens op,' zegt Natalja. 'Ieder van ons zou die kans direct hebben aangegrepen.'

Ze zijn bijna bij de eetzaal.

Cilka voelt dat het tot alle vrouwen doordringt, zelfs tot Elena en Hannah, dat zij nu toegang zal hebben tot beter voedsel, warmte, goede spullen. Opnieuw is ze per toeval in een positie beland van grotere, ongewenste macht.

'Ik zal proberen om Josies verbanden te bewaren wanneer ze verwisseld worden,' zegt ze. 'Dan kunnen jullie je voeten en je hoofd inwikkelen om ze warm te houden.'

'Dat is wel het minste,' zegt Elena bits.

In de eetzaal verspreiden de vrouwen zich en eten hun waterige soep en de hompen oud brood. Het valt Cilka op dat Elena steeds naar haar kijkt en tegen Hannah fluistert.

'Het komt wel goed,' zegt Josie tegen haar. 'Misschien vinden we allemaal wel een goed baantje.' Ze staart in de verte, ongetwijfeld dromend van een rooskleuriger toekomst. Cilka is blij dat ze haar optimisme vast weet te houden. Dat zal haar kracht geven.

Om negen uur die avond gaan de lichten uit; de vrouwen liggen al in bed. Het zoeklicht buiten kruipt richting de hut, samen met een sneeuwbui. De deur gaat open. Een aantal vrouwen kijkt op om te zien wat er gebeurt. Jongens en mannen, oud en jong, dringen de hut binnen. Veel van de vrouwen schreeuwen en verbergen zich onder hun deken. *Als jij mij niet kunt zien en ik kan jou niet zien, dan ben ik er niet.*

'We hebben jullie wat tijd gegeven om te wennen,' zegt de man die Cilka herkent als Boris – de man die haar had uitgekozen. 'Maar het is verrekte koud en we hebben iets nodig om ons op te warmen. Waar ben je? Waar is mijn schatje? Ik heb de hele dag op mijn neukpartij gewacht. Kom op, laat jezelf zien, dan kunnen we beginnen.'

Hij komt haar kant op en trekt onderweg de dekens van alle vrouwen af die hij passeert.

'Ik ben hier,' roept Cilka.

'Wat doe je?' sist Josie. 'Cilka, wat gebeurt er? Ik ben bang.'

Boris blijft bij Cilka staan en kijkt grijnzend op haar neer.

'Cilka!' roept Josie.

'Houd je bek, trut, voordat ik hem dichtsla,' zegt Boris tegen Josie.

'Het is oké, Josie, het is oké,' zegt Cilka, hoewel ze beeft.

'Hé, Vadim, de jouwe ligt naast de mijne,' roept Boris. 'Hierheen!'

Gillend probeert Josie uit bed te komen. Boris duwt haar echter ruw terug en houdt haar vast tot Vadim er is.

Daarna plof Boris op de rand van Cilka's bed en begint zijn laarzen uit te trekken. De geur van wodka slaat van hem af. Josie snikt stilletjes, een geluid dat Cilka's hart verscheurt. Ze legt haar hand op de borst van Boris.

'Als je me even met haar laat praten, kan ik haar kalmeren,' zegt ze met vlakke stem. Alle andere vrouwen gillen en vloeken terwijl ze ruw op hun bed worden geduwd, maar ze voelt zich verantwoordelijk voor Josie. Zij was erbij toen Josie hiervoor werd uitgekozen. Ze moet doen wat ze kan om haar te beschermen.

Boris haalt onverschillig zijn schouders op, wat Cilka opvat als een teken dat hij het best vindt. Vadim heeft zijn hand over Josies mond geslagen en rukt ongeduldig aan haar kleren.

'Wacht heel even,' zegt Cilka resoluut tegen hem. Verbaasd stopt hij. 'Josie, luister naar me. Luister.' Ze buigt zich dichter naar het meisje toe en spreekt zachtjes. 'Het spijt me... We kunnen niets doen om dit tegen te houden. Ik zou in elk geval niet weten wat.' Ze knippert langzaam met haar ogen. De tijd raakt vervormd, zoals altijd gebeurt wanneer ze verandert in een leeg omhulsel.

'Cilka, nee, ze mogen niet –'

'Als ik kon, zou ik ze allemaal vermoorden,' fluistert Cilka. Ze wendt zich tot Vadim. 'Alsjeblieft, ze heeft haar hand verbrand. Wees voorzichtig.' Dan draait ze zich weer naar Josie toe. 'Josie, ik ben vlakbij.' Maar eigenlijk is dat niet waar. Niet echt. 'Het spijt me zo...'

Ze kijkt naar Boris. 'Ze is nog maar een kind, kan hij haar niet met rust laten?'

'Dat is niet aan mij. Vadim heeft ze nu eenmaal graag jong. Net als ik, trouwens. Je bent niet veel ouder dan zij, toch?'

'Nee.'

Cilka begint haar shirt los te knopen. Ze weet wat ze moet doen. Het lawaai, een mengeling van gillende vrouwen en schreeuwende mannen die vastberaden zijn om te doen waar ze voor zijn gekomen, is oorverdovend.

Heel even vraagt ze zich af of de herrie de aandacht van de bewakers zal trekken, of ze hen misschien te hulp zullen schieten. Er komt echter niemand. Waarschijnlijk doen zij precies hetzelfde.

Terwijl Boris met eeltige handen haar lichaam betast, kijkt Cilka Josies kant op. In het flakkerende licht van de kachel ziet ze Josies gezicht, dat het meisje naar haar toe heeft gedraaid. In haar ogen ligt een angst die heviger is dan ze tot nu toe heeft getoond. Cilka steekt haar hand uit. Een dik verbonden hand wordt op de hare gelegd. Hand in hand, zonder hun blik van elkaar af te wenden, doorstaan ze hun beproeving, Cilka zwijgend en Josie zachtjes snikkend.

Wanneer Boris zijn broek en zijn laarzen weer aantrekt, fluistert hij tegen Cilka: 'Niemand anders zal je aanraken. En ik kan regelen dat alleen Vadim aan je vriendin komt.'

'Doe dat dan alsjeblieft.'

'Kom op, jongens, wie het nu nog niet voor elkaar heeft gekregen om te neuken, krijgt hem vanavond niet meer overeind. Wegwezen hier – deze dames hebben hun schoonheidsslaapje nodig,' roept Boris door de hut.

Gekreun van de onsuccesvolle mannen vermengt zich met het triomfantelijke gegrinnik van de overwinnaars, en maakt dan plaats voor het snikken van de geschokte geschonden vrouwen. Niemand zegt iets. De stank van de ongewassen, met wodka volgegoten kerels is het enige wat nog in de lucht hangt.

Wanneer het gekletter buiten de hut de volgende ochtend klinkt, staan de vrouwen langzaam op. Ze houden hun hoofd omlaag, niemand maakt oogcontact, er wordt niet gekletst. Cilka waagt een vlugge blik op Josie. Vadim heeft haar zo ruw omlaag geduwd dat haar wang is gezwollen en er een blauwe plek rond haar oog is verschenen. Ze wil iets zeggen, Josies gezicht wat beter bekijken, vragen of ze nog andere kneuzingen heeft. Josie keert haar echter de rug toe. Ze begrijpt de boodschap.

Tijdens het ontbijt hangt er een zware stilte in de eetzaal. De oudgedienden werpen vlugge blikken op de nieuwkomers, zien de blauwe plekken en beseffen wat de oorzaak daarvan is. Ze trekken zich terug in hun eigen schaamte, dankbaar voor de verse lichamen die ervoor zorgen dat zij een poosje met rust worden gelaten.

Wanneer de anderen naar het werk vertrekken, blijven Cilka en Josie achter in de hut. Ze hebben opdracht om daar te blijven tot Antonina terugkeert om hen naar het ziekenhuis te brengen. Josie gaat op haar bed liggen, trekt haar knieën op en verbergt haar gezicht.

Wanneer de kachel afkoelt, vormt zich rijp aan de binnenkant van de ramen. Hun tijd alleen is genadig kort. Cilka kan de spanning tussen hen maar nauwelijks verdragen.

Wanneer ze in de wachtruimte van het ziekenhuis zijn, brengt Antonina hen naar de balie.

'Deze komt om te werken,' zegt ze, met een gebaar naar Cilka, die haar woorden in hoofdlijnen kan volgen. 'Die andere moet hier tot het eind van de dag blijven. Ik kom niet speciaal terug om er eentje op te halen.'

De vrouw achter de balie leest de briefjes die haar worden overhandigd. 'Kom,' zegt ze tegen Cilka en Josie.

Ze volgen haar door de ziekenzaal naar de behandelruimte. Josie gaat zitten op de stoel die haar gewezen wordt, en Cilka gaat achter haar staan.

De twaalf bedden in de zaal zijn allemaal bezet en wie ertoe in staat is, zit op een stoel. Verscheidene patiënten kreunen van de pijn. Het zijn voornamelijk mannen, maar er zijn ook een paar vrouwen. Cilka daagt zichzelf uit om deze mensen te bestuderen en te proberen vast te stellen waar ze gewond zijn of wat hun zou kunnen mankeren. Bij een heleboel is het meteen duidelijk. Ze hebben zichtbare verwondingen, bloed sijpelt door geïmproviseerde verbanden. Ze voelt dat ze weer losraakt van zichzelf, zo koud wordt als sneeuw.

'Daar zijn jullie.' Jelena Georgiëvna komt naar hen toe lopen.

Josie kijkt op en slaat dan vlug haar blik weer neer.

'Hoe gaat het vandaag met je?' vraagt de dokter. 'Heb je nog veel pijn?'

Josie haalt haar schouders op.

Jelena kijkt van Josie naar Cilka, die zich afwendt. Zachtjes legt ze haar vingers onder Josies kin en dwingt haar om op te kijken. De blauwe plekken en de zwelling op Josies gezicht zien er erger uit na de wandeling door de bijtende kou. Voorzichtig voelt de dokter aan de beschadigde huid. Josie krimpt ineen.

'Kun je me vertellen wat er is gebeurd?'

Josie duwt haar hoofd weer omlaag en Jelena laat haar los. 'Het is haar schuld,' snauwt Josie. 'Ze zei dat ik het moest laten gebeuren, dat ik me niet moest verzetten. Ze beweert dat ze mijn vriendin is, maar ze deed niets om me te helpen, ze liet ze gewoon...'

'Mannen hebben gisteravond onze hut bezocht,' fluistert Cilka.

'Ik begrijp het.' Jelena zucht. 'Heb je nog andere verwondingen, Josie?'

Josie schudt haar hoofd.

'En jij, Cilka?'

'Nee.'

'Natuurlijk niet, ze liet hem gewoon zijn gang gaan. Ze verzette zich niet, ze zei geen nee.'

De dokter staat op. 'Blijf hier. Ik ga proberen een kamer te vinden waar ik jullie allebei naartoe kan brengen. Ik wil jullie verder onderzoeken.' Cilka en Josie wachten zwijgend af. Cilka vraagt zich af hoe het eigenlijk zit met de dokter. Krijgen mensen dit werk in de kampen toegewezen? Of kiezen ze er zelf voor? Ze kan zich niet voorstellen dat iemand hier vrijwillig is. Jelena keert terug en neemt hen mee naar een nabijgelegen kamer. De man die er eerst lag, vertrekt onder luid protest. Hij vindt dat hij een eigen kamer zou moeten hebben, hij is een hoge officier en hij dient niet te worden behandeld als een gevangene.

Op het bed ligt het gekreukelde laken van de vorige bewoner en er hangt een sterke geur in de kamer – een mengeling van ongewassen man, oude alcohol en sigaretten. Jelena laat de twee meisjes naast elkaar op het bed zitten.

'Dit is een wrede plek…' begint de dokter.

'Dat weet ik,' fluistert Cilka. Ze wendt zich tot Josie. 'Josie, het spijt me, ik had je moeten waarschuwen. Ik had je moeten vertellen wat je te wachten stond, ik had je moeten helpen om te begrijpen –'

'Je lag daar gewoon. Je… keek naar me. Cilka, hoe kón je?'

Cilka kan nog steeds niet bij haar gevoelens, maar ergens in haar bewustzijn merkt ze dat ze is gaan beven, dat haar knieën schokken op het matras. Ze klemt haar handen eronder.

'Ze had vast geen keus,' zegt Jelena.

'Ze had het moeten proberen. Een echte vriendin zou het hebben geprobeerd.' Josies stem wordt zachter en sterft weg.

Er is Cilka door een heleboel mensen verteld dat ze dingen anders had moeten doen. Het is echter het moeilijkst om dit te horen van iemand die ze heeft geprobeerd toe te laten, iemand met wie ze een band probeerde te scheppen. 'Ik hoopte dat het niet zou gebeuren,' zegt ze. 'Ik bedoel, ik wist dat het zou gebeuren, maar ik wist niet wanneer. Ik hoopte gewoon dat het er niet van zou komen.'

Het spijt haar werkelijk, maar ze weet niet wat ze anders had moeten doen, wat ze anders had kúnnen doen.

De dokter lijkt de spanning aan te voelen. 'Eerst wil ik Josie onderzoeken en haar verband verwisselen, en dan zet ik jou aan het werk, Cilka.'

Cilka laat zich van het bed glijden. 'Zal ik buiten wachten?'

Jelena kijkt naar Josie.

'Je kunt blijven,' zegt het meisje, maar haar stem klinkt nog kil.

Terwijl Josie wordt onderzocht, kijkt Cilka de andere kant op en klemt haar handen ineen om te voorkomen dat ze te hevig trillen.

Bardejov, Tsjecho-Slowakije, 1940

Cilka en haar zus, Magda, lopen op een mooie lentedag door een straat in hun woonplaats Bardejov. Magda glimlacht naar twee jongens die hun tegemoetkomen. Ze is twee jaar ouder dan Cilka, en Cilka bewondert de manier waarop ze loopt, haar elegante polsen met het horloge dat glinstert in het zonlicht, haar heupen die zachtjes heen en weer wiegen.

'Ze vinden je allebei leuk,' zegt Cilka. 'Welke vind jij het leukst?'

'Het zijn maar jongens,' zegt Magda.

De jongens gaan voor Cilka en Magda staan, zodat de meisjes moeten stoppen of om hen heen lopen. Magda blijft staan en Cilka volgt haar voorbeeld.

'Hallo, Lazlo, Jardin,' zegt Magda.

'Wie is dat knappe jonge ding dat je bij je hebt?' vraagt Lazlo en hij neemt Cilka van top tot teen op.

'Dat is mijn zus, mijn jongere zusje. Kijk niet zo naar haar,' snauwt Magda.

'Alle jongens en mannen zouden naar haar kijken,' zegt Lazlo.

Cilka's maag maakt een raar sprongetje. Ze staart naar de grond.

'Kom, Cilka, we gaan verder.' Magda grijpt Cilka's hand vast en trekt haar mee.

'Hé, Cilka, schud je zus af en kom me opzoeken,' roept Lazlo.

Magda knijpt in Cilka's arm.

'Au! Houd op, laat me los. Waarom doe je zo?' Cilka trekt haar arm los.

'Je bent pas veertien, Cilka,' snauwt Magda terug.

'Ik weet hoe oud ik ben,' zegt ze uitdagend. 'Hij is best knap. Hoe goed ken je hem?'

Magda blijft staan en brengt haar gezicht dicht bij dat van Cilka. 'Doe niet zo stom, Cilka. Je bent nog maar een kind. Hij is een… Nou ja, hij is geen man, maar hij is ook geen jongen meer. Je moet voorzichtig zijn.'

Cilka slaat haar armen voor haar borst. 'Dus ik mag nooit met een jongen praten, bedoel je dat?'

'Nee, dat zeg ik niet. Op een dag zul je volwassen worden, en dan zul je weten…'

'Wat zal ik dan weten? Wat weet jij over jongens? Ik heb je nooit alleen met een jongen gezien.'

Magda wendt haar blik af en haar mooie gezicht betrekt. Cilka heeft haar nog nooit zo gezien, met die schaduwen achter haar ogen.

'Magda, gaat het wel?'

'Kom op, laten we onze boodschappen halen, zodat we voor de avondklok thuis zijn.'

'Waarom kunnen we niet buiten blijven? Ik heb helemaal geen zin om me aan zo'n stomme regel te houden. We hebben niets verkeerd gedaan.'

'Doe niet zo kinderachtig, Cilka. Wil je dat papa in de problemen komt doordat jij niet gehoorzaamt? Echt iets voor jou, je wilt altijd je eigen zin doordrijven. Maar deze keer, zusje, doe je wat ik zeg en gaan we voor de avondklok naar huis.'

'En als we dat niet doen? Wat doen ze ons dan aan?'

Cilka blijft stilstaan op straat. Wat kon hun nou helemaal overkomen op zo'n milde, geurige lentedag?

'De Duitsers? Dat wil je niet weten.'

'Hoeveel erger kan het worden?'

'O, Cilka, neem alsjeblieft van me aan dat we moeten doen wat papa zegt.'

Cilka en Josie volgen de dokter, Jelena Georgiëvna, naar het eind van de ziekenzaal. Daar worden ze voorgesteld aan twee verpleegsters, allebei

Russisch: Raisa Fjodorovna en Ljoeba Loekjanovna. De twee krijgen instructie om Cilka alles te leren wat ze moet weten om patiëntendossiers te kunnen bijhouden, aantekeningen te kunnen maken en medicijnen te kunnen pakken. Raisa is lang en opvallend bleek, met grote, volle lippen, en Ljoeba is korter, met amandelvormige ogen en scherpe jukbeenderen. Ze hebben allebei lang donker haar, wat erop duidt dat ze geen gevangenen zijn. Opnieuw vraagt Cilka zich af of het personeel van het ziekenhuis zelf voor dit werk kiest of dat ze hun positie toegewezen hebben gekregen. Het haar van Cilka en Josie is nog kort, het begint een beetje te krullen in de vochtige lucht. Zowel Raisa als Ljoeba blijkt meerdere talen te spreken, en zij zullen Cilka de komende twee weken begeleiden. Josie wordt verteld dat ze in een hoekje van de zaal moet wachten tot de dag voorbij is.

Cilka wordt voorgesteld aan twee andere, mannelijke, dokters, die te horen krijgen dat ze wordt getraind om hun opmerkingen tijdens de patiëntenronde te noteren. Cilka merkt hun blikken op en ziet aan hen dat ze hun wel bevalt. Ze krimpt ineen. Is deze plek net zo bedreigend als hut 29? De tijd zal het leren.

Josie gaat zitten op de vloer achter de grote balie waar vier stoelen aan zijn geschoven bij wijze van werkplek. Een van de vrouwen biedt haar een stoel aan, maar dat aanbod slaat ze af. Al snel ligt ze met opgetrokken knieën te slapen. Vermoeid. Getraumatiseerd. In shock. Een combinatie van alle drie.

Cilka leert snel. Ze heeft rap door hoe ze op efficiënte wijze aantekeningen kan maken in de dossiers van de patiënten. Ze wordt naar een kleine kamer achter de ziekenzaal gebracht en krijgt de medicijnen te zien die ze correct zal moeten noteren of in opdracht van de artsen zal moeten halen. Ze wordt achtergelaten om de namen, de juiste spelling en de werking van de medicijnen te bestuderen.

Wanneer Raisa Cilka uit de apotheek komt halen om te gaan eten, vraagt Cilka haar om te controleren of ze alles goed in haar hoofd heeft zitten. Raisa vertelt haar dat ze zeer onder de indruk is, in het bijzonder van haar uitspraak.

Een andere verpleegster komt binnen en vraagt boos wat ze aan het doen zijn. Zonder op uitleg te wachten, draagt ze hun op het vertrek te verlaten.

Cilka begrijpt de hiërarchie nog niet, maar ze beseft dat ze hier, net als overal, zal moeten leren wie ze kan vertrouwen en wie ze beter kan vermijden.

Ze gaat bij de anderen zitten en krijgt een tinnen bord overhandigd met een zoet broodje, een stuk aardappel en wat gedroogde groene bonen.

'Is dit voor mij?' vraagt ze.

'Ja, tast toe,' zegt Raisa. 'Wij mogen eten wat de patiënten laten staan. Dit is wat er vandaag over is. De meesten zijn te ziek om te eten.'

'Hebben ze het niet nodig om beter te worden?'

'Sommigen van hen worden niet meer beter en we kunnen ze niet dwingen. Als we het terugsturen naar de keuken, zouden die hebberige varkens het maar opeten of het verkopen.' Raisa perst haar lippen vol afkeer op elkaar.

Plotseling voelt Cilka's maag heel klein. Het zou niet voor het eerst zijn dat ze het voedsel van een dode heeft gegeten.

'Mag ik het met mijn vriendin delen?'

'Als je wilt.' Raisa haalt haar schouders op.

Cilka pakt het bord en gaat naast Josie zitten, met haar rug tegen de muur. Zachtjes schudt ze Josie wakker. Het meisje gaat zitten en kijkt om zich heen om zich te oriënteren.

'Hier, eet hier wat van.'

'Ik hoef je eten niet. Ik hoef niets van jou.' Josie gaat weer liggen en sluit haar ogen.

Cilka scheurt het broodje in tweeën en legt de ene helft voor Josie op de vloer.

Ljoeba, de andere verpleegster, komt naast haar zitten. 'Het is geweldig om er iemand bij te hebben.'

'Nou… ik weet niet of jullie al zoveel aan me hebben.'

'Dat komt wel. Raisa zei dat je snel dingen oppikt en dat je de namen van de medicijnen nu al beter uit kunt spreken dan zij.'

'Ik heb aanleg voor talen.'

'Mooi. Wanneer je je eigen verslagen gaat schrijven, moet je spelling honderd procent in orde zijn. Meestal doet het er niet toe, maar zo nu en dan worden we gecontroleerd, en we komen allemaal in de problemen als ze een incorrecte spelwijze aantreffen of als er iets is weggelaten.'

'Ik wil niet dat iemand door mij in de problemen komt. Kan ik jou laten zien wat ik heb opgeschreven voordat het in het dossier gaat?'

'Natuurlijk – dat is precies wat ik wilde voorstellen. Raisa en ik zullen je alles leren en toezicht houden op je werk, en volgens mij vindt Jelena je aardig, dus het komt wel goed.' Ze kijkt naar de klok aan de muur. 'Tijd om weer aan het werk te gaan.'

Cilka kijkt naar Josie en het onaangeraakte stuk brood. Het is maar goed dat Josie de situatie niet zomaar accepteert, denkt ze. Daaruit spreekt kracht. Toch voelt ze de pijn van de afstand.

Wanneer Cilka en Josie die middag terugkeren naar de hut, ruim voor de anderen, treffen ze een complete chaos aan.

De lakens en dekens zijn van de bedden getrokken en sommige bedden liggen op hun kant of ondersteboven. De karige bezittingen van de vrouwen slingeren in hoopjes op de vloer van de hut.

Josie, Cilka en Antonina staan in de deuropening en nemen de bende op.

'Hmm, zo te zien is Klavdia Arsenjevna hier geweest,' zegt Antonina.

Cilka stapt de hut in en vraagt: 'Mogen we het opruimen?'

'Alleen je eigen bed.'

Antonina plant haar handen op haar heupen en het valt Cilka op hoe sterk ze is, ondanks haar kleine gestalte. De spieren – armen, borst, dijen – bulken flink uit.

'En de rest dan? Kunnen we ze niet allemaal doen terwijl we wachten tot de anderen terug zijn?'

'Het lijkt me beter dat ze zelf zien wat er is gebeurd, zonder waarschuwing.'

'Maar waarom? Waarom heeft iemand dit gedaan?'

'Klavdia Arsenjevna is de hoofdbewaker van deze hut en de hele brigade. Ze was op zoek naar verboden bezittingen.'

'Alles is ons afgepakt; hoe kunnen we nog iets hebben wat verboden is?' vraagt Josie.

'Dat weet ze. Dit is haar waarschuwing aan jullie. Het zou ook kunnen dat het iets te maken heeft met jouw nieuwe baantje, Cilka. Je hebt nu toegang tot dingen waar anderen niet bij kunnen. Als ze iets vindt wat haar niet bevalt, stuurt ze je geheid naar het hol om je te straffen.'

Antonina draait zich om en verlaat de hut. De deur laat ze open, zodat de ijzige wind naar binnen blaast. Josie doet de deur dicht.

Cilka kijkt peinzend om zich heen. Wat zou Klavdia hebben gezocht? Het lijkt erop dat het hun toegestaan is om enige bezittingen te hebben. De regels veranderen hier van dag tot dag, denkt ze. En hoewel dit kamp een ander doel heeft – de gevangenen voor de Russen te laten werken, in plaats van hen te doden omdat ze Joods zijn – zijn de omstandigheden, met de verkrachtingen, de permanente dreiging van geweld en het 'hol', dusdanig vergelijkbaar dat Cilka begrijpt dat ze van de ene wrede, onmenselijke plek naar de andere is gegaan.

Ze loopt naar de kachel en probeert die weer tot leven te wekken door kleine beetjes as uit de emmer op de dovende kooltjes te leggen. Ondertussen vraagt ze zich af wat ze met de overhoopgehaalde hut aan moeten.

'Volgens mij had Antonina gelijk,' zegt ze tegen Josie. 'We moeten het zo laten, zodat de anderen het kunnen zien. En dan kunnen we ze vertellen wat Antonina zei.'

Josie negeert haar, loopt naar haar bed en doet vergeefse moeite om het met één hand rechtop te zetten.

'Laat me helpen,' biedt Cilka aan.

'Ik hoef je hulp niet.'

'Prima,' zegt Cilka kortaf. Ze kijkt de andere kant op, zodat ze het geploeter niet hoeft aan te zien.

Wanneer ze zich uiteindelijk omdraait, ziet ze Josie onder haar deken liggen, met haar rug naar haar toe gekeerd.

De dag is overgegaan in de avond; de kachel geeft de maximale warmte die Cilka eraan kan ontlokken. Dan gaat de deur open en strompelen de andere vrouwen naar binnen. Het enkele peertje werpt griezelige schaduwen over de chaos, zodat de vrouwen aanvankelijk nauwelijks zien hoe hun hut eraan toe is. Wanneer ze hun weg zoeken naar hun bedden, wordt het hun langzaam duidelijk. Een aantal van hen wendt zich tot Cilka, die bij de kachel staat.

'Wat hebben jullie in godsnaam uitgespookt?' zegt Elena.

Het dringt tot Cilka door dat zij en Josie op het punt staan de schuld te krijgen.

'Nee, nee, dit hebben wij niet gedaan.' Ze onderdrukt de drang om tegen de vrouw te schreeuwen. 'Kijk, mijn bed ziet er precies hetzelfde uit. Zo hebben we de hut aangetroffen.'

'Wie heeft dit dan gedaan?' vraagt Hannah.

'Een bewaker, een vrouw genaamd Klavdia Arsenjevna. Antonina heeft ons over haar verteld.'

'En waarom?'

Cilka legt het vlug uit.

Hannah wordt bleek. 'O nee.'

'Wat is er?' vraagt Elena. Hannah schudt verwoed haar laken en haar deken uit en kijkt onder haar matras. Kennelijk is ze ergens naar op zoek.

Plotseling geeft Elena haar een harde klap. 'Het was maar een korst, Hannah!'

Hannah laat een snik ontsnappen. 'Ik bewaarde hem voor jou.'

De andere vrouwen wenden hun blikken af en gaan aan de slag met hun eigen bedden, in afwachting van de oproep voor het avondeten.

Na het eten keren ze terug naar de hut. Uit de manier waarop de vrouwen zelfs de meest akelige klusjes rekken, blijkt dat ze weinig zin hebben om naar bed te gaan. In het fellere licht van de eetzaal heeft Cilka de verwondingen van de vorige avond op de gezichten van sommige vrouwen gezien en het is haar opgevallen dat een van hen de pijnlijke pols van haar rechterarm ondersteunt.

Josie laat Cilka nog steeds links liggen en praat in plaats daarvan met Natalja. Deze breuk in hun vriendschap kan de andere vrouwen niet ontgaan, maar niemand zegt er iets van.

'Denk je dat ze terug zullen komen?' fluistert Olga. Ze haalt een naald en draad door kleine lapjes stof, met handen die krom zijn van het vele werken en de kou. Die avond zal ze het naaiwerk een paar keer loshalen en het opnieuw doen, tot het perfect is.

Niemand waagt zich aan een antwoord.

Nu het peertje uit is, werpt de schijnwerper een verstrooide lichtbundel naar binnen die rond de kamer danst. Langzaam zoeken de vrouwen hun bed op. Ze hebben al ondervonden hoe belangrijk het is om zo goed mogelijk uitgerust te zijn voor de arbeid die ze de volgende dag zullen moeten verduren.

HOOFDSTUK 6

De twee weken van Josies herstel vliegen voorbij. Dankzij de goede zorgen van Jelena Georgiëvna geneest haar hand zo snel dat ze eigenlijk alweer aan het werk zou kunnen. Buiten wordt het steeds kouder en het blijft steeds minder lang licht. De vrouwen in hut 29 hebben elkaar leren kennen, of ze zijn in elk geval aan elkaar gewend geraakt. Er zijn vriendschappen gevormd, en verschoven, en opnieuw gevormd. Er zijn ruzies uitgevochten. Josie blijft afstandelijk doen en Cilka accepteert dat. Ze begrijpt dat haar rol in het ziekenhuis haar mogelijk blijvend van haar hutgenoten zal vervreemden. Waarschijnlijk kan ze de baan het beste aannemen en overleven. De reactie van de vrouwen om haar heen moet ze maar gewoon op de koop toe nemen. Sommigen van hen, zoals Olga en Margarethe, hebben zich dankbaar getoond en zeggen nu al dat ze erop rekenen dat Cilka extra voedsel meebrengt, en verband en lappen om hen warm te houden. Tot nu toe heeft alleen Elena zich openlijk vijandig getoond. Maar hoewel ze tegen Cilka snauwt en scheldt, heeft ze haar met geen vinger aangeraakt. De mannen komen nog steeds geregeld langs. De vrouwen worden verkracht, misbruikt, verwond. En ze worden op andere manieren vernederd. Twee van hen zijn wegens overtredingen naar het 'hol' gestuurd, onder wie Hannah, Elena's volgeling, enkel omdat ze op de verkeerde manier naar Klavdia Arsenjevna had gekeken. Toen ze terugkeerde, was ze dagenlang niet in staat om zelfs maar te spreken.

Jelena smeert zalf op Josies hand en legt die dan weer in haar schoot. Josie kijkt omlaag.

'Sorry, Josie, het is mooi genezen. Ik kan het niet blijven verbinden. In feite zou dat nu averechts werken; het moet ademen.'

Josie kijkt de behandelruimte rond en haar blik blijft rusten op Cilka, die naast de dokter staat.

Jelena merkt het op. 'Het spijt me, Josie. Als ik je hier een baantje aan kon bieden, dan zou ik dat doen, maar er mogen maar een paar gevangenen op deze afdeling werken.' Ze kijkt oprecht gepijnigd. De afgelopen twee weken heeft Cilka ontdekt dat Jelena een goed mens is, iemand die altijd voor iedereen haar best doet, maar die ook moeilijke beslissingen moet nemen. In het bijzijn van de andere artsen kan ze bijvoorbeeld niet al te meelevend doen tegen de zieke gevangenen, want dat zou worden opgevat als vriendelijkheid jegens contrarevolutionairen, spionnen, criminelen. Bij Cilka kan ze altijd doen alsof ze haar instructies geeft over het werk. Hetzelfde geldt voor Raisa en Ljoeba. Toch valt het Cilka op dat ze vaak zachtjes tegen haar praten, buiten gehoorsafstand van anderen.

Ze heeft andere gevangenen gezien die op de ziekenafdeling werken, en zij worden grotendeels beleefd, professioneel en direct toegesproken.

'Als er iets verandert, dan beloof ik dat ik Antonina Karpovna zal vragen je naar me toe te brengen.'

'Jelena Georgiëvna,' zegt Cilka, 'alstublieft, is er geen andere manier waarop ze kan blijven?'

'We moeten heel voorzichtig zijn, Cilka,' zegt Jelena, om zich heen kijkend. 'De kampleiding heeft een hekel aan wat ze "drukkers" noemen – mensen die proberen onder hun werk uit te komen.'

Cilka kijkt naar Josie. 'Sorry.'

Josie snuift. 'Willen jullie ophouden met sorry zeggen nu ik mijn hand weer kan gebruiken? Dit slaat nergens op. We zouden blij moeten zijn. We zouden blij moeten zijn.' Tranen rollen over haar gezicht.

Geschrokken door de toon in Josies stem komt Ljoeba naar haar toe. 'Gaat het wel?'

Josie laat haar hand aan Ljoeba zien.

'Juist. Het is mooi genezen.'

Josie stoot een klein lachje uit. 'Ja, Ljoeba, het is mooi genezen en van nu af aan ga ik blij zijn dat ik allebei mijn handen weer kan gebruiken.'

Ze staat op, trekt haar jas strak om zich heen en draait zich naar de deur toe. 'Ik ben klaar om te gaan.'

Wanneer Cilka de deur voor haar opent, komt er een lange man naar binnen gebeend met een vel papier in zijn hand. Hij botst tegen haar schouder.

'Pardon,' zegt hij en hij kijkt verontschuldigend om terwijl hij Cilka passeert. Hij heeft donkerbruine ogen in een bleek, elegant gezicht. Cilka is het niet gewend dat een man beleefd tegen haar doet, en ze reageert niet. Ze houdt zijn blik echter heel even vast voordat hij zich naar het bureau keert om zijn taak uit te voeren. Hij draagt gevangenenkleding. Wanneer zij en Josie de deur uit lopen, kijkt ze nog een keer om naar de rug van de man.

Wanneer de vrouwen die avond zien dat Josies hand niet langer verbonden is, lopen de reacties uiteen. Verheugd. Onverschillig. Sommige vrouwen zijn vooral blij dat Josie weer kan helpen met het verplaatsen van de opgegraven steenkool van de mijn naar de karretjes die de lading naar de wachtende vrachtwagens en andere plekken brengen.

In het donker. In de sneeuw.

Bij het eten had Josie demonstratief een stuk brood in de ene hand gepakt en haar tinnen beker in de andere. Nu biedt ze aan om de kolen te gaan halen en pakt de emmer om naar buiten te lopen. Natalja houdt haar tegen en zegt dat ze beter een paar dagen kan wachten – anders gaat ze misschien stuntelen met de zware emmer en morst ze hun kostbare toevoer van warmte.

Wanneer de mannen die avond de hut binnendringen, merkt Vadim op dat Josies hand niet langer is verbonden. Hij vraagt Josie ernaar. Streelt haar hand zachtjes. Drukt er een kus op. Cilka is getuige van dit vertoon van tederheid. Ze weet dat deze mannen je alleen goed behandelen om een gunstig beeld van zichzelf te scheppen, zodat je je meer voor hen openstelt. Het is nog steeds een zelfzuchtige handeling, een truc.

HOOFDSTUK 7

De volgende ochtend loopt Cilka met lood in haar schoenen in het door de schijnwerpers onderbroken donker naar het ziekenhuis. Ze is van plan om Jelena opnieuw te vertellen dat ze heel dankbaar is voor deze kans, maar dat ze moet terugkeren naar het werk in de mijn, of naar het graven of het bouwen – welke taak dan ook, als het maar net zo zwaar is als het werk dat haar hutgenoten worden gedwongen te doen.

Die ochtend had ze Josie weg zien lopen uit het kamp, arm in arm met Natalja. Die twee zijn dikke vriendinnen geworden. Cilka had een steek van jaloezie gevoeld. Dat Josie de vorige dag wat minder kil had gedaan toen ze haar de genezen hand had laten zien, had haar de hoop gegeven dat ze hun band misschien zouden kunnen herstellen.

De waarheid is dat het werk op de ziekenafdeling zwaar en vermoeiend is gebleken, hoe fijn het ook is om binnen te kunnen zijn. Niet alleen moet ze communiceren in het Russisch, schrijven in het cyrillische schrift en zich de gevestigde ethiek, verhoudingen en hiërarchie eigen maken, maar ze moet ook leren omgaan met de onverwachte reactie van haar lichaam en haar geest op de zieken en de stervenden. Het is haar gelukt om haar gevoelens te verbergen – hoopt ze – maar Raisa had een paar dagen geleden wel opgemerkt dat ze er versteld van stond dat Cilka zo'n sterke maag had. Hoeveel bloed, botten en ellende ze ook zag, ze vertrok geen spier. Raisa, die hier direct na haar opleiding naartoe was gestuurd, zei dat het haar maanden had gekost om te wennen aan de lichamen in de verschillende stadia van ziekte, verwondingen en ondervoeding. Cilka vond de mengeling van afschuw en fascinatie op Raisa's gezicht vreselijk. Ze haalde haar schouders op, wendde zich af en zei met vlakke stem: 'Sommige mensen zijn gewoon zo, denk ik.'

Het werk leidt haar echter ook af van haar zorgen. Altijd een nieuw probleem op te lossen, iets nieuws te leren. Als ze hier zou blijven werken, zou het haast voelen als een leven, een manier om zich af te sluiten voor de herinneringen uit het verleden en de gruwelen van haar huidige situatie.

Wanneer Cilka arriveert, is Jelena bezig, en Ljoeba en Raisa begrijpen haar stemming en doen hun best haar gedachten af te leiden van Josie. Cilka is dankbaar dat ze zo'n moeite voor haar doen.

'Kom met mij mee.' Ljoeba gebaart dat Cilka haar moet volgen naar een bed waar een mannelijke arts naast staat. Ze heeft hem in de ziekenzaal aan het werk gezien en is kort aan hem voorgesteld – Joeri Petrovitsj.

De patiënt is bewusteloos en zijn verwondingen zijn duidelijk; het verband om zijn hoofd is doorweekt met bloed. Cilka staat zwijgend achter de dokter en de verpleegster en kijkt langs hen heen om het onderzoek te kunnen zien.

De deken wordt weggetrokken van het bed. Een naald wordt hard in de hiel van een van de bleke, levenloze voeten geramd; bloed spuit eruit en spat op het laken. De man vertoont geen enkele reflex. De dokter keert zich naar Cilka toe en geeft het klembord aan haar in plaats van Ljoeba. Ljoeba knikt haar bemoedigend toe en komt naast haar staan.

'Geen beweging in de voet bij een prik met de naald.'

Cilka schrijft het op, nadat ze eerst de klok aan de andere kant van de zaal heeft geraadpleegd om de exacte tijd van de waarneming te noteren. Wanneer ze aarzelt, fluistert Ljoeba haar bemoedigend toe. Cilka bijt geconcentreerd op haar lip.

De bloedende voet wordt bedekt, de dokter loopt naar het hoofdeinde van het bed, trekt het rechterooglid van de patiënt ruw omhoog en bedekt dan zijn gezicht.

'Starre en vergrote pupillen.' Cilka noteert het.

'Zwakke pols, onregelmatig.' Ook dat schrijft ze op.

Joeri Petrovitsj richt zich tot Cilka en vraagt: 'Weet je hoe je de hartslag in de hals moet zoeken?'

'Ja,' zegt ze zelfverzekerd.

'Mooi, mooi, laat maar eens zien.'

Cilka trekt de deken van het gezicht van de man en imiteert wat ze de andere verpleegsters heeft zien doen. Ze legt twee vingers onder de kaak van de man en oefent lichte druk uit. Ze voelt een zwakke hartslag.

'Controleer hem elk kwartier, en wanneer je niets meer voelt, verklaar hem dan dood en laat het de sjouwer weten. Zorg dat je de tijd in zijn dossier noteert.'

'Ja, Joeri Petrovitsj, dat zal ik doen.'

De dokter wendt zich tot Ljoeba. 'Ze leert snel, dus we kunnen haar net zo goed gebruiken. We hebben niet genoeg verpleegsters om ze patienten te laten controleren die bedden bezet houden doordat ze te langzaam sterven. Check haar notities en teken die af.' Hij knikt naar Cilka en Ljoeba en loopt dan naar een ander deel van de zaal.

'Ik moet een patiënt controleren,' zegt Ljoeba. 'Je redt je wel.' Ook zij loopt weg.

Cilka kijkt op de klok om te zien wanneer er vijftien minuten zullen zijn verstreken sinds ze de woorden 'zwakke pols, onregelmatig' heeft genoteerd. Ze staat nog steeds naast het bed wanneer Jelena naar haar toe komt en haar vraagt wat ze aan het doen is. Wanneer ze het uitlegt, glimlacht Jelena geruststellend. 'Je hoeft niet bij het bed te wachten. Je kunt ondertussen andere dingen doen – kom gewoon af en toe terug en maak je geen zorgen als er niet precies vijftien minuten verstreken zijn, goed?'

'O, dank u… Ik dacht dat ik hier moest blijven tot hij doodgaat.'

'Je bent echt niet bang voor de dood, hè?'

Cilka slaat haar blik neer. Het beeld van een stapel uitgemergelde lichamen flitst door haar hoofd. Hun wanhopige, laatste geluiden. De geur. 'Nee, ik heb het al zo vaak gezien.' De woorden glippen er zomaar uit.

'Wat rot voor je.' Jelena zwijgt even. 'Hoe oud ben je ook weer?'

'Negentien.'

Jelena fronst haar voorhoofd. 'Mocht je er ooit behoefte aan hebben, weet dan alsjeblieft dat je er met mij over kunt praten.'

Voordat Cilka antwoord kan geven, loopt Jelena weg.

Bij haar derde bezoekje aan de stervende patiënt, een gevangene die een ongeluk heeft gekregen tijdens het werk, noteert Cilka de tijd en de woorden 'geen hartslag'. Ze dwingt zichzelf om naar het gezicht van de man te kijken die ze zojuist dood heeft verklaard. Ze bladert door zijn dossier, op zoek naar zijn naam.

Wanneer ze zich over hem heen buigt om zijn gezicht te bedekken, fluistert ze: 'Ivan Détochkin – *alav ha-shalom.*' Vrede zij met hem. Die woorden heeft ze al lange tijd niet uitgesproken.

Auschwitz-Birkenau, zomer 1943

'Wat heeft hij tegen je gezegd? En keek hij je aan terwijl hij sprak? Vertel het ons, Gita, we willen alles horen.'

Cilka zit op het gras naast blok 29 met haar vriendinnen Gita en Dana. Magda ligt binnen te rusten. Het is zondagmiddag, zomer, geen wind die de as uit de nabijgelegen crematoria hun kant op kan blazen. In haar positie als blokleider heeft Cilka enige bewegingsvrijheid, maar Lale is de enige mannelijke gevangene die ze ooit in het vrouwenkamp heeft gezien. Hij was die ochtend verschenen. De meisjes wisten wat ze moesten doen om het risico voor hun vrienden te verkleinen – ze waren om Gita en Lale heen gaan staan en hadden hun net genoeg privacy gegeven voor een gefluisterd gesprek. Cilka had haar oren gespitst en flarden opgevangen; nu wil ze de details horen.

'Hij vroeg naar mijn familie,' vertelt Gita.

'En wat heb je gezegd?' vraagt Cilka.

'Dat ik niet over ze wilde praten. Volgens mij begreep hij het. En dus heeft hij me over zijn familie verteld.'

'En? Heeft hij broers en zussen?' vraagt Dana.

'Hij heeft een oudere broer die Max heet...'

'Dat vind ik zo'n mooie naam, Max,' zegt Cilka dweperig.

'Sorry, Cilka, Max is getrouwd en heeft twee kleine zoontjes,' zegt Gita.

'Och, nou ja. Wat heeft hij verder nog gezegd?'

'Hij heeft een zus. Ze heet Goldie en ze is kleermaakster. Ik kon zien dat hij dol is op zijn moeder en zijn zus. Dat is een goed teken, toch?'

'Een heel goed teken, Gita. Je moet je liefde geven aan een man die de andere vrouwen in zijn leven goed behandelt,' zegt Dana, wijs voor haar jaren.

'Wie zei er iets over liefde?' protesteert Gita.

'Gita houdt van Lale...' zingt Cilka plagerig en even laat ze het zonlicht en hun vriendschap de gruwelen om hen heen buitensluiten.

'Houd op, jullie allebei,' zegt Gita, maar ze glimlacht.

Uitgeput door hoop gaan de drie jonge vrouwen op het gras liggen, doen hun ogen dicht en laten zich door de warmte van de zon naar een andere plek brengen.

Wanneer Cilka die middag haar jas aantrekt en zich klaarmaakt om de warmte van het ziekenhuis te verruilen voor de vrieskou buiten, ziet ze Jelena.

'Jelena Georgiëvna, ik moet u spreken –'

'Cilka! Ik was al naar je op zoek. Ja, laten we praten.' Voordat Cilka iets kan zeggen, gaat Jelena verder: 'Mijn collega's zijn van je onder de indruk. Ze vroegen of je ervaring hebt in de verpleging.'

'Nee, zoals ik al zei, ik ben nooit verpleegster geweest.'

'Dat heb ik hun ook verteld. We hebben het over je gehad en we vroegen ons af of je tot verpleegster opgeleid zou willen worden.'

Dit ging allemaal zo snel.

'Ik... Hoe kan dat nou? Ik ben hier een gevangene.'

'De beste manier om het te leren, is door het te doen. Ik zal je leraar zijn. Ik weet zeker dat de andere verpleegsters je zullen helpen en blij zullen zijn met een extra paar handen. Wat vind je ervan?'

'Ik weet het niet... Jelena Georgiëvna, ik weet niet of ik hier thuishoor.'

Jelena legt haar hand op Cilka's schouder. Cilka probeert niet ineen te krimpen onder de intieme aanraking.

'Ik weet dat ik je niet goed ken, Cilka. Maar je bent hier goed in en we zouden je hulp heel erg waarderen. Wil je er in elk geval over nadenken?'

Jelena glimlacht hartelijk naar haar, als een zus. Cilka slikt. Ze kan het nauwelijks verdragen. Het schuldgevoel is overweldigend. Ze denkt aan haar hutgenoten wanneer die 's avonds terugkeren van het werk, zich verdringen rond de kachel, kreunend de natte lappen van hun bevroren voeten wikkelen. Maar ze denkt ook aan het gezicht van Olga wanneer ze haar echte thee geeft die ze zojuist op de kachel heeft gebrouwen. Het is een vreselijke beslissing en ze weet niet waarom ze opnieuw is uitverkoren.

'Jelena Georgiëvna, waarom bent u hier?'

'Je bedoelt, wat heb ik gedaan om in Vorkoeta geplaatst te worden?'

Cilka knikt langzaam.

'Geloof het of niet, Cilka, maar ik ben hier vrijwillig.' Ze dempt haar stem. 'Mijn familie heeft altijd geloofd in een... hoger doel.' Ze gebaart met haar hoofd naar de hemel. Het is verboden om over religie te praten, maar Cilka begrijpt wat ze wil zeggen. 'Mijn ouders hebben hun leven gewijd aan het helpen van anderen. Mijn vader is daar zelfs bij gestorven, toen hij een brand bestreed. Ik probeer hen te eren door hun missie voort te zetten.'

'Dat is geweldig,' zegt Cilka. Ze voelt zich overweldigd.

'Hoewel,' zegt Jelena, haar voorhoofd fronsend, 'ik moet toegeven dat ik in grote lijnen geloofde in het project van de Sovjet-Unie – de roep van het vaderland en zo. Maar het is heel anders als je hier bent.' Ze draait zich om en kijkt naar de mensen die in de bedden achter hen liggen.

'Ik kan maar beter stoppen met praten,' zegt ze en ze tovert een glimlach op haar gezicht tevoorschijn.

'Bedankt, Jelena Georgiëvna, dat u me dit hebt verteld. En ik hoop dat de vrouwen in mijn hut ook snel beter werk vinden.'

'Dat begrijp ik. Ik ook,' zegt Jelena. 'Tot morgen.' Ze haalt haar hand van Cilka's schouder en maakt aanstalten om te vertrekken.

Cilka blijft haar aankijken.

'Is er nog iets, Cilka?'

'Josie – kan Josie mijn baan als hulpje in de ziekenzaal overnemen?'

Daar denkt Jelena even over na. 'Nog niet. Als we jou fulltime als verpleegster kunnen inzetten, kunnen we Josie er misschien bij halen. Maar zal ze het kunnen?'

'Ik kan het haar leren. Ze redt zich wel.' Het is een gok, denkt Cilka. Als Josie de taken niet zo snel kan oppikken als zijzelf, zal ze dan straf krijgen? Een straf die nog erger is dan weer in de mijn te moeten werken?

'We zullen zien,' zegt Jelena en ze loopt weg.

HOOFDSTUK 8

Lange, donkere dagen en nachten. De temperatuur daalt tot een punt dat vele malen lager ligt dan Cilka ooit heeft meegemaakt. Ze blijft op de ziekenafdeling werken, voortdurend geplaagd door haar schuldgevoel, trachtend dat te onderdrukken door voedsel naar de vrouwen in de hut te smokkelen. Brood, groente, margarine. Echte thee. Net genoeg voor hen om één avond van te kunnen eten, voor het geval Klavdia Arsenjevna weer een inval komt doen. Antonina Karpova krijgt elke avond een extra grote portie.

In de paar maanden die volgen neemt Cilka alles wat haar in het ziekenhuis wordt verteld en getoond als een spons in zich op. Ze wordt zo goed in het geven van injecties dat de patiënten naar haar gaan vragen. Vaak wachten ze wanhopig tot zij vrij is om hen te helpen. Het feit dat ze pijn vermindert in plaats van die erger te maken, verwondert Cilka dagelijks. Terwijl de ziekenzaal volstroomt met wanhopige patiënten met bevriezingsverschijnselen, brengt ze zichzelf steeds in herinnering dat ze niet meer kan doen dan ze kan doen. En toch wordt haar geest soms leeg en doet ze haar werk automatisch, als een machine. Jelena merkt het op en adviseert haar om af en toe pauze te nemen – maar als ze vierentwintig uur per dag in het ziekenhuis zou kunnen blijven, zou ze die kans waarschijnlijk met beide handen aangrijpen.

De dagelijkse terugkeer naar de hut brengt conflicterende emoties met zich mee. Ze wil 'haar' patiënten niet achterlaten, maar tegelijk wil ze weten of Josie en de andere vrouwen weer een dag hebben doorstaan van sjouwen, stapelen, tillen, hun ogen tranend van de ijzige wind. Ze vertrekt eerder dan de vrouwen en komt later terug, zodat ze niet hoeft toe te kijken terwijl zij hun pijnlijke ledematen warmen bij de kachel.

Dan zijn er de regelmatige nachtelijke bezoekjes van de mannen. De andere vrouwen hebben maar heel weinig 'vrije avonden', want de mannen die de hut bezoeken, wisselen vaak. Cilka en Josies beschermde status als 'kampechtgenotes' van Boris en Vadim voorkomt dat ze door andere mannen worden misbruikt, maar beschermt hen niet tegen de kreten en het snikken van hun hutgenoten. Op een avond klaagt Josie tegen Cilka dat Vadim niet is verschenen, en dat ze jaloers is omdat hij kennelijk liever bij een andere vrouw is. Dit kan Cilka nauwelijks aanhoren. Ze wil Josie niet vertellen hoe ze zich moet voelen – ze weet wat voor onverwachte effecten deze vorm van misbruik op een jonge vrouw kan hebben. Ze zegt echter wel dat ze, als ze in Josies schoenen stond, opgelucht zou zijn als hij wegbleef.

Na een afwezigheid van vijf dagen komen Boris en Vadim de hut binnen. Josie springt op en begint tegen Vadim te schreeuwen en hem ervan te beschuldigen dat hij haar niet trouw is. Vadim slaat haar hard in het gezicht en duwt haar dan op het bed. Cilka is geschokt – is Josie gek geworden? Ze wil niet dat het meisje wordt vermoord. Het liefst zou ze Vadim zelf slaan, het verlangen brandt in haar binnenste, maar in plaats daarvan waarschuwt ze Josie later dat ze voorzichtig moet zijn. Het voelt verkeerd en ontoereikend, maar ze weet niet wat ze anders kan doen. De paar dagen daarna negeert Josie haar en maakt opmerkingen tegen de anderen over het makkelijke leventje dat Cilka op de ziekenafdeling heeft. De toenadering tussen hen is weer voorbij. Op een avond bijt Elena Josie toe dat ze volwassen moet worden – dat ze allemaal profijt hebben van het extra voedsel dat Cilka vanuit de ziekenafdeling naar hen toe smokkelt, de overgebleven patiëntenmaaltijden die ze heel handig in haar kleding weet te verbergen.

Elke avond komt ze de hut binnen en leegt ze haar zakken op de rand van haar bed. Het brood scheurt ze snel in stukjes, zodat niemand anders het hoeft te doen en het risico loopt ervan beschuldigd te worden dat de porties niet gelijk zijn. Als de vrouwen haastig naar voren komen en naar het brood graaien, wendt ze zich af. Wanneer Antonina er niet is, stopt ze de portie van de brigadier terug in haar zak, omdat ze het onbeleefd zou vinden om de verleiding open en bloot in het zicht van de hongerige vrouwen te laten liggen.

Ze wendt zich af omdat het zo moeilijk is om te kijken naar de benige, graaiende vingers van de vrouwen. Naar hun gebarsten lippen, vol kloven en korstjes. Hun geaderde oogleden, die dichtglijden wanneer ze zo lang mogelijk over het kauwen en het proeven van het eten proberen te doen. Cilka schenkt Elena een klein verbaasd glimlachje omdat ze het voor haar opneemt. Toch doen Josies woorden pijn. Ja, Cilka heeft bijzonder veel geluk gehad. Maar ze is ook vervloekt. Als de vrouwen eens wisten waar ze al die jaren was geweest, toen zij nog meer dan genoeg voedsel en drinken en warmte hadden. Toen zij nog een familie hadden, een thuis.

Ze blijft Elena een complexe vrouw vinden. Boos, vaak onverschillig, schreeuwend tegen de wereld en iedereen die erin rondloopt – en toch ook meelevend en zorgzaam wanneer ze even niet op haar qui-vive is. Ze probeert gewoon te overleven, heeft Cilka vaak gedacht. En er zijn verschillende manieren om dat te doen.

Elena's vriendin Hannah, die weer spreekt nu ze is hersteld van haar opsluiting in het hol, blijft zich vijandig opstellen. Cilka heeft ontdekt dat de twee vrouwen bevriend zijn omdat ze samen in het Poolse verzet hebben gezeten. Ze hebben zowel tegen de nazi's als de Russen gevochten. Hun vertoon van moed intimideert Cilka. Het maakt haar nog onwilliger om haar verleden met de anderen te delen.

De volgende dag geeft Josie Cilka twee kleine lentebloemen die ze heeft weten te plukken op de terugweg van de mijn. Fijne paarse bloemblaadjes met een rood en zwart hartje en sprietige groene blaadjes. Cilka had ze vlak bij het ziekenhuis door het ijs zien steken, een teken dat de lente op komst is. Het vooruitzicht dat er eindelijk een eind zal komen aan de snijdende wind en de ijzige sneeuwval, wekt de hoop dat het leven een beetje makkelijker zal worden voor hen allemaal.

Ze probeert niet te veel waarde te hechten aan Josies gebaar. De waarheid is echter dat ze voor het eerst sinds ze hier is haar keel dicht voelt knijpen, alsof ze op het punt staat om te gaan huilen. Ze slikt. De bloemen zet ze in een beschadigde mok, de trots van de vrouwen in de hut. Ieder van hen heeft de kunst geleerd van het stelen van alles wat niet is vastgespijkerd. Ze hebben mokken meegesmokkeld uit de eetzaal; een kleine tafel met een gebroken poot, die officieren buiten hun hut hadden gezet omdat ze hem niet meer konden gebruiken, staat op losse blokjes hout in de hut; en op de kachel prijkt een gedeukte ketel waarin ze water kunnen koken. Antonina, die deelt in het voedsel dat Cilka meebrengt van de ziekenafdeling, kiest ervoor om de 'extraatjes' te negeren. Ook Klavdia, die nog steeds naar smokkelwaar speurt, is niet in deze spullen geïnteresseerd. Het begint er zowaar gezellig uit te zien. Olga, die erin geslaagd is om de naalden die eerste avond bij zich te houden, heeft de anderen geleerd om te borduren. Met draad die ze uit de uiteinden van hun lakens halen, hebben de vrouwen prachtige lappen geborduurd die op verschillende plekken in de hut hangen. Cilka brengt nog steeds regelmatig afgedankt verband mee, dat ze uitkookt en cadeau doet aan de handwerkgroep. Veel van de sjaals die de hoofden van de vrouwen bedekken, zijn aan de randen versierd met verfijnd borduurwerk.

Tijdens hun maandelijkse bezoekjes aan de badhut leveren de vrouwen hun met borduurwerk versierde sjaals samen met hun andere kleren in om ontluisd te worden, terwijl ze vlug een karig stukje zeep over hun lichaam wrijven en zich afspoelen met warm water uit een ton. Na die eerste keer is hun schaamhaar gelukkig niet meer geschoren, en ze mogen hun haar laten groeien, tenzij er luizen bij hen worden aangetroffen. De meeste vrouwen knippen hun haar kort tijdens de badsessies. Cilka laat dat van haar iets langer groeien. De kleren komen terug, warm en stijfjes hangend over een stang, en ze moeten ze vlug pakken voordat ze zonder pardon op de grond worden gemikt. Soms duwen de sterkere vrouwen de anderen opzij om een nieuwe sjaal of een warme jas te bemachtigen, en zo verspreidt het borduurwerk zich door de hele brigade.

De lente is heerlijk, maar te kort. De sneeuw die vrijwel vanaf het begin van Cilka's verblijf in het kamp de grond heeft bedekt, smelt vlug wanneer de temperatuur overdag stijgt. De zon schijnt stralend en weerkaatst op de nabijgelegen heuvels.

Wanneer de zomer begint, blijft het steeds langer licht, tot op een dag de nacht helemaal niet meer aanbreekt. De zoeklichten op het terrein hoeven niet meer aan, tenzij het zwaarbewolkt is. Sommige vrouwen in de hut, die uit zuidelijker gelegen Europese landen komen, reageren paniekerig op dit verschijnsel – het lijkt tegen de natuur in te gaan. De mannen bezoeken de hut, en voor het eerst zien de vrouwen hen in het volle licht, van dichtbij. Een paar van hen weten zich niet in te houden en vertellen de mannen wat een lelijke zwijnen ze zijn, iets wat hun op straf komt te staan.

Veel vrouwen hebben moeite om te slapen nu het niet meer donker wordt. Iedereen is prikkelbaar, en de harmonie van de hut wordt verstoord door verbale en lichamelijke schermutselingen.

Wanneer Jelena Cilka betrapt terwijl ze zit te knikkebollen, vraagt de dokter hoe ze reageert op de witte nachten.

'De wat?' vraagt Cilka.

'De witte nachten. Voorlopig blijft het elke dag vierentwintig uur licht. Niet iedereen kan daar even goed tegen.'

'Ik kan niet slapen, en áls ik slaap, zijn het steeds maar korte stukjes.'

'En de anderen in je hut?'

'Sommigen voelen zich wel oké, maar de meesten niet. Het lijkt wel of er steeds ruzie ontstaat om niets. Hoe gaat u ermee om?' Hoewel ze zich kan voorstellen dat de personeelsverblijven waar Jelena slaapt, voorzien zijn van fatsoenlijke gordijnen.

'Je eerste zomer zal je ergste zijn, en daarna wordt het beter. Voor de meeste mensen. Anderen lukt het nooit om zich aan te passen, en zij worstelen er elk jaar mee. En een enkeling verliest gewoon zijn verstand. Zij kunnen niet omgaan met het slaapgebrek, de verandering in het ritme van hun lichaam – dat tast hun geestelijke vermogens aan.'

Jelena praat hier wel erg nuchter over, denkt Cilka. 'Zou dat mij kunnen overkomen?'

'Met jou komt het wel goed, Cilka.' Cilka is nog steeds niet gewend aan

Jelena's rotsvaste vertrouwen in haar. 'Je moet een blinddoek maken om je ogen te bedekken, en je lichaam aan de nieuwe situatie laten wennen. Geef de andere vrouwen hetzelfde advies,' vervolgt Jelena. 'In de linnenkamer vind je vast wel een paar oude dekens die niet meer gebruikt worden. Neem pauze, pak een schaar, ga naar de linnenkamer en knip genoeg stroken voor alle vrouwen in je hut. Het enige wat je kunt doen, is ze aanbieden.'

Dat laat Cilka zich geen twee keer vertellen. In de linnenkamer experimenteert ze met de dekens en het andere linnengoed dat er ligt, tot ze een materiaal vindt dat prettig aanvoelt rond haar hoofd. Niet te ruw, en zonder een al te sterke geur. Ze knipt twintig stroken af en verstopt die onder haar kleren. Het is onvoorstelbaar dat ze zomaar een schaar kan gebruiken. In de hut snijden de vrouwen soms stof af door er een net uitgeblazen lucifer overheen te halen.

Die avond – een zondag waarop ze maar de halve dag hebben hoeven werken – deelt Cilka de blinddoeken uit, en de vrouwen kruipen in het volle daglicht in hun bed. Buiten horen ze mensen praten. Ze verwachten dat de mannen binnen zullen komen, maar de deur blijft gesloten. De stemmen verstommen niet. Een paar vrouwen stappen uit bed en steken voorzichtig hun hoofd naar buiten. Elena doet de deur open en de stemmen klinken luider.

'Wat gebeurt er?' roept Cilka.

'Ik zie een heleboel mensen die rondlopen en met elkaar praten. Het lijkt wel een feest!'

Ze springen allemaal uit bed en haasten zich naar de deur en de ramen. Ze verdringen elkaar om te kunnen zien wat er gebeurt. Een voor een wagen ze zich naar buiten.

'Wat is hier aan de hand?' vraagt Elena aan een groepje vrouwen dat kletsend langsloopt.

'Niets. Hoe bedoel je?'

'Wat doen jullie buiten, midden in de nacht?' vraagt Elena.

'Het is nog niet midden in de nacht, en we zijn buiten omdat het kan,' zegt een van de vrouwen. 'Is dit jullie eerste zomer?'

'Ja,' antwoordt Elena. 'Nou ja, de meesten van ons zijn aan het eind van de vorige zomer aangekomen.'

'Als jullie de energie hebben, dan kun je er net zo goed van genieten om een poosje buiten te zijn zonder dat iemand je dwingt om te werken.'

'Ik denk niet dat dat mag.'

'Onzin. In de winter blijf je binnen omdat het te koud en te donker is om naar buiten te gaan. Ik zou hier een boek kunnen lezen, als ik een boek hád om te lezen, dus waarom zou je er niet van genieten? Lang zal het niet duren.'

De vrouwen slenteren weg.

'Ik dacht...' stamelt Josie.

'Volgens mij is dit alweer iets wat onze geliefde Antonina Karpovna ons niet heeft verteld,' merkt Elena op. 'Kom, laten we een ommetje maken en onze gevangenis eens goed bekijken.'

Voor het eerst in lange tijd ziet Cilka een glimlach op de gezichten van de vrouwen. Ondanks hun uitputting na de lange werkweek lopen ze het terrein op, sommigen arm in arm. Cilka veronderstelt dat dit alleen op de zondagen zal gebeuren, wanneer ze door de halve vrije dag iets minder vermoeid zijn. De gevangenen kijken naar de lucht; ze zien de bergen steenkool die de horizon verduisteren. Ze ademen de frisse lucht in, hun vijand in de winter, wanneer hij hun kelen schroeit en in hun longen brandt. Voor het eerst zien ze mannen in groepjes rondlopen op het terrein tussen het mannenkamp en het vrouwenkamp, zonder dat ze hen bedreigen. Een paar van de vrouwen reageren giechelend wanneer de mannen naar hen glimlachen. Ze worden overspoeld door een gevoel van vrijheid.

'Kom mee, Cilka!' roept een opgewonden Josie. 'We moeten ze vinden.'

'Wie moeten we vinden?'

Cilka is verrast door het eerste gezicht dat in haar opkomt: de boodschapper die ze nu en dan in het ziekenhuis heeft gezien, de man met de bruine ogen die beleefd tegen haar deed toen hij per ongeluk tegen haar op botste. Ze hebben elkaar niet gesproken, maar hij heeft een paar keer ter begroeting naar haar geknikt.

'Vadim en Boris. Laten we ze opzoeken en een stukje met ze gaan lopen. Zou het niet heerlijk zijn om gewoon met ze te wandelen en te praten, ze te leren kennen, in plaats van alleen –'

'Ik wil niet op zoek naar Boris. Waarom kunnen we niet gewoon samen zijn? We hebben hen niet nodig, Josie.' Cilka heeft geprobeerd begrip te tonen voor Josies naïviteit, haar behoefte om te doen alsof ze een echte band met de mannen hebben, maar het zit haar enorm dwars.

'Maar ik wíl Vadim graag zien,' zegt Josie koppig. 'Kom je mee of ga ik in mijn eentje?'

'Nee, dank je,' zegt Cilka kil.

'Tja, als je geen zin hebt…' Josie beent weg.

Cilka kijkt haar na en loopt dan een andere kant op.

Ze worstelt met deze vrijheid – die is zo nieuw voor haar. Ze blijft maar kijken naar het hek met de uitkijktorens, op zoek naar bewakers die hen met hun wapens neer kunnen maaien. Zo nerveus voelde ze zich ook altijd op die *andere plek*. Hier kent ze de regels nog niet. Ze is een van de eersten die terugkeert naar de relatieve veiligheid van de hut. Geduldig wacht ze tot de anderen terugkeren, in het bijzonder Josie, om wie ze zich zorgen maakt. Pas als iedereen terug is, doet ze haar blinddoek om en kruipt ze in bed. De vrouwen mompelen tevreden terwijl ze naar bed gaan – door deze kleine vrijheid kunnen ze hun ellende heel even vergeten.

Acht weken lang blijft de zon aan de hemel staan. Cilka begint te ontspannen en volop mee te doen met de zondagavondwandelingen door het kamp. Samen met de andere vrouwen van haar hut verkent ze de omgeving. Ze houden hun hele lichaam bedekt en wikkelen sjaals om hun gezicht tegen de muggen. Ze doet haar best om Josie ervan te overtuigen dat ze Vadim niet op hoeft te zoeken, dat hij niet haar toekomst vormt.

Op een avond komt Hannah naast Cilka lopen, pakt haar stevig boven de elleboog vast en trekt haar venijnig bij Josie vandaan. Van dichtbij ruikt Cilka het oude zweet in haar kleren, het vet in haar haar.

'Wat wil je?' vraagt ze.

'Weet je, in de oorlog werkten mensen als Elena en ik bij het verzet tegen de onderdrukkers – de nazi's, de Russen...'

'Dat weet ik. Je bent een heldin.'

'Terwijl sommige vrouwen gewoon op hun rug gingen liggen en zich aan de vijand overgaven, en daar profijt van hadden terwijl ze de anderen om zich heen zagen sterven.' Haar greep op Cilka's arm verstevigt. Cilka voelt zich misselijk. Hannah loopt door, Cilka dwingend om de ene voet voor de andere te blijven zetten.

'Ik weet niet waar je het over hebt,' zegt ze met vlakke stem.

'Ik ga mijn bron niet verraden... maar je hebt een bijzonder lelijk geheim voor ons verborgen gehouden.'

Cilka slikt, overspoeld door angst, woede. Het moet die vrouw uit de trein zijn geweest, die ook op die *andere plek* was.

'Is het waar wat die vrouw zegt? Ze leek het wanhopig graag aan iemand kwijt te willen. Ik kreeg de indruk dat ze het niet lang meer zal maken.'

'Ik heb je niets te zeggen.'

Cilka denkt aan de vrouw die net als zij die *andere plek* had overleefd om vervolgens hier terecht te komen, en erger nog: die hier misschien nooit meer wegkomt.

'Dus het is waar. Je bent gewoon een ordinaire hoer die krijgt wat ze wil door met een of andere verdorven rotzak naar bed te gaan. Tjonge, jonge, jonge.'

'Je kunt me niet kwetsen, Hannah. Het is zinloos om het te proberen.' Cilka kijkt Hannah recht in de ogen.

'Ik durf te wedden dat je niet wilt dat je vriendinnen dit te weten komen. Wil je dat ik je geheim bewaar?'

'Ik wil dat je oprot. Het laat me koud wat je doet of zegt.' Cilka bluft, in de hoop dat het geheim dan minder aantrekkelijk wordt voor Hannah. Ze weet echter dat Hannah kan voelen dat ze beeft, onder de stevige greep van haar hand.

'Ik kan het geheimhouden, maar daar hangt een prijskaartje aan.'

'Hoe vaak word je verkracht door de mannen die naar onze hut komen, Hannah?'

Hannah geeft geen antwoord. Ze fronst haar voorhoofd, ademt zwaar. 'Ik hoor je niet,' zegt Cilka met luide stem. 'Eén man, meerdere mannen... Hoeveel verschillende mannen hebben je verkracht sinds we hier zijn?'

'Zo gaat dat hier gewoon.'

'Ja, zo gaat dat hier gewoon. En zo ging het dáár ook. Ik werd weggestopt zodat niemand zou zien dat de officieren zichzelf 'bevuilden'. Heb je enig idee hoe dat voelt? Als jij en je familie en je vrienden, je hele ras, worden behandeld als beesten die bestemd zijn voor de slacht?'

Hannah kijkt de andere kant op. Ze houdt haar gezicht neutraal.

'En heeft die persoon die beweert van alles over mij te weten, ook verteld waarom zij hier is?' vraagt Cilka.

'Ja, dat heb ik uit haar losgekregen. De Russen zeiden dat ze niet van mensen houden die ongevraagd anderen verraden, en dus is ze hiernaartoe gestuurd. Het ziet ernaar uit dat jullie uiteindelijk allemaal zwak waren, dat jullie elkaar allemaal hebben verklikt.'

'Niemand heeft het recht om over ons te oordelen,' zegt Cilka tussen haar opeengeklemde tanden door. 'Je hebt geen idee hoe het daar was. Er waren maar twee keuzes: een daarvan was overleven. De andere was de dood.'

Hannah grinnikt zachtjes. Cilka krijgt een rood waas voor haar ogen van woede. Ze zou hier langzamerhand aan gewend moeten zijn – mensen die een hiërarchie creëren van goed en slecht en die besluiten in welke categorie jij valt.

'Maar dat is niet alles, toch?' zegt Hannah.

Cilka kijkt naar haar.

'Wil je nou echt dat ik de anderen – Josie, Natalja, Olga, Elena – vertel over je rol in het dodenblok?'

Cilka probeert niets te laten blijken.

'Dat dacht ik al,' zegt Hannah. 'Binnenkort zal ik je vertellen wat ik wil hebben, en jij zult het me geven.' Ze loopt weg.

Cilka kijkt naar de vrouwen die in een kringetje staan en genieten van dit zeldzame moment van vrije tijd. Josie draait zich om en glimlacht naar haar. Ze dwingt zichzelf om terug te glimlachen. Ze wil niet in gedachten terugkeren naar die *andere plek*; ze wil bij de dag leven, proberen elke dag zo goed mogelijk door te komen, met haar nieuwe vrienden. Ze wil niet dat Hannah dit voor haar verpest. Haar maag trekt samen.

Al te snel is de grond weer bevroren als de vrouwen wakker worden. Koude, vochtige lucht dringt hun keel binnen. Cilka is hier nu een jaar. De mutsen en de dikke jassen worden onder de matrassen vandaan gehaald, waar ze de afgelopen twee maanden hebben gelegen.

Hannah lijkt nog niet te hebben besloten welke 'betaling' ze zal vragen om haar mond te houden. Ze herinnert Cilka echter geregeld met een blik of een gebaar aan datgene wat ze weet. Het grootste gedeelte van de tijd probeert Cilka de angst voor ontdekking van zich af te zetten.

De overgang van de herfst naar de winter verloopt snel. Zware regen maakt de aarde doorweekt en de stemming somber. Er komt een eind aan de avondwandelingetjes door het kamp, en de vrouwen moeten er weer aan wennen om uitsluitend onder elkaar te zijn.

De regen gaat over in hagel, de hagel in sneeuw. Het is vrijwel de hele dag donker.

Nu Cilka weet dat Hannah haar geheim kent, voelt de hut steeds kleiner en benauwder.

HOOFDSTUK 9

Een dag om plannen te maken. Een dag om vooruit te denken. Voor de meeste mensen, maar niet voor Cilka. Voor de eerste keer die dag schrijft ze in het dossier van een patiënt: 1 januari 1947. Patiënt herstelt goed, wordt naar verwachting morgen ontslagen.

Ze luistert naar de woorden van de dokter, noteert ze in verkorte vorm, dwingt zichzelf om te glimlachen wanneer ze kijkt naar de man die voor haar in het bed ligt, zijn ogen vol tranen.

'Alsjeblieft, nog iets langer. Mag ik nog iets langer blijven? Twee, drie dagen. Ik ben nog zwak.'

De dokter kijkt zonder medeleven naar de man. Hij richt zich tot Cilka: 'Wat vind jij, Cilka? Zullen we deze slappeling een bed in beslag laten nemen dat we nodig hebben voor iemand die écht iets mankeert? Of schoppen we hem er morgen uit?'

Cilka kent inmiddels het spelletje dat sommigen van de dokters graag spelen, en de rol die zij daarin krijgt toebedeeld. Ze maken van haar degene die besluit of een patiënt nog vierentwintig uur in een warm ziekenhuisbed mag doorbrengen, voorzien van voedzame maaltijden. Ze heeft ook geleerd welke dokters mogelijk instemmen met haar suggestie dat de patiënt nog een dag mag blijven, en welke juist het tegenovergestelde zullen doen.

Deze arts volgt Cilka's advies vaak op. Weloverwogen gunt ze de zieken en gewonden extra dagen, zoals ze in haar oude leven niet kon. Hoewel op al deze plekken geldt dat het voordeel voor de een altijd ten koste gaat van een ander. Zijn comfort, zijn voedsel. Niets is eerlijk.

'Het is de eerste dag van een nieuw jaar. In de geest van deze bijzondere gelegenheid...' Ze kijkt naar het dossier in haar hand. '...zou Georgi Jaroslavovitsj er wellicht baat bij hebben om nog een dag bij ons te blijven. Zal ik er ontslag over twee dagen van maken?'

'Ga je gang.' De dokter loopt weg.

Cilka kijkt naar de poster die boven het bed aan de muur hangt. Een glimlachende arbeider in een zonovergoten veld. Bevrijding door hard werken.

Ze past het dossier aan.

'Dank je, Cilka Klein, dank je, dank je. Je bent een engel die vanuit de hemel naar de aarde is gestuurd.'

Cilka knipoogt naar de man. Deze keer is haar glimlach oprecht. 'Het is al goed, Georgi Jaroslavovitsj, je weet dat ik voor je zal zorgen.'

Wanneer ze terugloopt naar het bureau om het dossier van Georgi weg te leggen en een ander op te halen, ziet ze dat Jelena op haar wacht.

'Cilka, ik heb goed nieuws voor je.'

De glimlach keert weer terug op Cilka's gezicht. Ze durft bijna niet te vragen wat het goede nieuws is. Zwijgend wacht ze af.

'Ik heb het hoofd van het ziekenhuis gesproken en hem ervan overtuigd dat je nu beschouwd kunt worden als een echte verpleegster.'

'Echt? Dat is fantastisch, heel erg bedankt,' zegt Cilka. Ze voelt echter nauwelijks blijdschap. Door haar positie wordt het leven van haar hutgenoten een klein beetje makkelijker, maar ze zou zo graag méér doen. Achter Jelena, buiten het met rijp bedekte raam, giert de wind door het donker. 'Ik weet niet wat ik verder nog moet zeggen.'

'Je hoeft me niet te bedanken. Jij hebt het harde werk gedaan – je verdient respect en waardering.'

Diep vanbinnen voelt ze iets de kop opsteken. Iets wat op schaamte lijkt. Zou Jelena er anders tegen aankijken als ze alles over Cilka's verleden wist?

'Ik zal je niet teleurstellen,' zegt ze.

'Dat weet ik. En Cilka, nog iets.' Jelena geeft Cilka een briefje. 'Geef dit vanavond aan Antonina Karpovna. Het is een verzoek om Josie hier morgen als verpleeghulp te laten beginnen. Ze kan een aantal van jouw oude taken overnemen, zodat jij je handen vrij hebt voor het verpleeg-werk.'

Cilka neemt het briefje met een trillende hand aan en wendt zich af om haar emoties te verbergen. Eindelijk! Al sinds ze hier werkt heeft ze vurig gehoopt dat dit zou gebeuren. Ze stopt het briefje in de zak van haar ziekenhuisschort. Met een knikje bedankt ze Jelena en dan pakt ze een ander dossier en loopt kwiek en doelbewust naar de volgende patiënt.

Voor het eerst in lange tijd keert ze eerder dan de anderen terug naar de hut. Ze loopt heen en weer door het kleine vertrek, haar neus nog rood en pijnlijk van de kou, wachtend tot ze haar nieuws met Josie en Antonina kan delen. Het is niet het nieuws dat ze nu een echte verpleeg-ster is waardoor ze zo opgewonden is; ze is vooral dolblij dat Josie niet langer meer buiten hoeft te zwoegen, dat ze voortaan kan werken in het comfort en de warmte van de ziekenboeg. Ze weet dat de bron van haar vreugde zelfzuchtig is – ze wil dichter bij Josie zijn, zodat ze een oogje op haar kan houden.

Wanneer de vrouwen de hut binnenkomen, lijkt er angst en paniek onder hen te heersen. Cilka's gedachten schieten naar Hannah, naar wat zij weet – of denkt te weten. Heeft ze het de vrouwen verteld en gaan ze haar erop aanvallen? Dan beseft ze echter dat er iets heel anders aan de hand is. Een van de vrouwen snikt en kreunt tegelijkertijd. Ze wordt on-dersteund door twee anderen, die haar ieder aan één kant overeind hou-den wanneer ze dubbelklapt van de pijn. De rest praat nerveus door elkaar en roept wat er moet gebeuren, maar zonder dat iemand luistert, zonder dat iemand de leiding neemt.

Cilka pakt Elena bij de arm en trekt haar weg bij de anderen. Nu ziet ze dat de kreunende vrouw Natalja is. Haar blonde haar plakt met zweet en roet aan haar voorhoofd.

'Wat is er aan de hand?' vraagt ze ongerust. 'Wat is er mis?'

Antonina is de vrouwen naar binnen gevolgd. Zodra de vrouwen Natalja op haar bed hebben gelegd, stappen ze opzij om de brigadier erbij te laten.

'Hoe ver ben je?' vraagt Antonina.

Vol angst en pijn schudt Natalja haar hoofd. 'Ik weet het niet.' Haar sjaal zit nog om haar nek gewikkeld. Ze heeft haar hand, met haar handschoen nog aan, eromheen geklemd.

'Weken of maanden?'

'Maanden, vijf of zes, ik weet het niet! Help me, help me alsjeblieft.'

'Wat is er met haar aan de hand?' vraagt Cilka nog een keer aan Elena.

'Ze is zwanger en ze bloedt. We zijn bang dat de bevalling is begonnen.'

Antonina kijkt op en ziet dat Cilka op de achtergrond blijft.

'Kom hier,' zegt ze. 'Jij werkt in het ziekenhuis – neem de leiding. De rest van jullie, maak je klaar om naar de eetzaal te gaan.'

Cilka doet haar mond open om te protesteren, maar ze verandert van gedachten. Ze heeft geen idee hoe ze een bevalling moet begeleiden, maar ze wil er zijn voor Natalja.

'Pardon, Antonina Karpovna, mogen Josie en Elena blijven om me te helpen? Ik heb hier een briefje van de dokter, Jelena Georgiëvna.'

Cilka vouwt het briefje open en geeft het aan Antonina. Antonina leest het, kijkt naar Josie en zegt met vlakke stem: 'Tjonge, alweer eentje die in de prijzen valt, gefeliciteerd.' Ze kijkt weer naar Cilka. 'Die twee kunnen blijven. Ik zal wat handdoeken en lakens laten brengen. De rest van jullie, wegwezen.' Ze wikkelt haar sjaal weer over haar mond, zodat alleen haar ogen nog te zien zijn.

Voordat de vrouwen naar de eetzaal vertrekken, zegt Cilka: 'Mag ik vragen of iemand hier een baby heeft gehad of ooit heeft geholpen bij een bevalling?'

De brigadier kijkt naar de vrouwen en trekt haar sjaal weer omlaag. 'Nou?'

'Ik heb een heleboel koeien helpen bevallen, maar geen mensen,' zegt Margarethe nuchter.

'Jij kunt ook blijven.'

Natalja gilt, en meteen is alle aandacht weer op haar gericht. Lieve, mooie Natalja, denkt Cilka. Josie knielt naast het bed en strijkt het vochtige blonde haar uit haar gezicht.

'Hoe zwaar is de bloeding?' vraagt Cilka aan Natalja.

'Toen ik naar de latrine ging bij de mijn, was er een heleboel bloed. Help me, Cilka, alsjeblieft, red mijn baby!'

Ze wil het kindje, beseft Cilka. Iets binnen in haar begrijpt het – als dit haar overkwam, zou ze zich misschien ook vastklampen aan het idee van een nieuw leven. Maar haar zal het niet overkomen. Ze denk niet dat haar lichaam in staat is om zwanger te raken.

Josie kijkt smekend naar Cilka. 'Weet je wat je moet doen?'

Cilka houdt haar uitdrukking neutraal, serieus. 'We zullen doen wat we kunnen. Natalja, we moeten je kleren uittrekken, zodat we kunnen zien hoe het met je gaat, goed?'

Vijftien vrouwen verzamelen zich dik ingepakt bij de deur. Ze kunnen niet wachten om de hut te verlaten, uit angst dat ze getuige zullen zijn van een drama. Cilka, Josie, Elena en Margarethe helpen Natalja zo goed ze kunnen.

Een bewaker brengt twee baddoeken en twee lakens. Wanneer hij het gegil van Natalja hoort, gooit hij de spullen zonder iets te zeggen de hut in en maakt zich schielijk uit de voeten.

Terwijl de rest van de vrouwen aan het avondeten zit, zet Natalja een klein jongetje op de wereld. Hij maakt geen geluid; hij beweegt niet. Cilka wikkelt een van de baddoeken om zijn kleine lijfje en legt hem in Natalja's armen. De vier vrouwen staan naast haar terwijl ze zichzelf in slaap huilt, haar zoon tegen haar borst geklemd gedurende de enige nacht die ze ooit samen zullen doorbrengen. Josie wijkt de hele nacht niet van haar zijde.

De volgende ochtend draagt Antonina Elena en Margarethe op om bij Natalja te blijven. Cilka en Josie krijgen opdracht om de baby mee te nemen naar de ziekenboeg. Josie kijkt gekweld.

'We zullen goed voor Natalja zorgen, Josie,' belooft Elena.

De dode baby uit de armen van zijn moeder halen is een van de zwaarste dingen die Cilka in haar twintig jaar heeft moeten doen.

In het ziekenhuis heeft Josie moeite om dingen op te pikken. Het kost Cilka veel tijd om haar uitleg te geven en de taken desnoods zelf uit te voeren, en dat gaat ten koste van haar eigen werk. Ze houdt echter vol, en Jelena knijpt een oogje toe terwijl Josie langzaam leert welk deel van het verhaal van de dokter in het patiëntendossier opgenomen moet worden, en wat ze weg kan laten. Ze spreekt inmiddels aardig Russisch, maar ze heeft grote moeite met het cyrillisch schrift, met name de spelwijze van de medicijnen. Ze is verlegen in het gezelschap van de artsen en de verpleegsters, en vraagt Cilka liever om hulp dan te vragen of ze de instructies nog een keer mag horen.

Cilka, daarentegen, blinkt uit in elke taak die ze onderneemt. Ze is inmiddels een expert in het afnemen van bloed, en hoewel haar hechtwerk nog niet voldoet aan de standaard van Olga en de anderen van het borduurclubje, wekt het wel de bewondering van haar meer ervaren collega's. Moeiteloos combineert ze de zorg voor de emotionele en de praktische behoeftes van haar patiënten.

Josie is haar dankbaar en neemt haar weer in vertrouwen. Op de avonden waarop Boris en Vadim de hut niet bezoeken, fluistert ze tegen haar terwijl ze naast elkaar in hun bedden liggen. Ze is gespannen en voelt zich overweldigd door haar taken. 'Zal ik het ooit leren? Zal ik het ooit bij kunnen houden?'

Soms heeft Cilka de energie niet om haar gerust te stellen, hoe graag ze dat ook zou willen. Ze weet gewoon dat de kans bestaat dat het nog zwaarder zal worden, en dat ze elk moment moeten nemen zoals het komt.

Op een dag keren ze terug van het werk en blijkt Natalja verdwenen. Antonina Karpovna weigert hun vragen te beantwoorden, en Cilka beseft dat dit geen goed teken is. Meestal weten ze het wanneer een vrouw naar het hol is gebracht, want het dient als waarschuwing voor de rest. Cilka moet denken aan de vrouwen die zich op die *andere plek* op de elektrische hekken wierpen, omdat ze de voorkeur gaven aan een vlugge dood boven de hel op aarde van het kamp, of de gaskamer die hun wachtte. Ze wordt weer gevoelloos, koud en vlak als de sneeuw op de grond, en ze wil alleen nog maar gaan liggen. Ze weet echter wat Natalja voor Josie betekende. Ze gaat op Josies bed zitten en houdt zwijgend haar hand vast tot ze in slaap valt.

De winter is meedogenloos, allesverterend in zijn ijskoude duisternis, maar zelfs aan deze schijnbaar eindeloze periode komt een eind. De dramatische seizoenswisseling breekt aan en opnieuw steken kleine bloempjes de kop op tussen de smeltende sneeuw. Het licht in de hut gaat uit, de zon blijft hoog aan de hemel staan.

Een tweede zomer van witte nachten is begonnen.

Afgezien van Natalja's vertrek verandert er nog het een en ander in de samenstelling van de hut. Twee van de oorspronkelijke bewoonsters raken betrokken bij een gevecht. Wanneer een bewaker hen uit elkaar probeert te halen, wordt hij geraakt. De vrouwen worden naar het hol gestuurd en keren niet terug. Er komen drie jonge Oekraïense meisjes bij die de lege bedden bezetten. Olga, Elena, Margarethe en Hannah blijven.

De muren van de hut zijn versierd met de borduurwerkjes van de vrouwen. Wanneer eentje bederft door de vochtige omstandigheden, wordt het snel vervangen. Het borduurwerk siert de kragen op de jassen van de vrouwen, hun jurken, de randen van hun zakken, hun mutsen en hun sjaals. Het is een kleine uiting van identiteit, van vrouwelijkheid, van iets wat meer is dan een functioneel lichaam dat elke dag aan het werk wordt gezet.

Het lukt Cilka maandenlang om onderonsjes met Hannah te vermijden, tot Hannah haar op een avond apart neemt wanneer ze allemaal teruglopen van de eetzaal naar de hut. Cilka vertraagt haar pas en zegt tegen Josie dat ze zo dadelijk naar binnen komt.

'Gaat het wel?' vraagt Josie en ze kijkt fronsend naar Hannah, die naast Cilka staat.

'Ja, natuurlijk,' zegt Cilka en ze glimlacht geforceerd.

Josie haalt haar schouders op en loopt door, Cilka en Hannah met zijn tweeën achterlatend.

Cilka haalt diep adem.

Tot haar verbazing kijkt Hannah niet dreigend, maar nerveus. Ze bevochtigt haar droge lippen, haar ogen schieten van links naar rechts.

'In het ziekenhuis...' zegt ze aarzelend, 'daar hebben jullie toch pijnstillers?'

'Dat klopt, maar een beperkte hoeveelheid. We gebruiken ze alleen wanneer het echt moet.'

'Nou, je moet er een paar voor me meebrengen,' zegt Hannah. Er schittert wanhoop in haar ogen.

'We hebben niet genoeg om –' begint Cilka.

'Je weet wat de gevolgen zijn,' zegt Hannah en ze duwt haar nagels in het vlees van Cilka's arm tot het pijn doet. 'Als je me niet regelmatig van een voorraadje voorziet, dan vertel ik iedereen in de hut dat je niet alleen met de nazi's neukte, maar dat je ook als een doodsengel in een bontjas toekeek terwijl duizenden van jouw soort voor je ogen werden vermoord, zonder dat je ook maar iets ondernam.'

Ondanks het milde weer lijkt het bloed in Cilka's aderen te bevriezen. Ze begint te beven. Ze wil het Hannah uitleggen: ik was zestien! Ik heb er niet zelf voor gekozen, ik deed wat ik moest doen om te overleven! De woorden komen echter niet over haar lippen. Bovendien weet ze hoe leeg en wanhopig ze in de oren van haar hutgenoten zouden klinken. Ze wil geen medicijnen voor Hannah stelen die de patiënten hard nodig hebben. Maar ze kan haar vriendinnen ook niet kwijtraken – haar enige troost. En stel dat Jelena het zou ontdekken van het dodenblok? Raisa en Ljoeba? Ze zou hen, en haar baan, kunnen verliezen. Dan zou ze geen extra voedsel meer kunnen meebrengen voor haar hutgenoten, ze zou hen niet meer kunnen helpen sterk genoeg te blijven om het loodzware werk aan te kunnen. Alles zou instorten.

Ze ziet aan Hannahs gezicht dat zij Cilka's gedachten heeft geraden.

'Ik zal kijken wat ik kan doen,' zegt ze verslagen, met toonloze stem.

Ze staat op om de hut binnen te lopen, om te gaan liggen en te proberen dit dilemma uit haar hoofd te zetten, maar dan hoort ze een stem haar naam roepen.

'Cilka, Cilka!' Het is Boris.

Ze draait zich om en ziet dat de potige Rus met het blozende gezicht naar haar toe komt. Wat moet ze met hem? Hun relatie is geleidelijk veranderd. Hij vertelt haar vaak dat hij om haar geeft. Ze dwingt zichzelf om hetzelfde tegen hem te zeggen, omwille van haar veiligheid, maar ze meent het nooit. Wanneer hij haar bezoekt, wil hij vaak alleen maar dat ze hem vasthoudt en knuffelt. Hij vertelt haar over zijn jeugd, die werd gekenmerkt door afwijzing en eenzaamheid. De zorg en de troost van liefdevolle ouders heeft hij nooit gekend. Ze heeft medelijden met hem. Soms vraagt ze zich af of ze enkel angst en medeleven voor mannen kan voelen. Zelf was ze als kind overstelpt met liefde en aandacht. Haar ouders waren altijd geïnteresseerd geweest in wat ze te zeggen had, en vol waardering voor de koppige, eigenzinnige dochter die ze grootbrachten. Diep in haar, onaantastbaar, wortelt een overblijfsel van dit gevoel van familie, van verbondenheid. Haar vader was een goede man – er moeten meer mannen zijn zoals hij. Zoals Lale, van Gita. Liefde onder barre, onwaarschijnlijke omstandigheden bestaat. Alleen misschien niet voor haar.

Ze denkt weer aan de boodschapper die ze in het ziekenhuis heeft gezien. Zijn vriendelijke donkere ogen. Maar kun je werkelijk vertrouwen op een sympathiek uiterlijk? Ze weet niet eens hoe de man heet, en dat is waarschijnlijk maar beter ook.

'Kom, we gaan wandelen,' zegt Boris bazig. Ze heeft geen idee wat er zal gebeuren als ze protesteert, en dus loopt ze met hem mee. Hij brengt haar naar een deel van het kamp dat zij en de anderen tot nu toe hebben vermeden, een plek waar een heleboel mannen zijn, die vaak ruziën en altijd vechten.

Boris vertelt haar dat hij haar aan zijn vrienden wil voorstellen. Hij wil met haar pronken. Voor het eerst sinds haar aankomst in Vorkoeta is Cilka werkelijk bang. Ze weet dat Boris een machtige vertrouweling is in het kamp, maar de walgelijke opmerkingen en de graaiende handen van de kerels die ze passeren, doen haar vrezen dat hij haar niet kan beschermen. Een van de andere mannen heeft een jonge vrouw bij zich en bedrijft woeste seks met haar, in het volle zicht van zijn kameraden. Wanneer Boris luidkeels wordt uitgedaagd om zijn mannelijkheid te bewijzen door Cilka op dezelfde manier te nemen, trekt ze zich los en rent weg. Boris haalt haar in en verzekert haar dat hij zoiets nooit zou doen. Hij biedt zijn oprechte verontschuldigingen aan en bevestigt daarmee wat ze al vermoedde: hij geeft om haar. Maar hoe kan hij om haar geven zonder dat hij haar kent? Hij kent haar alleen als een lichaam: gezicht, haren, ledematen.

Wanneer ze weglopen van de anderen, klinkt het gegil van het meisje nog in hun oren. Cilka smeekt Boris om haar terug te laten gaan naar haar hut. Ze wil alleen zijn. Ze begint leeg en gevoelloos te worden. Ze verzekert hem dat het niet aan hem ligt, dat hij niets verkeerd heeft gezegd of gedaan, dat ze gewoon wat tijd voor zichzelf nodig heeft. Met veel moeite weet ze de angst uit haar stem te weren.

Wanneer ze in haar eentje met opgetrokken knieën op haar bed ligt, met haar gezicht naar de muur en haar blinddoek om, kan ze de slaap niet vatten. De meest absurde beelden duiken op in haar hoofd. Een ss-officier met een geweer dat versierd is met borduurwerk; Gita en Josie die naast een berg verpulverde steenkool in het gras naar een klavertje-vier zoeken, lachend en babbelend, terwijl Cilka van een afstandje toe-kijkt; Jelena die Cilka's moeder wegleidt van de vrachtwagen terwijl andere vrouwen gedwongen worden in de laadbak te klimmen, half-dood, op weg naar hun gruwelijke bestemming; Boris, gekleed in het uniform van een ss-commandant, die haar met uitgestrekte armen dode bloemen aanbiedt. Ze snikt stilletjes om haar toekomst, die plotseling volkomen uitzichtloos lijkt, en om de mensen die er nooit deel van zul-len uitmaken.

Auschwitz-Birkenau, 1944

Cilka stapt vanuit blok 25 naar buiten. Vlak buiten het hek staan vier ss-of-ficieren naast een vrachtwagen met stationair draaiende motor te wachten tot ze de logés uit haar blok naar hun dood kunnen vervoeren. Langzaam schuifelen de vrouwen door het hek, wandelende doden. Cilka wringt zich langs hen heen en benadert de twee ss-officieren die het dichtstbij staan.

'Er zijn er vannacht twee gestorven,' meldt ze. 'Zal ik hun lichamen naar buiten laten brengen voor de dodenwagen?'

Een van de officieren knikt.

Cilka houdt de volgende vier vrouwen tegen. 'Ga weer naar binnen en haal de twee die de gaskamer te vlug af zijn geweest,' snauwt ze.

De vier vrouwen lopen terug het blok in. Cilka volgt ze en trekt de deur bijna helemaal dicht.

'Wacht, dan help ik jullie,' zegt ze. De vrouwen kijken naar haar alsof het een valstrik is. Cilka fronst haar voorhoofd. 'Als ik niets had gezegd, dan zouden ze hun geweren in jullie buik hebben geprikt en jullie het blok in hebben gesleept.'

De vrouwen knikken, ze begrijpen het. Een van de dode vrouwen ligt op het bovenste deel van een stapelbed. Cilka klimt omhoog en laat de vrouw zo voorzichtig mogelijk zakken naar de uitgestoken armen van twee van de wachtende vrouwen. Het lichaam weegt niets. Ze klimt weer omlaag en helpt om de vrouw zo goed mogelijk in de magere armen van de vrouwen te leggen. Daarna verschikt ze de schaarse kleding van de dode, om haar nog enige waardigheid te geven.

Wanneer de twee dode vrouwen naar buiten zijn gedragen en zijn ingeladen, kijkt Cilka de vrachtwagen na terwijl die wegrijdt. Ze blijft achter met de piepende ratten als enige gezelschap. Zo dadelijk zal ze naar binnen gaan en haar schone kousen aantrekken, gekocht met brood. Als hij op bezoek komt, heeft hij graag dat ze schoon en netjes is. Bovendien wil ze hem om een gunst vragen, voor haar vriendin Gita, voor de man van wie Gita houdt. Cilka vindt 'liefde' een vreemd woord – het kaatst heen en weer in haar gedachten maar het wil niet landen. Als Gita in staat is om het te voelen, zal Cilka echter doen wat ze kan om het te beschermen. Voordat ze naar binnen gaat, kijkt ze in de richting van de gaskamers en de crematoria. Toen ze hier net begon, in deze hel op aarde, zei ze altijd een vlug gebedje op. Nu willen de woorden echter niet meer komen.

In de hut, in haar wanhoop om de herinneringen te verdrijven, probeert Cilka haar lichaam te dwingen om te slapen.

Nog dertien jaar te gaan.

HOOFDSTUK 10

Een klein kind gilt. Patiënten en personeel draaien zich verschrikt om wanneer de deur van de ziekenzaal openvliegt en er een vrouw naar binnen rent met een klein meisje in haar armen. Het gezicht en de jurk van het kind zitten onder het bloed; haar linkerarm hangt geknakt naast haar lichaam. Moeder en kind worden gevolgd door twee bewakers die om een dokter roepen. Cilka kijkt toe terwijl Jelena zich naar de vrouw en het meisje toe haast. De vrouw is goedgekleed, in een warme jas met een warme bijpassende muts; dit zijn geen gevangenen. Jelena slaat haar arm om haar schouders en loodst haar door de ziekenzaal. Wanneer ze Cilka passeert, roept ze naar haar: 'Volg ons.'

Cilka sluit aan bij de kleine optocht rondom het krijsende kind. In de behandelruimte neemt Jelena het meisje voorzichtig van haar moeder over. Ze legt haar op het bed, en het kind lijkt slap te worden. Haar kreten gaan over in zacht gejammer.

'Help haar, help haar!' smeekt de moeder.

'Hoe heet ze?' vraagt Jelena rustig.

'Katja.'

'En hoe heet u?'

'Ik ben Maria Danilovna, haar moeder.'

'Ze zijn de vrouw en de dochter van commandant Alexei Demjanovitsj Koechtikov,' vertelt een van de bewakers. 'Het ziekenhuis van de officieren zit vol vanwege de verbouwing, dus hebben we haar hiernaartoe gebracht.'

Jelena knikt en vraagt de moeder: 'Wat is er gebeurd?'

'Ze is achter haar broer aan op het dak van ons huis geklommen en ervanaf gevallen.'

Jelena wendt zich tot Cilka. 'Pak wat natte lappen en help me om het bloed weg te vegen, zodat ik kan zien hoe ernstig haar verwondingen zijn.'

Op een stoel naast een wastafel ligt een klein stapeltje handdoeken. Cilka maakt er twee nat. Er is geen tijd om te wachten tot het water is opgewarmd, het zal met koud water moeten. Ze geeft een van de handdoeken aan Jelena en helpt de dokter om het bloed van het gezicht van het kleine meisje te poetsen. De koude, natte handdoeken lijken haar tot leven te wekken en ze begint weer luidkeels te huilen.

'Alstublieft, help mijn *malysjka*, alstublieft,' zegt Maria snikkend.

'We helpen haar,' verzekert Jelena de vrouw. 'We moeten het bloed weghalen om te zien waar ze gewond is. Doe voorzichtig met haar arm, Cilka, die is gebroken en zal in het gips moeten.'

Cilka kijkt naar de arm die over de rand van het bed hangt, en gaat zo staan dat ze er niet tegenaan kan stoten. Ze buigt zich over Katja heen en vertelt haar met geruststellende stem dat ze haar geen pijn zal doen, dat ze alleen haar gezicht maar schoonmaakt. Katja reageert met zacht gejammer, dat vergezeld gaat van rillingen die haar kleine lijfje laten schokken.

'Pak een deken, vlug, en leg die over haar heen. We moeten haar warm houden.'

Cilka pakt een deken van het voeteneind van het bed. Ze vouwt hem dubbel en legt hem voorzichtig over Katja heen, terwijl ze het meisje rustig vertelt wat ze doet.

'Ik kan de wond zien, hij zit aan deze kant van haar hoofd. Hij is behoorlijk diep,' zegt Jelena. 'Blijf het bloed wegvegen, Cilka. Ik ga wat spullen halen.' Ze legt een handdoek over de rechterkant van Katja's hoofd, zodat haar rechteroog is bedekt.

Maria gaat voor Jelena staan. 'U kunt haar niet achterlaten, u bent de dokter. Stuur haar maar.'

Cilka's hart gaat tekeer. Ergens vandaag moet ze de apotheek binnen zien te komen waar alle medicijnen en medische materialen bewaard worden, hoewel ze als een berg opziet tegen datgene wat ze daar zal gaan doen.

'Ze weet niet wat ze moet halen. Ik ben zo terug. In de tussentijd zijn Katja, en u ook, Maria Danilovna, in goede handen bij Cilka.' Jelena verlaat de behandelruimte.

'Misschien kunt u haar hand vasthouden,' stelt Cilka voor en Maria knikt en omvat Katja's ongeschonden hand met de hare.

Wanneer Jelena terugkomt, dept Cilka Katja's gezicht met een schone handdoek en praat zachtjes tegen haar. 'Katja, ik ben Cilka Klein. Dokter Kaldani en ik zullen voor je zorgen. Begrijp je dat?'

Het kleine meisje maakt een bevestigend geluid.

'Heel goed. Katja, kun je me vertellen waar het pijn doet? We weten dat je hoofd zeer doet en we weten dat je arm zeer doet, maar heb je nog ergens anders pijn?'

'Mijn… Mijn been,' jammert het meisje.

'Goed zo. Nog ergens anders?'

'Mijn hoofd doet pijn. Mammie, mammie!'

'Ik ben hier, mijn malysjka, ik ben hier. Je bent zo'n dapper meisje, het komt helemaal goed met je.'

Jelena zet het blad dat ze heeft meegebracht op het tafeltje naast het bed. Voorzichtig tilt ze de deken op om Katja's benen te bekijken. Ze zijn gehuld in dikke kousen en er zijn niet direct verwondingen zichtbaar. 'Cilka, help me om haar kousen uit te trekken, zodat we haar benen kunnen onderzoeken.'

Wat voor pijn Katja ook in haar benen voelt, het is niet zo hevig dat ze reageert wanneer Jelena en Cilka ieder een laars en een kous uittrekken. Jelena onderzoekt de benen van het meisje. De rechterknie begint te zwellen en blauw te kleuren. Jelena beweegt het gewricht voorzichtig; Katja reageert niet.

'Volgens mij is het niet ernstig. Laten we verdergaan met haar hoofd.'

'En haar arm?' vraagt Cilka.

'Dat komt daarna. Je doet het uitstekend, Cilka. Heel goed dat je haar naar andere verwondingen vroeg. Kinderen die zo jong zijn, vertellen zelf vaak niet wat er aan de hand is. Goed gedaan. Pardon, Maria Danilovna, maar hoe oud is Katja?'

'Ze is bijna vier.'

'Wat een mooie leeftijd,' zegt Jelena zacht, net zozeer tegen zichzelf als tegen Maria.

Voorzichtig haalt Jelena de baddoek van Katja's hoofd. De gapende wond bloedt niet meer, maar de rauwe rode randjes zien er akelig uit, en ze horen Maria naar adem happen.

Jelena giet ontsmettingsmiddel over een opgevouwen stuk verband en legt dat voorzichtig op de wond.

Cilka probeert ondertussen het bloed uit Katja's haar te wassen. 'Je hebt prachtig haar, Katja. Het past goed bij je mooie gezicht.'

'Blijf tegen haar praten, Cilka. Maria Danilovna, we gaan het als volgt aanpakken. Ik kan Katja's wonden niet hechten terwijl ze bij bewustzijn is. Ik zal haar een verdoving geven en haar dan naar een steriele ruimte brengen om haar hoofdwond te hechten en haar arm te behandelen. Die is gebroken tussen de elleboog en de pols, en zal op zijn plek moeten worden gezet voordat er gips omheen kan. Begrijpt u dat?'

'Dat denk ik wel. Maar moet ze echt onder narcose? Wat als ze niet meer wakker wordt? Ik heb gehoord dat dat weleens gebeurt.'

'De narcose is noodzakelijk, Maria Danilovna, gelooft u me maar.'

'Waar komt u vandaan? Waar bent u opgeleid?' vraagt Maria Jelena. Cilka voelt de ongerustheid die onder haar bravoure schuilgaat.

'Ik kom uit Georgië en daar ben ik ook opgeleid.'

'Ik kom ook uit Georgië – ze hebben daar goede ziekenhuizen.'

'We zullen ons gesprek later voortzetten, maar nu moet ik eerst voor Katja zorgen,' zegt Jelena. Met zachte stem vervolgt ze: 'Wilt u haar vertellen dat ze een injectie krijgt om in slaap te vallen of zal ik dat doen?'

Maria kijkt naar Cilka en zegt: 'Laat haar het maar doen; Katja lijkt rustig van haar te worden.'

Hoewel Cilka heeft meegeluisterd, kijkt ze vragend naar Jelena. Ze wil weten wat ze precies tegen Katja moet zeggen, zodat ze het niet verkeerd doet en het meisje bang maakt. Ze streelt Katja's gezicht terwijl ze haar vertelt wat er gaat gebeuren. Katja geeft geen krimp wanneer Jelena het verdovingsmiddel in haar arm spuit, en zij en Cilka kijken toe terwijl Katja's ogen langzaam dichtvallen.

Wanneer Jelena ervan overtuigd is dat Katja helemaal onder zeil is, haalt ze de deken weg en begint ze haar kleren open te knippen. Laag na laag belandt op de vloer. Wanneer het meisje alleen nog een hemdje en een onderbroek draagt, wordt Cilka zich bewust van de twee bewakers in het vertrek.

'Jullie moeten weg,' zegt ze kordaat.

Dat laten de mannen zich geen twee keer zeggen.

Wanneer de deur achter hen dichtzwaait, horen ze op de ziekenzaal iemand schreeuwen. 'Waar is ze, waar is mijn malysjka, mijn Katja?'

'Mijn man,' fluistert Maria. Cilka ziet de opluchting op haar gezicht bij het horen van de stem van haar echtgenoot plaatsmaken voor iets wat op angst lijkt. Maria stapt weg van het bed.

De deur klapt open en commandant Alexei Demjanovitsj Koechtikov stormt naar binnen, op de voet gevolgd door een van de oudere artsen, die protesteert: 'Alexei Demjanovitsj, Alexei Demjanovitsj, ik heb hier de leiding.'

De commandant gaat bij het bed staan en ziet het met bloed besmeurde, slappe lichaam van zijn dochter. Ontzet kijkt hij naar zijn vrouw. 'Wat is er gebeurd, Masja?'

'Aljosja...'

Jelena schiet Maria te hulp. 'Ze was aan het spelen, Alexei Demjanovitsj, en ze is gevallen. Het ziet er erger uit dan het is. Ik heb haar in slaap gebracht zodat ik voor haar kan zorgen, maar ik verzeker u dat het helemaal goed met haar komt.'

De commandant luistert zonder haar te onderbreken, maar de dokter die hem is gevolgd, komt tussenbeide.

'Alexei Demjanovitsj, ik heb hier de leiding. Het spijt me vreselijk dat ik niet wist dat uw dochter hier was.' Hij richt zich tot Jelena en schreeuwt: 'Niemand heeft me verteld dat de dochter van de commandant hier was! Ik neem het nu over.'

Maria loopt behoedzaam naar haar echtgenoot. 'Deze twee engelen hebben zich over ons kleine meisje ontfermd. Laat ze afmaken waar ze aan zijn begonnen.'

Alexei kijkt naar zijn vrouw. 'En is alles goed met jou?'

'Pardon,' begint de dokter weer. 'Ik ben de meest ervaren arts in dit ziekenhuis en het is mijn plicht om voor uw dochter te zorgen, Alexei Demjanovitsj.'

Zonder naar de dokter te kijken geeft de commandant antwoord. 'Als mijn vrouw zegt dat ze Katja aan de zorgen van deze twee wil toevertrouwen, dan sluit ik me daarbij aan, met mijn hartelijke dank.' Hij kijkt naar Jelena. 'U bent zo te zien de arts.'

'Dat klopt, Alexei Demjanovitsj. Ik ben Jelena Georgiëvna, of dokter Kaldani.'

De commandant wendt zich tot Cilka. 'En jij bent de verpleegster?'

'Ze is niet eens een verpleegster, ze is een –' protesteert de oudere dokter.

'Een verpleegster in opleiding, Alexei Demjanovitsj, maar een heel getalenteerde,' zegt Jelena rustig.

De commandant doet een poging om het bloedige, aan elkaar geplakte haar van Katja te strelen. Hij buigt zich over haar heen en kust haar zachtjes op de wang. 'Ik ga terug naar mijn kantoor en laat haar in jullie handen achter. Laat me weten wanneer jullie klaar zijn met de behandeling, dan regel ik een plek waar ze kan verblijven. Ze blijft niet hier.' Hij kijkt Maria aan. 'Laat haar niet alleen, liefste.'

'Dat was ik niet van plan.'

Cilka en Maria volgen Jelena terwijl de dokter het bed met Katja erop naar de operatiezaal duwt. Cilka is nooit eerder in dit deel van het ziekenhuis geweest. De deur aan het eind van de ziekenzaal had haar altijd verboden terrein geleken. Een korte gang leidt naar twee kleine kamertjes die toegang geven tot een groter vertrek met een felle lamp aan het plafond. Cilka heeft over zulke vertrekken gehoord in Auschwitz. Ze krijgt het koud en haar ademhaling versnelt.

'Het is in orde, Cilka,' zegt Jelena. 'Hier voeren we onze operaties uit. Kom, ik heb je hulp nodig.'

Terwijl Jelena Katja's hoofdwond hecht en verbindt, haar arm rechtzet en in het gips giet, en de blauwe plekken en kneuzingen op haar benen en haar kleine lijfje onderzoekt, staat Cilka naast Maria. Wanneer de botten in de arm van het meisje krakend op hun plek schuiven, duwt Maria haar hoofd tegen Cilka's schouder. Cilka ademt scherp in en slaat dan haar arm losjes om de schouder van de gekwelde moeder.

In de verkoeverkamer staat Cilka naast de stoel waarop Maria zit, met haar hoofd op het matras naast haar dochter. Wanneer Katja bijkomt en begint te huilen, troost haar moeder haar. Cilka gaat haastig op zoek naar Jelena.

Na een vlug onderzoek stelt Jelena vast dat Katja de behandeling goed heeft doorstaan. Het valt Cilka op dat Katja verward naar haar kijkt, alsof ze niet weet wie ze is.

'Hallo, Katja, ik ben Cilka.'

Katja hoort haar stem; er verschijnt een klein glimlachje rond haar lippen.

'Dit zijn de twee engelen die voor jou hebben gezorgd,' vertelt Maria haar dochter.

Katja blijft met haar ene oog naar Cilka kijken; het andere is gedeeltelijk bedekt door het brede verband rond haar hoofd. Cilka voelt zich ongemakkelijk onder de aandacht van het meisje. Nu alle actie achter de rug is, is ze zich veel bewuster van het tengere lijfje van het kind, haar kwetsbaarheid, hoe verkeerd het allemaal had kunnen aflopen.

'Er staat een truck te wachten om het meisje naar huis te brengen,' zegt een bewaker vanuit de deuropening. Cilka is blij dat ze de truck met stationair draaiende motor niet kan horen, een geluid uit haar nachtmerries, een geluid dat ze vaak hoorde vanuit haar kamer in blok 25 – de dodenwagen die op zijn passagiers wachtte.

De bewaker stapt opzij wanneer twee mannen met een brancard binnenkomen. Jelena tilt Katja voorzichtig van het bed. De brancard wordt op het bed geschoven en Jelena laat Katja weer zakken. De gebroken arm legt ze voorzichtig op het kleine lichaam. Dan dekt ze het meisje toe met een deken.

Wanneer de mannen de brancard optillen en naar de deur lopen, draait Maria zich om naar Cilka. 'Als er iets is wat ik voor je kan doen, vraag het dan gerust. Ik meen het.'

'Dank u,' zegt Cilka. *Mijn vrijheid.* Het is een onmogelijk verzoek, beseft ze. 'Dank u dat ik voor Katja mocht zorgen.'

'Ik zou niemand anders voor mijn kinderen of mezelf laten zorgen dan jou en Jelena Georgiëvna.' Ze glimlacht.

Cilka glimlacht terug.

'Dag,' zegt Maria.

Cilka kijkt de elegante vrouw na met wie ze de afgelopen paar uur heeft doorgebracht. De verfijnde kanten kraag van haar jurk, het zilveren medaillon om haar hals, de glanzende gespen op haar schoenen. Het is lang geleden dat ze een vrouw heeft gezien die er zo prachtig uitzag. Beelden van haar moeder in vergelijkbare kleding duiken op in haar hoofd. Een herinnering om te koesteren. Hij wordt echter gevolgd door gedachten aan haar moeder tijdens de allerlaatste momenten van haar leven. Een herinnering die ze niet kan verdragen.

Pas tegen het eind van haar dienst lukt het haar om een excuus te vinden om de apotheek te bezoeken. Ze pakt een doosje met pijnstillers en laat dat in de extra zak glijden die ze in haar rok heeft genaaid om eten in te smokkelen. Het is maar één doosje, denkt ze. De gedachte dat ze deze relatieve vrede – deze baan, deze vrienden – zou kunnen kwijtraken, is onverdraaglijk.

Wanneer ze na haar dienst naar buiten stapt, kijkt ze naar het administratiegebouw. Ze ziet de boodschapper, de beleefde man met de bruine ogen, over het door schijnwerpers verlichte gras lopen. Hij blijft staan, sluit even zijn ogen en neemt een trekje van een sigaret. Ondanks de dikke lagen kleding, zijn sjaal en zijn muts, zijn versleten laarzen, ligt er iets elegants in zijn bewegingen – het trekje dat hij neemt, de rook die hij uitblaast en die omhoogkringelt, de in handschoenen gestoken vingers waarmee hij de sigaret vasthoudt. Cilka voelt dat iets zich binnen in haar roert.

Vlug loopt ze verder.

HOOFDSTUK 11

Naam: Stepan Adamovitsj Skliar

Datum: 14 september 1947. Tijdstip van overlijden: 10.44 uur

Cilka trekt de dekens over Stepans hoofd en loopt terug naar het bureau, langzaam bladerend in Stepans dossier. Een paar recente aantekeningen trekken haar aandacht en ze leest verder.

Gevangene uit Oekraïne, heeft zich drie dagen eerder gemeld met buikpijn. Onderzoek leverde niets op. Observeren en afwachten. Leeftijd: 37.

Ze zoekt naar het behandelplan. Dat is er niet. Verdere onderzoeken: nul. Pijnstilling: incidenteel.

Aan het bureau zit een van de dokters. Ze geeft hem het dossier.

'Ik heb het tijdstip van overlijden van deze patiënt genoteerd, Gleb Vitaljevitsj.'

'Dank je, leg het daar maar neer.' Hij wijst naar een stapeltje op het bureau.

'Als u zo vriendelijk zou willen zijn om het af te tekenen, dan kan ik het direct opbergen in het archief.'

De dokter neemt het dossier van haar over en bladert er vlug doorheen. Hij krabbelt iets op de voorste bladzijde en geeft het haar terug.

'Dank u, ik zal het archiveren.'

Met haar rug naar de dokter gekeerd bekijkt Cilka de notitie. Een onleesbare handtekening, met daaronder de woorden 'doodsoorzaak onbekend'. Ze kijkt weer naar de dokter en merkt op dat hij weinig aandacht aan de dossiers besteedt. Hij maakt nauwelijks aantekeningen, leest de voorgaande notities niet door en werkt zich op deze manier razendsnel door de stapel heen die voor hem op het bureau ligt.

Ze is zo boos dat ze Jelena niet aan ziet komen. Ze merkt de dokter pas op wanneer ze voor haar staat en haar de weg verspert.

'Is er iets aan de hand, Cilka?'

Cilka denkt even na. Hoe moet ze daarop antwoorden? 'Waarom doen jullie zoveel moeite om sommige mensen te redden en anderen niet? Hoe beslissen jullie wie er blijft leven en wie er dood mag gaan?'

Jelena fronst haar voorhoofd. 'We proberen iedereen te redden.'

'U wel, maar dat geldt niet voor iedere dokter die hier werkt.'

Jelena neemt het dossier van Cilka over en bekijkt de laatste notities. 'Hmm, ik zie wat je bedoelt. Is het mogelijk dat de patiënt wel verder is onderzocht, maar dat dit niet in het dossier terecht is gekomen?'

'Dat zou kunnen, maar ik denk het niet.'

Jelena kijkt Cilka ernstig aan. 'Je moet voorzichtig zijn, Cilka. De kampleiding heeft gezonde arbeiders nodig om te werken, dus als je zegt dat iemand opzettelijk verhindert dat de zieken genezen zodat ze Moeder Rusland weer kunnen dienen, is dat een zwaardere beschuldiging dan je misschien zou denken.'

Cilka pakt het dossier terug, met iets meer venijn dan nodig.

In het kleine archief, dat vol staat met dozen, bergt ze Stepans dossier op in de doos die openstaat. Ze haalt de laatste twee dossiers eruit en bekijkt de notities. In beide gevallen kan ze met haar ongetrainde brein niets vreemds aan de genoemde doodsoorzaken ontdekken. Ze zal haar gedachten voor zich houden en Jelena's advies om zich er niet mee te bemoeien, opvolgen. Tenslotte handelt ze zelf ook niet altijd in het belang van de patiënten. Hoewel ze haar uiterste best doet, verdwijnt er immers nu en dan een doosje pillen in haar zak.

'Ben je gelovig?' vraagt Jelena Cilka op een dag, terwijl ze bij een bewusteloze patiënt staan die zojuist is onderzocht door Gleb Vitaljevitsj. Het is donker buiten en het sneeuwt.

'Nee,' antwoordt Cilka, hoewel dat niet het volledige antwoord is.

'Hoezo?'

'Nou…' Jelena spreekt met gedempte stem. Cilka weet dat je in de Sovjet-Unie niet over religie mag praten, welke religie dan ook. 'Het is de tijd van het jaar waarin sommige religies feestdagen vieren... Ik wist niet zeker of dat iets voor jou betekent.'

'Nee, niet voor mij.' Cilka kijkt neer op de patiënt. Praten over dit onderwerp betekent praten over een heleboel andere dingen. Praten over de vernietiging van haar volk. Praten over hoe moeilijk het is om te geloven zoals ze dat vroeger deed. 'En u?'

'Nou, in Georgië kwamen we rond deze tijd samen met de familie, om te eten en muziek te maken...' Voor het eerst ziet Cilka een trieste, verlangende uitdrukking op Jelena's gezicht. Doorgaans is ze zo nuchter en pragmatisch. 'Ben je gewoon geen... christen?'

'Nee, geen christen.'

'Mag ik vragen... Een ander geloof misschien?'

Cilka zwijgt iets te lang.

'Het geeft niet. Je hoeft geen antwoord te geven. Als je ooit wilt praten over je achtergrond, weet dan dat ik niet over je zal oordelen.'

Cilka glimlacht naar haar. 'Lang geleden vierde mijn familie deze tijd van het jaar. Ook met eten, een heleboel eten, kaarsen, zegeningen en liederen...' Ze kijkt om zich heen, uit angst dat iemand hun gesprek opvangt. 'Maar het is moeilijk om daaraan terug te denken.'

Diep vanbinnen, instinctief, zoekt Cilka vaak nog troost bij gebeden. Haar religie is verbonden met haar jeugd, haar familie, tradities en comfort. Met een andere tijd. Het is een deel van wie ze is. Tegelijkertijd is haar geloof tot het uiterste op de proef gesteld. Het heeft haar grote moeite gekost om te blijven geloven toen bleek dat handelingen niet eerlijk worden beloond of bestraft, dat gebeurtenissen willekeurig zijn, en het leven één grote chaos.

'Ik begrijp het,' zegt Jelena hartelijk.

'Ik vraag me af of iemand vanavond een kaarsje zal aansteken voor deze arme kerel,' zegt Cilka, om de aandacht van zichzelf af te wenden.

'Laten we het hopen,' zegt Jelena. 'Voor al deze stakkers. Maar dat heb je mij niet horen zeggen.'

Cilka knikt, stapt weg van het bed, maar keert zich dan weer naar

Jelena toe. 'Als ik ooit over mijn verleden zou willen praten, dan zou ik dat graag met u doen.'

Ze verbaast zichzelf door dat te zeggen. Het is veel te riskant, en te moeilijk. En zelfs als Jelena – de meest meelevende persoon die Cilka ooit heeft ontmoet – het aan zou kunnen, wat zou er gebeuren als ze het aan anderen zou vertellen? Zelfs de patiënten in het ziekenhuis zouden niets meer met haar te maken willen hebben. Iemand die toezicht heeft gehouden op zoveel sterfte.

'Wanneer je eraan toe bent, kom dan naar me toe,' zegt Jelena.

Even is het stil in de ziekenzaal, ongebruikelijk stil. Cilka staat bij het raam en kijkt naar de sneeuw die uit de blauwzwarte hemel dwarrelt. Ze doet haar ogen dicht en ziet haar familie om de tafel zitten. Haar geliefde vader die de zegeningen opzegt, het aansteken van de menora, de pure vreugde van het samenzijn. Ze kan de *latkes* ruiken en proeven, de in olie gebakken aardappelpannenkoekjes die acht dagen lang worden gegeten. Ze herinnert zich nog hoe opgewonden ze was toen ze als jong meisje voor het eerst een kaars mocht aansteken. Dat ze haar vader vaak smeekte om de eerste te mogen aansteken. Dat ze nooit zijn uitleg accepteerde dat de man des huizes die taak hoorde te verrichten. En de herinnering aan die ene keer dat hij toegaf, dat hij tegen haar zei dat ze de moed en het doorzettingsvermogen van willekeurig welke jongen had en dat ze de eerste kaars mocht aansteken, zolang het maar een familiegeheim bleef. Dan herinnert ze zich wanneer dat was. De laatste keer dat ze samen met haar familie Chanoeka had gevierd.

'*Chanoeka sameach,*' fluistert ze tegen zichzelf. 'Gelukkig Chanoeka, mijn familie: *Ocko, Mamička.* Magda.'

Bardejov, Tsjecho-Slowakije, 1942

'*Gefeliciteerd. Pak de nieuwe jas die je voor je verjaardag van mama en papa hebt gekregen, Cilka. Die kon je nog weleens nodig hebben,*' fluistert Magda, terwijl de zusjes ieder een kleine koffer inpakken.

'*Waar gaan we naartoe?*'

'Naar Poprad. Daar nemen we de trein naar Bratislava.'

'En mama en papa dan?'

'Ze brengen ons naar het station en we zien ze terug als we weer thuiskomen. We moeten dapper zijn, zusje, we moeten mama en papa beschermen door voor de Duitsers te gaan werken.'

'Ik ben altijd dapper,' zegt Cilka resoluut.

'Ja, dat ben je, maar wanneer we morgen afscheid nemen, moet je éxtra dapper zijn. We blijven bij elkaar, en... En je kunt voor mij zorgen.' Magda knipoogt naar haar zusje.

Cilka vouwt haar mooiste jurken op en legt ze in de koffer.

Ze zal zorgen dat haar familie trots op haar kan zijn.

Ze heeft het allemaal zo lang binnengehouden. Ze weet niet of het komt door het donker of de stilte, of door Jelena's open gezicht, maar ze moet naar de nabijgelegen linnenkamer rennen. Met bonzend hart doet ze de deur dicht, laat zich op de grond zakken en begraaft haar gezicht in het vieze linnengoed, zodat niemand haar kan horen snikken.

Een poosje later – ze heeft geen idee hoeveel later – krabbelt ze overeind. Ze strijkt haar kleren glad en veegt met haar vingers onder haar ogen, zodat niemand kan zien dat ze gehuild heeft. Ze moet weer aan het werk. Ze ademt diep in en doet de deur open. Wanneer ze de linnenkamer verlaat, hoort ze een bekende stem.

'Daar ben je! Ik was naar je op zoek.'

Ze recht haar schouders. Met grote stappen komt de dokter op haar af die ze minacht vanwege het complete gebrek aan medeleven waarmee hij zijn patiënten behandelt: Gleb Vitaljevitsj. Ze heeft zich vaak afgevraagd of het mogelijk zou zijn om het overlevingspercentage van zijn patiënten te vergelijken met dat van andere artsen. Ze weet dat hij er met afstand het slechtst uit zou komen.

'Houd bed negen in de gaten en noteer het tijdstip van overlijden. Ik moet een poosje weg. Morgen teken ik het wel af.'

Ze kijkt hem na terwijl hij wegloopt. Ik weet hoe jij in elkaar zit, denkt ze. Als blikken konden doden, was hij nu een hoopje as op de vloer.

Bed negen is de bewusteloze stakker bij het raam. Cilka buigt zich over hem heen en voelt de ader in zijn hals. Geschokt stelt ze vast dat de hartslag sterk en regelmatig is. Ze tilt het rechterooglid op en ziet een piepkleine, pupil, een flits van beweging.

Wanneer ze om zich heen kijkt, ziet ze dat Jelena en de twee aanwezige verpleegsters bezig zijn. Josie is in het archief, ze kan haar rug zien. Het dossier van de man ligt aan het voeteneinde van zijn bed. Wanneer ze het wil pakken, aarzelt ze en trekt in plaats daarvan de deken weg, zodat de voeten van de man bloot komen te liggen. Ze krabt met haar vingernagel over de onderkant van zijn rechtervoet. De voet schokt. Ze pakt het dossier en slaat het open.

Twee regels. Naam: Isaac Ivanovitsj Koeznetsov. 24 december 1947. Bewusteloos aangetroffen in zijn bed, geen reactie, naar het ziekenhuis gebracht. Niet behandelen.

Isaac. Een Joodse naam. Cilka probeert haar ademhaling onder controle te houden. Nee. Nee. Niet vandaag, niet deze man. Ze weigert hem voor haar ogen te zien sterven als er iets gedaan kan worden om hem te redden.

In de apotheek vindt ze het medicijn dat ze vele malen eerder onder de neus van bewusteloze patiënten heeft gehouden om te proberen ze weer bij te brengen. Een stinkend goedje waarvan ze weleens heeft gedacht dat het de doden nog zou kunnen wekken. Zachtjes slaat ze de man in het gezicht, roept zijn naam. Een zacht gejammer ontsnapt aan zijn lippen. Ze houdt de lap die ze in de vloeistof heeft gedrenkt onder zijn neus. Dan knijpt ze heel even zijn neusgaten dicht en laat ze weer los. Na het korte zuurstoftekort spert de man zijn neusvleugels wijd open en snuift lucht naar binnen. Hij reageert direct; zijn ogen vliegen open en hij hapt verstikt naar adem. Voorzichtig rolt ze hem op zijn zij en mompelt geruststellende woorden in zijn oor.

Op dat moment komt Josie naar haar toe om te zien of ze haar kan helpen.

'Is Jelena Georgiëvna beschikbaar?' vraagt Cilka.

Josie kijkt haar bezorgd aan. 'Cilka, gaat het wel?'

Cilka is alweer vergeten wat er in de linnenkamer is gebeurd, hoewel ze zich moe voelt en leeg.

'Jawel, Josie. Ik moet gewoon deze man helpen.'

Josie kijkt om zich heen. 'Ik zal haar halen,' zegt ze.

Cilka is blij dat zij en Josie weer op goede voet staan met elkaar. Na de verdwijning van Natalja was Josie lange tijd stil en teruggetrokken. Op een gegeven moment kreeg ze er echter weer plezier in om samen met Cilka voedsel uit het ziekenhuis naar de hut te smokkelen, zeker toen de winter begon. Ze hebben een hoop geluk gehad met het eten, en soms moet Cilka zichzelf in herinnering brengen dat ze voorzichtig moeten zijn. Meestal laten de vrouwen nog geen kruimeltje over. Als de hoofdbewaker, Klavdia Arsenjevna, echter op het verkeerde moment binnen zou komen, zouden Cilka en Josie weleens in het hol kunnen belanden – of erger. Om nog maar te zwijgen over Hannah, die haar pillen in haar zak stopt en ze dan later ergens in naait, bijvoorbeeld in haar matras. Dat neemt Cilka tenminste aan.

Even later komt Josie terug met Jelena.

Cilka legt uit dat ze opdracht had gekregen om de patiënt in de gaten te houden en het tijdstip van overlijden te noteren, maar dat het haar was opgevallen dat niemand een poging leek te hebben gedaan om uit te zoeken wat de man eigenlijk mankeerde. Dat ze, toen ze zelf wat onderzoekjes deed, ontdekte dat hij een sterke hartslag en goede reflexen had, en dat hij bij bewustzijn kwam toen ze het scherpe goedje onder zijn neus hield.

Jelena luistert aandachtig. Leest de korte notitie in het dossier. Dan trekt ze een zorgelijk gezicht. 'Je bent buiten je boekje gegaan, Cilka. Dat zal Gleb Vitaljevitsj niet bevallen.'

'Maar –'

'Ik vind wel dat je juist hebt gehandeld, en ik zal de patiënt onderzoeken, maar ik kan niet garanderen dat dit geen gevolgen voor je zal hebben. Weet je nog wat ik heb gezegd? Ga nu maar, jullie twee. Het is tijd om af te ronden, en ik zie jullie morgen weer.'

'U komt hierdoor toch niet in de problemen?' vraagt Cilka.

'Nee. Ik zal mijn best doen om het te laten lijken alsof hij uit zichzelf is hersteld.'

Cilka kijkt naar de verbijsterde man in zijn bed. 'Het komt wel goed met je, Isaac. Ik zie je morgen.'

Cilka en Josie gaan hun jassen pakken, hun sjaals, hun mutsen.

Die avond kan Cilka de slaap niet vatten. Hoe kan het redden van een man nu problemen geven? Waarom is het toch haar lot om steeds te worden geconfronteerd met de dood van anderen? Waarom kan ze dat niet veranderen, zelfs al probeert ze het? Heeft het zin voor haar om zich aan een ander te hechten – Josie, Jelena? Wie haar dierbaar is, loopt altijd gevaar.

Wanneer Cilka de volgende ochtend in de ziekenzaal aankomt, wordt ze opgewacht door Gleb Vitaljevitsj en een potig hulpje dat kennelijk als uitsmijter fungeert.

'Ik wil haar hier weg hebben,' schreeuwt de dokter zodra hij Cilka ziet.

De vertrouweling komt op haar af.

'Ze is een bemoeizuchtige, gestoorde zechka die hier niets bijdraagt. In de mijnen hebben ze meer aan haar.'

Jelena en het andere personeel slaan de tirade van een afstandje gade. Cilka kijkt smekend naar Jelena. De dokter schudt haar hoofd om aan te geven dat ze niets kan doen. Josie staat vlak achter Cilka en steunt haar zwijgend.

Het hulpje grijpt Cilka's bovenarm vast en sleurt haar mee naar de deur.

'Het komt wel goed,' roept Cilka tegen Josie.

'Ze vertrekt,' zegt Gleb Vitaljevitsj. 'Vooruit, de rest van jullie gaat weer aan het werk.'

Cilka kijkt naar bed negen en ziet Isaac rechtop zitten. Terwijl ze wordt gedwongen om de ziekenzaal te verlaten, glimlacht ze vlug naar hem. Het hulpje loopt helemaal met haar mee naar haar hut.

HOOFDSTUK 12

De volgende ochtend bij het appel kijkt Josie steeds naar Cilka, en dan naar Antonina Karpovna, en dan naar Klavdia Arsenjevna, die hun namen kortaf opleest. Ze staan tot aan hun enkels in de sneeuw. Cilka beantwoordt Josies vragende blik. Wanneer Josie zich weer naar Antonina keert, glijdt het licht van de schijnwerper over haar bleke wang. Cilka weet dat Josie zich afvraagt wanneer ze Antonina gaat vertellen dat ze op een andere werkafdeling moet worden ingedeeld. Wanneer Josie de hut verlaat om naar het ziekenhuis te gaan, loopt Cilka met haar mee.

'Wat doe je? Je kunt niet terug naar het ziekenhuis,' zegt Josie bezorgd. De vorige avond heeft Cilka hun hutgenoten niet verteld waarom ze zo vroeg was teruggekeerd; ze deed gewoon alsof ze zich niet lekker voelde.

'Ik dacht dat je er gisteren nog niet aan toe was om het iedereen te vertellen,' zegt Josie. 'Ik wist niet dat je zou proberen om terug te gaan!'

'Ik ga mezelf verdedigen,' zegt Cilka. 'Ik heb niets verkeerd gedaan, ik verdien mijn baan terug.'

Ze staat er zelf versteld van, maar in de loop van de nacht is haar iets duidelijk geworden. Ze weigert nog langer te accepteren dat de dood, die haar aan alle kanten omringt, onvermijdelijk is.

'Ze zullen je in het hol gooien! Alsjeblieft, Cilka, ga terug. Doe dit niet.'

'Het komt wel goed, Josie. Ik heb alleen je hulp nodig.'

'Ik kan je niet helpen. Ik wil niet teruggestuurd worden naar de mijn, daar zou ik doodgaan. Alsjeblieft, Cilka.'

'Eén dingetje maar. Ik zal buiten wachten. Ga jij naar binnen en zoek Jelena Georgiëvna op, vraag of ze naar buiten wil komen en met me wil praten. Dat is alles. Ik zal niet samen met jou het ziekenhuis binnenlopen. Alleen de dokter zal weten dat ik er ben.'

'En als ze er niet is? Als ze het te druk heeft?'

'Ik zal een poosje wachten, en als ze niet naar buiten komt, dan ga ik terug naar de hut en bedenk ik iets anders.'

Haar relatie met Antonina Karpovna is inmiddels dusdanig verbeterd door de toevoer van ziekenhuismaaltijden dat ze wel een potje kan breken. Als Antonina Klavdia Arsenjevna maar tevreden houdt.

Cilka gaat een stukje achter Josie lopen. Wanneer Josie het ziekenhuis binnengaat, leunt Cilka tegen de muur, voor deze ene keer dankbaar dat ze door de vallende sneeuwvlokken aan het zicht wordt onttrokken. Ze houdt de deur in de gaten.

Na een poosje gaat die eindelijk open en lopen er twee mannen naar buiten die haar niet opmerken. Ze wacht. Ze kijkt. De tijd verstrijkt.

De deur blijft gesloten.

Terug in de hut werpt ze zich op haar bed en stompt met haar vuisten tegen het dunne matras, schreeuwend tegen de wereld, schreeuwend tegen zichzelf, omdat ze zo stom is geweest om een baan kwijt te raken die haar beschermde en hielp om haar hutgenoten te voeden. Wanneer alle emotie en alle energie uit haar zijn weggevloeid, valt ze in slaap, met haar gezicht omlaag.

Een harde klap tegen de achterkant van haar hoofd brengt haar terug naar het hier en nu.

Klavdia Arsenjevna staat naast haar bed, met haar hand geheven om haar nog een keer te slaan. 'Wat doe jij hier? Overeind!' schreeuwt ze.

Cilka krabbelt overeind, gaat bij het voeteneind staan en staart met haar hoofd omlaag naar de voet die dreigend op de houten vloer tikt.

'Ik zei, wat doe je hier midden op de dag? Geef antwoord, zechka.'

'Ik... Ik werk in het ziekenhuis, maar daar hebben ze me vandaag niet nodig,' mompelt Cilka, in een poging om tijd te rekken.

'Dus dacht je dat je de dag gewoon in bed kon doorbrengen? In een aangenaam warme hut, terwijl de anderen buiten aan het werk zijn?'

Zo aangenaam is het niet in de hut; de kachel geeft nauwelijks warmte en de temperatuur binnen is maar een paar graden hoger dan buiten. Cilka heeft haar jas nog aan en haar muts nog op.

'Nee, ik wist alleen niet wat ik moest doen toen ik vanochtend wegging uit het ziekenhuis, dus ben ik teruggegaan naar de hut.'

'Nou, dan zal ik je aan het werk zetten.'

'Ja, Klavdia Arsenjevna.'

Klavdia trekt de deken, het laken en het matras van Cilka's bed en gooit die midden in het vertrek op de grond.

'Nu jij.'

'Sorry, wat wilt u dat ik doe?'

'Haal alle bedden af en gooi de matrassen en de dekens op de grond. Als de anderen terugkomen, mag je ze vertellen dat jij hun keurige, gezellige hut overhoop hebt gehaald. Vervolgens accepteer je de gevolgen. Vooruit.'

Josies matras, deken en laken liggen al snel bij die van Cilka. Daarna volgt het bed daarnaast, en het bed daarnaast, tot de hele vloer van de hut bedekt is met matrassen en beddengoed. Klavdia staat naast de kachel en slaat het tafereel met genoegen gade.

Wanneer ze klaar is met het laatste bed kijkt Cilka weer naar Klavdia, in afwachting van verdere instructies.

Klavdia loopt naar Cilka's beddengoed en begint erin te rommelen, op zoek naar iets wat verboden is. Een brief, iets wat ze de hut in heeft gesmokkeld.

Daarna gaat ze verder met Josies beddengoed. Ze onderzoekt het laken en ziet dat er een stukje stof aan vast is genaaid.

'Wat is dit?' roept ze tegen Cilka.

Cilka haast zich naar haar toe en bekijkt het laken met het lapje stof. Er staan woorden op geschreven in cyrillisch schrift, de namen van medicijnen.

'Wie slaapt hier?' wil Klavdia weten, wijzend naar het bed van Josie.

Cilka geeft geen antwoord.

Klavdia staart haar aan. 'Je blijft hier zitten, in deze rommel, tot de anderen er weer zijn, en dan kom ik terug. Vergeet ze vooral niet te vertellen dat jij hier verantwoordelijk voor bent,' zegt ze, gebarend naar de bende. 'Je hebt het beter gedaan dan ik zelf had gekund,' voegt ze er spottend aan toe. 'Ik wil dat het er nog precies zo uitziet als ik terugkom, dus haal het niet in je hoofd om iets op te ruimen. Zeg tegen Antonina Karpovna dat ik verwacht dat ze hier is wanneer ik terugkom.'

Zichzelf vervloekend om haar domheid gaat Cilka met opgetrokken knieën op de houten latjes van haar bed liggen.

Een ijskoude windvlaag waarschuwt Cilka dat de vrouwen terugkeren, gevolgd door Josie. Ze komen langzaam de hut binnen, stappen over de rommel heen, schudden vol afkeer hun hoofd om deze nieuwe aantasting van hun ruimte.

'Antonina Karpovna,' roept Cilka wanneer de brigadier op het punt staat om de deur dicht te doen en te vertrekken. 'Alstublieft, Antonina Karpovna, Klavdia Arsenjevna heeft gevraagd of u wilt blijven tot ze terugkomt.'

'Mogen we onze bedden opmaken?' vraagt een van de vrouwen.

'Nee. En ik moet jullie iets vertellen.'

Alle vrouwen blijven staan en kijken naar Cilka.

'Klavdia heeft dit niet gedaan, ik was het.'

'Waarom heb je dat in vredesnaam gedaan?' vraagt Elena.

'Dat lijkt me duidelijk, Klavdia heeft haar natuurlijk gedwongen.' Josie schiet Cilka te hulp.

'Klopt dat?' vraagt Elena.

'Ja, maar evenzogoed ben ik degene die het heeft gedaan,' antwoordt Cilka.

Haar blik schiet naar Hannah, die met een rood aangelopen gezicht aan de rand van haar matras voelt en zo te zien tot de conclusie komt dat haar pillen veilig zijn.

Antonina loopt naar Cilka toe. 'Wat is dit allemaal? Waarom was je niet op je werk?'

'Nou...' begint Cilka, met een stem die het dreigt te begeven.

Ze wordt gered doordat de deur opengaat en Klavdia naar binnen stapt, indrukwekkend in haar uniform. Ze kijkt met een boosaardige grijns om zich heen.

'Ruim de boel op, stelletje luie krengen.' Tegen Antonina zegt ze: 'Kom met mij mee,' en de twee vrouwen lopen naar de achterkant van de hut, waar Josie bezig is haar matras en haar laken weer op het bed te leggen. Ze blijven staan, en Josie staakt haar bewegingen. Cilka staat naast haar eigen onopgemaakte bed.

'Is dit jouw bed?' vraagt Klavdia aan Josie.

'Ja, Klavdia Arsenjevna.'

Klavdia rukt het laken van het matras en draait het om, met het opgenaaide, beschreven lapje naar boven. Ze laat het aan Antonina zien en vraagt haar: 'Wat is dit?'

Antonina staart naar het laken. 'Ik weet het niet. Ik heb niet…'

'Sorry, Josie, je hebt het verkeerde laken. Deze is van mij,' flapt Cilka eruit.

Alle blikken richtten zich op Cilka, die haar hand uitsteekt en het laken van Klavdia overneemt.

'Dit zijn de namen van medicijnen die we in het ziekenhuis gebruiken. Ik heb ze opgeschreven om de spelling te oefenen. Ik wilde geen fouten maken in de dossiers van de patiënten.'

'Cilka, nee!' zegt Josie.

'Het geeft niet, Josie, het spijt me dat je per ongeluk mijn laken opraapte. Alstublieft, Klavdia Arsenjevna, dit is mijn laken, en ik ben de schuldige.'

Klavdia richt zich tot Antonina. 'Jij bent verantwoordelijk voor wat er in deze hut gebeurt. Welke verklaring kun je hiervoor geven? Wanneer heb je voor het laatst een fatsoenlijke inspectie uitgevoerd?'

'Ik heb het vanochtend pas gedaan, toen ik terugkwam,' zegt Cilka vlug. 'Voordat u er was. Antonina Karpovna kan hier onmogelijk van hebben geweten. Ze heeft onze bedden gisteren nog geïnspecteerd.'

'Klopt dat?' vraagt Klavdia aan Antonina.

'Ik heb dit niet eerder gezien,' antwoordt Antonina, met een bezorgde blik naar Cilka.

'Cilka, nee…' jammert Josie.

'Het is in orde, Josie, maak je bed op. Met mij komt het wel goed.'

Cilka wordt bij de arm gegrepen en de hut uit gesleept.

Ze ligt opgekruld op de stenen vloer van een piepkleine cel. Ze draagt alleen haar ondergoed en ze beeft zo hevig dat er blauwe plekken op haar schouder ontstaan. Recht voor haar neus bevindt zich een vochtige muur die naar schimmel stinkt. Een open raampje met tralies ervoor laat het weer binnen.

Zonder enig idee te hebben van tijd traint ze zichzelf om te slapen, om de leegte toe te laten. Ze ontwaakt uit nachtmerries, gillend, om zich heen maaiend, haar ledematen stotend tegen de koude harde vloer en muur. Ze blijft rillen en over haar hele lijf ontstaan blauwe plekken.

Soms gooit een hand een stuk hard zwart brood naar binnen en soms krijgt ze een beker met soep die zo dun is dat het net zo goed water had kunnen zijn.

De toiletemmer in de hoek stinkt; hij wordt maar zelden verschoond.

Wanneer ze ontwaakt uit haar nachtmerries, doet ze haar best weer leeg en gevoelloos te worden. Soms lukt dat echter niet. Het is stil en er staat te veel druk op haar hoofd. Honger, dorst, pijn, kou.

Ze ziet steeds haar moeder voor zich, haar hand die uit Cilka's hand glijdt, de dodenwagen die wegrijdt.

De gezichten van andere vrouwen. Geschoren hoofden, ingevallen wangen. Ze hadden allemaal een naam. Ze hadden allemaal een nummer.

De beelden vatten vlam, verbranden. Het gehuil van de vrouwen doordringt de stilte. Of misschien is ze het zelf, misschien hoort ze zichzelf snikken. Ze kan het onderscheid niet langer maken.

Op een gegeven moment komt er een man binnen. Een wazig gezicht. Gleb Vitaljevitsj. Cilka is te zwak om te protesteren wanneer hij haar arm pakt en haar pols voelt.

'Sterk. Ga door,' zegt de dokter.

Nee. Een woeste, boze kreet stijgt uit haar op. Schreeuwend werpt ze zich heen en weer op de vloer. De dokter doet de deur dicht. Haar nagels schrapen de schimmel van de muren. Ze blijft gillen.

Misschien had alles hiernaartoe geleid. Maar om zoveel te doorstaan en hier te eindigen? Nee. Een deel van haar lukt het om de stilte weer te zoeken, afstand te nemen. Geef niet toe aan krankzinnigheid.

Ze zal dit overleven, dat weet ze. Ze kan alles overleven.

Het luide gekraak van de deur die opengaat.

'Sta op, kom naar buiten,' zegt een wazig gezicht.

Ze is niet in staat om te lopen en dus kruipt ze door de open deur het hol uit.

De schittering van de ondergaande zon die weerkaatst op de sneeuw, verblindt haar. Ze ziet de persoon niet die tegen haar schreeuwt, maar ze herkent de stem. Klavdia Arsenjevna schopt haar in haar zij. Ze rolt zich op tot een bal, maar ze wordt aan haar haren overeind getrokken. Struikelend wordt ze teruggesleurd naar de hut, waar de anderen net terugkeren van hun werk.

De vrouwen in hut 29 kijken neer op het broze, gebroken lichaam van Cilka. Klavdia daagt hen uit om haar te helpen, klaar om uit te halen naar iedereen die dat probeert. Cilka kruipt door de hut naar haar bed en sleept zich op het matras. Het voelt haast ondraaglijk zacht aan.

'Ieder ander die iets in haar bezit heeft wat ze niet hoort te hebben, wordt twee keer zo lang in het hol opgesloten.' Klavdia staart Antonina dreigend aan wanneer ze de hut uit loopt. De deur laat ze openstaan.

Antonina doet de deur dicht en haast zich naar Cilka toe. Josie heeft haar armen al om haar heen geslagen en wiegt haar huilend heen en weer, fluisterend: 'Het spijt me zo, het spijt me zo.' Cilka voelt alle plekken in haar lichaam waar haar botten haar huid raken, haar kleding, het lichaam van Josie, het bed.

De vrouwen verzamelen zich nieuwsgierig om haar heen, naar wat ze te vertellen heeft. Ze is niet de eerste van hen die tijd heeft doorgebracht in het hol, maar wel de eerste die is gestraft voor de fout van iemand anders.

'Heeft iemand iets te eten voor haar?' vraagt Antonina. 'Elena, zet de ketel op en maak een kop sterke thee voor haar.'

Ze wendt zich tot Cilka. 'Kun je rechtop zitten? Kom, dan help ik je.'

Elena doet wat haar is gevraagd.

Cilka laat zich door Antonina overeind helpen, leunend met haar rug tegen de muur. Josie geeft haar een homp brood, en iedereen is dankbaar dat Antonina er nooit bezwaar tegen heeft gemaakt dat ze voedsel meebrengen naar de hut, al is dat omdat ze daar zelf ook voordeel van heeft. Antonina ruilt het eten vaak voor spullen voor Klavdia. Er is een netwerk, en de regels zijn ondoorzichtig. Dit is het voorrecht van de bewakers en de brigadiers – om de regels naar eigen believen te negeren of af te dwingen, afhankelijk van het voordeel dat ze ermee kunnen behalen.

Cilka knabbelt op het brood en heeft al snel een kop sterke thee in haar hand.

'Denk je dat je het haalt naar de eetzaal?' vraagt Antonina.

'Nee, dat hoeft niet. Ik wil gewoon in een bed slapen.'

'Josie kan iets voor je mee terugbrengen. Nu wegwezen, iedereen.'

'Mag ik bij haar blijven?' vraagt Josie.

'Je moet naar de eetzaal gaan en iets warms mee terugbrengen voor Cilka.'

De vrouwen lopen naar de deur, zich hullend in hun jassen en mutsen. Hannah is de laatste. Bij de deur blijft ze staan en kijkt om naar Cilka.

'Ik weet wat je hebt gedaan,' zegt ze.

'Je weet helemaal niets,' zegt Cilka met vlakke stem.

'Nee, ik bedoel voor Josie.' Ze zucht. 'Maar denk maar niet dat ik je daarom met rust zal laten.'

Cilka zegt niets.

'Ik had ze alles kunnen vertellen, terwijl jij in het hol zat.'

Cilka wendt zich af, probeert de stem buiten te sluiten.

'Dan zouden ze je na je terugkomst hebben genegeerd. Je helpt mensen alleen uit schuldgevoel, omdat je op je rug bent gegaan voor het kwaad.' Ze zwijgt even. 'Je boft, ik heb iemand anders gevonden die me kan geven… wat ik nodig heb. Voorlopig. Maar je moet me blijven gehoorzamen, anders vertel ik het aan de anderen.'

Ze doet de deur dicht.

De volgende ochtend komt Cilka met moeite uit bed, wankelend op haar verzwakte benen. Josie brengt ontbijt voor haar mee vanuit de eetzaal.

Antonina zegt dat ze zich niet hoeft te melden voor het appel, ze zal haar naam afvinken op de lijst.

Wanneer de vrouwen zich klaarmaken om aan het werk te gaan, loopt Cilka hinkend met ze mee, zonder te weten waar ze naartoe moet.

'Josie, neem haar mee naar het ziekenhuis,' zegt Antonina. 'Ze moet onderzocht worden door een arts.'

Cilka kijkt naar Josie. Ze wil het Antonina niet vertellen, maar het is bij haar opgekomen dat er mogelijk een connectie is tussen de dokter die haar heeft ontslagen, Gleb Vitaljevitsj, en Klavdia Arsenjevna. Dat hij Klavdia misschien heeft verteld dat Cilka in de hut zou zijn, en haar opdracht heeft gegeven om Cilka het leven nog zuurder te maken.

Het is riskant om naar het ziekenhuis te gaan; de laatste keer was het Josie immers ook niet gelukt om Jelena apart te spreken en haar te laten weten dat Cilka buiten op haar wachtte. Cilka wil echter niet in de hut blijven, uit angst dat ze ervan zal worden beschuldigd dat ze onder het werk uit probeert te komen. En ze is ook niet in staat om in de mijn te gaan werken – daar is ze niet sterk genoeg voor. Ze zal dus naar het ziekenhuis moeten gaan en hopen dat het Josie en haar lukt om de aandacht van Jelena te trekken en Gleb te ontlopen.

Deze keer laat Josie Cilka achter in de wachtruimte, leunend tegen de muur, en loopt ze zelf door naar de ziekenzaal. Cilka heeft haar muts laag over haar voorhoofd getrokken. Een aantal personeelsleden komt haastig naar haar toe en helpt haar om te gaan zitten.

'Haal Jelena,' zegt Raisa, tegen niemand in het bijzonder.

'Ik ben hier,' zegt Jelena en ze komt haastig naar Cilka toe.

'Hallo,' zegt Cilka met een geforceerd glimlachje.

'Kom met mij mee,' zegt Jelena en ze helpt haar overeind. 'Gleb Vitaljevitsj is er nog niet.' Ze lopen door de ziekenzaal naar de apotheek. Daar zet Jelena Cilka op de enige stoel in het vertrek en onderzoekt haar gezicht en haar handen, teder haar besmeurde gezicht strelend.

'We zullen je opknappen en dan zal ik je verder onderzoeken. Hoe voel je je?'

'Stijf, pijnlijk, uitgeput. Ik heb pijn aan botten en spieren waarvan ik niet eens wist dat ik ze had, maar ik ben in orde. Ik heb het overleefd.'

Nu ze in de apotheek zit, denkt ze echter terug aan de gestolen pillen en voelt ze zich schuldig.

'Ik vind het zo ellendig dat dit is gebeurd, Cilka.' Cilka ziet de spijt in Jelena's ogen. 'Hij heeft ons allemaal in zijn macht, maar ik wilde –'

'Het geeft niet,' zegt Cilka.

'Wat moeten we nu met je?' vraagt Jelena met een zucht.

'Kan ik mijn baan niet terugkrijgen? U weet dat ik het juiste heb gedaan.'

'Het maakt niet uit wat ik weet, ik kan je niet opnieuw aannemen.' Jelena kijkt gekweld.

'Waar kan ik anders werken? Ik wil mensen helpen. En ik ben nu niet sterk genoeg voor de mijn.'

Jelena kijkt peinzend de andere kant op. Cilka wacht af. 'Ik heb een collega die op de kraamafdeling werkt, hierachter. Ik weet niet of ze personeel nodig hebben, Cilka, en ik wil geen valse hoop wekken...'

Een kraamafdeling op deze plek? Natuurlijk, dat moet ook wel, denkt Cilka. Maar wat gebeurt er na de geboorte met de kinderen? Misschien is het voorlopig beter om daar niet aan te denken.

'Ik wil overal aan de slag waar ik van nut kan zijn.'

'Ik zal het mijn collega vragen,' zegt Jelena. 'Heb je ervaring met het begeleiden van bevallingen?'

Cilka denkt terug aan de nacht waarin ze Natalja's doodgeboren zoontje in haar armen had gehouden. Hoe nutteloos ze zich toen had gevoeld.

'Ik heb hier een keer geholpen bij een bevalling.'

'O ja, dat herinner ik me. Je hebt ons zijn lichaampje gebracht. Ik kan je niets beloven, maar ik zal het vragen.'

'Dank u, dank u. Ik zal u niet teleurstellen.'

'Je kunt hier vandaag niet blijven. Je zult het erop moeten wagen en terug moeten gaan naar de hut. Een briefje is misschien niet genoeg, maar ik zal een boodschapper vragen om de relevante partijen op de hoogte te brengen. Hij kan je ook terugbrengen. Wacht hier.'

Duizelig laat Cilka haar hoofd tegen een plank rusten. Ze heeft dit baantje nodig. Ze bedenkt hoe dankbaar ze Jelena is, die haar altijd probeert te helpen.

De deur gaat open en Jelena komt binnen, gevolgd door de boodschapper. Ze kijkt op en wordt overspoeld door een nieuwe golf van duizeligheid. Het is de man met de bruine ogen. Hij glimlacht vriendelijk terwijl Jelena hem zijn instructies geeft. Hij kijkt Jelena aan, knikt en legt zijn hand dan voorzichtig onder Cilka's arm, vlak boven haar elleboog. Hij helpt haar om op te staan en doet de deur voor haar open.

Terwijl ze door een lichte sneeuwbui naar de hutten lopen, houdt de man haar arm stevig vast, maar hij zorgt er beleefd voor dat zijn lichaam een stukje bij het hare vandaan blijft. Waar komt hij vandaan? Hoe is hij hier terechtgekomen? Waarom wil ze dat überhaupt weten?

'Je heet Cilka Klein?' vraagt hij.

'Ja,' antwoordt ze. Ze kijkt even naar hem op. Hij staart voor zich uit, zijn gezicht en zijn wimpers bedekt met sneeuwvlokken. Ze herkent zijn accent.

'Je bent Tsjechisch,' zegt ze.

'Ja.' Hij blijft staan en kijkt op haar neer.

'Hoe heet je?' Ze gaat over op het Tsjechisch en zijn gezicht licht op.

'Aleksandr Petrik.'

Voordat ze verder lopen, laat hij even haar arm los om een sigaret op te steken. Wanneer hij zijn ogen dichtdoet om te inhaleren, bestudeert Cilka zijn gezicht – zijn donkere wenkbrauwen, zijn volle lippen, de krachtige kaaklijn. Hij doet zijn ogen weer open en ze kijkt vlug de andere kant op.

Hij pakt haar arm weer en ze lopen verder, nu iets dichter bij elkaar.

Voor Cilka's gevoel arriveren ze veel te snel bij de hut, hoewel ze doodmoe is en dringend moet gaan liggen.

Aleksandr doet de deur voor haar open en ze gaat naar binnen. Zelf blijft hij buiten staan.

'Ik hoop je snel weer te zien, Cilka Klein,' zegt hij.

Cilka kan niets uitbrengen. Ze knikt naar hem en laat de deur dan dichtvallen.

De volgende ochtend loopt Cilka met Josie naar het ziekenhuis. Wanneer Josie naar binnen gaat, komt Jelena naar buiten en pakt Cilka bij de arm.

'Kom mee.'

Met gebogen hoofden lopen ze langzaam tegen de sneeuwstorm in. De koude sneeuw prikt in Cilka's gevoelige huid, op de plekken die niet bedekt zijn. Achter het hoofdgebouw van het ziekenhuis kan ze net een paar kleinere gebouwen onderscheiden. Jelena loodst haar mee naar één ervan en ze gaan naar binnen.

Daar worden ze opgewacht door een man in een witte jas met een stethoscoop om zijn nek.

'Cilka, dit is dokter Labadze, Petre Davitovitsj. Hij en ik hebben samen de artsenopleiding in Georgië doorlopen, en hij is zo vriendelijk om je een poosje op proef te laten komen. Dank je, Petre Davitovitsj. Cilka leert snel en patiënten zijn dol op haar.'

'Als jij haar aanbeveelt, Jelena Georgiëvna, dan is ze ongetwijfeld goed.'

Cilka zegt niets. Ze is bang om haar mond open te doen, bang om iets verkeerds te zeggen.

'Zorg goed voor jezelf, Cilka, en doe wat je wordt opgedragen,' zegt Jelena veelbetekenend. 'Geen eigen initiatief.' Met een vlugge knipoog laat ze Cilka achter bij Petre.

'Je kunt je jas aan een haakje hangen,' zegt Petre, 'en dan mag je met mij meekomen.'

Een deur vlakbij geeft toegang tot een kleine ziekenzaal. Nog voor ze hen ziet, hoort Cilka de kreten van de vrouwen die aan het bevallen zijn.

Aan beide kanten van het vertrek staan zes bedden tegen de muur. Zeven daarvan zijn bezet, eentje door een moeder met een pasgeboren baby, die zich met zijn kreetjes in het gekreun van de vrouwen mengt.

Twee verpleegsters bewegen zich vlug en efficiënt heen en weer tussen de vrouwen, van wie er drie hun knieën hebben opgetrokken en aan het persen zijn.

'Welkom in onze wereld,' zegt de dokter. 'Op sommige dagen bevallen er een of twee vrouwen, en op andere dagen zijn alle bedden vol en liggen ze soms zelfs op de vloer. Het valt niet te voorspellen.'

'Zijn deze vrouwen allemaal gevangenen?' vraagt Cilka.

'Inderdaad,' bevestigt de dokter.

'Hoeveel verpleegsters werken hier elke dag?'

'Op dit moment twee. Met jou erbij zullen het er drie zijn, maar een van hen gaat waarschijnlijk de nachtdiensten draaien.'

Cilka wordt overspoeld door opluchting en dankbaarheid. Er is duidelijk rekening gehouden met haar komst.

'Ik weet niet waarom sommige baby's erop staan om 's nachts geboren te worden, maar het komt geregeld voor,' vervolgt de dokter. 'Heb je al eerder geholpen bij een bevalling?'

'Eén keer maar, een doodgeboren kindje in onze hut.'

Hij knikt. 'Dat geeft niet, je leert het vanzelf. Je hoeft eigenlijk niet veel te doen, alleen de baby opvangen,' zegt hij met iets van humor. 'De vrouwen moeten het zelf doen. Wat ik van jou wil, is dat je alert bent op tekenen dat er iets mis dreigt te gaan – dat het hoofdje te groot is bijvoorbeeld, of dat de bevalling niet goed opschiet – en dat je in dat geval mij of een van de andere artsen waarschuwt.'

'Hoeveel dokters werken hier?'

'We zijn maar met zijn tweeën, eentje voor overdag en eentje voor 's nachts. We ruilen geregeld van dienst. Laten we een kijkje gaan nemen bij bed twee.'

De vrouw in bed twee heeft haar benen opgetrokken. Haar gezicht is nat van het zweet en de tranen, en ze kreunt zachtjes.

'Je doet het prima, je bent er bijna.' De dokter neemt een kijkje bij het voeteneind van het bed. 'Het zal niet lang meer duren.'

Cilka buigt zich over de vrouwen heen. 'Hallo, ik ben Cilka Klein.' Bij gebrek aan een patroniem, dat de Russen gebruiken wanneer ze elkaar begroeten, stelt Cilka zich vaak voor met haar voor- en haar achternaam, om de persoon met wie ze praat op zijn gemak te stellen. 'Hoe heet jij?'

'Aaaah...' brengt de vrouw uit. 'Niiiina... Romano... va.'

'Heb je al eerder een kindje gekregen, Nina Romanova?'

'Drie. Drie jongens.'

'Dokter, dokter! Vlug, hier!' wordt er aan de andere kant van de zaal geroepen.

'Waarom blijf jij niet hier om Nina Romanova te helpen, ze weet wat ze doet. Roep me zodra de baby er is.'

Na die woorden loopt de dokter vlug naar de verpleegster die hem heeft geroepen. Cilka kijkt haar kant op en ziet dat ze een kleine, schijnbaar levenloze baby ondersteboven houdt. Ze slaat de dokter gade terwijl hij de baby overneemt, hem een vlugge klap op zijn billetjes geeft en daarna zijn vinger in de mond en de keel van het kindje steekt. De baby begint te kuchen en daarna krachtig te huilen.

'Prachtig!' zegt Petre. 'Alweer een burger voor onze glorieuze staat.'

Cilka kan niet aan hem zien of hij dit voor de show zegt of dat hij het echt gelooft.

Ze richt haar aandacht weer op Nina en veegt met de punt van het laken over het gezicht van de vrouw. Hopeloos. Wanneer ze om zich heen kijkt, ziet ze aan de andere kant van de zaal een wasbak met een klein stapeltje handdoeken ernaast. Vlug maakt ze er eentje nat en dept daarmee het gezicht van Nina.

'Het komt, het komt,' schreeuwt Nina.

Cilka buigt zich naar het voeteneind en kijkt gefascineerd toe terwijl het hoofdje tevoorschijn komt. 'Dokter – Petre Davitovitsj,' roept ze.

'Cilka, roep me pas wanneer de baby eruit is. Ik heb mijn handen vol hier.'

'Trek hem eruit!' schreeuwt Nina.

Cilka kijkt naar haar handen, benig en zwak, en naar de baby, die met een schoudertje en een armpje naar buiten steekt. Ze stroopt haar mouwen op, pakt het kleine armpje met haar ene hand en omvat het hoofdje met de andere. Wanneer ze Nina voelt persen, trekt ze heel zachtjes aan de glibberige baby. De laatste krachtige perswee duwt het kindje helemaal naar buiten en daar ligt het tussen de benen van de moeder en in de handen van Cilka, in een plasje van bloed en vloeistof.

'Hij is er!' roept Cilka.

Vanaf de andere kant van de zaal klinkt de kalme, geruststellende stem van de dokter. 'Pak hem op en geef hem een tikje – je moet de baby laten huilen, zodat je zeker weet dat hij ademhaalt.'

Wanneer Cilka de baby optilt, begint die al uit zichzelf te huilen.

'Goed gedaan – dat is wat we willen horen,' roept de dokter. 'Ik kom er zo aan. Pak de baby warm in en geef hem aan Nina.'

'Wat is het?' vraagt Nina smekend.

Cilka kijkt naar de baby, dan naar de dokter.

'Je mag het haar vertellen,' zegt de dokter glimlachend.

Cilka wikkelt de baby in een zachte handdoek. Dan geeft ze het kindje aan Nina en zegt: 'Het is een meisje, een prachtig klein meisje.'

Nina snikt wanneer haar dochter in haar armen wordt gelegd. Cilka kijkt toe, vechtend tegen de dreigende tranen, bijtend op haar lip – overrompeld door de emotie van het moment. Nadat ze het gezicht van haar kindje heeft bestudeerd, ontbloot Nina haar borst en duwt de baby tegen de tepel. Eerst reageert de baby niet, maar dan sluit ze haar mondje om de tepel en begint koortsachtig te zuigen, terwijl Cilka verwonderd toekijkt.

De dokter verschijnt naast haar.

'Goed gedaan. Als Nina voor het eerst moeder was geworden, dan zou ze niet hebben geweten dat ze de baby zo snel aan moest leggen. In dat geval moet je de moeder helpen. Begrijp je?'

'Ja.'

'Haal nog maar wat meer baddoeken. Nina's werk zit er nog niet op – ze moet de placenta nog naar buiten persen, en als de baby drinkt, gaat dat sneller.'

'Zoveel te leren,' mompelt Cilka, terwijl ze een nieuw stapeltje handdoeken haalt.

Wanneer de placenta is geboren, brengt de dokter hem weg in een kommetje dat hij onder het bed vandaan haalt. 'Maak haar schoon,' is het laatste wat hij tegen haar zegt.

Een van de andere verpleegsters komt naar Cilka toe en laat haar zien hoe ze de moeder na de geboorte moet verzorgen. Ze vertelt Cilka dat zij en haar collega zich wel redden met de andere vrouwen, en dat Cilka nog even bij Nina en de baby moet blijven, om te controleren of het goed met ze blijft gaan.

Cilka helpt Nina rechtop te gaan zitten en haar kindje van top tot teen te onderzoeken. Ze hebben het over namen en Nina vraagt Cilka of zij misschien een suggestie heeft.

Eén naam komt direct bij Cilka op. 'Wat dacht je van Gisela – afgekort Gita?'

De pasgeboren Gita wordt in Cilka's armen gelegd en Cilka verwondert zich over haar geur, haar piepkleine lijfje. Wanneer ze haar terug wil geven, ziet ze dat Nina diep ligt te slapen. Uitgeput.

'Pak een stoel en ga bij haar zitten,' zegt de verpleegster die zich heeft voorgesteld als Tatjana Filippovna. Cilka is dankbaar. Haar hele lijf doet nog pijn. 'We krijgen niet zo vaak de kans om de baby's te knuffelen, want de moeders zijn vaak erg aan ze gehecht. Nou ja, de moeders die de kindjes willen, dan. Er zijn er ook genoeg die het prima vinden als wij ze weghalen, en die er nooit meer naar omkijken.'

Dat vindt Cilka een hartverscheurend idee, maar aan de andere kant begrijpt ze het ook wel. Hoe kun je het verdragen om te bedenken hoe het leven van je kind in het kamp zal zijn? En hoe moet je je zoontje of dochtertje op een plek als deze in vredesnaam beschermen?

'Over een poosje zal Nina worden overgeplaatst naar de kinderafdeling, in de hut hiernaast,' vervolgt Tatjana.

Gezeten naast Nina's bed houdt Cilka de kleine Gita in haar armen. Ondertussen slaat ze de andere twee verpleegsters en de dokter gade tijdens hun werk. Kalm lopen ze van patiënt naar patiënt om ze gerust te stellen en bemoedigende woorden te spreken.

Wanneer er een bewaker verschijnt om Nina en de baby weg te halen, raakt Cilka enigszins van slag. Ze helpt Nina in haar jas, wikkelt de baby erin, loopt met de ietwat wankele nieuwe moeder naar de deur… en dan is ze verdwenen.

Nu ze erbij stilstaat, heeft ze nog nooit een gezonde, pasgeboren baby vastgehouden.

Ze durft niet te hopen dat haar vloek hiermee is doorbroken. Dat ze een rol zal kunnen spelen bij de geboorte van nieuw leven, in plaats van toezicht te houden op de dood.

'Nu verschoon je het bed en dweil je de vloer voor de volgende patiënt,' zegt Tatjana. 'Kom, dan laat ik je zien waar je emmers en water kunt vinden. We hebben helaas geen schoon beddengoed voor iedereen, maar we zoeken het minst bevuilde uit.'

'Zijn er geen schoonmakers om dit te doen?' vraagt Cilka. Normaal gesproken zou ze niet terugdeinzen voor het werk, maar ze heeft nauwelijks nog een flintertje energie over.

Tatjana moet lachen. 'Ja, jij. Jij bent de schoonmaker. Of vind je dat de dokter het moet doen?'

'Natuurlijk niet,' zegt Cilka glimlachend. Ze wil graag laten zien dat ze blij is met deze baan. Ze zal haar tanden op elkaar klemmen en dankbaar zijn.

Ze verschoont het bed van Nina en twee anderen die net zijn bevallen. Tatjana en haar collega Svetlana Romonovna richten zich op de andere vrouwen, en om haar toewijding te laten zien, maakt Cilka ook voor hen schoon, puttend uit een verborgen reservebron van energie. Iedere kersverse moeder wordt na de bevalling op mysterieuze wijze met haar baby weggebracht, naar 'de hut hiernaast'.

'Wie hebben we hier?'

Twee nieuwe verpleegsters komen de ziekenzaal binnen.

Cilka kijkt op van haar dweil en leunt op de steel. 'Hallo, ik ben Cilka Klein. Ik ben hier vandaag komen werken.'

'Als schoonmaakster, zie ik. Precies wat we nodig hebben,' zegt een van de twee.

'Nou, nee, ik ben verpleegster…' Ze probeert rustig adem te halen. 'Ik help Tatjana Filippovna gewoon door schoon te maken.'

'Hé, Tatjana, heb je een slaafje voor jezelf geregeld?'

'Vlieg op, sneue nepverpleegster,' kaatst Tatjana terug.

Cilka probeert te bepalen of de woordenwisseling grappig bedoeld is of serieus. Het grove gebaar dat de nieuwkomer naar Tatjana maakt – ze steekt haar duim tussen haar wijsvinger en haar middelvinger door – beantwoordt haar vraag.

'Nou, slaaf, volgende week draaien wij de dagdiensten; dan zullen we weleens zien hoe goed je kunt schoonmaken.' De twee nieuwkomers lopen naar de balie aan de andere kant van de ziekenzaal en gaan ontspannen zitten kletsen en giechelen. Niemand hoeft Cilka te vertellen dat ze het over haar hebben; hun lichaamstaal en hun uitroepen van 'ga weer aan het werk' zijn duidelijk genoeg. Kennelijk duidt deze verrassende, vreugdevolle dag niet per definitie op een rooskleurig vervolg.

Tatjana stelt haar gerust. 'Luister, je bent een gevangene. Wij niet, we zijn opgeleid als verpleegster en we moeten zowel de dag- als de nachtdiensten draaien. Het spijt me, maar om de week zul je met die krengen moeten samenwerken. Laat je niet te veel koeioneren, je bent hier om als verpleegster te werken.'

'Dank je. Ik verheug me al op de andere weken.'

'Onze dienst zit erop,' zegt Tatjana. 'Kom, pak je jas, je kunt weg. We zien je morgen.'

'Tot morgen.'

Met gemengde gevoelens, maar opgelucht dat haar dienst erop zit, trekt Cilka haar jas aan en stapt de vrieskou in. In haar zak voelt ze het briefje zitten dat Petre heeft geschreven om Antonina van haar nieuwe functie op de hoogte te brengen.

Die avond vertelt Cilka Josie, Olga, Elena en iedereen die het maar wil horen over haar dag en haar nieuwe rol op de kraamafdeling. Hoewel Hannah op haar bed ligt, met haar gezicht naar de muur, ziet Cilka dat zij ook luistert. Ze trakteert de vrouwen op overdreven verhalen over de geboorte van baby Gita, dat ze uit haar moeders lichaam schoot en op de vloer zou zijn beland als Cilka haar niet had opgevangen. Ze roept zichzelf uit tot expert op het gebied van geboortes en vertelt over de steun die ze kreeg van de verpleegsters en de fantastische dokter, die niet zorgzamer had kunnen zijn. Ze zegt niets over de twee nachtverpleegsters met wie ze de volgende week zal moeten doorbrengen.

Vragen over de nieuwe moeders – waar ze naartoe gaan, of ze hun kindjes bij zich zullen mogen houden – wimpelt ze af. Dat weet ze allemaal nog niet. En ze weet niet of ze het wel wíl weten.

Elena zegt dat ze heeft gehoord dat ze de baby's weghalen bij de moeders en de moeders dwingen weer aan het werk te gaan.

'Dat kom ik snel genoeg te weten,' belooft Cilka.

Cilka heeft die dag dezelfde lunch gekregen als de andere verpleegsters, twee keer zoveel als het gebruikelijke rantsoen, en ze heeft de helft mee teruggebracht om uit te delen. Ze is blij dat ze zich op deze manier nog nuttig kan maken, anders zou ze zich vreselijk schuldig voelen dat ze alweer zo'n prettig baantje in de wacht heeft weten te slepen.

Ze is ook dankbaar dat ze het zo druk zal hebben met haar werk dat ze geen tijd zal hebben om aan Aleksandr Petrik te denken, de Tsjecho-Slowaak die als boodschapper in het kamp werkt. Daar kan immers niets goeds van komen.

Wanneer ze gaat liggen, kruipt Josie naast haar in bed. Snikkend zegt ze: 'Het spijt me zo van het laken, Cilka. Dat je naar het hol moest.'

'Alsjeblieft, Josie, dat hoef je niet steeds te zeggen. Het is voorbij. Kunnen we weer gewoon vriendinnen zijn?'

'Je bent mijn allerliefste vriendin,' zegt Josie.

'Nu, liefste, ga naar je eigen bed en laat mij slapen.'

Auschwitz-Birkenau, 1942

Cilka staart naar een vlieg op de koude betonnen muur van haar kamer in blok 25. Vandaag heeft hij haar niet opgezocht.

Vrouwen en meisjes lopen wankelend het blok in en zoeken een plek om hun hoofd voor de laatste keer te rusten te leggen. Met een zucht staat Cilka op van haar bed, opent de deur en kijkt met haar armen om zich heen geslagen naar de wandelende lijken die haar passeren.

Een vrouw die door twee anderen wordt ondersteund, keert zich naar

Cilka toe – dikke grijsbruine lokken, donkere kringen onder de ogen, ingevallen wangen. Het duurt heel even voordat Cilka haar herkent.

'Mama!' schreeuwt ze. Ze stormt op het drietal af en grijpt de vrouw in het midden vast.

'Mijn kindje, mijn prachtige dievča!' roept de vrouw uit.

De andere vrouwen zijn te ziek of te verslagen om veel aandacht aan de reünie te besteden.

Cilka brengt haar moeder naar haar eigen kamer en helpt haar op het bed te gaan zitten. Lange tijd zitten ze naast elkaar, met de armen om elkaar heen geslagen, zonder iets te zeggen.

Kletterende pannen en schreeuwende stemmen waarschuwen Cilka dat de avondrantsoenen zijn gearriveerd. Voorzichtig laat ze haar moeder los en loopt naar buiten, naar de gevangenen die potten met waterige koffie en kleine porties oud brood komen brengen.

Ze draagt de vrouwen om haar heen op om iets te eten. Uit ervaring weet ze dat degenen die er de kracht voor hebben, dat ook zullen doen. De anderen zijn al te ver heen.

Terug in haar kamer zet ze de portie van haar moeder op de vloer en moedigt haar aan om iets te eten. Wanneer haar moeder niet reageert, duwt ze een klein stukje brood tegen haar lippen.

Haar moeder draait haar hoofd opzij. 'Neem jij het maar, liefje. Je hebt het harder nodig dan ik.'

'Nee, mama, ik krijg genoeg te eten,' zegt Cilka. 'Alsjeblieft, je moet weer op krachten komen, je moet eten.'

'Je haar...' zegt haar moeder. Het is er nog, achter haar oren gestreken, tuimelend over haar schouders. Haar moeder streelt het, zoals ze ook deed toen Cilka nog een kind was.

Cilka brengt het brood naar haar moeders mond, en haar moeder kauwt en slikt moeizaam. Ze richt zich een beetje op en drinkt de smerige vloeistof die Cilka tegen haar lippen houdt.

Daarna legt Cilka haar moeder op het bed. 'Ik ben zo terug, probeer wat te rusten.'

'Waar ga je naartoe? Laat me niet achter.'

'Alsjeblieft, mama, ik blijf niet lang weg. Ik moet iemand spreken–'

'Niemand kan ons helpen. Blijf alsjeblieft bij me, we hebben nog maar zo weinig tijd.'

'Daarom moet ik iemand spreken, zodat we meer tijd krijgen. Ik laat je niet meenemen.'

Ze is bij de deur.

'Cilka, nee.' De stem klinkt onverwacht resoluut.

Cilka loopt terug, gaat op het bed zitten en houdt het hoofd van haar moeder in haar armen. 'Er is iemand die ons kan helpen, iemand die je naar een ander blok kan verplaatsen, waar je beter kunt worden. Dan kunnen we elkaar zien, samen zijn. Alsjeblieft, mama, laat me naar hem toe gaan en met hem praten.'

'Nee, liefste dochter. Blijf bij me, hier, nu. Er zijn geen zekerheden op deze plek. Laten we deze nacht samen doorbrengen. Ik weet wat me morgen te wachten staat. Ik ben niet bang.'

'Ik kan je niet laten meenemen, mama. Jij en Magda zijn het enige wat ik nog heb.'

'Mijn lieve Magda! Dus ze leeft nog?'

'Ja, mama.'

'O… dank Hashem. Jullie moeten voor elkaar zorgen, zo goed als jullie kunnen.'

'En voor jou, mama, ik moet ook voor jou zorgen.'

Met moeite maakt Cilka's moeder zich los uit de armen van haar kind. 'Kijk naar me, Cilka, kijk naar me. Ik ben ziek, ik ben stervende. Dat kun je niet tegenhouden.'

Cilka laat haar handen over het gezicht van haar moeder glijden, kust haar geschoren hoofd. Hun tranen vermengen zich en vallen op het bed.

'En papa, mama – was hij bij jou?'

'O, liefje, we zijn van elkaar gescheiden. Hij was er slecht aan toe…'

Een overweldigend gevoel van verdriet en hopeloosheid overspoelt Cilka. 'Nee! Nee, mama.'

'Kom bij me liggen,' zegt haar moeder zachtjes, 'en kus me morgenochtend gedag. Ik zal over je waken.'

'Ik kan het niet,' zegt Cilka snikkend. 'Ik kan je niet laten gaan.'

'Je moet wel, het is niet aan jou.'

'Houd me vast, houd me vast, mama.'

Cilka's moeder omhelst haar dochter uit alle macht, en ze gaan naast elkaar op het bed liggen. Twee worden één.

'Op een dag, als Hashem het wil,' zegt haar moeder, 'zul je de liefde van een kind kennen. Je zult weten wat ik voor jou voel.'

Cilka duwt haar gezicht in de hals van haar moeder. 'Ik houd van je, mama.'

De zon is nog maar net boven de horizon verschenen wanneer Cilka, haar moeder en de anderen in blok 25 worden gewekt door schreeuwende ss'ers en blaffende honden.

'Naar buiten, vooruit, iedereen naar buiten!'

Cilka's hoofd rust op de schouder van haar moeder wanneer ze langzaam de kamer uit lopen en zich samen met de anderen naar buiten begeven, waar de vrachtwagen staat te wachten.

Wie te langzaam is of zich verzet tegen de laatste paar stappen naar de vrachtwagen, wordt geslagen met een wapenstok. Cilka blijft staan. Een bewaker heft zijn wapenstok dreigend naar haar moeder.

'Waag het niet,' snauwt ze tegen hem.

De man laat de wapenstok zakken, en Cilka's moeder neemt de laatste paar stappen, terwijl Cilka zich nog steeds aan haar arm vastklampt.

'Mama, nee, ga niet in de vrachtwagen!'

De bewakers kijken toe terwijl Cilka's moeder zich losmaakt van haar dochter, haar op haar wangen en haar mond kust en met haar vingers door haar haar strijkt. Een laatste keer. Dan pakt ze de handen aan die vanuit de laadbak omlaag worden gestoken om haar omhoog te helpen. Cilka voelt de lippen van haar moeder nog op haar gezicht. Ze zakt op de grond wanneer de motor wordt gestart en de vrachtwagen wegrijdt.

Een bewaker steekt Cilka een hand toe, maar die slaat ze weg. De vrachtwagen verdwijnt uit het zicht.

HOOFDSTUK 13

'Jij, dinges.'

Cilka plakt een glimlach op haar gezicht en draait zich naar de stem toe. Ze weigert als een hondje aan te komen draven, de verpleegster zal haar best moeten doen.

'Kom hier.'

Cilka loopt naar het bed waar de verpleegster naast staat. Elk bed is bezet. Als Cilka zich ooit nuttig zou kunnen maken, dan is het vandaag wel. Ze glimlacht naar de kersverse moeder die haar baby, nog maar een paar uur oud, in haar armen houdt.

'We hebben dit bed nodig en er is niemand gekomen om deze vrouw naar de hut hiernaast te brengen. Jij moet het doen.'

'Ik pak mijn jas,' zegt Cilka. Het is inmiddels lente, maar buiten is het nog ijskoud.

'Daar is geen tijd voor, neem ze gewoon mee.'

'Maar waar –'

De nieuwe moeder trekt aan Cilka's rok.

'Het komt wel goed, ik weet waar we naartoe moeten. Ik ben er eerder geweest.'

De patiënt is al aangekleed, haar baby in een deken gewikkeld. Cilka helpt de vrouw in haar jas, met de baby erin weggestopt. De vrouw kijkt waar de verpleegster is; die is nergens te zien. Vlug trekt ze de deken van haar bed en gebaart dat Cilka die om zich heen moet slaan. Dat doet ze. De vrouw gaat haar voor en stapt door een achterdeur naar buiten.

Het gebouw waar ze naartoe lopen ligt maar een meter of vijftig, zestig verderop. Hun voetstappen kraken op het bevroren gras. Het geluid van huilende kinderen bereikt hen al voordat ze de deur opendoen. Wanneer

Cilka naar binnen stapt, treft ze een chaotisch tafereel aan. Een paar ledikantjes tegen een muur, kleine matrassen – die meer op matten lijken – verspreid door de ruimte. Drie personeelsleden die zo te zien voor een stuk of twintig baby's en peuters zorgen.

'We moeten ons hier melden en dan gaan we door de deur aan het eind van het vertrek naar de zaal waar ik zal slapen.'

'Het is weer volle bak,' zegt een van de personeelsleden, die op hen af komt lopen. 'Goh, hallo, Anna Anatoljeva. Je bent weer terug.'

'Wat kan ik zeggen, ik miste je charmante gezicht. Hoe gaat het met je, Irina Igorevna, eet je nog steeds kleine kindjes als ontbijt?'

'Maar natuurlijk, Anja. Waarom ben jij hier weer?'

Cilka merkt de verkleinvorm van de naam op en begrijpt dat deze vrouwen elkaar aardig goed kennen.

'Een van die zwijnen keek naar me, en hup, ik was weer zwanger. Voor deze moet je wel fatsoenlijk zorgen, hoor, anders stuur ik dat lelijke varken van een vader op je af.'

'Ja, ja, dat heb ik eerder gehoord. Wat heb je deze keer?'

'Weer een meisje. Een nieuw slachtoffer voor de staat.'

'Heb je haar nu wel een naam gegeven?'

'Jij hebt het de laatste keer zo goed gedaan, verzin jij maar een naam. Een krachtige. Ze zal sterk moeten zijn om deze hel te overleven.'

Cilka kijkt om zich heen en probeert te duiden wat ze ziet. De andere twee verzorgsters staan te kletsen, ieder met een kindje op hun heup dat ze op en neer wippen om het te kalmeren. Ze lijken zich niets aan te trekken van de huilende baby's, de peuters die vechten om een versleten deken. Sommigen hebben geen luier om; de stank van urine en uitwerpselen is overweldigend.

De nieuwe moeder probeert haar pasgeboren kindje te overhandigen.

'Zorg zelf maar een poosje voor haar,' zegt Irina Igorevna. 'Ze zal je niet bijten, of misschien ook wel, wanneer ze beseft wie haar mama is.'

Ze keert zich naar Cilka toe en kijkt haar met opgetrokken wenkbrauwen aan. 'Wie ben jij?'

'Ik ben een van de verpleegsters. Ik moest haar hiernaartoe brengen.'

'Juist. Nou, deze weet wat ze moet doen – je kunt gaan.'

Cilka kan zich daar nog niet toe zetten. 'Pardon,' vraagt ze. 'Hoeveel baby's hebben jullie hier?'

'Twintig is ons maximum – er staan maar twintig bedden op de slaapzaal voor de moeders.'

'Hoelang mogen ze hier blijven? Ze zien er niet allemaal meer uit als baby's.'

'Je bent zeker nieuw? Nou, *printsessa*, het gaat als volgt. Wanneer onze Anja een bastaard werpt, mag ze hier blijven tot het kind twee is. Dan wordt ze teruggestuurd naar een gewone hut, waar ze zich weer met kind zal laten schoppen, en dan begint het van voren af aan.'

'Dus ze hoeft niet te werken? Ze hoeft alleen maar hier te blijven en voor haar kindje te zorgen?'

'Zie je hier andere moeders? Nou? Nee. Anja trekt hiernaast in en zorgt zelf vier weken voor haar bastaard, en daarna brengt ze het kind elke ochtend naar ons en gaat ze naar haar werk, zoals de rest van die arme stumpers.'

'En jullie zorgen overdag met zijn drieën voor de baby's.'

'Goh, slim zeg. Heb je dat helemaal zelf bedacht?'

'Sorry, ik wilde jullie niet beledigen,' zegt Cilka, die geen zin heeft om weer iemand tegen zich in het harnas te jagen. 'Ik had alleen geen idee hoe het werkte.'

Het gezicht van de vrouw wordt een beetje zachter.

'En zijn er nog meer van dit soort hutten?'

'Als je het per se wilt weten, de meeste nieuwe baby's gaan met hun moeders naar de grote opvang verderop, bij Rechlag,' zegt Irina Igorevna. 'Je bent wel erg nieuwsgierig.'

'Mag ik even rondkijken?'

'Ga je gang. Ik heb het druk, ik kan niet de hele dag blijven kletsen. Anja, wegwezen.'

'Bedankt,' zegt de moeder tegen Cilka, voordat ze vertrekt. 'Ik zie je later wel weer.'

'Anna Anatoljeva,' zegt Cilka voorzichtig. 'Ik denk dat… Jozefína….
Josie, wel een mooie naam is.'

De vrouw haalt haar schouders op. 'Prima, wat je maar wilt. Ik neem
de kleine Josie mee en ga een dutje doen.'

Een klein kindje komt naar Cilka toe gekropen, gaat op een van haar
voeten zitten en kijkt naar haar op. Cilka bukt zich en tilt hem op. Hij
prikt met zijn kleine vingertjes naar haar mond, haar ogen, haar neusgaten. Ze giechelt en kietelt zijn buikje. Hij reageert niet, maar blijft proberen zijn vingers in haar neus te steken.

Met het jongetje op haar heup loopt Cilka het vertrek rond en bekijkt de
andere kindjes. Ze blijft staan bij een kleine baby die op een deken op de
vloer ligt en naar het plafond staart. Ze beweegt haar hoofd om de aandacht van het kindje te trekken; het reageert alleen met een piepkleine
beweging van het hoofdje. Ze zet het jongetje op de vloer en raakt de baby
aan; de huid voelt heet aan in een ruimte die slecht verwarmd is. Ze tilt een
van de armpjes op en laat het los. Het armpje ploft slap naast het lijfje.

Ze roept naar de verzorgsters. 'Sorry, deze baby is ziek, er is iets mis mee.'

Een van de vrouwen komt naar haar toe. 'Ja, dat is al een paar dagen zo.'

'Is de dokter geweest?'

'Hier komen geen dokters, liefje. Die kleintjes halen het of ze halen het
niet. Deze hoort waarschijnlijk bij die laatste groep.'

Cilka kijkt weer naar het tengere lijfje, het grote hoofd en de ingevallen wangen, de ribben die door de huid steken.

Ze heeft genoeg gezien.

'Bedankt,' zegt ze tegen niemand in het bijzonder. Ze vertrekt.

Wanneer ze terugkeert op de kraamafdeling, wordt ze begroet door Petre.

'Hallo. Waar ben jij geweest?'

'Hiernaast – op de kinderafdeling. Ik heb Anna Anatoljeva en haar
baby weggebracht.' Ze geeft geen verdere uitleg; ze wil bij hem vandaan,
bij de trieste beelden vandaan die ze zojuist heeft gezien. Afleiding zoeken in het schoonmaakwerk.

'En wat vond je van onze kinderafdeling?'

'Komt u daar ooit?' flapt ze eruit.

'Nee, ik werk hier, het is mijn taak om de bevallingen te begeleiden. Waarom vraag je dat?'

'Omdat sommige van de baby's die u veilig en gezond op de wereld helpt, daar ziek op de vloer liggen of stervende zijn.'

'Hoe weet je dat ze stervende zijn?'

'Ik heb het zelf gezien. Het personeel daar, ik weet niet hoe jullie ze noemen, het zijn geen verpleegsters – ze lijken nauwelijks geïnteresseerd in de baby's. Ze vertelden me dat alleen de sterke kinderen het overleven, maar misschien zijn de anderen gewoon ziek. Met de juiste zorg en behandeling kunnen ze het overleven.'

'Oké, oké, Cilka, rustig aan. Zullen we het hier later over hebben?'

'Wanneer?'

'Wanneer we het minder druk hebben.'

'Morgen?'

'Wanneer we het minder druk hebben,' herhaalt Petre. 'Nu moet je weer aan het werk.'

Er verstrijken een paar weken. De bevroren grond begint te ontdooien, de dagen worden langer. Petre lijkt Cilka te vermijden. Ze worstelt. Ze heeft haar lesje wel geleerd wat betreft bemoeienis met medische zaken en dus begint ze niet meer over het gebouw met de verwaarloosde baby's. Het vreet echter aan haar – het besef dat hier iets aan gedaan kan worden. Ooit was ze gedwongen geweest dit soort omstandigheden te accepteren. Hoe kan ze dat nu weer doen?

Op een dag werkt ze samen met Tatjana en is er maar één vrouw aan het bevallen. Petre komt binnen en onderzoekt de vrouw. Hij slaat Cilka gade terwijl ze de administratie bijwerkt, dossiers opstapelt, notities controleert; de taken die je alleen kunt uitvoeren wanneer je het niet druk hebt. Hij schuift een stoel bij en zegt: 'Vertel me eens over de baby's op de kinderafdeling.'

'Ik… Ik had niets moeten zeggen, het is niet aan mij.' Ze klemt haar kaken op elkaar.

'Dat is waar.' Petres gezicht, met de volle wenkbrauwen en snor, staat raadselachtig. 'Weet je, ik heb met Jelena Georgiëvna over je gesproken. Ze vraagt steeds naar je.'

'Echt? Hoe gaat het met haar?' Cilka voelt een steek in haar borst. Ze wil niet aan zichzelf toegeven dat ze iemand of iets mist, tot haar lichaam haar daaraan herinnert.

'Goed. Druk. Ik heb haar verteld wat je over de baby's zei.'

'Hoe reageerde ze?'

'Ze lachte en zei: "Echt iets voor Cilka. Die wil altijd alles verbeteren."'

'Het is gewoon, nu ja... Jullie zorgen goed voor de moeders, jullie helpen ze om gezonde baby's op de wereld te zetten, en dan worden ze naar de andere afdeling gestuurd en daar kan niemand het meer iets schelen.'

'De moeders toch zeker wel.'

'Natuurlijk, maar zij werken elke dag en komen pas 's avonds terug. Hoe moeten ze dan een dokter voor hun kindje regelen?'

'Daar heb je gelijk in. Nou, de staat kan het ook iets schelen, of dat zou in elk geval zo moeten zijn. Die baby's zijn onze toekomstige arbeiders.'

Op deze plek lijkt daar anders niet altijd naar te worden gehandeld, denkt Cilka. Zo krijgen de arbeiders minder te eten wanneer hun productiviteit daalt – bij wijze van straf. Er kunnen immers altijd meer mensen worden gearresteerd, om de doden te vervangen. Maar dat kan ze natuurlijk niet hardop zeggen.

'Weet je wat, het is vandaag rustig, dus ik stel voor dat jij en ik naar de kinderafdeling gaan en dat ik alle baby's onderzoek die volgens jou de zorg van een dokter nodig hebben,' zegt Petre.

'Ik haal mijn jas.'

Petre lacht, haalt zijn eigen jas en volgt Cilka naar buiten.

De glimlach op Petres gezicht verdwijnt zodra hij de kinderafdeling ziet. De drie verzorgsters zitten samen thee te drinken. Baby's en peuters liggen op de grond; sommigen kruipen sloom in kringetjes rond. De dokter staart vol ongeloof naar het tafereel.

'Je bent er weer,' roept Irina Igorevna, voordat ze ziet dat Cilka niet alleen is. Ze zet haar mok meer en komt haastig naar Cilka en Petre toe.

'Dit is Petre Davitovitsj, de dokter van de kraamafdeling,' zegt Cilka. 'Hij komt kijken of de baby's medische zorg nodig hebben.'

De vrouw veegt haar vieze handen af aan haar jurk en steekt haar hand uit. 'Irina Igorevna, ik heb hier de leiding.'

Petre neemt de hand niet aan. 'Ik ben blij dat je jezelf hebt voorgesteld. Ik wil een aantal van deze baby's onderzoeken. Breng me de lijsten met hun voedingsschema's.'

'We hebben geen lijsten. We voeden ze gewoon wanneer we kunnen en dan geven we ze wat we hebben. Er is nooit genoeg voor iedereen, dus geven we het aan de sterksten. Zij maken de meeste herrie,' voegt ze er giechelend aan toe.

Petre loopt naar de dichtstbijzijnde baby, die slap op een deken ligt, met een dun hemdje losjes rond het lijfje en ogen die zijn verzonken in holle oogkassen. De baby reageert niet wanneer hij hem optilt. Hij loopt naar de tafel waar de drie vrouwen thee zaten te drinken, schuift hun mokken opzij, legt het kindje voorzichtig op de tafel en begint het te onderzoeken. Cilka gaat naast hem staan.

'Hoe oud is dit kind?'

De drie vrouwen kijken elkaar aan. Geen van hen wil iets zeggen.

'Irina Igorevna, ik vroeg, hoe oud is dit kind?'

'Dat weet ik niet. Wij zorgen alleen overdag voor ze, wanneer hun moeders aan het werk zijn. Het zijn er te veel voor ons om ze te leren kennen – we zijn maar met z'n drieën,' zegt ze, gebarend naar de anderen.

'Dit kind is uitgehongerd. Wanneer is hij voor het laatst gevoed?'

'Waarschijnlijk hebben we hem een paar uur geleden iets aangeboden, maar volgens mij wilde hij toen niets,' antwoordt Irina.

'Cilka, leg hem in een ledikant.'

Cilka tilt het kleine jongetje op en legt hem voorzichtig in een van de ledikantjes. Petre tilt het volgende kindje op en onderzoekt dat ook. Hij stelt geen vragen meer aan het personeel. Cilka krijgt weer een baby in haar armen om in het ledikantje te leggen.

Tegen de tijd dat alle zieke kindjes een vlug onderzoek hebben ondergaan, liggen er zeven stilletjes op een rijtje in twee ledikantjes.

'Jullie twee.' Petre wijst naar de andere twee verzorgsters. 'Trek je jas aan, pak ieder twee van deze kindjes warm in en kom met me mee. Cilka, kun jij er ook twee meenemen?' Hij tilt de laatste baby zelf op, stopt die onder zijn warme jas en loopt de deur uit, gevolgd door Cilka en de verzorgsters.

Eenmaal terug op de kraamafdeling laat hij drie baby's op één bed leggen en vier op een ander. Met een kort gebaar stuurt hij de verzorgsters van de kinderafdeling weg, en zij maken zich haastig uit de voeten.

Tatjana en Svetlana komen bij de bedden staan en kijken vol medeleven neer op de baby's.

'Lieve hemel, wat is er met hen gebeurd?' vraagt Svetlana ontzet.

'Weet een van jullie hoe we aan melk kunnen komen?' vraagt Petre.

'Ik ga er wel naar op zoek. Zorgen jullie voor ze tot ik terug ben,' zegt Tatjana en ze pakt haar jas en haast zich naar buiten.

'Svetlana, kijk of je dokter Jelena Georgiëvna kunt vinden en vraag of ze hiernaartoe wil komen.'

'Wat kan ik doen?' vraagt Cilka.

'Tja, ik zou kunnen zeggen dat je wel genoeg hebt gedaan,' zegt hij met een lachje. 'Haal een paar dossiers en schrijf op wat ik over deze arme zieltjes zeg. We weten niet hoe ze heten, dus je zult ze nummers moeten geven: baby één, baby twee, enzovoort.'

Wanneer Cilka dossiers en pennen gaat halen, loopt ze langs de enige vrouw die op dit moment op de kraamzaal ligt. De vrouw roept zachtjes naar haar: 'Wat gebeurt er?'

'Niets aan de hand, gewoon wat zieke baby's. Maak je geen zorgen, we zullen goed voor ze zorgen.'

Petre heeft net de eerste baby onderzocht en wikkelt die nu in een deken. 'Baby één,' zegt hij. 'Een jongetje. Zwaar ondervoed, koorts, ontstoken insectenbeet, mogelijk vier tot zes maanden oud, het valt moeilijk te zeggen.'

Cilka noteert zijn opmerkingen onder de naam 'baby één'. Met een dikke pen tekent ze voorzichtig het nummer één op het voorhoofd van de baby, vechtend tegen de herinneringen aan haar eigen, permanente markering.

Ze horen dat de deur opengaat, gevolgd door: 'O, Cilka, wat heb je nu weer gedaan?' Svetlana is terug en heeft Jelena meegebracht. Even later haast ook Tatjana zich naar binnen, met een doos vol flesjes, allemaal halfgevuld met de melk van voedende moeders.

Petre vertelt Jelena wat hij in de ziekenzaal heeft aangetroffen. Ze tilt direct een baby op en kleedt het kindje uit om het te onderzoeken.

'Noem haar nummer drie, Cilka, ik heb nummer twee,' roept Petre.

Tatjana en Svetlana warmen de flesjes op door ze in een teiltje met kokend water te houden. Jelena waarschuwt dat ze de baby's niet te veel tegelijk mogen laten drinken; om beter te worden, moeten ze veel kleine beetjes krijgen. De nieuwe moeder, wier baby heerlijk ligt te slapen, biedt aan om te helpen met voeden, en even later houdt ze een onbekende baby in haar armen.

Aan het eind van de dag verschijnen er zeven bezorgde moeders in de ziekenzaal, op zoek naar hun kindjes. Petre en Jelena staan ze te woord en verzekeren hun dat ze hun de slechte gezondheidstoestand van de kinderen niet kwalijk nemen. Ze krijgen opdracht om 's nachts op de kraamafdeling te blijven, zodat ze kunnen leren hoe ze hun kindjes elk uur moeten voeden, met kleine hoeveelheden tegelijk. Voedsel wordt voor hen geregeld.

De verpleegsters voor de nachtdienst verschijnen. Tatjana stuurt ze weg en zegt dat ze zelf de nachtdienst zal draaien. Cilka vraagt of zij ook mag blijven.

In de loop van de volgende paar weken verandert het beleid op de kinderafdeling. Het oorspronkelijke personeel verdwijnt en wordt vervangen door verzorgsters die zijn goedgekeurd door Petre en Tatjana. Iedere baby krijgt een dossier waarin zijn of haar ontwikkeling wordt bijgehouden. Petre geeft Cilka de verantwoordelijkheid om eens per week de kinderafdeling te bezoeken en te kijken of er baby's of peuters zijn die naar haar idee medische zorg nodig hebben. Hoewel Petre ervan overtuigd is dat deze kinderen als toekomstige arbeiders van belang zijn voor het systeem, vreest Cilka dat het systeem ze voorlopig vooral zal zien als een aanslag op de schaarse middelen. Ze vraagt zich af of ze om die reden allemaal het risico lopen gestraft te worden, maar ze weet dat ze zal vechten om deze kinderen in leven te houden.

Wanneer ze op een avond in bed liggen, met de zon nog hoog aan de hemel, zegt Cilka tegen Josie: 'Zou dit mijn roeping zijn?'

'Hoe bedoel je?' vraagt Josie.

Het valt niet mee voor Cilka om haar diepste gedachten te uiten. Ze is bang voor andere dingen die misschien boven zullen komen, die ze er misschien uit zal gooien. Josie kijkt haar verwachtingsvol aan. 'Ben ik niet voorbestemd om zelf moeder te worden, maar iemand die anderen helpt om moeder te worden?'

Josie barst in tranen uit. 'O, Cilka, volgens mij ben ik zwanger.'

HOOFDSTUK 14

Terwijl de andere vrouwen om haar heen liggen te snurken, stapt Cilka uit bed. Ze trekt de deken van Josie af en laat haar handen voorzichtig over het gezwollen lichaam glijden, dat schuilgaat onder meerdere lagen kleding. Dan trekt ze de deken weer over haar vriendin heen.

'Wanneer begon je het te vermoeden?' vraagt ze.

'Ik weet het niet, een maand geleden? Wie houdt de tijd nog bij op deze vergeten plek?'

'Josie, ik voelde de baby schoppen. Je bent al een eind op weg. Waarom heb je niet eerder iets gezegd?'

Josies lichaam schokt terwijl ze snikt, bijtend op de deken. 'Ik ben bang, Cilka, ik ben bang. Schreeuw niet tegen me.'

'Ssst, niet zo hard. Ik ben niet degene die schreeuwt.'

'Wat moet ik doen?' Cilka ziet Josie naar het bed kijken waar Natalja eerst sliep. 'Je moet me helpen, Cilka.'

'Je krijgt een kindje, en ik zal erbij zijn. We moeten het Antonina morgen vertellen. Het lijkt me niet veilig dat je nu met zieke mensen werkt.'

'En de anderen?'

'Die komen er vanzelf wel achter. Maak je geen zorgen, we zullen je allemaal helpen.' Cilka probeert Josie een blik vol warmte en hoop toe te werpen. 'Je wordt mama!'

'En Vadim? Moet ik het hem vertellen? Wat denk je dat hij zal zeggen?'

'Het verbaast me dat hij het nog niet doorheeft,' zegt Cilka. 'Hij moet toch hebben gevoeld dat je buik groter is geworden.'

'Hij zei gewoon dat ik dik word. Het is zo'n domme jongen – het komt waarschijnlijk niet eens bij hem op.'

'Dat zou heel goed kunnen, maar toch moet je het hem bij zijn volgende bezoek vertellen.'

'Wat als hij –'

'Vertel het hem gewoon. We maken ons wel druk om zijn reactie wanneer we die krijgen. Je weet toch dat ze jullie niet de kans zullen geven om je ergens als gelukkig gezinnetje te vestigen?'

'Misschien doen ze dat wel.'

'Vergeet het maar.'

De volgende dag na het appel loopt Cilka met Josie naar Antonina toe.

'Ze krijgt een kindje.'

'Goh, ik vraag me af hoe dat is gebeurd,' zegt Antonina vol afkeer.

Cilka kiest ervoor om de opmerking te negeren. Josie staart naar de grond. Beschaamd, vernederd.

'Vijf maanden, schat ik,' zegt Cilka tegen de brigadier.

'Dat beoordeel ik wel. Doe je jas open.'

Josie opent haar jas, huiverend door de koude wind en haar angst voor datgene waaraan ze publiekelijk wordt onderworpen. Ruwe handen betasten haar bolle buik. Bevoelen haar aan alle kanten, duwen hard van boven tot onder.

Josie slaakt een kreet van pijn. 'Houd op, je doet me pijn.'

'Ik controleer alleen maar of je geen lappen onder je kleding hebt gepropt; je zou niet de eerste zijn.'

Cilka duwt de handen van de brigadier weg. 'Zo is het genoeg. Ben je tevreden?'

'Aan het werk, jij. En deze slet kan ook aan de slag, ik zie geen enkele reden waarom ze dat luizenbaantje niet kan voortzetten. Ik zal Klavdia Arsenjevna op de hoogte moeten brengen. Ze zal er niet over te spreken zijn.'

Cilka en Josie haasten zich naar het ziekenhuis.

'Ik vind het niet erg om te werken,' zegt Josie. 'Zo zwaar is het niet, en overdag biedt het afleiding. Alleen de nachten…'

Die avond verdringen de vrouwen zich rond Josie. Ze willen de baby in haar buik voelen; wie geluk heeft, wordt beloond met een schopje. 'Je draagt precies zoals ik bij mijn jongens,' zegt Olga. Ze glimlacht, maar er staan tranen in haar ogen.

Iemand denkt hardop terug aan Natalja, de enige andere zwangerschap die ze ooit in de hut hebben meegemaakt, en hoe tragisch die was afgelopen.

Olga ziet wat voor effect dit op Josie heeft en verandert vlug van onderwerp. Ze stelt voor dat ze allemaal aan de slag gaan met het naaien van kleertjes voor Josies baby. Ze wordt direct tot ontwerper benoemd, lakens worden geïnspecteerd om te zien wie dertig of veertig centimeter kan missen, en de borduursters zijn in de wolken omdat ze nu iets van betekenis kunnen creëren voor een nieuw leven.

Hannah zit een stukje bij de anderen vandaan en slaat alle activiteit met een blik vol afkeer gade. 'Waar halen jullie de energie vandaan om jezelf zo voor de gek te houden?'

'Hannah,' zegt Olga met scherpe stem, 'het is geen zwakte om een beetje hoop te zoeken in de duisternis.'

Hannah schudt haar hoofd. 'Zoals een mooie bontjas, toch, Cilka?'

De vrouwen kijken naar Cilka. Haar wangen gloeien en er stijgt gal op in haar keel. Ze kan niets bedenken om te zeggen – een verklaring of een scherpe reactie. Ze kucht en schraapt haar keel.

'Ergens heeft Hannah wel gelijk,' zegt Josie en ze legt de strook laken neer die ze in haar hand heeft. 'Het is dwaas om uit het oog te verliezen waar we zijn.'

'Volgens mij niet,' zegt Olga en vastberaden peutert ze een draad los. 'Volgens mij helpt het ons om vol te houden.'

Het duurt een week voordat Vadim weer op bezoek komt. Wanneer hij Josie begint te betasten, houdt ze hem tegen.

'Ik moet je iets vertellen.'

'Ik ben niet gekomen om te praten.'

'Ik krijg je kindje,' flapt ze eruit.

Cilka, die samen is met Boris, draait haar hoofd om het gesprek te kunnen volgen.

'Wat is er aan de hand?' vraagt Boris.

'Niets, sst.'

'Wát zei je?' gromt Vadim.

'Ik krijg een kindje, jouw kindje.'

'Ik dacht dat je gewoon dik werd.'

'Nee.'

'Ik wil verdomme geen kind! Hoe haal je het in je hoofd om zwanger te raken?'

'Jij hebt het gedaan. Ik heb er niet om gevraagd.'

'Hoe weet ik dat het van mij is?'

Josie duwt hem weg en gilt: 'Omdat je mij tot je bezit hebt gemaakt, weet je nog? Niemand anders mag me aanraken, weet je nog? Maak dat je wegkomt, ga weg, ga weg!' Josies geschreeuw gaat over in gejammer.

Vadim komt struikelend van het bed en raapt haastig zijn kleren bij elkaar. Het gesprek heeft alle mannen nerveus gemaakt, en ook zij kleden zich aan en maken zich uit de voeten.

'Ik zou nooit zo tegen jou praten,' zegt Boris tegen Cilka en hij strijkt een lok haar uit haar gezicht. 'Ik zou juist heel blij zijn als je zwanger van mij werd.'

Dat gaat niet gebeuren, Boris, denkt ze, maar ze zegt slechts tegen hem dat het tijd is om te gaan. Cilka is nooit zwanger geweest. Op de *andere plek* waren haar maandelijkse bloedingen lange tijd uitgebleven, net als bij veel andere vrouwen, en nu heeft ze ze nog maar af en toe. Slechte voeding, shock, ze weet het niet precies. Het is goed mogelijk dat het nooit meer zal herstellen.

'Goed, ik ga, maar ik zal aan je denken.'

In het donker zoeken de vrouwen hun weg naar Josies bed, om haar te steunen en te omhelzen. Het enigszins verwrongen gevoel voor humor dat de vrouwen de afgelopen paar jaar hebben ontwikkeld, komt hun goed van pas terwijl ze verhalen uitwisselen over de mannen die de hut bezoeken, hun vermogen om kinderen te verwekken. Josie moet lachen tussen het snikken door. Cilka voelt haar genegenheid voor deze vrouwen groeien, de vrouwen met hun holle wangen en hun slechte gebitten, die zichtbaar zijn als ze lachen. Het is een gevoel dat slechts nu en dan naar de oppervlakte komt, tijdens de korte momenten rondom verlies. Voor haar zus. Voor Gita. Ze stopt het diep in haar binnenste weg, waar niets het kan beschadigen.

In de daaropvolgende weken vliegt Josies stemming alle kanten op. 's Ochtends meldt ze zich opgewekt bij het ontbijt en het appel en gaat vrolijk naar haar werk, waar de dokters en de verpleegsters haar vragen hoe ze zich voelt. Aan het eind van de dag is ze vermoeid en doet haar lichaam pijn. Dan spreekt ze nauwelijks, gaat op haar bed liggen en komt vaak niet naar de eetzaal voor het avondeten. Aanvankelijk reageerde ze enthousiast op de piepkleine hemdjes die de vrouwen voor haar naaien, maar nu kijkt ze er nog nauwelijks naar.

Cilka en Elena praten voorzichtig met haar en proberen te ontdekken of haar stille buien worden veroorzaakt door angst voor de naderende geboorte. De enige aanwijzing die ze geeft, heeft betrekking op Vadim. Als haar kindje groter wordt, wat moet ze het dan vertellen over de vader? Ze troosten haar zo goed mogelijk, beloven om altijd in haar leven en dat van haar baby aanwezig te zijn. Het is een belofte die moeilijk na te komen is, dat beseffen ze allemaal. Het zijn maar woorden om te zorgen dat Josie het volhoudt, om haar hierdoorheen te helpen.

Minder dan een maand voor Josies uitgerekende datum schrikt Cilka midden in de nacht wakker omdat de deur van de hut door de wind dichtslaat. Ze kijkt naar het bed van Josie. Dat is leeg. Ze heeft heel wat nachten naar haar slapende vriendin liggen kijken, naar haar gezicht, dat zelfs in haar slaap vertrokken en bezorgd stond, de groeiende buik die onder de deken uitstak.

Verontrust steekt ze haar hand uit en betast het matras, om zich ervan te verzekeren dat Josie echt weg is. Haar handen voelen iets zachts, en ze beseft dat het kleding is. Buiten vriest het behoorlijk. Ze schiet overeind en pakt de jas en de andere kledingstukken die in Josies bed liggen.

Stilletjes trekt ze haar laarzen aan en schuifelt langs de rij bedden tot ze bij dat van Elena komt. Ze schudt haar wakker en fluistert dat Elena zich snel aan moet kleden. De twee vrouwen pakken zich zo warm mogelijk in en lopen naar buiten.

Het is bitterkoud en het sneeuwt licht. Een snijdende wind dringt dwars door hun kleren heen en verkilt hen tot op het bot. De schijnwerpers werpen spookachtige schaduwen rond hun haastende gedaantes. Ze zien de afdrukken van blote voeten in de sneeuw, die zich verwijderen van de hut. Hun voetstappen knarsen in de sneeuw terwijl ze het spoor volgen.

Achter het eetgebouw treffen ze Josie aan. Naakt, bewusteloos, opgekruld naast het hek dat het terrein omheint. Cilka hapt naar adem – nee. En dan voelt ze zich leeg worden.

'Wat moeten we met haar doen?' fluistert Elena. 'Misschien is ze wel dood.'

Cilka buigt zich over Josie heen en wikkelt haar in de jas die ze heeft meegebracht. 'We moeten haar terugbrengen naar de hut en haar opwarmen. O, Josie, wat heb je gedaan?' roept ze uit.

Ze tilt Josie bij de schouders op; Elena pakt haar benen. Samen sjouwen ze haar terug naar de veiligheid van de hut.

Het lukt ze niet om de deur zachtjes open en dicht te doen, en al snel zijn de andere vrouwen ook wakker en willen ze weten wat er aan de hand is. Elena brengt ze op de hoogte en vraagt of ze willen helpen. Cilka kan even niets uitbrengen. De vrouwen doen hun best om Josie op te warmen. Twee van hen masseren haar voeten, twee anderen haar handen. Cilka drukt haar oor tegen Josies buik, vraagt de vrouwen om even stil te zijn en luistert.

Boem, boem, klinkt het in haar oor, krachtig en luid.

'Ze leeft nog, en het kindje ook,' zegt ze.

Elena schudt haar hoofd. 'Als ze ook maar een minuut langer buiten was gebleven… Cilka, wat een geluk dat je zag dat ze weg was.'

'Kom op,' zegt Cilka, 'laten we haar zo snel mogelijk opwarmen.' Ze vult een mok met heet water, opent Josies mond en giet een klein beetje naar binnen. De anderen leggen dekens over Josie heen. Langzaam begint ze te kreunen, zachtjes, diep in haar keel. Elena geeft haar voorzichtig een tikje in het gezicht.

'Ik heb dat iemand eens zien doen bij een vrouw die was flauwgevallen,' verklaart ze.

In het donker kunnen ze niet zien of Josie haar ogen al heeft geopend. Cilka voelt echter dat ze bezig is bij te komen en praat zachtjes tegen haar. Wanneer ze Josies gezicht streelt, voelt ze tranen.

'Het is in orde, Josie, we zijn bij je.' Het kost haar moeite om haar stem vriendelijk te laten klinken. Een deel van haar is woedend, duizelig van machteloosheid. Ze heeft te veel naakte lichamen in de sneeuw zien liggen, met geen enkele andere keus dan zich over te geven. Maar Josie heeft een keus. Misschien heeft Cilka haar niet genoeg geholpen om dat in te zien. 'Josie, het komt goed met je. We laten je niets overkomen.'

Wanneer de andere vrouwen haar bijvallen, begint Josie nog harder te huilen. 'Het spijt me,' brengt ze uit, verstikt door de tranen. 'Het spijt me zo. Ik kan dit niet.'

'Ja, je kunt dit wel,' zegt Cilka resoluut. 'Je kunt het. Je moet wel.'

'Je kunt het, Josie,' valt Elena haar bij, en de andere vrouwen herhalen de woorden en steken hun hand uit om Josie aan te raken.

'Het komt weer goed met haar,' zegt Cilka. 'Pak jullie dekens en probeer nog wat te slapen. Ik blijf vannacht bij haar.' Ondanks de duizelingwekkende woede zal ze naast Josie gaan liggen. Ze zal haar geven wat ze nodig heeft. Ze zal haar vasthouden. Ze zal haar laten zien dat dit niet het einde is. 'Heel erg bedankt allemaal,' zegt ze. 'We moeten elkaar steunen, we hebben alleen elkaar.'

Veel van de vrouwen omhelzen Josie en Cilka voordat ze terugkeren naar hun bed, waar de slaap misschien zal komen en misschien niet. Cilka reageert niet op hun vertoon van genegenheid, maar ergens diep vanbinnen voelt ze zich dankbaar.

Ze laat Josie een stukje opschuiven en gaat naast haar liggen. Met haar arm over Josies dikke buik geslagen mompelt ze zachtjes geruststellende woorden. Al snel valt Josie in slaap. Bij Cilka wil dat niet lukken en ze ligt nog steeds wakker wanneer het gekletter buiten de hut aankondigt dat het tijd is om op te staan.

Na het appel vertelt Cilka Antonina dat Josie krampen heeft en dat het haar verstandig lijkt als het meisje met haar meegaat naar de kraamafdeling, voor het geval dat de baby snel komt. Aan Antonina's uitdrukking te zien heeft ze het wel zo'n beetje gehad met Cilka's verzoeken, maar ze zegt niets, en Cilka vat dat op als toestemming om Josie mee te nemen. Die avond zal ze wat extra brood voor de brigadier moeten meebrengen, anders krijgt ze het te verduren.

Op de kraamafdeling onderzoekt Petre Josie. 'De baby maakt het prima,' zegt hij. 'Hij heeft een sterke hartslag, maar hij is nog niet klaar om geboren te worden.'

Josie, die zich op weg naar het ziekenhuis zwijgend aan Cilka's arm heeft vastgeklampt, vertelt de dokter dat ze gewoon wil dat de baby komt. Petre voelt dat er meer achter haar verhaal steekt en vraagt een van de verpleegsters om haar een bed te wijzen, zodat ze wat kan rusten.

Cilka is hem dankbaar. Omdat ze Josie zo snel hebben gevonden, heeft ze geen bevriezingsverschijnselen, maar ze heeft de hele nacht liggen rillen. Ze heeft rust en warmte nodig. Petre neemt Cilka apart en vraagt haar of er nog iets anders speelt bij Josie. Cilka kijkt naar het vriendelijke gezicht van de dokter en besluit dat ze hem wel kan vertellen wat er de vorige nacht is gebeurd, benadrukkend dat Josie niet onder het werk uit probeert te komen, maar dat het echt niet goed met haar gaat.

Josie slaapt de hele dag. Wanneer het tijd is voor haar en Cilka om terug te keren naar de hut, zegt Petre dat het hem verstandig lijkt om een oogje op Josie te blijven houden, aangezien haar baby elk moment kan komen. Hij geeft Cilka een briefje mee voor Antonina, waarin staat dat Josie vanaf nu elke dag voor observatie naar het ziekenhuis moet komen. Cilka stopt het briefje in haar zak, samen met het brood dat ze bij de lunch uit haar mond heeft gespaard. Haar maag rammelt. Zelf heeft ze vandaag niet genoeg gegeten en door de vermoeidheid wordt de honger nog erger, maar ze moet de brigadier tevreden zien te houden.

De drie daaropvolgende weken slaapt Josie veel en helpt ze wat op de kraamafdeling. Ze houdt de handen vast van leeftijdsgenoten die bevallen van hun kindje. Cilka ziet dat deze omgeving Josie net als haarzelf goeddoet. Hoewel Josie nog steeds bang is voor de bevalling, vertelt ze Cilka dat ze denkt dat het haar wel gaat lukken. Ze begint zich er zelfs op te verheugen om haar kindje te leren kennen, om de baby in haar armen te houden en te voelen wat ze op de gezichten van veel van de magere, vermoeide vrouwen leest wanneer ze hun kindje voor het eerst zien. Cilka begint weer te glimlachen en ze beseft hoe gespannen de spieren rond haar nek en haar schouders de afgelopen tijd zijn geweest – niet van de kou, maar van de ingehouden bezorgdheid om Josie, de angst dat het meisje het niet vol zou weten te houden. Ze heeft geen idee hoe ze het zélf steeds heeft volgehouden, waar ze de kracht vandaan gehaald heeft. Ondanks alle gruwelen heeft ze nooit een doodswens gevoeld.

Josies weeën beginnen op de eerste dag van Chanoeka. Het wordt een lange, pijnlijke bevalling, waarbij ze gesteund wordt door Cilka, Petre en Tatjana. Cilka denkt stiekem aan de zegeningen en de liederen die bij deze tijd van het jaar horen, aan de troost en de vreugde die ze altijd brachten. In deze kleine, beschutte omgeving van nieuw leven zijn de herinneringen minder pijnlijk.

Wanneer haar dienst is afgelopen, krijgt ze toestemming om bij Josie te blijven. Om klokslag middernacht bevalt Josie van een piepklein, krijsend, beeldschoon dochtertje.

Wanneer moeder en baby zijn gewassen en de afdeling rustig is, vraagt Cilka: 'Heb je al een naam voor haar bedacht?'

'Ja,' zegt Josie en ze kijkt haar vriendin in de ogen. 'Ik wil haar Natia Cilka noemen. Vind je het goed als ze met haar tweede naam naar jou vernoemd wordt?' Ze geeft de baby aan Cilka.

'Hallo, kleine Natia,' zegt Cilka. 'Ik ben vereerd dat we een naam zullen delen.' Er spelen allerlei gedachten door haar hoofd. Hoe gevaarlijk en onvoorspelbaar het pad zou kunnen zijn dat dit piepkleine nieuwe wezentje wacht. 'Vandaag begint het verhaal van je leven, Natia. Ik wens je toe dat je de kans zult krijgen om je eigen leven te leiden, met de hulp van je mama en iedereen die van je zal houden. Daarbuiten wacht een betere wereld op je. Ik heb die wereld gezien. Ik herinner me die wereld.'

Ze kijkt naar Josie en beseft dat de baby haar in staat heeft gesteld om iets aan haar vriendin te vertellen wat ze niet rechtstreeks kan zeggen. Ze geeft de baby weer terug en buigt zich naar voren om moeder en kind te kussen.

De volgende ochtend wordt Natia uitgebreid onderzocht door Petre, die verklaart dat ze het gezondste en liefste baby'tje is dat hij ooit heeft gezien, en hij heeft er heel wat gezien. Josie straalt.

Later die dag brengt Cilka Josie en Natia naar de kinderafdeling, die de komende twee jaar hun thuis zal zijn. Er wordt niet gesproken over wat er aan het eind van die periode zal gebeuren. Cilka heeft inmiddels van de verpleegsters begrepen dat de peuters op tweejarige leeftijd naar weeshuizen worden gestuurd, maar dit vertelt ze niet aan Josie. Ze zal er snel genoeg achter komen. Twee jaar is een lange tijd op deze plek en Cilka is vastbesloten om een manier te vinden om te voorkomen dat die twee worden gescheiden.

Die avond, wanneer Cilka de andere vrouwen alles over Josies bevalling heeft verteld, dringt het tot hen door dat Josie niet meer terug zal keren naar de hut. Binnen een paar dagen zal er een vreemde in haar bed slapen. De kleertjes die ze zo liefdevol hebben genaaid, worden ingepakt en aan Cilka gegeven om naar Josie te brengen. Ze beloven dat ze kleertjes voor de kleine Natia zullen blijven maken, in steeds grotere maten, en ze zullen extra hun best doen op hun borduurwerk nu ze weten dat het voor een klein meisje bestemd is.

Zonder de aanwezigheid van Josie staat Cilka zichzelf toe om een beetje aan Aleksandr te denken, de boodschapper. Ze merkt dat de gedachte aan zijn gezicht haar troost biedt. Ze vraagt zich af of ze hem ooit weer zal spreken, en ze hoopt stiekem van wel.

Wanneer Cilka en de anderen de volgende dag na het werk terugkeren in de hut, zien ze dat er iemand in Josies bed ligt te slapen. De nieuwkomer krimpt ineen wanneer ze rechtop gaat zitten en de peilende blikken van de vrouwen ziet.

'Ik ben Anastasia Orlovna,' zegt ze met een krachtige, heldere stem.

Elena loopt naar haar toe en neemt haar van top tot teen op. Aan de blauwe plekken op het gezicht van de nieuwkomer te zien, is ze gedurende een langere periode geslagen. De oudere kneuzingen zijn paarsblauw, de meer recente nog zwart. Haar rechteroog zit gedeeltelijk dicht door een zwelling.

'Hoe oud ben je?' vraagt Elena.

'Zestien.'

De vrouwen verdringen zich rond het bed om hun nieuwe medebewoonster eens goed te kunnen bekijken. Het meisje houdt haar hoofd omhoog, weigerend haar verwondingen te verbergen. Haar uitdrukking en lichaamshouding zijn uitdagend, ook al kost het haar zichtbaar moeite om haar rug recht te houden.

Olga duwt haar zachtjes terug op het bed. 'Wat is er met je gebeurd?'

'Bedoel je waardoor ik hier terecht ben gekomen of meer recentelijk?'

'Allebei,' zegt Olga.

'We zijn betrapt op diefstal bij de bakker.'

'We? Met hoeveel waren jullie?'

Anastasia grijnst geforceerd. 'Met zijn zessen. Het was geweldig zolang het goed ging.'

'Wat was geweldig?' vraagt Elena.

'De opwinding van het stelen van het brood zodra het uit de oven kwam, recht onder de neus van de schurk die het had gebakken.'

'Waarom stalen jullie?' vraagt Elena. Normaal gesproken worden politieke gevangenen en dieven niet bij elkaar geplaatst, maar de regels in Vorkoeta lijken een beetje te zijn versoepeld op dit gebied. Waar er maar een bed vrij is, veronderstelt Cilka.

'Omdat ze dan wel zéggen dat iedereen een eerlijk deel krijgt in de geweldige Sovjet-Unie, maar de kinderen ondertussen verhongeren. Waarom anders?'

'Dus jij en je vrienden…'

'Ja, we vormden een bende van oudere kinderen – een of twee van ons leidden de winkelier af, terwijl de anderen naar binnen glipten en eten stalen. Eén keer kregen we wat kaviaar te pakken, maar dat vonden de kinderen niet lekker. En ik ook niet.'

'Jemig,' roept Hannah gefrustreerd uit. 'Wat ik niet over zou hebben –'

'En die blauwe plekken, hoe kom je daaraan?' vraagt Elena.

'Ik zou kunnen zeggen dat ik van de trap ben gevallen.'

Elena knikt. 'Dat zou kunnen. Maar je doet net alsof wij je ondervragen.'

'Spionnen heb je overal,' zegt Anastasia. 'Maar inderdaad, sorry. Ik kom net uit de gevangenis en daar hebben ze mij en Michail gemarteld, de enige twee van de bende die zijn gepakt. De politie wist dat we met meer waren, en ze wilden dat we de anderen zouden verraden. Maar dat weigerde ik.'

'Vandaar de blauwe plekken,' concludeert Elena.

'Ja,' zegt Anastasia. 'Maar jullie kunnen moeilijk iets zeggen. Jullie zien er allemaal uit alsof jullie al een jaar geen brood meer hebben gehad. En zeker geen groenten.'

Elena buigt zich naar het meisje toe, heel dicht, merkt Cilka op, zodat Anastasia de smerige adem van ondervoeding en verrotte tanden vol in het gezicht krijgt. 'Geloof het of niet, liefje, wij zijn hier de bofkonten.'

Ze horen het luide gekletter dat het avondeten aankondigt.

'Kun je lopen?' vraagt Olga.

'Ja, langzaam.'

Olga helpt Anastasia overeind, knoopt haar jas dicht, zet haar kraag overeind tegen de kou. Anastasia trekt haar muts over haar oren. Ze volgt de anderen naar de eetzaal.

Zestien, denkt Cilka. Alweer een jonge, trotse vrouw die zal buigen onder de verdrukking. Elena heeft echter gelijk. Hun ellende is iets minder erg dan die van vele anderen. Deze hut, de extra rantsoenen, het feit dat ze een ketel hebben waarin ze water kunnen koken! Het moeilijkste zal zijn om Anastasia te helpen dat te accepteren, zeker na haar eerste bezoek van de mannen.

HOOFDSTUK 15

'Ze lachte naar me!' Cilka vertelt de vrouwen in de hut vrolijk over haar bezoek aan haar naamgenootje. 'Ze kirde, ze keek me in de ogen en ze lachte.' *Het verscheurde mijn hart.*

'Was ze gegroeid, is ze gezond?' wil Elena weten.

'Ja en ja. Volgens mij is ze het lievelingetje van de verzorgsters, maar ik moet wel controleren of ze haar niet de lunch van een andere baby geven.'

Cilka kijkt naar de magere gezichten van de vrouwen om zich heen, hun gebarsten lippen, de donkere kringen onder hun ogen. Hun scherpe sleutelbeenderen. Ze is blij dat ze hun wat troost kan bieden – iets fijns om aan te denken tijdens de lange, zware dagen in de sneeuw.

'Jij weet daar natuurlijk alles van, Cilka,' zegt Hannah. 'Iemands lunch afpakken.'

Cilka's maag gaat op zijn kop staan.

'Houd je mond, Hannah,' zegt Elena. 'Wie heeft jou meer van haar eigen lunch gegeven dan wie dan ook?'

'Nou, dat kan ze zich veroorloven.'

'Nou, hetzelfde geldt voor jou, nu je "man" een baantje voor je heeft geregeld in de eetzaal.'

'Ik eet mijn lunch helemaal zelf op, want ik heb gevochten bij het verzet tegen die rotzakken, en tegen de nazi's. In tegenstelling tot sommige anderen hier.' Ze kijkt veelbetekenend naar Cilka.

'Bind verdomme een beetje in, Hannah,' zegt Elena. 'De enige Joodse vrouw in de hut aanvallen, je lijkt de Duitsers wel tegen wie je zo hard hebt gevochten.'

Hannah kijkt beledigd. Cilka's hart gaat als een bezetene tekeer. Ze merkt dat ze weer gevoelloos begint te worden.

'Zij...' Hannah wijst naar Cilka. Ze wil nog meer zeggen, maar dan kruipt er een glimlach over haar gezicht. 'Ik zou jullie kunnen vertellen wat ze allemaal heeft gedaan om haar eigen betekenisloze leventje te redden.'

'Geen enkel leven is betekenisloos,' zegt Elena.

Cilka voelt zich misselijk.

'Weet je hoe het met Josie gaat?' vraagt Olga, de spanning doorbrekend. Haar vlugge vingers zijn bezig een jurkje voor Natia te borduren.

Cilka hervindt haar stem. 'Ik heb haar al een poosje niet gezien, niet sinds Natia vier weken oud was en ze weer aan het werk moest. Maar ik heb gehoord dat het goed met haar gaat. Ze werkt in het administratiegebouw en ze voedt de baby zelf. Kennelijk heeft ze ruim voldoende melk.'

'Daarom wordt de kleine Natia natuurlijk zo dik.'

'Ik zei niet dat ze dik wordt. Alleen mollig.' Cilka probeert te glimlachen.

'Vertel haar alsjeblieft dat we aan haar denken, als dat lukt,' zegt Olga. 'Misschien kan een van de verzorgsters van de kinderafdeling het doorgeven.'

'Dat zal ik doen,' verzekert Cilka haar. 'Ze weet dat jullie allemaal om haar geven.' Ze kijkt veelbetekenend naar Hannah. 'Maar ik zal de verzorgsters toch vragen om het door te geven.'

'Wat gaat er gebeuren wanneer...' fluistert Elena.

'Daar moet je niet aan denken,' zegt Cilka. 'Twee jaar is een lange tijd.' De waarheid is dat Cilka het vreselijk moeilijk vindt om aan dat moment in de toekomst te denken. Ze weet te goed hoeveel pijn het doet als moeder en dochter worden gescheiden. Ze weet te goed hoe het voelt als je hele familie wordt verscheurd, ontmenselijkt, vermoord. Ze verdraagt het niet om te denken aan datgene wat Josie en Natia te wachten staat, of hoe Josie zal reageren als Natia bij haar weg wordt gehaald.

'Denk je dat we haar en de baby op een of andere manier kunnen zien, al is het maar even?' vraagt Olga.

'Misschien in de zomer,' oppert Elena.

'Dat is een idee!' zegt Olga met schitterende ogen. 'Als het warmer wordt en we op zondag buiten kunnen zijn. Dat lijkt me geweldig, het is iets waar we naar uit kunnen kijken.'

Hannah snuift. 'Jullie zijn hopeloos.'

Ook de andere vrouwen glimlachen bij het vooruitzicht om de baby te zien. Aan de afwezige blik in hun ogen ziet Cilka dat ze erover dromen om een kindje in hun armen te houden. Ze weet dat een aantal vrouwen kinderen hebben die op hen wachten, onder wie Olga. Het is niet iets waar Olga makkelijk over praat, maar de enkele keer dat ze een brief ontvangt, laat ze die door de anderen lezen. Op die manier deelt ze wat haar twee jongens – die bij een tante wonen – allemaal meemaken. Vaak is ze nog dagen daarna stil, haar gezicht vol emotie. Ongetwijfeld stelt ze zich dan elk detail voor dat haar zus in de brief heeft gezet.

Voordat de maan en de sterren verdwijnen en de witte nachten terugkeren, wordt het kamp getroffen door tyfus. De bewoners van de hut die het dichtst bij het ziekenhuis staat, worden verplaatst, zodat er een nieuwe ziekenzaal ingericht kan worden. Een quarantaine.

Wanneer Cilka na een geboorte haar handen staat te schrobben in de wasruimte, voegt Petre zich bij haar. Ze heeft hem niet eerder in deze ruimte gezien en ze zet zich direct schrap voor nieuws dat ze waarschijnlijk niet wil horen. Hij leunt tegen de deurpost en kijkt naar haar.

'Zeg het maar gewoon,' zegt ze abrupt.

'We –'

'Wie zijn we?' onderbreekt ze hem.

'Sorry, ik bedoel mezelf en een aantal andere dokters met wie je hebt samengewerkt, hier en op de algemene afdeling.'

'Ga verder.'

'We weten dat je in een andere gevangenis hebt gezeten, een ander kamp, en mogelijk ben je daar in aanraking geweest met tyfus.' Hij staart naar de grond.

'Wilt u dat ik dat bevestig of ontken?' vraagt ze, bang voor wat er komen gaat.

'Is het zo?'

'Ben ik in aanraking geweest met tyfus? Ja.'

Auschwitz-Birkenau, winter 1943

Sinds de dood van haar moeder brengt Cilka minder tijd door op het ge-meenschappelijke terrein. Ze is te bang om de vrouwen onder ogen te ko-men wier gezondheid achteruit begint te gaan, de vrouwen die snel de dood in gejaagd zullen worden. De vrouwen die binnenkort naar haar toe wor-den gestuurd, de vrouwen voor wie ze niets mag voelen. Haar moeder had haar echter gevraagd om voor Magda te zorgen. Dat wil ze ook.

Haar sterke, vriendelijke zus is echter net zo kwetsbaar als de rest.

Dan is er nog het feit dat de andere vrouwen, afgezien van haar vrien-dinnen, haar de laatste tijd vermijden. Sommigen wagen het om op de grond te spugen wanneer ze hen passeert, en ze sissen haar de vreselijkste scheldnamen toe. Ze is verbonden met de dood. En met de ss.

Op een zondagmiddag heeft ze zichzelf gedwongen om de anderen op te zoeken. Zij en Gita zitten naast het blok waar Gita en Magda wonen. Een stukje bij de deur vandaan. Ze kan zich er nog niet toe zetten om naar binnen te gaan, want Gita heeft haar verteld dat Magda al de hele dag op bed ligt, en dat ze zich zorgen maakt. Cilka slaat Gita gade terwijl ze haar handen door het nieuwe gras laat glijden, op zoek naar de zeld-zame klavertjesvier. Die kun je in het kamp gebruiken als betaalmiddel: met een klavertjevier kun je extra voedsel kopen, of een pak slaag voor-komen.

Gita vertelt haar zachtjes over haar meest recente gestolen moment met Lale. Hij was met haar meegelopen toen ze het administratiegebouw had ver-laten en langzaam terug was gekeerd naar haar blok. Ze hadden niet gepraat, alleen geheime blikken gewisseld, die meer zeiden dan duizend woorden.

De stilte wordt verbroken door hysterisch gegil. Het begint in het blok en wordt heviger wanneer een meisje naar buiten rent. Cilka en Gita kijken op; ze herkennen het meisje allebei. Ze springen overeind en gaan achter haar aan. Ze rent naar de grens van het vrouwenkamp, het gevaar tegemoet.

'Dana, Dana,' schreeuwen ze allebei. Ze halen Dana in en pakken ieder een arm vast.

Dana zakt snikkend in elkaar. 'Nee, Cilka, nee...'

Cilka's hart lijkt stil te staan. 'Wat, Dana? Wat is er?'

'Wat is er gebeurd?' vraagt Gita dringend.

Langzaam heft Dana haar hoofd en kijkt met roodomrande ogen naar Cilka. Ogen vol spijt. 'Ze was zo zwak, het was tyfus... Ze heeft het verborgen, zodat jij niet hoefde te... En toen ging het zo snel.'

'Nee, Dana, alsjeblieft, niet Magda.' Cilka klemt haar hand om de arm van Dana. Alsjeblieft, alsjeblieft, niet ook nog mijn zus.

Dana knikt langzaam. 'Het spijt me zo, Cilka.'

Cilka voelt een intense pijn door haar lichaam naar haar hoofd schieten. Ze buigt zich voorover en kokhalst, voelt armen om zich heen die haar overeind houden. Naast haar snikt Gita zachtjes.

'Cilka,' zegt Dana, met een stem die verstikt wordt door tranen. 'Vanochtend heeft ze me nog verteld hoeveel ze van je hield. Hoe dapper je bent. Dat ze wist dat jij hier weg zult komen.'

Cilka laat zich door Dana en Gita omhelzen, zoals zij hen omhelsde toen ze hun familie waren kwijtgeraakt. Dit is wat ze delen – onvoorstelbare verliezen.

'Ik moet haar zien,' zegt ze.

Haar vriendinnen lopen met haar mee het blok in en helpen haar om te gaan zitten op het bed tegenover het bed waar Magda's lichaam op ligt. Ze wil huilen, maar er komt slechts een schreeuw van woede over haar lippen. En dan, zo snel als de emotie aan haar is ontsnapt, glipt die weer naar binnen. Ze staart naar haar zus, bevend, maar zonder iets te voelen. Zo blijft ze lange tijd zitten, in het gezelschap van haar vriendinnen. Dan staat ze op, sluit de ogen van haar zus, neemt de handen van haar vriendinnen in de hare en verlaat het blok.

'Heb je de ziekte gekregen? Had je symptomen?'

'Nee en nee,' zegt Cilka, die nauwelijks nog na kan denken.

'Dan ben je er waarschijnlijk immuun voor, wat betekent dat je met de ziekte in aanraking kunt komen zonder zelf ziek te worden. Begrijp je dat?'

'Ja, ik begrijp het. Waarom wilt u dat weten?'

Hij schuifelt heen en weer.

'We zoeken verpleegsters voor de quarantaine, die nu helemaal vol zit met tyfuspatiënten. We hebben verpleegsters nodig die er kunnen werken zonder besmet te raken.'

'Is dat alles?' zegt ze, met een vreemde mengeling van angst en opluchting.

Hij kijkt verrast. 'Wat dacht je dat we je aan zouden doen?'

'Ik weet het niet… Me injecteren met de ziekte om te zien hoe ik zou reageren?'

Petre kan de schok niet van zijn gezicht weren. Sprakeloos wendt hij zijn blik af.

'Ik doe het wel,' zegt ze haastig. 'Ik wil wel in de quarantaine werken, ik ben hier vaak toch niet echt nodig. En als u vervanging voor mij zoekt, alstublieft… In mijn hut wonen een heleboel capabele vrouwen.'

Hij knikt, maar hij luistert niet echt. 'Ik denk dat Jelena Georgiëvna gelijk had met haar vermoeden waar je vandaan komt.'

'Ik kom uit Tsjecho-Slowakije.'

Hij zucht, hij weet dat dit niet het hele antwoord is. 'Het idee dat we op jou zouden experimenteren, of op iemand anders, wat dat betreft, zoals je zojuist beschreef…'

'Het doet er niet toe,' zegt Cilka vlug. 'Ik had dat niet moeten zeggen. Wanneer wilt u dat ik begin?'

'Morgen is prima. Ik zal ze laten weten dat je komt.'

Cilka droogt haar handen en haast zich dan naar de kinderafdeling. Natia ligt te wiebelen op de vloer, in een poging om een lappenpop te pakken die vlak bij haar ligt. Haar kleine gezichtje begint te stralen wanneer ze Cilka haar naam hoort roepen. Cilka tilt haar op en drukt haar stevig tegen zich aan, fluisterend dat ze van haar houdt en dat ze zo snel mogelijk terug zal komen.

Als ze de woorden hardop uitspreekt, hoopt ze, zullen ze ook uitkomen.

Wanneer Cilka de volgende dag de quarantaine betreedt, krijgt ze een witte doktersjas, een masker en dikke rubberen handschoenen aangereikt. Terwijl een collega het schort aan de achterkant vastknoopt, kijkt ze om zich heen en probeert te verwerken wat ze ziet. Op elk bed ligt minstens één patiënt, soms twee. Anderen liggen zonder matras op de vloer, slechts bedekt door een vies laken of een versleten deken. Ze probeert haar ademhaling te reguleren.

De verpleegster die haar in het schort heeft geholpen, stelt zich voor als Sonja Donatova.

'Zo te zien hebben jullie het hier druk,' zegt Cilka. 'Vertel me alsjeblieft wat ik kan doen.'

'We zijn blij dat je er bent, Cilka. Kom maar met mij mee. Ik stel je later wel voor aan de anderen.'

'Kunnen we hier geen extra bedden neerzetten? Patiënten horen toch niet op de grond te liggen.'

'We leggen degenen die het niet gaan halen, op de vloer; het is makkelijker om de vloer schoon te maken dan een matras. Je went er wel aan.'

Cilka's maag verkrampt. Lichamen op de vloer, op de grond, zonder enige hoop om te overleven. Daar is hij weer: haar vloek.

Cilka kijkt toe terwijl twee verpleegsters voorzichtig een patiënt van het bed tillen en hem op de vloer leggen. Ze hoort een van hen zeggen: 'Elk uur controleren of hij al is overleden.' Als er een deken onder zijn broze, trillende lichaam is geschoven, wordt er een notitie gemaakt in zijn dossier, dat bij zijn voeten wordt gelegd. Cilka zucht. Opnieuw voelt ze dat ze haar lichaam begint te verlaten, dat ze koud en leeg wordt.

Ze volgt Sonja naar een bed waar een delirische vrouw ligt te woelen. Sonja doopt een kleine handdoek in een kom met water en probeert die op het gezicht van de vrouw te leggen. De maaiende ledematen slaan haar in het gezicht en tegen het bovenlichaam.

'Help me om haar af te laten koelen. Pak een van haar armen en houd die stevig vast.'

Cilka grijpt de linkerarm van de vrouw en duwt die naast haar lichaam op het matras. Sonja houdt de andere arm vast en met haar vrije hand probeert ze de natte handdoek op het gezicht en het hoofd van de vrouw te leggen. Dit lukt slechts ten dele.

'Ze is pas gisteren binnengekomen. Ze is jong en ze is heel snel in het delirische stadium terechtgekomen. Als we haar kunnen afkoelen en de koorts omlaag kunnen krijgen, heeft ze een kans om het te overleven.'

'Kunnen we niet wat sneeuw of ijs halen om op haar huid te leggen?'

'Dat kan, het is een heel snelle manier om iemand af te koelen. Het risico is alleen dat het té snel gaat en dat ze in shock raakt. Ik ben bang dat we het vlug moeten doen, maar niet zo drastisch.'

'Sorry, dat wist ik niet.'

'Nee, het was een goed idee, alleen niet de juiste oplossing in deze situatie. Niemand verwacht dat je al weet wat je moet doen terwijl je hier nog maar net begonnen bent, tenzij je hier natuurlijk eerder hebt gewerkt.'

Dat heeft ze niet, maar ze is vaak genoeg getuige geweest van de laatste stadia van tyfus. En wat daarop volgt.

'Hiervoor werkte ik op de kraamafdeling. Beantwoordt dat je vraag?'

Sonja lacht. 'Dan verwachten we zeker niet dat je iets over de behandeling van tyfus weet. Ik zou ook niet weten wat ik zou moeten doen als iemand mijn hulp vroeg bij een bevalling.'

De koude handdoek heeft effect; de patiënt wordt rustiger en de wilde bewegingen die bij de koorts horen, ebben weg. Was Magda ook zo in haar laatste uren? Ze vraagt zich af of Gita haar expres had afgeleid met de klavertjesvier, of ze haar deze vreselijke beelden had willen besparen.

'Volgens mij kun je het verder zelf wel. Maak gewoon af en toe de handdoek nat en dep daarmee haar gezicht, haar hoofd en haar armen en benen. Dan was je het zweet van haar af, en daardoor koelt ze af. Ik ga door naar de volgende patiënt. Roep maar als je hulp nodig hebt.'

Wanneer Sonja verder is gelopen, spoelt Cilka de handdoek in de kom, waarbij ze opmerkt dat het water erg koud is – er drijven kleine stukjes ijs in. Ze begint de vrouw te wassen, ondertussen met een geruststellende stem tegen haar pratend. Wat ze ook voelt – of niet voelt – die stem lijkt ze van nature te gebruiken wanneer ze voor patiënten zorgt. Het is een zachte stem, een mompeling, die een verhaal vertelt dat verder gaat dan het moment van pijn. Misschien doet ze het net zozeer voor zichzelf als voor de patiënten.

Na een poosje verdwijnt het zweet op het lichaam van de vrouw en verschijnt er kippenvel op haar huid. Ook aan de verandering in de manier waarop ze rilt, kun je zien dat ze het nu koud heeft, en ze probeert zich op te rollen tot een balletje. Instinctief pakt Cilka de deken van de vloer en slaat die strak om de vrouw heen. Ze kijkt om zich heen, op zoek naar Sonja.

'Sonja Donatova, ze rilt van de kou. Ik heb haar in een deken gewikkeld. Wat moet ik nu doen?'

'Laat haar liggen en zoek een andere patiënt die afgekoeld moet worden.'

'Waar kan ik meer handdoeken vinden?'

'Is er iets mis met de handdoek die je daar hebt?'

'Nee, alleen... die heb ik net bij deze patiënt gebruikt.'

'We hebben niet de luxe van nieuwe baddoeken voor iedere patiënt, Cilka,' zegt Sonja met een verontschuldigende blik. 'Neem de handdoek die je daar hebt mee naar de volgende, en de kom met water ook. Als je meer water nodig hebt, kun je dat halen bij de gootsteen aan de andere kant van de ruimte.'

Aan het eind van de dag heeft Cilka zes patiënten zien sterven en veertien nieuwe patiënten binnen zien komen. Twee keer zijn er in jassen en maskers gehulde dokters naar de quarantaine gekomen, die een rondje liepen en met de leidinggevende verpleegsters spraken. Het is Cilka duidelijk dat deze zaal uitsluitend door verpleegsters wordt gerund. De dokters bemoeien zich niet met de medische zorg. Ze komen alleen langs om te vragen hoeveel nieuwe zieken er zijn en hoeveel patiënten de zaal hebben verlaten, levend of op weg naar het mortuarium.

Elke avond keert Cilka doodmoe terug naar de hut. Ze is de hele dag bezig om koortsige patiënten af te koelen en op te warmen; om mannen en vrouwen uit hun bed te tillen en op de grond te leggen om te sterven; om de overleden patiënten naar buiten te dragen, waar ze door anderen zullen worden opgehaald. Ze heeft overal blauwe plekken, die onopzettelijk zijn veroorzaakt door delirische patiënten die ze probeert te verzorgen.

Ze leert alles wat er te weten valt over de ziekte: hoe je de verschillende stadia kunt herkennen en hoe je de ernstige interne bloedingen en ademhalingsproblemen kunt diagnosticeren die erop duiden dat de dood nabij is. Niemand kan haar uitleggen waarom sommige patiënten akelige rode uitslag op hun lichaam krijgen en anderen niet, of waarom dit symptoom niet noodzakelijk op een slechte afloop wijst.

Wanneer de eerste lentebloemen hun kopje door de smeltende sneeuw steken, begint het aantal nieuwe patiënten terug te lopen. Cilka en de andere verpleegsters krijgen plezier in het werk, nu ze ieder slechts voor een paar patiënten hoeven te zorgen. Eindelijk kunnen ze hun de aandacht geven die ze aan iedereen hadden willen besteden.

Op een dag verschijnt Jelena in de quarantaine. Cilka is dolblij om het vertrouwde gezicht van de dokter te zien.

'Hoe gaat het met je?' vraagt Jelena hartelijk. Slierten blond haar ontsnappen uit haar vlechten en omlijsten haar gezicht als een aureool.

'Moe, doodmoe, en heel blij om u te zien.'

'Jij en de andere verpleegsters hebben het geweldig gedaan. Jullie hebben een heleboel levens gered en heel veel anderen troost geboden in hun laatste momenten.'

Cilka probeert deze woorden te bevatten. Het voelt nog steeds alsof ze rond zou moeten rennen, alsof ze meer zou moeten doen.

'Ik… We deden wat we konden. Het zou hebben geholpen als we meer medicijnen hadden gehad.'

'Ja, ik weet het, er zijn hier nooit genoeg medicijnen. We moeten steeds opnieuw moeilijke beslissingen nemen: wie krijgt ze, wie niet.'

'Ik snap het,' zegt Cilka. Opnieuw steekt het schuldgevoel over de gestolen pillen de kop op.

'Goed, meisje, de vraag is… wat wil je nu gaan doen?'

'Bedoelt u dat ik een keus heb?'

'Ja, die heb je. Petre zal je graag weer op de kraamafdeling verwelkomen. Maar je vriendin Olga heeft er ook veel plezier in.' Cilka begrijpt wat Jelena zegt: als ze teruggaat naar de kraamafdeling, moet Olga haar verbeterde positie in het kamp misschien weer opgeven. 'En ik vroeg me af of je misschien weer voor mij zou willen werken?'

'Maar...'

'Gleb Vitaljevitsj is weg. Hij is een paar weken geleden overgeplaatst. Het bestuur heeft eindelijk naar zijn sterftecijfers gekeken en besloten dat het, in het belang van de productiviteit, beter zou zijn als hij ergens anders aan de slag zou gaan.' Ze glimlacht.

'Waar?' vraagt Cilka.

'Ik weet het niet en het kan me ook niet schelen. Ik ben gewoon blij dat hij weg is. Dus dat betekent dat jij terug kunt komen. Als je dat tenminste wilt?'

'Ik vond het heel fijn om samen te werken met Petre Davitovitsj en te helpen baby's op de wereld te zetten.'

Jelena knikt; ze denkt dat dit haar antwoord is.

'Maar ik zou graag terugkomen en weer met u en de andere dokters werken, zodat ik nog meer bij kan dragen, als dat mag.'

Jelena slaat haar armen om haar heen. Cilka reageert stijfjes, legt aarzelend een hand op Jelena's rug en trekt zich dan terug.

'Natuurlijk mag dat,' zegt Jelena. 'Daar hoopte ik al op; je kunt inderdaad een grote bijdrage leveren. Ik vrees alleen dat Petre het me niet in dank zal afnemen dat ik je weer inpik.'

'Hij is een goede arts. Wilt u hem vertellen hoe dankbaar ik ben voor alles wat hij voor me heeft gedaan, wat hij me heeft geleerd?'

'Dat zal ik doen,' belooft Jelena. 'Ga nu terug naar je hut en ik wil je de komende twee dagen niet zien.' Ze pakt een pen en een blocnote uit haar zak en schrijft een briefje. 'Neem wat rust. Na alles wat je hier de afgelopen paar maanden hebt gedaan, zul je wel uitgeput zijn.'

'Inderdaad. Dank u.' Cilka kijkt naar het daglicht en denkt aan de komende korte zomer. 'Jelena Georgiëvna?'

'Ja?'

'Wist u dat Josie een dochtertje heeft gekregen?'

'Ja, dat heb ik gehoord en ik heb begrepen dat moeder en kind het allebei goed maken.'

'Ik zou de kleine Natia dolgraag zien. Kan ik haar veilig bezoeken, nu ik in de quarantaine heb gewerkt?'

'Ik zou de komende twee weken nog niet bij haar in de buurt komen; dat is de incubatietijd van tyfus – misschien zelfs drie weken, voor de zekerheid.'

'Drie weken kan ik nog wel wachten, maar geen dag langer.'

HOOFDSTUK 16

'Het is alsof je nooit bent weggeweest. Welkom terug,' begroet Raisa Cilka op haar eerste dag terug op de algemene ziekenafdeling.

'Dat werd hoog tijd,' roept Ljoeba vanaf de andere kant van de zaal. 'Trek je jas uit en kom ons helpen.'

'Hebben jullie hier sinds mijn vertrek soms niet meer schoongemaakt? Ik zweer dat die vieze handdoek daar meer dan een jaar geleden ook al lag,' kaatst Cilka terug.

'Is het al zo lang geleden?' vraagt Raisa.

'Lang genoeg,' zegt Cilka.

Hun aandacht wordt afgeleid door een kreet van de patiënt met wie Ljoeba op dat moment bezig is.

'Gaat het wel goed?' vraagt Cilka.

'Kom op, je kunt meteen aan de slag,' zegt Raisa. 'Gisteren heeft er een explosie plaatsgevonden in een van de mijntunnels. Er zijn een heleboel mannen omgekomen, en een aantal is zwaargewond. Sommigen zijn al geopereerd, en we hebben er twee met geamputeerde ledematen.'

'Vertel me wat ik kan doen.'

'Je kunt Ljoeba helpen. Die arme kerel is ernstig verbrand, en ze probeert zijn verband te verschonen. We hebben hem iets gegeven tegen de pijn, maar dat haalt nauwelijks iets uit.'

Cilka loopt naar Ljoeba en dwingt zichzelf om te glimlachen naar de man die op het bed ligt, zijn armen en zijn bovenlichaam verbonden, zijn gezicht rauw en rood van de brandwonden. Hij snikt, maar zonder tranen.

'Wat moet ik doen?' vraagt ze Ljoeba.

'Cilka, dit is Jakub. We moeten het verband op je armen verschonen, toch, Jakub? We willen niet dat het gaat ontsteken.'

'Hallo, Jakub. Dat is een Poolse naam, toch?'

Jakub knikt. Het is duidelijk te zien dat bewegen hem pijn doet.

'Ljoeba, is het goed als ik Pools praat met Jakub?'

Ze knikt. 'Misschien kun je het verband om zijn andere arm verschonen terwijl jullie tweeën herinneringen ophalen.'

'Ik kom uit Tsjecho-Slowakije, jullie buurland, maar ik ben… bekend met Polen. Ik wilde je vragen wat je hier doet, maar laten we daar een andere keer op terugkomen.'

Voorzichtig wikkelt Cilka het verband rond Jakubs linkerarm los, kletsend alsof ze vrienden zijn die elkaar na lange tijd terugzien. Als het verband er helemaal af is, ziet ze de schade. Ljoeba geeft haar een nieuw verband, dat is gedrenkt in een vloeistof die het slijmerig aan laat voelen.

'Hoe kan het dat zijn arm erger is verbrand dan zijn hand?' vraagt Cilka. 'Dat lijkt me niet logisch.'

'Jakubs kleren zijn in brand gevlogen, en de huid daaronder is ernstiger verbrand, omdat zijn kleren niet meteen konden worden verwijderd.'

'Ik snap het. Nou, Jakub, mag ik je een tip geven? Ga in het vervolg naakt naar je werk.'

Ze beseft meteen dat het een smakeloze opmerking is, en haastig begint ze haar verontschuldigingen aan te bieden. Ze voelt echter dat Jakub een kneepje in haar hand geeft en ze kijkt hem aan; hij probeert te glimlachen, te lachen, hij kan haar grapje waarderen.

Ljoeba neemt hen beiden op. 'Neem het haar maar niet kwalijk, Jakub. Cilka heeft het afgelopen jaar op de kraamafdeling gewerkt. Ze is eraan gewend dat haar patiënten naakt zijn. Als het niet zo koud was, dan durf ik te wedden dat ze hier zelf ook in haar blootje zou rondlopen.'

'Ljoeba!' roept Cilka verontwaardigd uit.

Ljoeba lacht hartelijk. 'Ik ben klaar met het verband, Jakub, dus ik laat jullie met rust. Roep maar als je iets nodig hebt, Cilka.'

'Dank je wel, Ljoeba. Ik denk dat Jakub en ik het wel redden, toch, Jakub?'

Cilka verbindt Jakubs andere arm en vertelt hem dat ze over een poosje bij hem terug zal komen om te kijken hoe het gaat. Dan voegt ze zich bij Raisa en ze valt al snel in het vertrouwde ritme van het verzorgen van de patiënten. Dit voelt natuurlijk, denkt ze. En ze weet hoe het tegenovergestelde voelt – hoe het voelt wanneer je gedwongen wordt een rol op je te nemen die tegen je natuur ingaat, alsof je ziel wordt verwrongen.

Tijdens de pauze drinken Raisa, Ljoeba en Cilka hete, slappe thee en ze eten brood en iets wat voor worst moet doorgaan.

Jelena komt bij hen zitten en slaat hun aanbod van thee af. Het is algemeen bekend dat de dokters een betere kwaliteit thee hebben in hun zitruimte. 'Hoe gaat het met ons meisje?' vraagt ze Raisa en Ljoeba.

'Het is of alsof ze nooit is weggeweest,' zegt Raisa. 'Bedankt dat u haar hebt overgehaald om terug te komen.'

'Ze hoefde me niet over te halen,' zegt Cilka. 'Het is fijn om terug te zijn en te kunnen helpen, ook al vertel je de patiënten dat ik in mijn blootje rond zou moeten lopen.'

'Wie heeft dat gezegd?'

'Het was maar een grapje,' zegt Cilka vlug. 'We probeerden een patiënt met ernstige brandwonden af te leiden terwijl we zijn verband verschoonden.'

'Als het maar werkt.' Jelena glimlacht.

'Kan ik nog iets anders doen om te helpen?' vraagt Cilka.

'In feite, Cilka, vroeg ik me af of je me morgen bij een operatie zou willen helpen. Dat is de enige afdeling waar je nog geen ervaring mee hebt opgedaan. Ik heb een aantal tamelijk eenvoudige ingrepen op het programma staan, en het leek me een goede uitbreiding van je training.'

'Wat een goed idee,' zegt Ljoeba. 'Volgens mij is ze er klaar voor. Wat vind jij, Cilka?'

'Ik weet niet wat ik moet zeggen. Dank u. Wat moet ik doen?'

'Kom gewoon morgen zoals gebruikelijk naar het werk. Ik wacht op je, en dan pakken we het verder op.'

Cilka kijkt Jelena na terwijl ze wegloopt. Ze voelt ontzag voor haar briljante vaardigheden als arts en haar bereidheid om kennis te delen, zeker met iemand die geen officiële opleiding heeft gehad.

'Ongelooflijk dat ze hier uit eigen vrije wil is,' zegt ze tegen de anderen.

'Ja, de meeste dokters zijn hiernaartoe gestuurd, doorgaans omdat ze het verprutst hebben in het ziekenhuis waar ze werkten, of iemand tegen zich in het harnas hebben gejaagd. Voor anderen, zoals wij, is het de eerste opdracht die ze krijgen na hun opleiding,' vertelt Raisa. 'Maar Jelena Georgiëvna heeft de oprechte wens om daar te werken waar ze het meeste kan betekenen.'

'Ik vond het onbeleefd om het haar te vragen, maar woont ze hier met haar gezin?'

'Nee, ze deelt een verblijf met de andere vrouwelijke dokters, hoewel ik het gerucht heb opgevangen dat ze bevriend is met een van de mannelijke dokters. Ze worden soms 's avonds samen in de stad gezien.'

Het stadje Vorkoeta, buiten het kamp, is helemaal door gevangenen gebouwd.

'Echt?' De liefde weer, denkt Cilka, zelfs op een plek als deze. 'Weet je wie het is? Welke dokter?'

'De dokter van de kraamafdeling, dat is het enige wat ik weet.'

'Petre? Jelena en Petre Davitovitsj?'

'Ken je hem?' vraagt Raisa.

'Natuurlijk kent ze hem,' zegt Ljoeba. 'Daar werkte ze toch. Heb je ze weleens samen gezien?'

'Nee. Nou ja, één keer, toen Jelena me op mijn eerste dag naar de kraamafdeling bracht. Maar dit verklaart waarom Petre me aan wilde nemen toen ik hier net was ontslagen. Maar wat geweldig!' vervolgt ze enthousiast. 'Hij is net zoals zij, een uitstekende dokter en een aardige man.'

'Is hij knap?' Ljoeba trekt haar wenkbrauwen op.

Daar denkt Cilka even over na. Petre is inderdaad knap, met een volle snor en ogen die lachen. 'Ja. Ze passen perfect bij elkaar.'

Toch vindt ze hem niet de knapste man die ze hier in Vorkoeta heeft gezien. Nu ze weer in het ziekenhuis werkt, vraagt ze zich af of ze de boodschapper weer zal tegenkomen, Aleksandr.

'We moeten weer aan het werk,' zegt Raisa. 'Voordat jullie tweeën het te warm krijgen.'

Ja, werk, dat is wat Cilka nodig heeft. Ze zal zichzelf niet toestaan om over het onmogelijke te dromen.

Het vooruitzicht om mee te mogen helpen bij een operatie houdt Cilka flink bezig. Die nacht lukt het haar niet om te slapen. Ze ligt urenlang wakker, denkend aan alles wat ze die dag heeft gezien en gedaan.

De volgende dag is het bewolkt, maar Cilka geniet van haar wandeling naar het ziekenhuis, over het met bloemetjes bezaaide gras. Jelena wacht haar op, en samen lopen ze naar de operatieafdeling. Er staat een assistente klaar met een schort, handschoenen en een masker. Cilka steekt haar hand uit naar de schort.

'Wacht, eerst goed je handen wassen,' zegt Jelena en ze brengt haar naar een ruimte met een brede wastafel. 'Heb je iets aan onder je shirt?'

'Alleen mijn onderhemd.'

'Mooi, trek je shirt uit. Je mouwen mogen niet in de weg gaan zitten.' Cilka aarzelt.

'Geen zorgen, Cilka, er zijn hier alleen vrouwen.'

Langzaam knoopt Cilka haar shirt los. De assistente pakt het aan, geeft haar een stuk zeep en draait de kraan voor haar open. Cilka begint haar handen en armen in te wrijven met zeep. Jelena komt naast haar staan en schrobt haar eigen handen en armen, tot boven haar ellebogen. Cilka volgt haar voorbeeld.

Wanneer ze de zeep van haar armen en handen spoelt, pakt Jelena tot haar schrik zachtjes haar linkerarm vast. De dokter draait de arm naar zich toe en staart naar de vage blauwgroene cijfers aan de binnenkant van haar onderarm. Ze maakt aanstalten om iets te zeggen, maar doet haar mond weer dicht.

Cilka staart naar het stromende water en ademt diep in en uit. Dan heft ze haar hoofd en kijkt Jelena recht in de ogen. 'Weet u waar ik die vandaan heb?'

'Ja. Ik vermoedde al dat je daar was geweest, maar ik... Ik wilde het eigenlijk niet geloven.'

Cilka heeft het tegelijk warm en koud.

'Je moet nog zo jong zijn geweest,' zegt Jelena zacht. Ze laat Cilka's arm los.

'Zestien.'

'Mag ik vragen… Je familie?'

Cilka schudt haar hoofd, wendt haar blik af, steekt haar hand uit om de kraan uit te zetten. Ze wil dat dit gesprek voorbij is.

'O, Cilka,' zegt Jelena.

Cilka kijkt naar het meelevende gezicht van de dokter. Natuurlijk, denkt ze. Onderhand weet iedereen wel hoe het op die *andere plek* was. Maar niet welke rol ze daar speelde.

'Dokter, vertel me één ding.' Haar toon is resoluut. Ze kan Jelena niet aankijken.

'Ja?'

'Zijn ze gepakt?'

Jelena zwijgt even, dan begrijpt ze het. 'Ja, Cilka. De commandanten, de bewakers, de artsen. Er zijn processen geweest. De hele wereld is van hun misdaden op de hoogte. Ze zijn gevangengezet of geëxecuteerd vanwege hun gruweldaden.'

Cilka knikt. Haar kaken zijn verstijfd. Ze zou kunnen gillen, of huilen. Er wellen veel te veel gevoelens in haar op. Het is nog niet genoeg. Het heeft te lang geduurd.

'Ik weet niet wat ik moet zeggen, Cilka, behalve dat het me immens spijt dat je dat hebt moeten doorstaan, zoiets onvoorstelbaars, en dat je toen ook nog hier terecht bent gekomen. Wat daar ook de reden voor was…' Jelena aarzelt. 'Nou, je was pas zestien.'

Cilka knikt. Onvergoten tranen prikken in haar ogen. Ze slikt, en ze slikt nog eens. Ze schraapt haar keel. Ademt diep in. Dwingt haar hartslag om te kalmeren. Kijkt weer naar Jelena.

'De patiënt wacht op ons,' zegt ze.

'Ja,' zegt Jelena. Wanneer ze hun handen hebben gedroogd en naar de operatiezaal lopen, waar de assistente hen opwacht met hun handschoenen en hun schorten, zegt Jelena: 'Cilka, als je ooit met iemand wilt praten –'

'Dank u,' onderbreekt Cilka haar. Ze kan zich niet voorstellen dat er ooit een moment zal komen waarop ze die herinneringen, die beelden, onder woorden zal kunnen brengen. Opnieuw schraapt ze haar keel. 'Ik ben dankbaar, Jelena Georgiëvna.'

Jelena knikt. 'Als je maar weet dat ik er voor je ben.' Wanneer ze de operatiezaal binnengaan, zet Cilka het gesprek zo goed mogelijk uit haar hoofd. Ze heeft een belangrijke taak te verrichten, en ze mag zich niet laten afleiden. Zodra ze haar schort en handschoenen aanheeft, schuift de assistente Cilka's masker over haar kin en houdt ze de deur naar een kleine ruimte voor haar open.

Een patiënt ligt op een tafel, en bij het hoofdeinde zit een anesthesist die een rubberen masker over de neus en de mond van de patiënt houdt.

'Hij is onder zeil,' meldt hij, zonder een spoortje van belangstelling of enthousiasme, en dan richt hij zijn blik op een plek ergens op de achtermuur.

Cilka volgt Jelena en gaat naast haar staan.

'Ga maar aan de andere kant staan, daar kun je me beter zien en helpen.'

Cilka doet wat haar wordt opgedragen. Haar handen houdt ze voor zich, bang om iets aan te raken.

'Goed, daar gaan we. Zie je al die instrumenten op het tafeltje naast je? Nou, ik noem de naam van het instrument dat ik nodig heb, en dan wijs ik ernaar, zodat je weet welke het is. Je zult het snel doorhebben.'

De assistente trekt het laken weg dat de man bedekt, zodat zijn naakte lichaam wordt onthuld.

'Ik moet zijn maag openmaken en eruit halen wat hij dan ook voor raars heeft doorgeslikt. Helaas doen mensen soms de gekste dingen om niet te hoeven werken, zoals het doorslikken van voorwerpen die ze het leven zouden kunnen kosten.'

'Dat meent u niet!' zegt Cilka.

'Helaas wel. Ze zien een operatie als een betere optie dan werken, in elk geval voor een poosje.'

'Hoe kunt u zeker weten dat hij iets heeft ingeslikt?'

'De pijn die hij had toen hij binnen werd gebracht, was niet gespeeld. En toen we geen oorzaak konden ontdekken, gaf hij uiteindelijk toe dat hij iets had ingeslikt.'

'Zei hij ook wat?'

'Dat is het gekke – dat wilde hij niet zeggen. Hij zei dat we ernaar op zoek moesten gaan en dat we er dan vanzelf wel achter zouden komen.' Jelena produceert een wrang glimlachje.

Dit is een andere wereld, denkt Cilka. Ook een gevangenis, dat bleek wel uit zulke wanhopige acties – maar op die *andere plek* waagde niemand het om de aandacht op zichzelf te vestigen. Bij een selectie door de artsen wilde je niet opvallen. Je wilde helemaal niets met ze te maken hebben.

'Cilka, ik heb een scalpel nodig.' Jelena wijst naar een van de instrumenten op het blad. Cilka pakt het en legt het in haar uitgestoken hand.

'Leg het stevig in mijn hand, alsof je me ermee slaat. Die handschoenen zijn zo dik dat ik niet weet of ik iets vastheb of niet, tenzij je me er een tik mee geeft. Je moet alleen zorgen dat het scherpe deel naar jou toe wijst en dat het handvat in mijn hand belandt.'

Cilka kijkt gefascineerd toe terwijl Jelena vlug en handig de buik van de patiënt opensnijdt. De snee bloedt licht.

'Pak een prop watten en veeg het bloed weg; het houdt zo dadelijk vanzelf op.'

Cilka krijgt er al snel handigheid in, en veegt behendig het bloed weg zodat Jelena kan zien wat ze doet.

Instrumenten worden aangereikt, uitleg wordt gegeven door Jelena, vragen worden gesteld door Cilka, tot Jelena voorzichtig een metalen lepel uit de buik van de man haalt en die omhooghoudt.

'Ik vraag me af of de eigenaar deze mist,' zegt ze met een lachje. 'Eens kijken of hij schade heeft aangericht.'

Ze onderzoekt de maag van de man. Cilka buigt zich naar voren om het beter te kunnen zien, en de hoofden van de twee vrouwen botsen tegen elkaar.

'Het spijt me, dat had ik niet moeten –'

'Het geeft niet, ik ben blij dat je het van dichtbij wilt zien. Op die manier zul je het leren.' Zwijgend bestudeert Jelena de open holte. 'Nou, er lijkt geen schade te zijn, dus we kunnen hem weer dichtnaaien.'

Wanneer de patiënt het vertrek uit is gereden, volgt Cilka Jelena naar de wasruimte. De assistente wacht hen weer op. Ze knoopt hun schorten los, verwijdert hun maskers en handschoenen, en geeft Cilka haar shirt terug. Cilka vraagt zich af of deze vrouw ook een gevangene is.

'Zoals gebruikelijk pik je de dingen weer snel op. Wat mij betreft mag je me altijd assisteren. In feite denk ik dat we dit vaker moeten doen, zodat je er handigheid in krijgt. Wat vind jij?'

Even is Cilka wantrouwig. Ze hoopt dat Jelena dit niet alleen maar doet omdat ze medelijden met haar heeft, vanwege datgene wat ze over haar weet.

Dit is echter dankbaar en uitdagend werk. En Cilka denkt dat ze het kan. 'Ja, graag.'

'Ga maar terug en vertel Raisa en Ljoeba het nieuws. Ze kunnen vanmiddag vast wel een extra paar handen gebruiken.'

'Dank u,' zegt Cilka. Opnieuw wellen er allerlei gevoelens in haar op. Er komt geen leegte om het over te nemen – om de gevoelens te bedekken – en dus haast ze zich weg.

In de gang blijft ze even staan om zichzelf bij elkaar te rapen, en dan loopt ze de ziekenzaal in.

Ze wordt begroet door verschillende stemmen die haar vragen hoe het is gegaan.

'Goed, heel goed.' Ze kijkt naar de open gezichten van haar collega's. Vraagt zich plotseling af of zij het ook weten. 'Wat kan ik hier doen?' vraagt ze vlug. 'Ik heb nog een halve werkdag te gaan.'

'Zou je de dossiers willen doornemen en de medicijnen willen halen die nog moeten worden uitgedeeld?' zegt Raisa.

Cilka stort zich op het werk, opgelucht dat ze even nergens aan hoeft te denken.

HOOFDSTUK 17

Cilka heeft de namen van vijf patiënten genoteerd, met de medicijnen die ze nodig hebben. Ze loopt naar de apotheek. Wanneer ze er bijna is, hoort ze binnen stemmen klinken, waarvan eentje nogal luid. Voorzichtig doet ze de deur open. Joeri Petrovitsj, de vriendelijke mannelijke arts die Cilka zich nog herinnert van de vorige periode dat ze in het ziekenhuis heeft gewerkt, staat midden in de ruimte, met een mes op zijn keel. Het mes wordt vastgehouden door een man die eruitziet of hij het tegen een beer op zou kunnen nemen en het gevecht nog zou winnen ook.

De grote kerel draait zich om naar Cilka. 'Wat heb jij hier verdomme te zoeken?' schreeuwt hij tegen haar.

Ze kan geen woord uitbrengen.

'Kom binnen en doe de deur dicht.'

Ze doet wat haar wordt opgedragen en drukt haar rug tegen de gesloten deur, zodat ze zo ver mogelijk uit de buurt van de man met het mes blijft.

'Ga naast de dokter staan. Nu meteen, anders snijd ik zijn keel door.'

In drie stappen staat Cilka naast de dokter, die haar met een smekende blik aankijkt. 'Wat wil je?' vraagt ze met een bravoure die ze niet voelt.

'Ik wil dat je je bek houdt. Je hebt het verkeerde moment gekozen om hier te komen; nu moet ik ook met jou afrekenen.'

Cilka staart hem aan. Ze heeft genoeg ervaring met gewelddadige mannen om de wanhoop van deze kerel te kunnen beoordelen. Zijn bedreigingen zijn slechts een middel waarmee hij zijn doel hoopt te bereiken. 'Wat wil je?'

'Ik zei, houd je bek. Ik ben hier de enige die praat.'

'Doe wat hij zegt,' zegt de dokter nerveus.

'Verstandig advies,' zegt de grote man. 'We kunnen hier allemaal tevreden weg, zolang jij naar de beste dokter luistert en doet wat ik zeg.'

Hij drukt het mes wat harder tegen de keel van de dokter, en een klein straaltje bloed sijpelt omlaag. De man grijnst, zijn tandeloze mond onthullend. 'Geef me nu de medicijnen, dezelfde als de vorige keer.'

Cilka staart vol ongeloof naar de man, en dan naar de dokter.

'Oké, oké, maar eerst moet je het mes wegdoen,' zegt Joeri Petrovitsj nerveus.

De man kijkt van de dokter naar Cilka. In een flits verplaatst hij het mes naar Cilka's keel. 'Voor het geval je ervandoor wilde gaan,' zegt hij grijnzend.

De dokter pakt een aantal potjes met pillen van de planken. Met zijn vrije hand houdt de man een grote zak open die in zijn jas is genaaid, en de dokter laat de potjes erin vallen.

'Ga door. Aan de andere kant zit nog zo'n zak.'

De dokter stopt ook de andere zak vol met medicijnen.

'Dat is alles. Als ik je er nog meer geef, houden we niets meer over voor de patiënten.'

'Wat kunnen die patiënten mij schelen! Wanneer komt de volgende levering?'

'Dat weet ik niet..'

'Verkeerde antwoord.' De man drukt het mes wat harder tegen Cilka's keel. Ze hapt naar adem.

'Doe haar geen pijn! Over twee weken, de volgende levering is pas over twee weken.'

'Nou, dan zie ik je over twee weken weer.'

De man laat Cilka gaan, maar hij blijft het mes dreigend omhooghouden. Hij neemt haar van top tot teen op. 'En misschien zie ik jou dan ook wel weer. Je bevalt me wel.'

'Als je slim bent, maak je dat je wegkomt, voordat iemand me komt zoeken,' zegt Cilka dapper.

'Ja, je hebt gelijk.' De grote man wijst met het mes naar de dokter. 'Hij weet hoe het werkt – blijf hier tot je zeker weet dat ik het gebouw uit ben.'

Cilka en de dokter kijken toe terwijl de grote man zijn mes in zijn jas schuift, rustig de deur opendoet en hem zachtjes achter zich dichttrekt. Cilka draait zich vlug naar de dokter toe. 'Wie is die vent? We moeten de bewakers waarschuwen, zorgen dat iemand hem tegenhoudt.' Ze wil eraan toevoegen: 'Hoe haalt u het in uw hoofd om hem zomaar medicijnen te geven?' Maar dat kan ze hem moeilijk vragen – ze heeft immers zelf ook pillen gestolen om zichzelf te beschermen.

'Wacht even, Cilka.' De dokter ademt diep in. 'Die man is een van de criminele hulpjes. Hij heeft veel macht in het kamp, en een heleboel sterke vrienden. Ze hebben me een paar maanden geleden klemgezet toen ik hier 's avonds vertrok, en ze dreigden me te vermoorden als ik ze niet regelmatig van medicijnen zou voorzien.'

Mogelijk haalt Hannah hier nu haar pillen vandaan, denkt Cilka. Van dit netwerk.

'Waarom heeft u het niet –'

'Aan iemand verteld? Aan wie? Wie denk je dat hier de baas is? Dat zijn niet de bewakers, Cilka, die zijn in de minderheid. Dat zou je onderhand moeten weten. Het zijn de hulpjes, en zolang het werk maar wordt gedaan en de gevechten en de moorden zoveel mogelijk binnen de perken blijven, zal niemand proberen om ze tegen te houden.'

Cilka voelt zich dom. Hoe is het mogelijk dat ze hier al zo lang is zonder dat ze zich heeft gerealiseerd hoeveel macht de hulpjes hebben? Maar of je zoiets te weten komt, is vooral een kwestie van toeval – het hangt ervan af waar je bent en wat je opvangt, wat je ontdekt. Het is beter om je niet te dicht bij de macht te bevinden, om niet te veel te weten.

Geschokt bedenkt ze wat dit voor de patiënten betekent – al die medicijnen die verloren gaan. 'Ik kan er nauwelijks bij dat ze hier gewoon binnen kunnen lopen en eisen dat u ze geeft wat ze hebben willen.'

'Ik vrees van wel,' zegt de dokter met een zucht. De kleur keert langzaam terug in zijn gezicht. 'Ze deden het bij mijn voorganger, en ik ben gewoon de volgende die ze kunnen bedreigen en intimideren. En als ik niet meewerk, dan vermoorden ze me, daar twijfel ik niet aan.'

'Dan zal ik –'

'Vergeet het maar. Je mag niets zeggen, hoor je me? Geen woord. Doe je dat wel, dan vertel je het niet na.' Ze weten dat ik niets zal zeggen, en als die rotzak van daarnet wordt opgepakt, dan zullen ze weten dat jij degene bent die heeft gepraat, en dan maken ze korte metten met je.'

Cilka knikt. Voorlopig zal ze niets zeggen, maar ze moet hierover nadenken.

'Beloof me dat je niets zult –'

'Daar ben je!' Raisa verschijnt in de deuropening. 'Ik vroeg me af waar je zo lang bleef.' Ze kijkt naar de dokter met zijn bleke gezicht. 'Stoor ik jullie?'

'Nee, nee,' verzekeren Cilka en de dokter haar in koor.

'Sorry, Raisa, ik had Cilka niet van haar werk moeten houden. Ze hielp me gewoon.'

'Kun je de medicijnen naar de patiënten brengen, Cilka? Ze vragen erom.'

Cilka kijkt naar het verfrommelde papiertje in haar hand; ze was vergeten wat ze hier kwam doen. Ze strijkt het briefje glad en probeert te lezen wat ze nodig heeft. Vlug zoekt ze de medicijnen bij elkaar en verlaat de apotheek, de dokter en een stomverbaasde Raisa achterlatend.

Wanneer Cilka de eerste patiënt zijn medicijnen geeft, komt Raisa naast haar staan en fluistert: 'Gaat het wel? Probeerde hij iets bij je?'

'Wat? Nee, nee, helemaal niet. Niets aan de hand.'

'Oké. Maar als er iets is wat ik moet weten, vertel je het me dan?'

'Dat zal ik doen.'

Wanneer Raisa wegloopt, roept Cilka: 'Raisa, heb jij een minuut of vijf geleden een grote, lelijke kerel de ziekenzaal zien verlaten?'

'Ik zie de hele dag niets anders dan grote, lelijke kerels die de ziekenzaal verlaten. Gaat het om iemand in het bijzonder?'

'Nee, niet echt. Bedankt voor je bezorgdheid.'

Aan het eind van haar dienst stapt Cilka naar buiten en kijkt naar de hemel. Helder, strakblauw, een stralende zon. De witte nachten zijn teruggekeerd.

'Jij,' zegt een ruwe stem achter haar.

Ze draait zich om en ziet zes of zeven potige kerels staan. Ze komen een stap dichterbij.

'Een veilige avond gewenst,' zegt een van hen.

'Dank je,' antwoordt ze uitdagend.

'Tot morgen, zelfde tijd,' zegt de man.

Dan ziet ze de grote, lelijke bruut die eerder die middag een mes op haar keel heeft gedrukt. Hij staat achteraan, maar hij maakt zich los uit het groepje en doet een paar stappen naar voren. Grijnzend haalt hij het mes uit zijn jas en werpt het van de ene hand naar de andere.

Cilka loopt langzaam weg, zonder om te kijken.

HOOFDSTUK 18

'Je hebt het beloofd, Cilka, zorg alsjeblieft dat het gebeurt,' smeekt Elena wanneer ze op een zondagavond door het kamp slenteren, gebruikmakend van deze kans om te genieten van de zonnestralen die tussen de wolken door schijnen.

'Ik weet het,' zegt Cilka. Zelf wil ze Josie ook dolgraag zien, maar ze heeft nog niet bedacht wat ze moet doen met de hulpjes die haar in de gaten houden. Ze weet niet of ze het risico loopt dat de mannen ook anderen gaan bedreigen, vrouwen die ze met haar zien omgaan. Wel heeft ze inmiddels ontdekt dat ze alleen verschijnen wanneer ze uit haar werk komt. Bij hut 29 ziet ze ze nooit. 'Morgen ga ik naar de kinderafdeling en dan laat ik een bericht achter voor Josie, om haar te laten weten dat jullie Natia graag willen zien.'

Hoewel Olga op de kraamafdeling werkt, heeft haar pad dat van Josie nog niet gekruist – ze heeft alleen de kleine Natia gezien toen ze een moeder en haar kindje naar de kinderafdeling bracht. Kennelijk is Josie elke dag pas laat klaar met haar werk in het administratiegebouw.

'Sorry dat ik er steeds over doorga,' zegt Elena. 'Je lijkt al een poosje ergens over te tobben, en… nou ja, ik en de anderen zijn bezorgd om je. En misschien helpt het je om Josie en Natia te zien.'

De laatste tijd gaat Cilka 's avonds direct na het uitvoeren van haar taken naar bed. Ze spreekt weinig met de anderen, uit angst dat ze hen in gevaar zal brengen. Het zijn echter niet alleen de hulpjes die haar zorgen baren. Het is ook de gedachte dat sommige van de vrouwen misschien al weten wat er op die *andere plek* is gebeurd, net als de dokter. En ze weten dat ze Joods is, en dat ze nooit over haar arrestatie praat. Door de zorgen duiken er beelden op die ze diep heeft weggestopt, en dat maakt dat ze zich leeg voelt en zich afstandelijker gedraagt.

'Praten jullie over mij?'

'Er wordt over ons allemaal gepraat, achter onze rug natuurlijk.' Elena glimlacht. 'Er zit je iets dwars. Je hoeft het ons niet te vertellen als je dat niet wilt, maar misschien kunnen we je helpen. Je weet maar nooit.'

'Dat is heel aardig van je, Elena, maar het gaat prima met me.' Ze probeert de scherpte uit haar toon te weren. 'Ik beloof dat ik morgen een bericht voor Josie zal achterlaten. Ik wil haar en de baby ook zien.'

Een paar andere vrouwen uit hut 29 komen naar hen toe, en Elena vertelt opgewonden dat ze Josie en Natia de volgende zondag zullen zien. Cilka moet haar enthousiasme helaas temperen. Ze zal een bericht achterlaten voor Josie, maar ze weet niet of en wanneer er een ontmoeting kan worden geregeld. Het is duidelijk dat Josie niet meedoet aan de wandelingetjes over het terrein op de zomerse zondagavonden. Cilka weet niet of ze hier zelf voor kiest – omdat ze zichzelf en haar kind tegen Vadim of onbekenden wil beschermen – of dat ze zich aan bepaalde regels moet houden. Maar voorlopig is het genoeg voor de vrouwen dat de kans bestaat dat ze de kleine Natia eindelijk zullen zien.

Anastasia komt naar Cilka toe. 'Vertel eens wat meer over Josie. Wat maakt haar zo speciaal?'

De zon schuift tussen de wolken door en werpt schaduwen over Anastasia's jonge trekken.

'Niemand heeft gezegd dat ze speciaal is.'

'Kijk naar hen, kijk eens hoe blij ze zijn bij het idee dat ze haar zullen zien.'

Cilka denkt daar even over na. 'Toen we hier kwamen, hebben we veel samen meegemaakt. Josie was de jongste van ons, en ik denk dat we ons allemaal een beetje verantwoordelijk voor haar voelden. Toen raakte ze in verwachting. Daar had ze het moeilijk mee, en we hebben haar met zijn allen door de zwangerschap heen geholpen. Dat is alles. Je begrijpt wel dat ze haar nu graag met haar kindje willen zien – voor hun gevoel hoort de baby ook een beetje bij ons. Ze hebben kleertjes voor haar genaaid, en er zitten ook moeders bij die hun eigen kinderen hebben achtergelaten, dus ze kunnen niet wachten om de kleine Natia te ontmoeten.'

'Ik snap het.' Anastasia knikt. 'Ik verheug me erop om haar te zien.'

Ze lopen een poosje in stilte verder.

'De man die jouw bed 's avonds soms bezoekt,' zegt Anastasia, 'houd je van hem?'

De vraag overvalt Cilka. 'Wat?'

'Houd je van hem?'

'Waarom vraag je dat? Houd jij van de mannen die je misbruiken?'

'Dat is anders.'

'Op welke manier?'

'Ik hoorde die man tegen je praten. Hij is verliefd op je. Ik vroeg me gewoon af of dat wederzijds was. Je zei niet dezelfde dingen tegen hem.'

Cilka trekt Anastasia naar zich toe. 'Vraag me dat niet nog eens,' bijt ze haar toe. 'Mijn zaken gaan jou niets aan. Je bent jong, en je moet nog een hoop leren over deze plek en jouw positie hier. Begrijp je dat?'

Anastasia kijkt geschokt. 'Je hoeft niet boos op me te worden. Ik stelde gewoon een vraag.'

'Ik ben niet boos,' zegt Cilka. Maar ze weet dat ze zich gedraagt zoals ze in het verleden ook deed. Verontwaardiging borrelt in haar op, breekt door het gevoelloze oppervlak. 'Ik wil dat je weet waar mijn grenzen liggen. Ik zal alles doen wat ik kan om je te helpen, maar je moet je niet met mijn zaken bemoeien.'

'Het spijt me, oké? Sorry dat ik iets heb gezegd.' Anastasia loopt bij haar vandaan. 'Ik dacht alleen, als jij ook van hem houdt, zou dat heel fijn zijn.'

Cilka is van slag door Anastasia's vragen. Ze weet dat Boris andere gevoelens voor haar heeft dan zij voor hem. Ze heeft hun regeling nooit als iets anders gezien dan een afspraak waarbij zij hem troost en hem haar lichaam biedt. Een zakelijke transactie. Liefde! Ze is gesteld op de vrouwen in haar hut, en op Jelena, Raisa en Ljoeba. Ze geeft om hen, ze zou alles voor hen doen. Wanneer ze deze emoties met Boris probeert te verbinden, loopt ze vast. Als hij morgen verdween, zou ze hem dan missen? Nee. Als hij haar vroeg om iets te doen waardoor ze in de problemen kon komen, zou ze dat dan doen? Zelfde antwoord. Wat hij haar biedt, is bescherming tegen groepsverkrachting. Ze weet wat het betekent om het eigendom van een machtige man te zijn, welke bescherming dat biedt, hoewel ze nooit enige keus in de kwestie heeft gehad. Nee, aan liefde kan ze niet denken.

'Hé, jij daar, verpleegster.'

Ze kijkt naar rechts, waar de stem vandaan kwam. Hadden ze het tegen haar?

'Geniet je van je wandelingetje?'

Ze verstijft. Instinctief duwt ze Anastasia weg, zodat het meisje niet betrokken raakt bij het gevaar dat ze direct voelt dreigen. De griezel die een mes tegen haar keel heeft gehouden, staat nog geen twee meter verderop, omringd door zijn makkers, die allemaal een brede grijns op hun gezicht hebben. Sommigen van hen gluren wellustig naar de twee meisjes. De man haalt zijn mes uit zijn zak en zwaait ermee naar Cilka.

'Ik ga terug naar de hut,' zegt ze kortaf tegen Anastasia. 'Haal de anderen en kom daar ook naartoe.'

'Maar –'

'Vooruit, Anastasia. Stel geen vragen.'

Langzaam loopt Anastasia weg, in de richting van de andere vrouwen. De hut valt onder de bevoegdheid van Boris en de hulpjes die 'hun' vrouwen beschermen, dus Cilka denkt dat ze daar veilig zullen zijn.

'Wat willen jullie?' vraagt ze, in de hoop hen lang genoeg af te leiden om de andere vrouwen de kans te geven om weg te komen.

'We zagen je lopen, en we wilden je gedag zeggen,' zegt de man met het mes grijnzend.

Cilka stelt nog meer vragen, om tijd te rekken. Het valt haar op dat Vadim hen van een afstandje gadeslaat. 'Ik vorm geen bedreiging voor jullie… zaken,' zegt ze ten slotte, en na die woorden draait ze zich om en loopt weg. De haartjes in haar nek staan overeind van angst. Het zou zo makkelijk zijn voor de man met het mes om haar aan te vallen.

Terug in de hut laat ze zich op haar matras vallen en kijkt naar het bed naast haar, waar Anastasia ligt te slapen, het meisje dat zojuist vanwege haar gevaar had gelopen, het meisje dat haar naar de liefde had gevraagd. Een kind nog, zestien maar, de leeftijd die Cilka had toen ze op die *andere plek* terecht was gekomen. Was ze daarom zo van slag? Was zij op die leeftijd net zo naïef geweest als Anastasia? Had zij in mogelijkheden als liefde geloofd? Ja, dat had ze.

Auschwitz-Birkenau, 1944

Cilka kijkt toe terwijl honderden naakte vrouwen langs haar heen lopen. Er ligt een sneeuwlaag van een centimeter of tien op de grond, en de sneeuwvlokken blijven vallen, voortgeblazen door de ijzige wind. Ze zet de kraag van haar jas overeind om haar mond en haar neus af te schermen, en trekt haar muts zo ver mogelijk omlaag. De vrouwen worden naar een onbekende bestemming gedreven, met als enige zekerheid dat ze zullen sterven. Cilka staat als aan de grond genageld, ze kan zich niet verroeren. Het is alsof ze getuige moet zijn van de gruwelen – misschien zal ze deze hel op aarde overleven en zal zij degene zijn die zal vertellen wat er is gebeurd, aan wie er dan ook wil luisteren.

Aan beide zijden van de lange rijen vrouwen loopt een handjevol ss-bewakers. Andere gevangenen haasten zich weg, wenden hun blik af. Het is te veel om te bevatten, te veel leed.

Wanneer de laatste bewaker Cilka is gepasseerd, ziet ze de commandant van Auschwitz, Anton Taube, achter hem lopen, met zijn zweep tegen zijn laars tikkend. Taube is Schwarzhubers baas. Ze herkent hem. Hij ziet haar. Voordat ze zich kan omdraaien en ervandoor kan gaan, heeft hij haar bij de arm gegrepen en dwingt hij haar om met hem mee te lopen. Ze durft niets te zeggen of te proberen zich los te trekken. Taube is de meest gehate en gevreesde van alle hoge officieren, nog meer zelfs dan Schwarzhuber. Hij heeft haar al bezocht in haar kamer. Hij heeft haar al laten weten dat ook hij zal komen wanneer het hem uitkomt. Ze lopen door het hek van Birkenau naar een omheind veldje langs de weg dat Auschwitz en Birkenau van elkaar scheidt.

De vrouwen krijgen het bevel om een rechte lijn te vormen en worden door de bewakers op hun plek geduwd tot ze schouder aan schouder staan, huiverend, ijskoud, huilend. Cilka staat naast Taube en staart naar de grond.

'Loop met me mee,' draagt Taube haar op.

Bij de eerste vrouw blijven ze staan. Met het puntje van zijn zweep tilt Taube haar ene borst op. Wanneer hij de zweep weghaalt, zakt de borst slap omlaag. Taube gebaart naar de bewaker die voor hem loopt dat de vrouw een stap naar achteren moet zetten, uit de rij. Cilka kijkt toe terwijl de volgende twee vrouwen, die ook slappe borsten hebben, hetzelfde lot ondergaan als de eerste. Bij de vierde vrouw wipt de borst weer omhoog, en zij mag blijven staan.

Taube bepaalt of de vrouwen zullen leven of sterven, afhankelijk van de stevigheid van hun borsten.

Cilka heeft genoeg gezien. Strompelend loopt ze mee met Taube, zonder haar blik van de grond af te wenden, weigerend om te kijken welke vrouwen mogen blijven staan en welke een stap naar achteren moeten doen.

Ze wendt zich af en geeft hevig over, het smetteloze wit van de sneeuw bespattend met haar ochtendkoffie en brood.

Taube lacht.

Blindelings laat Cilka zich door een bewaker bij de arm grijpen en half terugsleuren naar haar blok.

'Neem maar pauze,' zegt Raisa de volgende dag tegen Cilka. 'Ga zitten en eet iets; er is een heleboel over, veel patiënten zijn vandaag te ziek om te eten.'

'Is het goed als ik even naar de kinderafdeling ga? Ik wil baby Natia graag zien en een bericht achterlaten voor Josie.'

Raisa denkt even na. 'Goed, maar niet te lang.'

Cilka heeft haar bezoek opzettelijk zo gepland dat ze de hulpjes ontloopt. Wanneer ze bij de kinderafdeling is, blijft ze bij de deur staan en kijkt toe terwijl Natia op haar buik over de grond schuift, op haar handjes en knietjes gaat zitten en probeert te kruipen. Tevergeefs; ze ploft op haar buikje alsof een grote hand haar omlaag heeft geduwd. Cilka wuift naar de verzorgsters en wijst naar Natia. Ze knikken bij wijze van toestemming.

Cilka gaat een klein stukje bij de baby vandaan op de grond zitten en moedigt het meisje aan om naar haar toe te komen. Met een enorme inspanning gaat het meisje weer op handen en knieën zitten. Wiebelig verplaatst ze eerst een handje, en dan het been aan de andere kant. Ze kirt enthousiast als het lukt. Cilka moedigt haar verder aan. De volgende hand wordt een stukje naar voren geschoven, een knietje gaat naar voren, één, twee, drie gigantische bewegingen voor zo'n klein meisje, en dan tilt Cilka haar op en klemt haar zo stevig tegen zich aan dat ze friemelt om losgelaten te worden.

'Nou, daar is vanaf nu geen houden meer aan. Wat heb je nu gedaan, nog eentje erbij waar we achteraan moeten rennen,' zegt de verpleegster, die zich eerder aan Cilka heeft voorgesteld als Bella Armenova.

Cilka weet niet of Bella echt geïrriteerd is of dat ze een grapje maakt. Ze begint zich te verontschuldigen.

Bella wuift haar excuses weg. 'Het zou vroeg of laat toch zijn gebeurd. Ik ben blij dat iemand die haar kent erbij was om haar voor het eerst te zien kruipen.'

'Het was heel bijzonder, hè?'

'We zeggen niet tegen Josie wat Natia vandaag heeft gedaan, en ik durf te wedden dat ze ons morgenochtend, wanneer ze haar komt brengen, enthousiast vertelt dat ze de vorige avond voor het eerst heeft gekropen.'

'Dat is aardig van je,' zegt Cilka. 'Zou je Josie misschien een bericht van mij door willen geven?'

'Als ik haar zie, ja, natuurlijk.'

'Wil je tegen haar zeggen dat haar vriendinnen haar en de kleine Natia graag zouden zien, als het kan deze zondagavond, als de lichten uit zijn?'

'In deze tijd van het jaar maakt het niet uit of de lichten uit zijn, maar ik snap wat je bedoelt. Waar wil je met haar afspreken?'

Cilka wil niet dat Josie te ver van de veilige kinderafdeling afdwaalt.

Als groep, met Cilka verstopt in hun midden, zouden de vrouwen uit de hut zich wel moeten redden.

'We wachten op haar tussen de kraamafdeling en de kinderafdeling.'

Anastasia blijft op een afstandje staan terwijl haar hutgenoten Josie en het kleine kindje snikkend in hun armen sluiten. Al die aandacht is te veel voor Natia, die luidkeels laat blijken dat ze de opdringerige vreemden maar eng vindt. Josie keert de vrouwen haar rug toe en wiegt Natia zachtjes heen en weer, onder het mompelen van geruststellende woordjes.

'Een of twee tegelijk lijkt me beter,' zegt ze en ze draait zich glimlachend om. 'Ze kent jullie niet, maar ik wil wel graag dat ze jullie leert kennen. Ik wil dat ze de mensen kent aan wie ze haar bestaan te danken heeft.'

Elena komt naar voren. 'Mag ik haar als eerste vasthouden?'

Josie raakt Elena's gezicht zachtjes aan, zodat Natia kan zien dat ze haar kan vertrouwen. Dan overhandigt ze haar dochter. Elena houdt Natia iets bij haar lichaam vandaan, een tikje onzeker. Wanneer ze voelt dat Natia ontspant, drukt ze de baby tegen haar borst. De vrouwen ontdekken dat Natia zich met alle plezier door de andere vrouwen laat vasthouden en knuffelen, zolang ze haar moeder maar kan zien.

Cilka slaat het van een afstandje gade en geniet van het zeldzame, hartverwarmende tafereel. Ze kan zich niet herinneren wanneer ze de vrouwen voor het laatst heeft zien lachen en huilen van ontroering. Ze verwondert zich erover dat zoiets kleins zoveel verschil kan maken. Maar op een plek als deze moet je elk piepklein moment koesteren dat je afleidt van de onophoudelijke gruwelen, van de gedachte aan de lange jaren die nog komen gaan. Eigenlijk is het jammer dat Hannah niet is meegegaan. Zij is op haar bed geploft en in een diepe slaap gevallen.

Wanneer iedereen behalve de aarzelende Anastasia Natia heeft vastgehouden, stapt Cilka zelf naar voren. Natia ziet haar en steekt meteen haar mollige armpjes naar haar uit. De andere mopperen goedgehumeurd. Cilka loopt met Natia naar Anastasia. Nu ze bij Cilka is, vindt Natia het niet erg dat ze haar moeder niet meer kan zien.

Cilka stelt Natia voor aan Anastasia. Het kleine meisje kijkt verward naar Anastasia, die geen enkele poging doet om haar aan te raken. Natia steekt haar handje uit en trekt aan Anastasia's groeiende haar, dat onder haar muts uit piept. Ze giechelen allebei. Anastasia slaat het aanbod af om het meisje vast te houden; het is genoeg voor haar om naar haar te kijken.

De anderen komen om hen heen staan, en Josie zegt plagend dat ze Natia nu hebben verwend en dat ze die avond waarschijnlijk weigert te gaan slapen. Met tegenzin geven ze het kleine meisje terug aan haar moeder en nemen ze afscheid, met de belofte over een week terug te komen. Zelfde plek.

Langzaam drentelen de vrouwen terug naar de hut, kletsend over de avond. De borduursters overleggen welke maat jurkjes ze moeten gaan maken nu ze Natia hebben gezien. Ze zijn het er allemaal over eens dat ze de mooiste baby is die ze ooit hebben gezien. Natia heeft het effect gehad van de zon die tussen donkere wolken door schijnt. Niemand zegt iets over de onzekere toekomst die Natia en Josie wacht, of de wrede omgeving waarin Natia ter wereld is gekomen. Dat is een gesprek dat niemand wil voeren.

Ze zien Josie en Natia een tweede keer, en een derde. Bij de derde keer neemt Cilka Josie apart en vraagt haar of ze tijdens haar werk in het administratiegebouw weleens een man heeft ontmoet die Aleksandr heet.

'De Tsjech?' vraagt Josie.

'Ja, hij werkt als boodschapper,' zegt Cilka. 'Dat deed hij tenminste.'

'We werken niet echt samen, maar ik zie hem weleens. Hij is erg vriendelijk,' vertelt Josie. 'En dat is zeldzaam hier in het kamp.'

'Inderdaad,' zegt Cilka. 'Daarom is hij me denk ik ook bijgebleven.'

Josie bestudeert Cilka's gezicht. 'Ik kan een praatje met hem aanknopen, als je wilt.'

'O, nee…' zegt Cilka. 'Ik vroeg me gewoon af of hij er nog was. Ik heb hem al een poosje niet gezien.'

Josie knikt. Cilka ziet dat ze nog iets wil zeggen, maar ze draait zich om en roept naar de kleine Natia, die haar armpjes naar haar uitsteekt.

Een vierde bezoek komt er niet van, want de herfst begint dit jaar vroeg; het wordt plotseling kouder, en de regen en de hagel weerhouden iedereen ervan om zich na het werk nog naar buiten te wagen. De hulpjes zoeken Cilka niet meer dagelijks op. Misschien denken ze dat ze de boodschap heeft begrepen, of hebben ze iemand anders gevonden om te intimideren. Evenzogoed blijven de medicijnen verdwijnen, en Joeri Petrovitsj maakt voortdurend een nerveuze indruk. Cilka voelt zich onrustig, alsof duisternis en kou haar samen met het weer insluiten.

HOOFDSTUK 19

De dagen volgen elkaar op. Het enige wat er in Cilka's leven verandert, zijn de patiënten in de bedden. De zwaarmoedigheid van alweer een winter op zeventig kilometer van de poolcirkel daalt over haar neer. Ze vindt het vreselijk om op te staan in het donker. Vaak slaat ze het ontbijt in de eetzaal over. 's Avonds doet ze niet meer mee aan de gesprekken. Ze maakt geen deel meer uit van de groep vrouwen die zich rond de kachel verzamelen, hete thee drinken en verhalen en klachten uitwisselen. Dag na dag vertrekken de vrouwen naar verschillende delen van het kamp om te werken. Er zijn inmiddels meer vrouwen die in staat zijn om de anderen te helpen, en dus is de druk op Cilka minder groot – ze is niet langer de enige die extra rantsoenen mee kan brengen. Ze weet echter niet of ze het wel zo prettig vindt dat de vrouwen haar nu minder hard nodig hebben.

Haar bed wordt haar toevluchtsoord, en ze ligt steevast met haar gezicht naar de muur gekeerd.

Op het werk merken Raisa en Ljoeba de verandering in haar op, en ze vragen haar of er iets mis is. Kunnen ze haar misschien ergens mee helpen? Met een geforceerd glimlachje antwoordt ze dat het goed met haar gaat, dat er niets aan de hand is. Wat kan ze anders zeggen? Ze begrijpt zelf niet eens hoe ze zich voelt, laat staan dat ze het aan iemand anders kan uitleggen.

Voor het eerst in vele jaren dreigt ze te bezwijken onder de gruwelijkheid van de dingen waar ze getuige van is geweest, en de dingen die ze zelf heeft gedaan – of heeft nagelaten. De dingen die ze niet langer heeft en de dingen waar ze nooit naar kan verlangen. Het voelt als een lawine – het lijkt niet langer mogelijk om het van zich af te houden. Ze begrijpt niet hoe het haar eerder is gelukt om overeind te blijven, maar ze vermoedt dat dit gebeurt omdat ze hardop tegen Jelena heeft uitgesproken dat ze die *andere plek* heeft overleefd. Bovendien denkt ze voortdurend aan Josie. Elke dag die verstrijkt, brengt Josie dichter bij het afscheid van haar dochter.

Ze dacht dat ze door haar werk in het ziekenhuis aan deze wanhoop was ontsnapt, door het zorgen voor de vele zieken en gewonden. Nu beseft ze dat het haar altijd in zal halen. Zwaarmoedigheid heeft haar in zijn greep. Waarom zou ze nog verder gaan?

'Wil jij de middagmedicatie halen?' vraagt Raisa haar op een dag, in een poging Cilka uit haar melancholie te wekken. Zonder iets te zeggen, sjokt Cilka naar de apotheek en doet de deur achter zich dicht.

Lange tijd staart ze gedesoriënteerd naar de medicijnen op de planken. Ze pakt een flesje met pillen, maar het cyrillische schrift op het etiket zwemt voor haar ogen. Als ze ze allemaal in zou nemen, zou de leegte terugkeren. Ze schudt het flesje leeg in haar hand. Laat de pillen heen en weer rollen.

Dan doet ze de pillen weer terug in het flesje, maar ze trilt zo hevig dat er een paar op de grond vallen. Ze gaat op haar knieën zitten en begint ze op te rapen. Tot haar schrik gaat de deur open.

'Cilka, ik was naar je op zoek,' zegt Jelena, terwijl ze haar hoofd om de deur steekt. 'Heb je iets laten vallen?'

'Ja,' zegt Cilka zonder op te kijken. 'Ik kom zo.'

Als het trillen wat is afgenomen, brengt Cilka de medicijnen naar Raisa en zoekt dan Jelena op. De dokter neemt haar nauwlettend op, alsof ze kan raden wat er in de apotheek door Cilka's gedachten speelde – haar flirt met de dood, vergetelheid, bevrijding van de pijn en het verlies en het schuldgevoel en de schaamte. En toen de stap naar achteren, weg van het ravijn.

'Ben je klaar voor een nieuwe uitdaging?' vraagt Jelena haar.

'Niet echt,' antwoordt Cilka.

'Volgens mij wel,' zegt Jelena langzaam, terwijl ze haar peinzend blijft opnemen. 'Je kunt het in elk geval proberen. Als het je niet bevalt, dan kunnen we er altijd weer mee stoppen.'

'Opent het ziekenhuis een nieuwe afdeling?'

'Nee, geen afdeling. We zoeken een nieuwe verpleegster voor de ambulance. Wat vind je ervan?'

'Ik heb gezien wat voor patiënten de ambulance binnenbrengt. Hoe kan ik hen helpen? Ik heb u en Raisa en Ljoeba nodig om me te vertellen wat ik moet doen.'

'Nee, dat heb je niet, Cilka. Niet meer. Ik denk dat je je heel nuttig zult kunnen maken bij ongelukken. Ze hebben iemand nodig die vlug kan denken en handelen. Iemand die zorgt dat de patiënt zo snel mogelijk naar het ziekenhuis wordt gebracht, waar wij het over kunnen nemen. Wil je het in elk geval proberen?'

Ach, denkt Cilka. Wat heb ik te verliezen? 'Goed, ik zal het proberen.'

'En vergeet niet, Cilka, dat ik er voor je ben. Als je wilt praten, laat het me dan weten.'

Cilka wordt een beetje duizelig. Soms oefent ze de woorden in haar hoofd. Maar kan ze ze naar buiten laten? 'Ik moet weer aan het werk.'

'En aan het eind van je dienst?' dringt Jelena aan. 'Ik zal zorgen dat je iets te eten krijgt, mocht je je maaltijd mislopen.'

Cilka is bang om het uit te spreken, om het naar buiten te laten. Maar erover praten is iets wat ze nog niet heeft geprobeerd. Ze voelt een sprankje hoop, dat eeuwenoude overlevingsmechanisme. Misschien moet ze het doen. Ze knikt, nauwelijks waarneembaar. 'Maar niet hier. Ik wil niet dat de mensen met wie we werken, ons zien praten.'

'Ik vind wel een lege kamer voor ons.'

Op dat moment wordt er een nieuwe patiënt binnengebracht. Bloed sijpelt door het verband dat om zijn blote borst is gewikkeld. Hij kreunt zachtjes, het diepe, gepijnigde geluid dat Cilka is gaan herkennen als afkomstig van iemand die nauwelijks bij bewustzijn is en het niet kan uitschreeuwen van de pijn. Ze is blij met de afleiding.

'Hebben jullie hulp nodig?' roept ze naar de mannen die de patiënt van de brancard op een bed tillen.

'Hij gaat het niet halen,' roept een van hen terug.

Cilka loopt naar het bed en pakt het dossier van de man, dat op zijn benen ligt. Ze leest de korte aantekeningen. Meerdere steekwonden in de borst en buik, extreem bloedverlies. Geen actieve behandeling.

Een hand grijpt naar haar schort. Krachtig, doelbewust, trekt de man haar naar het hoofdeinde van het bed en kijkt haar smekend aan. Zijn met bloed besmeurde mond hapt naar adem.

'Help.' Een zwakke fluistering.

Cilka pakt zijn hand en kijkt naar zijn gezicht. Dan herkent ze hem pas – het is de kerel die haar en de dokter in de apotheek heeft bedreigd, die haar is gevolgd, die haar heeft gekweld.

'Jij,' zegt hij.

'Ja, ik.'

'De medicijnen…'

Cilka leest de spijt op zijn gezicht. 'Deze plek laat je zulke dingen doen,' zegt ze.

De man weet er een knikje uit te persen, knijpt in haar hand.

Cilka houdt de hand van de man vast tot ze de kracht eruit voelt wegvloeien. Ze legt de hand op het bed en sluit zijn ogen. Ze weet niet wat hij in zijn leven heeft gedaan, of hier in het kamp, maar hij zal niemand meer kwaad doen, en ze vindt dat hij wel een gedachte waard is. Een gebed.

Ze pakt zijn dossier en noteert het tijdstip van overlijden. Dan brengt ze het dossier naar het bureau en vraagt Raisa of zij weet wat er is gebeurd met de man wiens dood ze zojuist heeft vastgelegd.

'Hij was de verliezer in een gevecht. De criminele vertrouwelingen willen altijd de baas zijn, en soms loopt dat verkeerd af.'

Aan het eind van de dag kijkt Cilka zoekend om zich heen, maar ze ziet Jelena nergens. Ze haalt haar jas en verlaat de ziekenzaal, zonder aan zichzelf te willen toegeven dat ze opgelucht is dat ze niet met Jelena hoeft te praten. Wanneer ze de wachtruimte binnenstapt, ziet ze Jelena echter staan. De dokter gebaart dat Cilka haar moet volgen naar een kleine kamer die aan de ziekenzaal grenst.

De kamer is nauwelijks gemeubileerd, er staat alleen een bureau met twee stoelen. Jelena zet de stoelen tegenover elkaar en wacht tot Cilka begint te praten.

Om tijd te rekken vouwt Cilka zorgvuldig haar jas op en legt hem netjes op de vloer naast zich. Dan kijkt ze op en ontmoet Jelena's blik. 'Ik was inderdaad pas zestien toen ik naar die plek ging. Maar ik ben snel volwassen geworden.'

Jelena zegt niets.

'Ze zeiden dat we voor ze moesten werken.'

Jelena knikt.

'De Duitsers, de nazi's. Ik stond dagenlang in een veewagon, ik plaste op de grond, werd half verdrukt door de mensen om me heen.'

'En de trein bracht je naar een kamp dat Auschwitz heette.'

'Ja,' zegt ze zacht. 'En mijn zus ook.'

'Hoelang ben je daar geweest?'

'Drie jaar.'

'Maar dat is –'

'Ongebruikelijk lang, ja. Drie jaar woonde ik in de hel – een bodemloze put van ellende. Hoewel ik hier nu net zo lang ben.'

'Vertel me over het nummer op je arm.'

'Dat was onze kennismaking met Auschwitz. Ze pakten me mijn tas met bezittingen af. Ze pakten me mijn kleren af. Ze pakten me mijn jeugd af, mijn identiteit, en toen pakten ze mijn naam af en gaven ze me een nummer.'

'Hoe… Hoe heb je het…'

'Overleefd?' Cilka begint te trillen. 'Hoe heb ik een plek overleefd die maar één doel had, namelijk ons te vernietigen? Ik weet niet of ik u dat kan vertellen.' Ze slaat haar armen om haar bovenlichaam.

'Cilka, het geeft niet. Je hoeft me niets te vertellen wat je niet kwijt wilt.'

'Dank u, Jelena Georgiëvna,' zegt ze en dan dwingt ze zichzelf om iets te vragen. 'Weet u waarom ik hier ben?'

'Nee. Dat weet ik niet. Dat weet ik van niemand, en ik vraag er ook niet naar. Het spijt me als ik daardoor een lafaard lijk.'

Cilka schraapt haar keel. 'Ik ben hier omdat ik naar bed ging met de vijand. Tenminste, daarvoor ben ik veroordeeld. Ik had geen keus. Hij – zij – kwamen naar mijn bed en dan…'

'Werd je verkracht?'

'Is het verkrachting als je je niet verzet, als je geen nee zegt?'

'Wilde je dat ze seks met je hadden?'

'Nee, nee, natuurlijk niet.'

'Dan is het verkrachting. Ik neem aan dat deze mannen een vorm van macht over je hadden?'

Cilka lacht. Ze staat op en loopt door de kamer. 'Het waren hogere officieren.'

'Ik begrijp het. En dit gebeurde in Auschwitz?'

'Ja en nee. Vlak bij Auschwitz lag nog een ander kamp, dat bij Auschwitz hoorde. Het heette Birkenau.'

'En… dit ging drie jaar door?'

'Tweeënhalf. Ja… Ik heb nooit nee gezegd, ik heb me nooit verzet.'

'Hoe kun je je verzetten tegen een man? Ze waren vast veel groter dan jij.'

'Dat is nog mild uitgedrukt. Bij een van hen kwam ik niet eens tot aan zijn kin, en dan waren er nog de…'

'Dan waren er nog de…'

'De gaskamers, waar iedereen naartoe werd gestuurd. Ze gingen er levend naartoe en kwamen er via de schoorstenen weer uit. Ik… Ik zag het elke dag, ik besefte elke dag dat ik ook zo zou eindigen als ik niet…'

'Dus als ik het goed begrijp, ben je tweeënhalf jaar lang verkracht door de mannen die de leiding hadden in het kamp waar je gevangen werd gehouden, en ben je daarvoor gestraft met dwangarbeid?'

Cilka gaat weer zitten. Ze buigt zich naar voren en kijkt Jelena recht in de ogen. 'Ik heb toegegeven.'

Jelena schudt haar hoofd.

Er is nog meer, denkt Cilka. Kan ze het zeggen? Kan ze alles met Jelena delen? Het heeft haar al uitgeput om dit deel van de waarheid te vertellen.

Jelena steekt haar handen uit en pakt die van Cilka. 'De eerste keer dat ik je zag, voelde ik dat je een kracht bezat, een mate van zelfbewustzijn, die ik maar zelden zie. En nu je me dit hebt verteld, nu je me dit kleine beetje informatie over jezelf hebt gegeven, weet ik niet wat ik moet zeggen, behalve dat je bijzonder moedig bent. Ik kan je je vrijheid niet geven, maar ik kan wel zo goed mogelijk voor je zorgen en proberen je te beschermen. Je hebt laten zien dat je een enorme vechter bent. Mijn god, hoe heb je het volgehouden?'

'Ik wil gewoon leven. Ik wil de pijn voelen waarmee ik elke ochtend wakker word, de pijn van het besef dat ik nog leef en mijn familie niet. Die pijn is mijn straf voor het overleven, en die moet ik voelen, die moet ik doormaken.'

'Cilka, ik weet niet wat ik moet zeggen, behalve: blijf leven. Word elke ochtend wakker en haal adem. Je levert een waardevolle bijdrage hier, en als je op de ambulance gaat werken, dan help je patiënten in leven te houden. Ik geloof werkelijk dat je zult uitblinken in die rol.'

'Goed, ik doe het. Dankzij u kan ik dapper zijn. U bent de moedigste van ons allemaal. Dat heb ik nog niet eerder gezegd, maar zo zie ik u. Ik vind het moedig dat u hier werkt, terwijl dat helemaal niet hoeft.'

'Dat hoef je niet te zeggen. Ja, ik kies ervoor om hier te zijn. Ik ben arts, ik wil altijd mensen helpen. En hier, nou ja, hier zijn een heleboel mensen die de hulp nodig hebben die ik kan bieden. Maar we zijn hier niet om over mij te praten.'

Cilka glimlacht naar Jelena. 'Ik waardeer dit echt, Jelena Georgiëvna. Dank u.' Ze staat op, verlangend naar de troost van haar bed, verlangend om met haar gezicht naar de muur te gaan liggen.

Jelena staat ook op, en Cilka is dankbaar dat ze geen medelijden op het gezicht van de dokter leest. 'Tot morgen, Cilka.'

'Tot morgen.'

Wanneer ze naar buiten stapt, werpt ze een blik op het administratiegebouw. En vandaag ziet ze hem. Aleksandr. Hij staat onder een schijnwerper in de sneeuw. Brengt zijn sigaret naar zijn lippen, sluit zijn ogen. Beweegt zijn schouders op en neer om het warm te krijgen. Ze houdt het opwekkende beeld in haar hoofd wanneer ze verder loopt.

HOOFDSTUK 20

De volgende dag is Cilka onrustig, verstrooid. Ze spreekt een patiënt met de verkeerde naam aan, haalt medicijnen door elkaar. Haar ogen dwalen voortdurend naar de deur, wachtend tot iemand komt melden dat de ambulance uitrijdt.

Het gebeurt niet, en ze keert teleurgesteld terug naar de hut. Ze had gehoopt zich vandaag minder zwaarmoedig te voelen, nu ze iets van haar last heeft gedeeld en kan uitkijken naar een nieuwe uitdaging. Ze zoekt een snelle oplossing voor een probleem dat ze niet onder woorden kan brengen.

Om het allemaal nog erger te maken, heeft Hannah haar opnieuw apart genomen en haar verteld dat haar medicijntoevoer is gestopt, en dat Cilka haar de pillen weer moet leveren. Het was dus inderdaad de inmiddels overleden criminele vertrouweling die Hannah van medicijnen had voorzien. En ondanks haar gesprek met Jelena denkt Cilka nog steeds niet dat ze het aan zal kunnen om de afschuw, het medelijden, de angst en misschien zelfs de haat te zien die op de gezichten van haar hutgenoten zal verschijnen wanneer ze de waarheid over haar te weten komen.

De volgende ochtend kost het haar grote moeite om zich te concentreren, om haar werk fatsoenlijk te doen. Wanneer de oproep komt, 'De ambulance rijdt uit,' hoort ze het niet.

'Cilka, je bent nodig,' roept Raisa.

Cilka kijkt op naar Raisa, naar de deur, en ze ziet een man staan die de aandacht probeert te trekken.

Vlug pakt ze haar jas, haar muts, haar sjaal en handschoenen en volgt de man naar buiten, de dwarrelende sneeuw en de eindeloze duisternis van de arctische winter in.

'Schiet op, er gaan mensen dood terwijl jij op je gemak je warme kleren aantrekt,' roept de bestuurder van de ambulance, en hij laat de motor ongeduldig grommen.

De man die Cilka is gevolgd, doet de achterdeuren van de omgebouwde truck open en gebaart dat ze in moet stappen. De ambulance rijdt al weg voordat de deuren dicht zijn, en Cilka tuimelt omver. De passagier op de voorstoel draait zich om en slaat Cilka lachend gade terwijl ze overeind krabbelt en met haar rug tegen de wand gaat zitten, zich schrap zettend voor de wilde tocht.

'Jou heb ik niet eerder gezien. Hoe heet je?'

Met haar handen stevig tegen de vloer gedrukt en haar benen gespreid ter ondersteuning neemt Cilka de man op. Zijn vriendelijke grijns onthult een paar grote scheve tanden. Hij is pezig en heeft een olijfkleurige huid, volle wenkbrauwen en heldere ogen.

'Ik heet Cilka. Dit is mijn eerste rit met de ambulance.'

'Hé, Pavel, het is haar eerste keer,' zegt de lompe bestuurder. Hij is steviger en breder dan Pavel. 'En als ik het zo zie, wordt het waarschijnlijk meteen haar laatste – kijk eens hoe klein ze is.'

'Ze kon je nog weleens verbazen, Kirill Grigorovitsj,' zegt Pavel. De twee mannen lachen smakelijk. Kirill draait zijn raampje omlaag wanneer ze het gesloten, door schijnwerpers verlichte hek naderen. Hij remt niet af, maar steekt zijn hoofd uit het raampje en schreeuwt naar de bewaker.

'Open dat hek, sukkel! Zie je niet dat we haast hebben?'

Het hek is nog maar nauwelijks open wanneer de ambulance erdoorheen scheurt, en achter hen klinkt het gevloek van de bewaker.

Kirill draait zijn raampje weer omhoog en schudt de sneeuw van zijn muts.

'Pardon,' zegt Cilka luid, om boven het lawaai van de motor uit te komen.

'Zoek eens uit wat ze wil,' zegt Kirill.

Pavel draait zich om en staart naar Cilka.

'Pavel... Toch? Kun je me vertellen waar we naartoe gaan? Wat voor ongeluk is het?'

'Ja, ik ben Pavel Sergejevitsj. En wat voor ongeluk het is, zien we wel wanneer we er zijn.'

'Maar je weet toch zeker wel of er meer dan één patiënt is?'

Kirill proest van het lachen. Zijn grote schouders schokken op en neer in zijn ruwe jas. Het zijn gevangenen, denkt Cilka. Vertrouwelingen met een goede baan, die alleen maar heen en weer hoeven te rijden en tussendoor een sigaretje kunnen roken.

'Liefje, als een deel van de mijn instort, kun je er donder op zeggen dat er meer dan één slachtoffer is.'

'Dus je weet wel wat er is gebeurd. Waarom zei je dat niet gewoon?'

'Tjongejonge, wat hebben we hier, Pavel? Een verpleegster die denkt dat ze heel wat voorstelt. Luister, printsessa, doe jij gewoon je ding als we er zijn, en dan vervoeren wij ze.'

Cilka kijkt om zich heen. Er staan twee brancards tegen de wand tegenover haar, en twee kisten glijden rond over de vloer. Eentje komt tot stilstand tegen Cilka's been.

Ze haalt het deksel van de kist om de inhoud te bekijken. Allerlei instrumenten liggen los door elkaar. Rollen verbandgaas, flesjes medicijnen. Ze pakt ze een voor een op, zodat ze precies weet wat ze heeft om mee te werken. Ze sleept de andere kist naar zich toe, maakt die ook open en vindt de benodigde spullen om een infuus te kunnen aanleggen, inclusief twee flesjes zoutoplossing.

De weg is bijzonder slecht, en de ambulance moet uitwijken voor keien en botst dan tegen bergjes harde sneeuw die zijn opgehoopt langs de rand van de weg, beschenen door de koplampen.

'We zijn er, liefje. Tijd om in actie te komen.'

Met piepende banden komt de ambulance tot stilstand, en Cilka wordt tegen de rugleuning van de voorbank gesmeten.

Voordat ze overeind kan krabbelen, zwaaien de achterdeuren open.

Handen worden naar binnen gestoken en pakken de brancards. Iemand steekt haar zijn hand toe en helpt haar uitstappen. Cilka ziet de nummers die op de jassen van Kirill en Pavel genaaid zijn.

Ze kijkt om zich heen. Aanvankelijk ziet ze niets in het duister en de vallende sneeuw. Dan begint ze gedaantes te onderscheiden: mannen die doelloos rondlopen, anderen die bevelen schreeuwen. Cilka, Pavel en Kirill zoeken hun weg naar de ingang van de mijn, naar het ladder-achtige bouwsel met het rad aan de bovenkant. Een opzichter komt naar hen toe.

'Een van de bovenste tunnels is ingestort, we weten niet zeker wanneer we weer veilig naar beneden kunnen.' Het rad boven hun hoofd komt krakend tot stilstand wanneer een liftkooi vol met roet besmeurde mannen boven arriveert. De mannen stappen uit de kooi.

'Er zijn nog steeds gewonden daarbeneden,' zegt een van hen, met zijn muts in zijn hand.

'We moeten ze gaan halen,' roept Cilka.

'Wie is dat?' vraagt de opzichter aan Pavel.

'Dat is de verpleegster die ze met ons mee hebben gestuurd,' antwoordt Pavel.

'Wat een sprietje,' zegt de opzichter, terwijl hij Cilka van top tot teen opneemt.

Cilka rolt met haar ogen. 'Laat me naar beneden gaan om te zien of ik kan helpen.'

'Hoorde je me niet, meisje? De tunnel kan op elk moment verder in-storten. Heb je soms een doodswens?'

'Nee.' Cilka heft haar kin. Ze loopt naar de liftkooi, die nu leeg is, en kijkt achterom naar de mannen.

'Als je per se wilt gaan, ga dan, ik ga niet met je mee,' waarschuwt de opzichter.

'Ik kan niet in mijn eentje gaan. Ik weet niet hoe ik de lift moet bedie-nen of waar ik uit moet stappen.'

'Ik ga wel mee,' zegt Pavel zonder overtuiging.

'Ik breng jullie naar het juiste niveau,' zegt de mijnwerker met de muts in zijn hand. Zijn tanden klapperen. Van de kou of van de shock?

Ze trekt haar sjaal over haar mond en haar neus en stapt in de liftkooi. Pavel volgt en tilt de kisten met medische benodigdheden in de lift. De mijnwerker schraapt zijn keel en duwt tegen een hendel, en de lift komt schokkend in beweging. Langzaam dalen ze af, het stoffige duister in. Cilka controleert of de lamp het doet die Pavel haar heeft gegeven.

Ze gaan omlaag en omlaag en omlaag. Cilka probeert rustig adem te blijven halen.

De lift komt tot stilstand bij de ingang van een tunnel. Cilka schraapt haar keel. Dan ontgrendelt ze de deur van de liftkooi en doet die open.

'Het is een stukje lopen,' zegt de mijnwerker, die duidelijk niet van plan is om verder met hen mee te gaan. 'Gewoon links aanhouden.'

Cilka en Pavel volgen zijn aanwijzingen op.

'We komen jullie helpen,' begint Cilka te roepen. Stof dringt haar longen binnen, en ze kucht. 'Laat alstublieft weten waar jullie zitten.'

'Hier, we zijn hier,' hoort ze ergens voor zich. De stem klinkt zwak, bang.

'We komen eraan, houd vol! Blijf praten.'

'Ik ben hier! Nog een stukje verder.'

In het schijnsel van haar lamp ziet Cilka een hand naar haar zwaaien. Met samengeknepen ogen kijkt ze om zich heen. Ze ziet nog drie andere mannen roerloos op de grond liggen. Als eerste haast ze zich naar de man die haar heeft geroepen.

'Ik ben Cilka Klein.' Ze knielt naast de man en legt voorzichtig een hand op zijn schouder. 'Zit je klem?'

'Mijn benen, ik kan mijn benen niet bewegen.'

Cilka onderzoekt de man en ziet dat zijn onderbenen klem zitten onder een flink stuk rots. Voorzichtig duwt ze hem plat op zijn rug en controleert zijn hartslag, terwijl Pavel naast haar komt staan en de kist met spullen opent.

'Hoe heet je?' vraagt ze de gewonde man.

'Michail Aleksandrovitsj.'

'Je benen zitten klem onder een stuk rots, maar het is niet zo groot, en ik denk dat we het wel kunnen verplaatsen. Verder heb je een lelijke snee op je hoofd. Die kunnen we verbinden, zodat het stopt met bloeden. Michail Aleksandrovitsj, ik moet kijken hoe het met de andere mannen is. Weet je met hoeveel jullie hier waren toen de tunnel begon in te storten?'

'Met zijn vieren. De anderen hadden net pauze genomen. We waren bezig de laatste wagon in te laden.'

'Ik zie drie anderen,' zegt ze, haar lamp om zich heen bewegend.

'Ik ga nergens naartoe,' zegt hij. 'Kijk alsjeblieft hoe het met de anderen gaat. Ik heb hun namen geroepen, maar niemand gaf antwoord.'

Voorzichtig stapt Cilka over het puin heen dat de grond van de mijntunnel bedekt. Wanneer ze bij de tweede man is, controleert ze zijn hartslag en concludeert dat hij nog leeft. Ze trekt zijn rechterooglid omhoog, houdt de lamp boven zijn ogen en ziet een reactie. Wanneer ze het licht over zijn lichaam laat schijnen, ziet ze dat hij niet klem zit onder het puin. Hij is slechts bewusteloos.

'Pavel Sergejevitsj, loop naar de lift en haal die mijnwerker over om ons te komen helpen. Neem deze man als eerste mee. Hij is buiten bewustzijn, maar je kunt hem vervoeren.'

'Ik ben zo terug,' hoort ze Pavel roepen terwijl hij terugkeert naar de lift.

Cilka vindt de derde man. Ze ziet direct dat hij klem zit onder gevallen rotsblokken. Ze kan geen hartslag vinden.

De vierde man kreunt wanneer ze haar lamp boven zijn gezicht houdt.

'Ik ben Cilka Klein, ik ben hier om je te helpen. Kun je me vertellen waar je gewond bent?'

De man kreunt weer.

'Het geeft niet. Ik zal kijken of ik je verwondingen kan vinden.'

Ze ontdekt al snel dat zijn arm ernstig is gebroken en in een onnatuurlijke hoek naast zijn lichaam ligt. Een grote kei drukt tegen zijn zij. Voorzichtig duwt Cilka op de borst van de man, van links naar rechts, en dan omlaag naar zijn buik. Hij schreeuwt het uit van de pijn. Uiterst voorzichtig knoopt ze zijn jas open, zodat ze kan zien wat er aan de hand is. Wanneer ze zijn shirt en zijn onderhemd uit zijn broek trekt, slaakt hij opnieuw een kreet. Ze ziet dat zijn buik onder de ribbenkast verpletterd is.

Ze hoort knarsende voetstappen in de tunnel, en dan is Pavel terug met de mijnwerker. Ze hebben allebei een brancard bij zich. Cilka haast zich naar de bewusteloze man.

'Leg hem op de brancard en breng hem weg,' zegt ze. 'En er is er nog eentje die je mee kunt nemen, maar je moet voorzichtig zijn. Hij is zwaargewond en heeft veel pijn. Haal ze allebei weg, dan zal ik ze in de ambulance verzorgen.'

Terwijl Pavel en de mijnwerker zich met de twee gewonden bezighouden, keert Cilka terug naar de eerste man die ze heeft gesproken, de man met de afgeklemde onderbenen.

'Het spijt me – een van je vrienden is dood.'

'En de anderen?' vraagt hij.

'Die leven nog, en we zijn nu bezig om ze weg te halen. Nu moeten we bedenken hoe we die kei van je benen krijgen.' Hulpeloos kijkt ze om zich heen in het duister.

'Ga alsjeblieft niet weg.'

'Ik ga nergens naartoe. Ik kan die kei alleen niet verplaatsen, hij is veel te zwaar voor me, en ik wil hem niet opzij rollen. Volgens mij moet hij van je benen worden getild, zodat we geen verdere schade aanrichten. Houd vol, Michail Aleksandrovitsj. Ik zal je ook iets geven tegen de pijn.' Ze zoekt in de kist die Pavel in de tunnel heeft gezet en vindt de pijnmedicatie. Vlug keert ze terug naar Michail.

'Michail Aleksandrovitsj, ik ga je een injectie geven tegen de pijn,' zegt ze. 'En dan, als de mannen terug zijn, tillen we voorzichtig de kei van je benen en leggen je op een brancard. De ambulance staat buiten de mijn, en we zullen je naar het ziekenhuis brengen.'

Moeizaam heft Michail zijn hand en strijkt over Cilka's wang. Ze glimlacht geruststellend naar hem. Dan pakt ze een schaar uit de kist en knipt de mouw van zijn jas en zijn shirt open, zodat zijn bovenarm bloot komt te liggen. Ze geeft hem de injectie en slaat hem gade terwijl de pijn afneemt en hij langzaam ontspant.

Ze blijft naast hem zitten wachten, in de stille donkere tunnel, nu en dan kuchend van het stof. Ten slotte komen Pavel en de mijnwerker terug.

'Oké,' zegt ze, 'jullie moeten jullie handen onder de uiteinden van dat rotsblok schuiven en het in één keer optillen. Rol het niet opzij en laat het niet vallen.' Ze houdt haar lamp omhoog om hen bij te lichten. Met ingehouden adem kijkt ze toe.

De mannen tillen het rotsblok op, een beetje wiebelend, en laten het naast de gewonde man zakken, hijgend van de inspanning. Cilka bekijkt Michails benen. Het bot steekt door de huid van zijn rechterscheenbeen.

Pavel en de mijnwerker tillen Michail zo voorzichtig mogelijk op de brancard, en ze haasten zich door de lange tunnel naar de lift om de mijn te verlaten. De dode man zal later worden weggehaald, zodra het weer veilig is.

Wanneer Michail naast de twee andere gewonde mannen in de ambulance is geschoven, is er achterin geen ruimte meer voor Cilka.

Kirill kijkt haar grijnzend aan. 'Je zult voorin moeten gaan zitten, bij ons. Vooruit.'

Onderweg, tussen Kirill en Pavel in geklemd, moet Cilka voortdurend Kirills grote harige hand wegduwen, die probeert langs haar dij omhoog te kruipen. Ze krimpt ineen wanneer ze de kreten van pijn hoort die de gewonde mannen uitstoten wanneer de ambulance over een hobbel rijdt. Kirill lijkt zich er niets van aan te trekken. Ze spreekt troostende woorden, vertelt de mannen dat ze er bijna zijn, dat ze bijna bij het ziekenhuis zijn, waar de dokters en verpleegsters voor ze zullen zorgen.

De rit kan haar niet snel genoeg afgelopen zijn.

HOOFDSTUK 21

Cilka heeft het passagiersportier al geopend voordat Pavel de kans krijgt. Ze duwt hem de ambulance uit en volgt hem direct. Twee verpleeghulpen komen aanrennen en openen de achterdeuren.

'Deze, neem deze eerst mee,' zegt ze, wijzend naar Michail. 'Kom dan terug met de brancard om hem op te halen.' Ze gebaart naar de bewusteloze man op de vloer.

'Help me eens even,' roept Pavel naar Kirill, terwijl hij de tweede brancard uit de ambulance trekt.

Cilka rent achter de eerste patiënt aan, haar jas losknopend en van zich afwerpend terwijl ze de ziekenzaal binnengaat. Jelena verschijnt, samen met een andere arts en een paar verpleegsters.

'Dit is Michail Aleksandrovitsj – kleine hoofdwond, beide benen verpletterd door een groot rotsblok.'

'Je zei dat het een kleintje was,' fluistert Michail tussen zijn opeengeklemde tanden door.

'Deze neem ik wel,' zegt Jelena. De twee verpleegsters die haar assisteren buigen zich direct over Michail heen.

'Hier, leg hem op dit bed,' roept de andere dokter naar Pavel en Kirill, die met de tweede gewonde binnenkomen.

'Er komt er nog eentje. Bewusteloos, maar met een sterke hartslag, zichtbare verwondingen aan het hoofd.'

'Dank je, Cilka, we nemen het over,' zegt Jelena.

De bewusteloze patiënt wordt binnengebracht en op een bed gelegd. Kirill vertrekt direct, en Pavel komt naar Cilka toe.

'Goed gedaan, dat was behoorlijk gevaarlijk.'

'Bedankt, jij ook. Ik heb alleen te veel tijd verspild aan boos zijn op Kirill Grigorovitsj terwijl ik de patiënten had moeten helpen.'

'Kirill denkt dat hij de baas van de wereld is.'

'Slechte chauffeur, slechte houding.'

'Je kunt maar beter zorgen dat je het een beetje met hem kunt vinden, want hij kan je het leven behoorlijk zuur maken.'

Daar gaan we weer, denkt Cilka. Toch moet ze een lach onderdrukken. Kirill is bepaald niet de meest intimiderende persoon die ze ooit heeft ontmoet.

Pavel kijkt haar vragend aan.

'Laten we zeggen dat ik erger heb gezien,' zegt Cilka. Ze kijkt naar de artsen en de verpleegsters, die hun uiterste best doen om de drie mannen te helpen die gewond zijn geraakt terwijl ze gewoon hun werk deden – werk waarbij geen fatsoenlijke veiligheidsmaatregelen zijn getroffen. Dit soort verwondingen heeft ze veel te vaak gezien. Voor de kampleiding geldt enkel de productiviteit van de gevangenen; ze kunnen immers altijd weer vervangen worden.

'Maar bedankt voor de waarschuwing, Pavel. Ik zal zoveel mogelijk bij hem vandaan blijven.'

'Cilka, kun je me een handje komen helpen?'

Cilka loopt naar Michail en reinigt en verbindt zijn hoofdwond, terwijl Jelena zijn onderbenen onderzoekt. Nu en dan kijkt ze naar de dokter en ze ziet dat haar uitdrukking ernstig is.

Zachtjes zegt Jelena tegen een van de assisterende verpleegsters: 'Maak een operatiekamer klaar, hij moet direct onder het mes.'

'Wat is er aan de hand?' brengt Michail uit. 'Hoe erg is het?' In paniek grijpt hij Cilka's onderarm vast, en hij probeert zijn hoofd op te tillen om zijn benen te kunnen zien.

'Het spijt me,' zegt Jelena meelevend. 'Ik kan je rechterbeen niet redden. Je linkerbeen is er minder erg aan toe, en dat moeten we kunnen herstellen.'

'Hoe bedoelt u? Kan ik er eentje houden, maar de andere niet? Is dat wat u zegt?'

'Ja. We moeten je rechterbeen onder de knie amputeren, de verwondingen zijn te ernstig.'

'Nee, nee, u kunt mijn been er niet af hakken! Dat sta ik niet toe.'

'Als we het niet doen, ga je dood,' zegt Jelena rustig. 'Het been is afgestorven. Er is geen bloedtoevoer in het onderste deel; als we het niet amputeren, dan zal het je vergiftigen en dan ga je dood. Begrijp je dat?'

'Maar hoe moet ik dan… Cilka Klein, laat ze alsjeblieft mijn been niet afhakken,' zegt Michail smekend.

Cilka maakt zijn hand los van haar arm, houdt die vast en buigt zich over hem heen. 'Michail, als de dokter zegt dat ze je been moet amputeren, dan heeft ze geen keus. We zullen je helpen om hiermee om te gaan, we zullen je helpen revalideren. Het spijt me dat ik niet meer voor je kon doen.'

'De schade is aangericht toen dat rotsblok op het been viel, Cilka, jij had er niets meer aan kunnen doen,' zegt Jelena. 'Ik ga me voorbereiden. Cilka, wil jij de patiënt klaarmaken? Dan zie ik je zo in de operatiekamer.'

Die avond gaat Cilka niet naar de eetzaal voor het avondeten. Ze is zo moe dat ze zich op haar bed laat vallen en direct in slaap valt.

Mannen en vrouwen in witte jassen dansen om haar heen, lachend, sommigen met geamputeerde ledematen in hun handen die ze naar elkaar overgooien. Kleine kinderen in blauwwitte pyjama's dwalen doelloos tussen hen door, met hun handen voor zich uit gestrekt. Wat willen ze? Voedsel, aandacht, liefde?

Er gaat een deur open, het zonlicht stroomt naar binnen. Er komt een man binnen, omringd door een aureool van regenboogkleuren. Hij draagt een smetteloos wit pak en een losse doktersjas, en om zijn nek hangt een stethoscoop. Hij steekt zijn armen uit. De volwassenen buigen respectvol het hoofd, de kinderen rennen opgewonden naar hem toe.

'Papa, papa,' roepen ze.

Cilka ontwaakt uit haar nachtmerrie, maar de herinnering die de droom bij haar opwekt, is net zo gruwelijk.

Auschwitz-Birkenau, 1943

'Papa, papa,' roepen ze. Jongens en meisjes rennen naar de man die uit zijn auto is gestapt. Hij glimlacht hartelijk naar hen, zijn uitgestoken handen

vol met snoepgoed. Voor de kinderen is hij een geliefde vaderfiguur. Soms noemen ze hem oom.

Cilka heeft de verhalen gehoord. Iedere volwassene in Auschwitz-Birkenau heeft gehoord wat er met de kinderen gebeurt wanneer ze hier vertrekken, in zijn auto.

Cilka kijkt van een afstandje toe en bestudeert de tengere man met zijn perfect gekapte haar; zijn donkergroene tuniek, zonder ook maar één kreukeltje, die deels de witte doktersjas bedekt; zijn gladgeschoren gezicht; de stralend witte tanden die worden onthuld door zijn brede glimlach; zijn glanzende ogen; de ss-pet die hij schuin op zijn hoofd heeft staan.

De Engel des Doods, zo noemen ze hem. Cilka is twee keer gedwongen geweest om voor hem te paraderen, voordat ze naar blok 25 was gestuurd en een zekere mate van bescherming had verkregen. Ze had nauwelijks naar hem durven kijken terwijl hij fluitend met zijn hand naar links of naar rechts wees. Beide keren was ze aan de selectie ontsnapt.

De kinderen verdringen zich om hem heen. 'Kies mij, kies mij,' roepen ze smekend.

Vier meisjes worden aangewezen en krijgen een handvol snoepgoed, en ze stappen samen met hem in de auto. De andere kinderen gaan weer verder met hun spel. Cilka buigt haar hoofd en bidt in stilte voor de vier zielen die worden weggereden.

Cilka slaakt een kreet en schiet rechtop in bed, trillend, haar gezicht vertrokken van afschuw.

De vrouwen in de hut kijken allemaal naar haar. Sommigen vanuit hun bed, anderen vanaf hun plekje bij de kachel.

'Gaat het wel?' vraagt Olga bezorgd.

Cilka kijkt van de een naar de ander, naar de gezichten die slechts deels zichtbaar zijn in het maanlicht. Ze raapt zichzelf bij elkaar en schuift haar benen over de rand van het bed.

'Ja, het gaat wel, gewoon een akelige droom.'

'Deze hele plek is een akelige droom,' zegt Elena.

Ze bedoelen het aardig, dat weet Cilka. Het is niet de eerste keer dat ze hen wakker heeft gemaakt door te gillen. Anastasia heeft haar ook verteld dat ze weleens jammert in haar slaap, en dat ze soms een sissend geluid maakt, alsof ze woedend is op iemand.

Ze schuifelt naar de kachel. Een troostende arm – die van Elena – wordt om haar schouders geslagen terwijl ze haar handen uitstrekt naar de warmte. Ze kijkt naar het bed van Hannah, maar ze kan niet zien of Hannah wakker is en haar gadeslaat of niet. Alleen zij kan weten waar de nachtmerries werkelijk over gaan, maar waarschijnlijk ligt ze heerlijk te slapen, want eerder die avond heeft ze haar buit bij Cilka opgehaald.

Cilka voelt verschillende lagen pijn. Ze mist Josie en Natia. Het is haar de hele winter niet gelukt om ze te zien. Natia moet inmiddels flink zijn gegroeid, misschien kan ze inmiddels zelfs lopen.

'Je moet aan betere tijden denken, zodat je daarover droomt,' adviseert Olga vanuit haar bed. 'Dat doe ik ook. Elke avond voordat ik ga slapen, denk ik terug aan mijn jeugd, aan het strand in Sotsji. Dat waren mooie tijden.'

Wanneer Cilka haar ogen die avond voor de tweede keer sluit, besluit ze om terug te denken aan een gelukkige tijd in haar leven. Het is niet dat ze die niet gekend heeft, integendeel, tot de dag dat ze in een veewagon was geladen, was haar leven zonnig en zorgeloos geweest, en misschien was het juist daarom zo pijnlijk om eraan terug te denken. Maar ze zal het opnieuw proberen.

Bardejov, Tsjecho-Slowakije, 1941

'Opzij, papa, ik ben jarig, ik wil de auto besturen.'

Het is een koele, zonnige dag. Een lentedag, vol beloften. Cilka heeft haar sjaal om haar hals geslagen en de bestuurdersbril van haar vader op haar hoofd gezet, vastbesloten om in de auto te rijden, al is het maar naar het eind van de straat. Papa heeft het dak van zijn trotse bezit omlaag gedaan: een roadster met een zacht verschuifbaar dak, bruine leren stoelen en een claxon die je tot op kilometers afstand kunt horen.

'Doe niet zo raar, Cilka,' zegt haar vader. 'Jij weet toch niet hoe je een auto moet besturen.'

'Dat kan ik best – ik durf te wedden dat ik het kan. Mama, vertel hem dat ik weet hoe ik de auto moet besturen.'

'Laat haar toch in die auto rijden,' zegt haar moeder toegeeflijk.

'Nu ben jij degene die dwaas doet. Je verwent dat kind,' zegt haar vader, hoewel ze allemaal weten dat hij degene is die Cilka aanbidt. Allebei zijn dochters.

'Ik ben geen kind,' protesteert Cilka.

'Dat ben je wel, mijn diet'a, dat zal nooit veranderen.'

'Ik ben vijftien, ik ben nu een vrouw,' beweert Cilka. 'Kijk, daar is oom Moshe, en hij heeft zijn camera bij zich. Hier, oom! Ik wil een foto van mij achter het stuur van de auto.'

Oom Moshe begroet Cilka, haar moeder en haar zus met een kus op elke wang. Haar vader krijgt een mannelijke handdruk en een klap op de schouder.

'Laat je haar achter het stuur zitten?' vraagt oom Moshe.

'Heb jij haar ooit iets kunnen verbieden? Wij geen van allen. Cilka wil heersen over de wereld, en waarschijnlijk gaat haar dat nog lukken ook. Zet je camera klaar.'

Cilka slaat haar armen om de hals van haar vader en gaat op haar tenen staan om hem te kussen. 'Dank je, papa. Allemaal instappen, nu.'

Terwijl oom Moshe zijn camera op het statief plaatst, wijst Cilka aan waar alle gezinsleden voor de foto moeten gaan zitten. Haar vader mag voorin, naast haar, en haar moeder en haar zus gaan achterin. Ze legt haar handen vol vertrouwen op het stuur en poseert.

Met een plof en een flits legt de camera het moment vast.

'Waar zijn de sleutels? Ik neem jullie allemaal mee voor een ritje.'

'Laten we iets afspreken,' stelt haar vader voor. 'Ik beloof dat ik je rijlessen zal geven, maar niet vandaag. Vandaag is het je verjaardag, en die gaan we vieren door er een mooie dag van te maken en vanavond lekker te eten. Maar nu wisselen we van plek.'

Met enige tegenzin geeft Cilka toe – een van de weinige keren in haar *korte leven dat ze dat heeft gedaan – en gaat pruilend op de passagiersstoel zitten.*

Haar sjaal wappert in de wind terwijl ze door haar woonplaats Bardejov wordt gereden.

In Vorkoeta valt Cilka eindelijk weer in slaap.

HOOFDSTUK 22

'Hij heeft het gehaald.'

Met deze woorden wordt Cilka begroet zodra ze de ziekenzaal binnengaat. 'Michail Aleksandrovitsj? Waar is hij?'

'In bed één – we dachten dat je hem het liefst zo dicht mogelijk bij de verpleegsterspost zou willen hebben. Dan kun je je administratie doen en hem ondertussen in de gaten houden.'

'Ik ga hem gedag zeggen.'

Michail ligt te slapen. Cilka kijkt een poosje naar hem, en haar blik glijdt omlaag, naar de plek waar nog maar één been onder de dekens ligt. Ze was erbij toen zijn rechterbeen werd geamputeerd. Ze legt haar hand op zijn voorhoofd, dat in schoon verband is gewikkeld. Dan neemt haar training het over en pakt ze zijn dossier om te zien hoe hij de nacht is doorgekomen. Ze kan niets ontdekken wat haar zorgen baart.

Wanneer ze terugkeert naar het bureau, bespreken Raisa en zij de andere patiënten en verdelen de taken van die ochtend: het wassen van de patiënten, het verschonen van de verbanden, het geven van medicatie. Er zijn twee nieuwe vrouwen op de afdeling die de vorige nacht bij een gevecht betrokken zijn geweest en die elkaar nare verwondingen hebben toegebracht. Raisa en Cilka spreken af dat ze ieder een van de vrouwen zullen verzorgen, om te voorkomen dat ze bij de ruzie betrokken raken.

Cilka is nog maar net aan de slag gegaan met haar patiënt wanneer de woorden 'Ambulance rijdt uit' worden geschreeuwd.

'Ga maar! Ik zorg wel voor je patiënten,' roept Ljoeba.

Buiten staat de ambulance te wachten.

'Wil je weer voorin?' vraagt Pavel.

'Ja,' zegt Cilka, terwijl ze het portier van de ambulance opent. 'Na jou. Kirill Grigorovitsj mag vandaag met jouw been spelen.'

Met enige tegenzin klimt Pavel in de ambulance en schuift naar Kirill toe.

'Wat doe jij nou?' protesteert Kirill.

Cilka klimt in de cabine en trekt de deur dicht. 'Vooruit, we gaan.' De versnellingsbak knarst en de ambulance rijdt weg.

'Als we samen moeten werken, kunnen we dan proberen om een beetje aardig tegen elkaar te doen?' zegt Cilka en ze buigt zich naar voren en kijkt langs Pavel naar Kirill.

Kirill schakelt en weigert te reageren.

'Wat staat ons vandaag te wachten?' vraagt ze aan Pavel.

'Er is een hijskraan omgevallen, en de bestuurder zit klem in de cabine,' zegt Pavel.

'Maar één slachtoffer?'

'Volgens mij wel, maar je weet maar nooit. Het is weleens gebeurd dat we bij een ongeluk zoals dit kwamen en ontdekten dat dat rotding op tien anderen terecht was gekomen,' vertelt Pavel.

'En wie moet hem redden?'

'Dat hangt ervan af,' zegt Kirill.

'Waar hangt dat van af?' vraagt Cilka.

'Heeft iemand je weleens verteld dat je te veel vragen stelt?'

'Een heleboel mensen, zo'n beetje iedereen die me ooit heeft ontmoet.'

De truck hobbelt ruw over een kei, en Cilka vertrekt haar gezicht wanneer ze haar schouder hard tegen het raampje stoot.

'Dus we hoeven er niet op te rekenen dat je je mond gaat houden, begrijp ik dat goed?'

'Klopt, Kirill Grigorovitsj, dus je went er maar aan. Wil jij mijn vraag beantwoorden? Of moet Pavel dat doen?'

'Nou –' begint Pavel uit te leggen.

'Houd je mond, ik vertel Cilka Wil-alles-weten Klein wel hoe het zit. Het hangt ervan af hoe gevaarlijk de reddingsactie is. Als het riskant is, dan laten de opzichters de gevangenen het doen. Zo niet, dan grijpen de bewakers graag de kans aan om de held uit te hangen.'

'Dank je,' zegt Cilka. 'Dus zodra we er zijn, zien we hoe gevaarlijk de situatie is. Ik weet dat je niet graag met me praat, Kirill Grigorovitsj, maar het helpt als ik wat informatie heb.'

'Ja, nou, dat je alles weet, heeft kennelijk niet voorkomen dat je hiernaartoe werd gestuurd.'

Cilka grinnikt. 'Ik heb niet gezegd dat ik alles weet. Ik wil gewoon graag weten wat me te wachten staat.'

Wanneer ze de plek van het ongeluk bereiken, kunnen ze niet direct iets doen. Van tijd tot tijd verschijnen er bewakers en opzichters om te schreeuwen naar de gevangenen die proberen de chaos te ontwarren die ooit de lange arm van de kraan was en die nu om de cabine van de bestuurder is gewikkeld. Aan deze reddingsactie valt geen eer te behalen.

De volgende twee uur staan Cilka, Pavel en Kirill in de kou, stampend met hun voeten, wrijvend in hun handen. Na een poosje keren ze terug naar de ambulance om aan de snijdende wind te ontsnappen. Nu en dan klimt Cilka langs het vervormde metalen skelet van de omgevallen kraan naar de cabine, waar ze zich half naar binnen wringt om te kijken of de bestuurder nog leeft. Zijn pols wordt elke keer een beetje zwakker, en het verband waarmee ze zijn hoofdwond zo goed mogelijk heeft verbonden, is doorweekt van het bloed.

Na de laatste controle keert ze terug naar de ambulance en zegt tegen Kirill dat ze terug kunnen naar het ziekenhuis. Op de terugweg ziet ze de eerste lentebloemen hun kopje door de bevroren grond omhoogsteken. De wind blaast ze alle kanten op, maar de taaie steeltjes veren steeds weer terug. Cilka heeft er nu bijna een derde van haar straf op zitten. Het is onverdraaglijk om te bedenken hoelang ze nog moet. In plaats daarvan kijkt ze naar de bloemen en droomt van het licht en de warmte die snel zullen terugkeren, en daarmee de bezoekjes van Josie en Natia.

Wanneer ze terug is in de ziekenzaal, krijgt ze te horen dat Michail wakker is en dat hij naar haar heeft gevraagd.

'Hoe voel je je?' vraagt ze hem, glimlachend, geruststellend.

'Is het eraf, mijn been? Ik kan het nog voelen. Het doet nog pijn.'

'Ik zal je iets tegen de pijn geven, maar inderdaad, Michail Aleksandrovitsj, de dokter moest je rechterbeen amputeren. Maar je linkerbeen heeft ze weten te sparen, en dat zal in de loop der tijd weer helemaal genezen.'

'En hoe moet ik dan lopen? Hoe, Cilka Klein? Hoe moet ik leven met maar één been?'

'Ik heb begrepen dat ze een heel goed kunstbeen voor je kunnen maken waarop je kunt leren lopen.'

'Werkelijk? Denk je nou echt dat iemand geld gaat besteden aan een kunstbeen voor een gevangene?' Hij begint boos te worden; zijn stem wordt luider.

'Ik ga niet tegen je liegen, Michail Aleksandrovitsj. Ik weet niet of ze je ander werk zullen geven, of dat ze je naar huis zullen sturen. Je kunt in elk geval niet meer in de mijnen werken.'

'En moet ik me daardoor beter voelen? Dat ik misschien word teruggestuurd naar Moskou, waar ik geen huis heb, geen werk, geen familie? Waar ik als mankepoot op straat kan gaan bedelen?'

'Ik weet het niet, Michail Aleksandrovitsj. Ik haal iets voor je tegen de pijn,' herhaalt ze.

Ze wendt zich af, zodat Michail niet kan zien hoezeer het gesprek haar heeft aangegrepen. Jelena heeft haar gadegeslagen en volgt haar naar de apotheek. Daar trekt de dokter de deur achter zich dicht.

'Cilka, gaat het wel?'

'Ja hoor, prima.'

'Ik geloof er niets van,' zegt Jelena vriendelijk. 'Maar dat geeft niet. Je weet hoe snel de dingen hier ten kwade kunnen keren, dat heb je eerder zien gebeuren.'

'Ja, maar…'

'Was het een verkeerde beslissing om je op de ambulance te laten werken?'

Cilka kijkt Jelena aan. 'Nee, nee, helemaal niet. Dat is het niet.'

'Wat is er dan?'

'Weet u hoelang ik hier moet blijven?'

'Dat soort informatie geven ze mij niet.'

'Vijftien jaar. Vijftien jaar. Het voelt onvoorstelbaar lang. En dan, daarna... Ik weet niet eens meer hoe het leven daarbuiten eruitziet.'

'Ik weet niet wat ik moet zeggen.'

'Vertel me dat ik hier ooit weg zal gaan,' zegt ze smekend tegen Jelena. 'Dat ik de kans zal krijgen om een normaal leven te leiden, zoals andere jonge vrouwen.' *Dat ik vrienden zal hebben die niet uit mijn leven verdwijnen. Dat ik zal ontdekken dat liefde ook voor mij bestaat. Dat ik misschien wel een kindje zal krijgen.* 'Kunt u me dat vertellen?'

'Wat ik je kan vertellen,' zegt Jelena kalm, 'is dat ik alles zal doen wat in mijn macht ligt om dat te laten gebeuren.'

Cilka knikt dankbaar, en dan draait ze zich om en speurt de plank af naar het medicijn dat ze zoekt.

'Beloof me dat je naar me toe komt als je je slechter gaat voelen,' drukt Jelena haar op het hart.

'Mijn vader zei altijd dat ik de sterkste persoon was die hij ooit had gekend, wist u dat?' zegt ze, zonder Jelena aan te kijken.

'Dan heeft hij de lat behoorlijk hoog gelegd.'

'Dat klopt. Maar ik heb altijd aan de verwachtingen van mijn vader willen voldoen, sterk willen zijn, wat er ook gebeurt. Ik weet niet eens of hij nog leeft.' Ze haalt haar schouders op. 'Waarschijnlijk niet.'

'Een vloek en een zegen van je vader. Weet je, ik was heel jong toen mijn eigen vader overleed. Ik zou er alles voor overhebben om herinneringen te hebben zoals die van jou.'

'Wat akelig.'

'Je patiënt wacht op je. Kom, als jij hem zijn medicatie geeft, zal ik hem onderzoeken.'

Cilka knikt. 'Wat gaat er met hem gebeuren nu hij nog maar één been heeft?'

'Zodra hij stabiel is, brengen we hem naar een groter ziekenhuis in de stad waar hij kan revalideren en hopelijk een kunstbeen kan krijgen.'

'En dan?'

'In de ogen van de staat is hij nog steeds een contrarevolutionair,

Cilka,' zegt Jelena en ze slaat haar blik neer. 'Daar kan ik niet veel tegen doen.'

Cilka pakt de medicijnen en probeert opnieuw de zorgen, het verdriet en de pijn te onderdrukken.

HOOFDSTUK 23

De witte nachten keren terug.

Opnieuw genieten de vrouwen van hun zondagse avondwandelingetjes door het kamp. Een paar uur lang proberen ze het gevoel te hebben dat ze enige vrijheid genieten. Ze weten waar ze moeten wandelen, waar het veilig is en waar ze weg moeten blijven, willen ze ontsnappen aan de groepjes onbetrouwbare kerels die op de loer liggen. Hun geluk is het grootst wanneer ze Josie en Natia ontmoeten en het kleine meisje demonstreert hoe goed ze al kan lopen. Haar koddige pogingen maken de vrouwen aan het lachen. Ze spelen met haar zachte haar, ruziën over wie ze het liefst vindt.

De vrouwen maken er een gewoonte van om Josie en Natia op de warmste avonden mee te nemen naar hun hut, zodat ze tijd met elkaar kunnen doorbrengen buiten het bereik van spiedende ogen, en ze de kleine Natia haar gang kunnen laten gaan.

Ze nemen Natia om beurten in bed en knuffelen haar alsof ze hun eigen dochter is. Ze kussen haar op haar wangetjes, raken vertederd haar kleine handjes aan en proberen haar te leren om hun namen te zeggen.

Josie laat Natia van hand tot hand gaan, en glimlacht geruststellend wanneer het meisje haar blik zoekt. Zelf gaat ze naast Cilka op haar bed zitten, en dan slaat Cilka haar armen om haar heen en drukt haar gezicht tegen Josies haren. Josie pakt Cilka's hand en geeft er een kneepje in. Op deze manier communiceren ze, in plaats van te zeggen wat ze vrezen, wat ze weten dat er gaat komen.

Deze zomer komt de duisternis vroeger dan normaal. Sommige vrouwen wagen zich niet meer naar buiten. Op een warme avond, mogelijk de laatste opleving van de zomer, brengen de vrouwen Josie naar de hut, met Natia in haar armen. Anastasia is aan het kleine meisje gehecht geraakt, en steekt haar armen naar haar uit.

'Zou je alsjeblieft een poosje voor haar willen zorgen, Nastja?' vraagt Josie, Anastasia aansprekend met haar koosnaampje. 'Ik zou Cilka graag even spreken.'

Cilka komt van haar bed, pakt haar jas en volgt Josie naar buiten.

Ze gaan niet te ver; er lopen nog een heleboel mensen rond, en het is flink gaan waaien. Ze vinden een beschutte plek achter de hut en gaan met hun rug tegen het gebouw zitten.

'Cilka, wat moet ik doen?' Dus we gaan er eindelijk over praten, denkt Cilka. Afgezien van een kort gesprek in de vorige zomer hebben ze hun vrees nooit hardop uitgesproken. Tijdens dat gesprek had Josie Cilka verteld dat ze van een van de andere moeders had gehoord dat de kinderen op tweejarige leeftijd naar weeshuizen werden gestuurd. De moeder had al meerdere kinderen moeten afstaan, en daar was ze zo kapot van dat ze nauwelijks naar haar nieuwe kindje durfde te kijken.

Cilka wendt haar blik af. Ze heeft geen antwoord op Josies vraag.

'Kun je me alsjeblieft helpen, Cilka? Ze mogen Natia niet meenemen. Ze is mijn kind.'

Cilka slaat haar armen om Josie heen en laat haar snikken op haar schouder. 'Ik kan niets beloven, maar ik zal het proberen. Ik zal met Jelena Georgiëvna praten. Ik beloof je dat ik zal doen wat ik kan.'

'Dank je. Ik weet dat je me kunt helpen, dat lukt je altijd,' zegt Josie. Ze maakt zich los uit de omhelzing om Cilka aan te kijken. Haar gezicht is zo hoopvol, zo open, dat Cilka een steek in haar hart voelt. Josie is zo jong, een meisje nog maar. 'Zorg alsjeblieft dat ze mijn kindje niet meenemen.'

Cilka trekt haar weer tegen zich aan en houdt haar lange tijd vast. *Laat ze jou alsjeblieft niet meenemen.*

'Kom op,' zegt ze. 'Je moet Natia terugbrengen naar de kinderafdeling. Het gaat steeds harder waaien, en je wilt toch niet dat ze ziek wordt?'

De volgende dag praat Cilka met Jelena. Jelena voelt met haar mee, maar ze vreest dat ze niet veel kan uitrichten bij de kampleiding. Beide vrouwen weten dat de kans klein is dat ze Josie en Natia kunnen helpen om bij elkaar te blijven wanneer Natia eenmaal twee is geworden. Hoogstwaarschijnlijk zal Josie worden gedwongen om terug te keren naar een gewone hut, zonder het warme, kleine lijfje om 's avonds bij thuis te komen.

Josie overleeft het niet, denkt Cilka. Ze zal de klap niet te boven komen. Cilka moet iets bedenken.

'Ambulance rijdt uit!'

'Ik kom eraan!' Cilka duwt het dossier waar ze mee bezig is in Ljoeba's handen, grist haar jas van het haakje en rent naar buiten.

Pavel staat naast het geopende portier van de ambulance. Wanneer hij Cilka aan ziet komen, klimt hij in de cabine. Er is niets veranderd sinds hun tweede dag op de ambulance, en dus moet Pavel in het midden zitten.

'Vandaag hebben we iets nieuws voor je, Cilka,' begint Kirill.

'Wauw, je zegt zomaar iets uit jezelf, Kirill,' zegt Cilka lachend.

'Nee, echt,' zegt Pavel, 'dit is ernstig.'

'Alle ongelukken zijn toch ernstig? Wanneer hebben we besloten dat het ene ongeluk erger is dan het andere, voordat we er zelfs maar zijn?'

'Het is geen ongeluk,' zegt Pavel. 'We gaan naar het huis van de commandant, Alexei Demjanovitsj. Een van zijn kinderen is ziek, en we moeten hem naar het ziekenhuis brengen.'

'Een kind! Een jongen? Weten we hoe oud hij is?'

'Ik weet niet of het een jongen is, maar het is een van de kinderen van de commandant.'

Voor het eerst sinds haar aankomst in Vorkoeta rijdt Cilka over een weg die buiten het kampterrein en het terrein van de mijn loopt. Een weg die is aangelegd door gevangenen. Ze kijkt naar de huizen waar gezinnen wonen. Vrouwen met kleine kinderen in hun kielzog haasten zich door de straat, met tassen vol boodschappen in hun handen. Ze passeren een aantal auto's. Cilka heeft hier pas een paar keer een auto gezien, bij bezoeken van hooggeplaatste personen aan het kamp.

Een bewaker gebaart dat ze moeten stoppen.

Zodra de ambulance stilstaat, stapt Cilka uit en gaat vast vooruit met de bewaker, terwijl Pavel en Kirill de kisten uit de ambulance tillen. De voordeur staat open, en de bewaker brengt Cilka naar een slaapkamer waar een meisje op een bed ligt te woelen en te kreunen. Haar moeder zit op de rand van het matras en probeert een natte handdoek op het voorhoofd van het meisje te leggen, terwijl ze haar met een geruststellende, troostende stem toespreekt. Cilka herkent haar.

'Pardon, mag ik even bij haar kijken?' zegt ze, terwijl ze haar jas uittrekt en die over een stoel hangt.

De vrouw van de commandant, Maria, draait zich om en staat op. 'Hallo, jij bent…'

'Cilka Klein. Vertel eens, wat heeft Katja deze keer uitgehaald?'

'Cilka Klein, ja, natuurlijk. Kun je haar alsjeblieft helpen? Ze heeft zoveel pijn.'

Cilka gaat naast het bed staan en buigt zich over het woelende meisje heen. 'Wat kunt u me vertellen?' vraagt ze aan de moeder.

'Gisteravond heeft ze haar eten niet opgegeten en klaagde ze over buikpijn. Mijn man heeft haar iets tegen de pijn gegeven –'

'Weet u wat hij haar gaf?'

'Nee, dat weet ik niet. Ze verscheen niet aan het ontbijt. Ik ging bij haar kijken, en ze zei dat de pijn terug was en dat ze wilde slapen. Ik heb haar laten liggen, maar toen ik een poosje geleden terugkwam, lag ze er zo bij. Ze weigert iets te zeggen. Alsjeblieft, wat mankeert ze? Je moet haar helpen.'

Maria's armbanden rinkelen om haar pols wanneer ze nadrukkelijk naar haar dochter gebaart.

'Ik zal proberen haar te onderzoeken.' Cilka doet een poging om Katja's maaiende armen op hun plek te houden. 'Katja, ik ben het, Cilka. Ik kom je helpen,' zegt ze rustig. 'Wil je alsjeblieft proberen om stil te liggen, en kun je me laten zien waar het pijn doet? Goed zo. Ik wil je buik graag onderzoeken.'

Ze kijkt naar de deur, waar de bewaker, Pavel en Kirill alle drie staan toe te kijken. 'Jullie drie, ga weg en doe de deur dicht. Ik roep jullie wanneer ik jullie nodig heb.'

Ze keert zich weer naar Katja toe en hoort de deur achter zich dichtgaan.

'Dat is beter. Laat me nu eens naar je buik kijken. Je doet het prima, Katja, je bent een dapper meisje. Dat wist ik natuurlijk al, want we hebben elkaar eerder gezien. Weet je nog? Toen je van het dak was gevallen en je arm had gebroken.'

Katja wordt iets rustiger, en Cilka kan haar nachtjapon omhoogschuiven en haar buik bekijken. Ze ziet dat hij is gezwollen. 'Katja, ik ga voorzichtig aan je buik voelen. Vertel me waar de pijn het ergst is.'

Zachtjes duwt ze op Katja's buik, beginnend onder haar ribbenkast en steeds een paar centimeter omlaag schuivend. Wanneer ze bij de onderbuik van het meisje komt, slaakt Katja een kreet van pijn.

'Wat is er, wat mankeert ze?' vraagt Maria bezorgd. De zware, zoete geur van haar parfum hangt in de kamer en laat Cilka's neus kriebelen.

'Het spijt me, ik kan het niet met zekerheid zeggen. Maar als we haar met de ambulance naar het ziekenhuis brengen, kunnen de dokters haar onderzoeken en behandelen. Ik geef haar een injectie tegen de pijn, dan dragen we haar naar de ambulance.'

Cilka voelt haar knieën in het zachte, dikke tapijt zinken. Wat zou het heerlijk zijn om hier te gaan liggen en door een liefdevolle moeder verzorgd te worden, in dit met kussens overladen bed.

'Ik heb een boodschapper naar mijn man gestuurd. Hij kan elk moment komen. Misschien moeten we wachten en Katja met zijn auto naar het ziekenhuis brengen.'

'Hoe sneller ze in het ziekenhuis is, hoe beter, als u het niet erg vindt. Ik zal bij haar gaan zitten in de ambulance en voor haar zorgen.'

Maria knikt. 'Goed. Ik heb je eerder vertrouwd, en ik vertrouw je nu weer. Ik zou het ook fijn vinden als ze weer wordt onderzocht door Jelena Georgiëvna.'

'Pavel!' roept Cilka.

De deur gaat open en Pavel en Kirill verschijnen in de deuropening.

'Breng me de kist met medicijnen.'

Kirill haast zich naar binnen, zet de kist op de vloer en haalt het deksel eraf.

Al snel heeft Cilka het medicijn gevonden dat ze zoekt. Zorgvuldig vult ze een spuit en injecteert het middel in Katja's arm. Ze houdt de arm vast terwijl het medicijn in werking treedt en Katja rustiger wordt.

'Haal de brancard, vlug, en breng meteen de kisten terug naar de ambulance.'

Even later keren de twee terug met de brancard. Cilka en Maria tillen Katja op terwijl de brancard op het bed wordt gelegd. Dan laten ze het meisje voorzichtig zakken en leggen een warme deken over haar heen.

'We gaan,' zegt ze tegen Pavel en Kirill. Aan Maria vraagt ze: 'Wilt u met ons mee in de ambulance, of kan de bewaker u met de auto brengen?'

'Ik wil met jullie mee.'

'Dan kunt u voorin gaan zitten. Ik ga achterin, bij Katja.'

De bewaker geeft Maria haar jas. Cilka pakt de hare wanneer ze Pavel en Kirill de kamer uit volgt, op weg naar de ambulance.

Cilka klimt als eerste achterin en helpt Pavel om de brancard naar binnen te schuiven. Kirill heeft de motor al gestart, en Pavel sluit de deuren. Dan gaat Pavel naast Kirill zitten en helpt de bewaker Maria om naast hem in de cabine van de ambulance te klimmen.

De rit naar het ziekenhuis verloopt in stilte. Maria's parfum vult de truck.

Jelena heeft bericht gekregen dat de dochter van de commandant op weg is naar het ziekenhuis. Ze staat hen al op te wachten.

Na een vlug onderzoek vertelt ze Maria dat Katja direct onder het mes moet. Ze is er redelijk zeker van dat het meisje een blindedarmontsteking heeft, maar ze kan dit pas met zekerheid zeggen wanneer ze haar buik open heeft gemaakt. Als ze gelijk heeft, zal Katja binnen een paar weken weer de oude zijn.

'Mag ik met jullie mee?' vraagt Maria.

'Het spijt me, Maria Danilovna, maar dat kan niet. Ik kan Cilka bij u achterlaten; zij kan vertellen wat we gaan doen.'

'Nee, ik red me wel terwijl ik op mijn man wacht. Ik heb liever dat Cilka bij de operatie helpt.'

Jelena knikt. 'Kom, Cilka, dan gaan we naar de wasruimte.' De verpleeghulpen draagt ze op om vast naar de operatiekamer te gaan.

Wanneer Jelena wegloopt, zegt Cilka vlug tegen Maria: 'Het komt wel goed met haar. We zullen jullie zo snel mogelijk met elkaar herenigen.'

Wanneer Cilka het vertrek wil verlaten, hoort ze de galmende stem van de commandant. Ze kijkt even toe terwijl hij zijn vrouw in zijn armen neemt en zij hem vertelt wat er aan de hand is, met een stem die verstikt is van emotie. Man, vrouw, kind, en de luxe om je alleen maar druk te hoeven maken om elkaar.

Na de operatie vertelt Jelena Cilka dat ze Maria en de commandant kan gaan halen om Katja te bezoeken. Het meisje heeft de ingreep goed doorstaan en ligt nu te slapen. Cilka blijft op een afstandje staan terwijl Jelena de bezorgde ouders uitlegt wat ze precies heeft gedaan en hoelang het herstel zal gaan duren. Ze biedt aan om 's nachts zelf bij Katja te blijven.

Maria bedankt haar en vraagt of Cilka misschien die nacht bij Katja en haar wil blijven. Zelf weigert ze weg te gaan. De commandant wil graag dat zijn dochter naar huis komt, maar hij stemt ermee in om haar één nacht in het ziekenhuis te laten, in haar eigen kamer, gescheiden van de gevangenen. Er worden stoelen voor Cilka en Maria gehaald en in de operatiekamer gezet. Vandaag wordt er niet meer geopereerd.

HOOFDSTUK 24

Die nacht wordt Katja een aantal keer wakker. Cilka stelt het meisje gerust en geeft haar extra injecties tegen de pijn, terwijl Maria haar dochter verzekert dat ze snel weer thuis zal zijn.

Wanneer Katja na een van deze momenten weer is gaan slapen, gaat Cilka weer zitten en merkt dat Maria naar haar staart.

'Is alles in orde?' vraagt ze aan de vrouw van de commandant die haar gevangenhoudt.

'Ik weet niet hoe ik je moet bedanken voor je goede zorgen. Het ontroert me om je met Katja te zien. Ik weet niet waarom je hier bent, dat wil ik ook niet weten, maar vind je het goed als ik met mijn man praat, als ik hem vraag om je te helpen?'

Cilka weet niet wat ze moet zeggen. 'Meent u dat?'

'Ja. We zijn je zoveel verschuldigd. Als ik het voor het zeggen had, zou je hier geen dag meer doorbrengen. Katja is heel bijzonder voor Alexei Demjanovitsj. Je mag het niemand vertellen, zeker onze zoons niet, maar volgens mij heeft hij een lievelingskind, en dat is het kleine meisje in dat bed.'

Cilka staat op en loopt naar Katja. Ze kijkt op haar neer: blond en mooi, nu nog een kind, maar straks een jonge vrouw. Cilka strijkt een lok haar uit haar gezicht.

'Ik heb nooit een kind gekregen.' Ze voelt zich veilig in de warme stille ruimte, anders had ze dat niet durven zeggen. 'Maar ik ben een dochter. Ik ken de liefde van een moeder en een vader.'

'Je zult nog kinderen krijgen, Cilka, je bent jong.'

'Misschien.'

Ze kan Maria, deze goed gevoede, welvarende vrouw, niet vertellen dat ze denkt dat het moederschap niet voor haar is weggelegd. Als het mogelijk was, zou het hoogstwaarschijnlijk al zijn gebeurd. Aan de binnenkant functioneert ze niet langer zoals andere vrouwen.

'Laat me je helpen om hier weg te komen, en misschien gebeurt het dan eerder. Voor mijn man is dit maar een tijdelijke post. Misschien keren we snel terug naar Moskou. Als ik je wil helpen, dan moet ik het nu doen.'

Cilka gaat weer zitten. Ze draait haar stoel een stukje, zodat ze recht tegenover Maria zit, en kijkt haar in de ogen. 'Zou ik uw aanbod voor iemand anders mogen inzetten?'

'Waarom zou je dat doen?' vraagt Maria stomverbaasd.

'Omdat er een moeder is, hier in het kamp, die me heel dierbaar is. Haar dochtertje, Natia, wordt over een paar weken twee. Dan wordt ze weggehaald en dan ziet mijn vriendin haar nooit meer terug. Als u iets kunt doen om dat te voorkomen, zou ik u eeuwig dankbaar zijn.'

Getroffen wendt Maria haar blik af. Ze kijkt naar haar eigen dochter en legt haar hand zachtjes op haar buik. Ze moet haast wel weten wat er in het kamp gebeurt, denkt Cilka. Misschien heeft ze zichzelf gewoon nooit toegestaan om te bedenken hoe het is voor de gevangenen, voor de vrouwen; hoezeer ze lijden.

Maria knikt. Ze steekt haar hand uit en pakt die van Cilka. 'Vertel me hoe ze heet. Als het aan mij ligt, zullen Natia en haar moeder niet uit elkaar worden gehaald.'

'Jozefína Kotecka,' zegt Cilka.

De deur van de operatiekamer gaat open en Alexei Demjanovitsj komt binnen, omringd door zijn bodyguards. Hij kijkt naar de twee vrouwen. Cilka springt overeind.

'Dank je wel dat je voor mijn dochter en mijn vrouw zorgt.'

Katja wordt wakker van het geluid van de zware laarzen op de houten vloer. Wanneer ze haar vader ziet, roept ze: 'Papa, papa!'

Met een knipoog naar zijn vrouw gaat Alexei op Katja's bed zitten om haar te troosten.

Even later verschijnt Jelena. Ze onderzoekt Katja en verklaart dat ze goed herstelt.

Iedereen in de ruimte glimlacht. Cilka bevindt zich midden in een blije familiesituatie, en ze weet niet hoe ze daarop moet reageren. Wanneer Katja in een rolstoel wordt getild om naar de auto van haar vader te worden gereden, omhelst Maria Cilka hartelijk en fluistert in haar oor dat ze voor Natia en haar moeder zal zorgen.

Wanneer iedereen weg is, doet Cilka de deur achter hen dicht en gaat op Katja's bed zitten.

'De liefde van een moeder,' fluistert ze.

HOOFDSTUK 25

Jelena wacht Cilka op wanneer ze op het werk arriveert. 'Kom met mij mee. Houd je jas maar aan.'

Cilka volgt haar. 'Waar gaan we naartoe?'

'Kom nu maar gewoon mee.'

Jelena loopt met kwieke pas van het ziekenhuis naar het nabijgelegen administratiegebouw, een stenen pand van drie verdiepingen hoog met twee vrijwel identieke gebouwen ernaast. Ze lopen eromheen, naar de meer discrete achteringang. Een bewaker opent de achterdeur voor hen zonder vragen te stellen. Ze komen in een kleine ontvangstruimte terecht. Vlug neemt Cilka haar omgeving in zich op, speurend naar bedreigingen, naar personen die haar wellicht kwaad willen doen. Ze blijft dicht bij Jelena, de vrouw die ze volledig is gaan vertrouwen. En dan ziet ze hem. Aleksandr komt overeind achter een bureau. Ze heeft hem lange tijd niet meer van zo dichtbij gezien. Hij is mager, zoals alle gevangenen, maar hij ziet er rustig en verzorgd uit. Zijn haar zit netjes, zijn huid oogt gezond; in zijn bruine ogen ligt een warme, open uitdrukking.

'Wacht hier maar even,' zegt Jelena tegen Cilka. Ze knikt naar Aleksandr, loopt langs hem heen en verdwijnt door een deur een gang in.

'Het komt wel goed, Cilka,' zegt Aleksandr. Kennelijk herkent hij haar nog en ziet hij dat ze nerveus is. Hij glimlacht en er verschijnen piepkleine lijntjes in zijn ooghoeken. Cilka's hart begint sneller te slaan.

Josie heeft het een paar keer over hem gehad, en Cilka is altijd blij om te horen dat het goed met hem gaat. Josie heeft haar ook verteld dat hij gedichten schrijft op de hoekjes van vellen papier, die hij vervolgens afscheurt en vernietigt.

Ze loopt naar de balie. Het lukt haar om iets uit te brengen. 'Ik hoop het, Aleksandr,' zegt ze. Ze kijkt omlaag en ziet inderdaad stukjes papier liggen waarop in een expressief handschrift woorden zijn gekrabbeld. Ze kijkt weer op, en onwillekeurig dwalen haar ogen naar zijn lippen. 'Ik…'

Ze hoort een deur open- en dichtgaan en kijkt op. Josie!

Haar vriendin haast zich naar haar toe, duidelijk van slag. 'Cilka, wat gebeurt er?'

Jelena volgt Josie, op een iets rustiger tempo, en komt bij hen staan.

'Ik weet het niet,' zegt Cilka ademloos. 'Jelena Georgiëvna, wat is er aan de hand?'

'Ik heb geen idee, dat zien we zo dadelijk. Ik heb alleen opdracht gekregen om jullie hiernaartoe te brengen.'

Maria Danilovna komt binnen, met Natia in haar armen.

Josie slaakt een kreet en rent naar haar dochter toe. Ze kan zichzelf er nog net van weerhouden om haar uit de armen van de keurige onbekende vrouw te grissen.

Maria geeft Natia, die er blij en rustig uitziet, aan Josie. 'Wat een beeldschoon meisje, Jozefína,' zegt ze. 'Kom.' Ze gebaart dat ze haar allemaal door de gang moeten volgen. Cilka kijkt naar Aleksandr, die naar haar knikt en weer achter zijn bureau gaat zitten. Even later gaan ze een onopvallende grijze kamer binnen en doet Maria de deur achter hen dicht.

Maria richt zich tot Cilka. 'Ik heb mijn belofte gehouden.'

'Wat gebeurt er?' vraagt Josie, die Natia angstig tegen zich aan drukt.

Cilka streelt Natia's wang, en daarna die van Josie. 'Josie, dit is Maria Danilovna, de vrouw van commandant Alexei Demjanovitsj. Je hoeft niet bang te zijn. Ze komt je helpen.'

'Hoe dan?'

'Jozefína, ik heb Cilka mijn hulp aangeboden, omdat ze het leven van mijn dochter niet één, maar twee keer heeft gered –'

'Nou ja, ik was niet echt degene die –'

'Ik vertel het verhaal, Cilka,' onderbreekt Maria haar vriendelijk. 'Ze heeft het leven van mijn dochter twee keer gered. Ik vroeg haar wat ik kon doen om haar te helpen, als dank voor haar goede zorgen. Ze vroeg niets voor zichzelf, maar ze vertelde me over jou en vroeg of ik jou en je dochter kon helpen.'

'Ik begrijp het niet. U bood aan om haar te helpen, en in plaats daarvan helpt u mij?'

'Ja. Buiten staat een auto te wachten. Die zal jou en Natia naar het treinstation brengen, en daarvandaan reizen jullie door naar Moskou. Een vriendin van mij, Stepanida Fabianovna, wacht je in Moskou op en zal je meenemen naar haar huis. Ik hoop dat je de kans zult aangrijpen om bij haar te gaan wonen en een kleine toelage te verdienen door haar te helpen in het huishouden.'

Josie is zo overweldigd dat ze snikkend op de vloer zakt, met Natia in haar armen. Cilka buigt zich over hen heen en omhelst moeder en dochter. Jelena en Maria kijken ontroerd toe, de tranen uit hun eigen ogen vegend. Natia wriemelt zich los en steekt haar handjes uit naar Cilka. Cilka tilt het kleine meisje op en drukt haar tegen zich aan. Ze drukt kussen op haar gezichtje tot het kleine meisje haar verontwaardigd wegduwt, waardoor Josie en Cilka allebei door hun tranen moeten lachen. Langzaam komen ze overeind.

'Mammie,' roept Natia en ze steekt haar armpjes uit naar haar moeder. Josie tilt haar op.

Maria glimlacht warm. 'Ik zal jullie rustig afscheid laten nemen. Doe Stepanida Fabianovna mijn hartelijke groeten. Zeg maar dat ik haar snel zal schrijven.'

Wanneer Maria Danilovna de deur opendoet, rent Cilka naar haar toe en slaat tot haar eigen verbazing haar armen om haar heen. Geschrokken doet ze een stap naar achteren.

'Hoe kan ik u ooit bedanken?'

'Dat heb je al gedaan. Zorg goed voor jezelf, Cilka. Ik zal af en toe komen kijken hoe het met je gaat.'

Na een laatste knikje naar de anderen vertrekt Maria.

Even later gaat de deur weer open. Het is een bewaker. 'Tijd om te gaan. De auto wacht wel, maar de trein niet.' Hij houdt een kleine tas omhoog. 'De vrouw van de commandant heeft me gevraagd om je dit te geven. Er zitten wat kleertjes in voor de kleine. Ik zal de tas in de auto zetten.'

Ze lopen terug naar de ontvangstruimte. Josie haast zich naar Aleksandr toe.

'Dag, Aleksandr,' zegt ze.

'Veel geluk, Josie,' zegt hij en hij schudt haar hartelijk de hand en strijkt Natia over haar hoofd.

Wanneer Josie terugloopt naar het groepje, ontmoet de blik van Aleksandr even die van Cilka. Ze wendt zich af, slaat haar armen om Josie en Natia heen en loopt met hen naar buiten.

Wanneer ze bij de auto zijn, kijkt Josie Cilka aan. 'Ik wil hier niet weg. Ik wil jou niet achterlaten.'

Cilka lacht. Dat zijn de mooiste en de meest absurde woorden die ze in lange tijd heeft gehoord. Ze blijft glimlachen, vechtend tegen de tranen.

'Stap in die auto. Vooruit. Ga op zoek naar je broers. Zorg dat je een goed leven krijgt – voor mij, voor ons allemaal – en dat kleine meisje ook. Ik zal altijd aan jullie denken, met niets dan vreugde.'

Een laatste omhelzing, met Natia tussen hen in geklemd.

Dan slaat het portier dicht. Jelena en Cilka kijken de auto na, zonder zich te verroeren.

'Van alles wat ik heb gezien sinds ik hier ben, zal ik me dit herinneren. Hieraan zal ik me vastklampen wanneer ik dreig te verdrinken in de zwaarmoedigheid van deze plek. Ik weet niet hoe de commandant en zijn vrouw dit voor elkaar hebben gekregen. Iemand op een hoge positie moet ze iets verschuldigd zijn geweest,' fluistert Jelena. 'En nu weer aan het werk, er zijn nog andere zielen om te redden.'

De zon breekt heel even door de dichte bewolking. Cilka heeft het gevoel dat ze in tweeën breekt. *Leich l'shalom*,' fluistert ze zachtjes tegen Josie. Ga in vrede.

Die avond vertelt Cilka de anderen over het vertrek van Josie en Natia. Haar eigen rol hierin bagatelliseert ze. Tranen vloeien. Herinneringen worden opgehaald. Vreugde en verdriet in gelijke mate.

Zoals zo vaak de laatste tijd, komt het gesprek op hun levens vóór Vorkoeta.

De redenen waarom ze hier zijn, zijn net zo gevarieerd als hun persoonlijkheden. Elena heeft niet alleen bij het Poolse verzet gezeten, maar is ook beschuldigd van spionage. En dan praat ze tegen hen in het Engels, wat ieders ontzag wekt.

'Ik wist het, natuurlijk,' zegt Hannah zelfgenoegzaam.

Vijf jaar lang hebben ze samengeleefd met iemand die Engels spreekt. Meteen vraagt een aantal vrouwen of Elena het hun zou willen leren, een klein beetje. Een geheime daad van verzet.

Andere meisjes uit Polen zijn er ook van beschuldigd dat ze de vijand hebben geholpen, op verschillende manieren. Geen van hen zegt iets over prostitutie. Opnieuw vertelt Olga dat ze zich verdacht heeft gemaakt door kleding te naaien voor de vrouw van een rijke generaal. Toen haar man zich tegen Stalin keerde en werd doodgeschoten, werd zij gearresteerd en op transport gezet.

Margarethe begint te snikken. 'Elke dag sterf ik een beetje, omdat ik niet weet wat er van mijn man is geworden.'

'Hij is tegelijk met jou opgepakt, toch?' vraagt Olga, alsof ze het raadsel hardop probeert op te lossen.

'We zijn samen opgepakt, maar naar verschillende gevangenissen gestuurd. Ik heb hem nooit meer gezien. Ik weet niet of hij nog leeft, maar mijn hart vertelt me dat hij dood is.'

'Wat heeft hij gedaan?' vraagt Anastasia, die het verhaal nog niet eerder gehoord heeft.

'Hij werd verliefd op mij.'

'Is dat alles? Er moet toch meer zijn.'

'Hij komt uit Praag; hij is Tsjechisch. Ik noem hem mijn echtgenoot, maar dat is juist het probleem. We hadden de euvele moed om te proberen te trouwen. Ik kom uit Moskou, en het is ons niet toegestaan om met een buitenlander te trouwen.'

Cilka's hart gaat de hele tijd tekeer. Ze is hier nu vijf jaar, en de vrouwen weten dat ze Joods en Slowaaks is, maar ze weten niets over haar arrestatie. Alleen Josie heeft een klein beetje informatie verzameld door Cilka vragen te stellen, hoewel Cilka daar nooit uitgebreid op in is gegaan. Ze heeft Josie verteld over haar vrienden, zoals Gita en Lale, en zich hardop afgevraagd waar ze nu zouden zijn, of ze veilig zouden zijn. Ze heeft verteld dat haar moeder en haar zus zijn gestorven, maar de details heeft ze achterwege gelaten. Ze schaamt zich dat ze haar vriendin niet alles heeft verteld. Maar als Josie haar de rug zou hebben toegekeerd, zou dat haar hart hebben gebroken.

De vrouwen vervallen in peinzend stilzwijgen.

'Het is tijd om mijn advies weer op te volgen,' zegt Olga tegen de groep. 'Een blije herinnering. Roep die op in je hoofd en in je hart.'

Bardejov Tsjecho-Slowakije, 1939

'Cilka, Magda, kom hier, vlug,' roept hun moeder.

Magda legt het boek neer dat ze aan het lezen is en haast zich naar de keuken. 'Cilka, kom,' zegt ze.

'Ik kom zo, even dit hoofdstuk uitlezen,' zegt Cilka, een tikje verstoord.

'Het is geweldig nieuws, Cilka, kom snel,' dringt haar moeder aan.

'Oké, oké, ik kom.'

Met het boek geopend op de bladzijde waar ze is gebleven, loopt Cilka de keuken in. Haar moeder zit aan tafel met een brief in haar hand. Ze wuift met de brief naar de twee meisjes.

'Wat staat er?' vraagt Magda opgewonden.

Cilka blijft in de deuropening staan. Ze doet alsof ze leest, maar net als Magda is ze benieuwd naar het nieuws van hun moeder.

'Legt dat boek weg, Cilka,' zegt haar moeder kordaat. 'Kom zitten.'

Cilka legt het boek geopend op tafel, met het omslag naar boven, en gaat naast Magda tegenover hun moeder zitten. 'Wat?' zegt ze.

'Tante Helena gaat trouwen.'

'Dat is fantastisch nieuws, mama!' roept Magda uit. 'Ik ben gek op al uw zussen, maar vooral op tante Helena. Ik ben zo blij voor haar.'

'Wat heeft dat met ons te maken?' vraagt Cilka, gespeeld onverschillig.

'Nou, mijn twee prachtige dochters, ze wil dat jullie haar bruidsmeisjes zijn. Is dat niet geweldig?'

'Bedoelt u dat we een mooie jurk mogen dragen, en bloemen in ons haar?' vraagt Magda opgewonden.

'Ja, jullie krijgen allebei een prachtige jurk, en tante Helena vindt het vast geweldig als jullie bloemen in jullie haar steken. Wat vind je ervan, Cilka? Wil je een bruidsmeisje zijn, wil je dat iedereen naar je kijkt en je vertelt hoe mooi je bent?'

Cilka kijkt van haar moeder naar haar zus, trachtend haar opwinding te onderdrukken. Het lukt haar niet. Ze springt overeind, haar stoel omvergooiend, en danst door de keuken.

'Ik word een prinses met bloemen in mijn haar! Mag ik een rode jurk? Ik zou dolgraag een rode jurk dragen.'

'Dat moet tante Helena beslissen, maar je kunt het haar altijd vragen. Misschien zegt ze wel ja, maar jullie moeten in elk geval allebei dezelfde kleur dragen.'

'Ik ga het papa vertellen.'

Cilka rent de keuken uit, op zoek naar haar vader. 'Papa, papa, tante Helena gaat trouwen! Ze is verliefd.'

Op een dag, denkt ze, zal ik aan de beurt zijn.

HOOFDSTUK 26

De winter van 1950-1951 is bijzonder streng. Het ziekenhuis wordt overspoeld door patiënten met bevriezingsverschijnselen en andere door de kou veroorzaakte mankementen. Het amputeren van handen en voeten wordt haast een dagelijkse bezigheid, en wie het overleeft, wordt direct naar een onbekende plek gebracht, zodat de bedden weer vrijkomen.

Longontsteking eist een heleboel slachtoffers; longen die zijn verzwakt door het constante inademen van het stof van steenkool kunnen geen weerstand bieden tegen de infecties die zich door het kamp verspreiden.

Pellegrapatiënten komen het ziekenhuis nauwelijks binnen – de stervenden worden met hun schilferende huid op dekens vlak bij de ingang gelegd, klaar om weer te worden meegenomen wanneer ze overlijden.

Het aantal ongelukken neemt verontrustend toe. Bevroren vingers krijgen geen goede greep op het gereedschap, en verzwakte gevangenen zijn minder alert op de gevaren van zware machines en vallende stenen.

De gewonden worden streng ondervraagd door de artsen, om te controleren of ze zichzelf het letsel niet hebben toegebracht om onder het werk uit te komen. Patiënten smeken om in het ziekenhuis te mogen blijven, of in elk geval te worden vrijgesteld van taken in de buitenlucht.

Sommige van deze zelf toegebrachte verwondingen zijn gruwelijke verminkingen – uit de ergste categorie die Cilka heeft gezien.

De ambulances rijden af en aan met zieken en gewonden. Wie niet met een ambulance mee kan, wordt met een aantal anderen in een truck gepropt of door medegevangenen naar het ziekenhuis gedragen.

Door de barre weersomstandigheden, Josies vertrek en het volledig ontbreken van hoop, raakt Cilka opnieuw in de greep van de zwaarmoedigheid. Ze weigert pauze te nemen tijdens haar werk op de ambulance.

Ze haalt gewonden op, brengt ze naar het ziekenhuis en rijdt onmiddellijk weer uit. Eindeloos bekommert ze zich om de zieken, de gewonden, de stervenden. Op de ziekenzaal zien ze haar nog maar nauwelijks.

De opzichters van de mijn prijzen haar moed; ze weigert nooit om zich in een gevaarlijke situatie te begeven. Ze zeggen dat ze door haar geringe omvang en competentie de meest geschikte persoon is om de mijn binnen te gaan en naar slachtoffers te zoeken. Daar heb je dat woord weer, 'moed' – maar Cilka vindt nog steeds dat ze niet genoeg heeft gedaan om het te verdienen.

'Ambulance rijdt uit.'

'Ik kom eraan.'

Kirill, Pavel en Cilka scheuren in de ambulance naar de mijn.

'Ga je niet vragen wat ons vandaag wacht, Cilka?' vraagt Kirill.

'Doet het ertoe?'

'Slechte dag?' kaatst Kirill terug.

'Laat haar met rust, Kirill.' Pavel schiet Cilka te hulp.

'Oké. Het is een explosie, dus vermoedelijk gebroken botten en brandwonden,' zegt Kirill.

Pavel en Cilka reageren niet.

Kirill haalt zijn schouders op. 'Dan niet.'

In de mijn heerst volledige chaos. De gebruikelijke groep gevangenen staat toe te kijken, van de ene voet op de andere huppend in een vergeefse poging om warm te blijven.

Cilka is de ambulance al uit voordat de motor zwijgt.

'Cilka, hier!'

Ze voegt zich bij een groepje bewakers. Er verschijnt een opzichter.

'Cilka, goed dat je er bent. Het is een akelige toestand. We brachten explosieven naar de centrale mijngang, en één ervan ging onverwacht af. Er zitten minstens zes gevangenen beneden, en ongeveer evenveel bewakers. Plus onze explosievenexpert. Hij zou het dynamiet laten afgaan. Hij is een belangrijke persoon hier. Verdorie, als hem iets is overkomen, dan zitten we diep in de nesten.'

Cilka loopt naar de ingang van de mijn. 'Pavel,' roept ze over haar schouder, 'breng de kist mee, schiet op.'

De opzichter rent achter haar aan. 'Cilka, je kunt nog niet naar beneden. Het is nog niet veilig verklaard.'

Ze heeft het allemaal eerder gehoord. 'En wie gaat het hiervandaan veilig verklaren?'

Als ze geen antwoord krijgt, wendt ze zich tot Pavel. 'Ik kan je niet dwingen om met me mee te gaan, maar ik zou het wel waarderen.'

'Cilka, je hebt de man gehoord – de hele boel kan boven ons hoofd instorten.'

'Er zijn gewonden daarbeneden. We moeten het proberen.'

'Met gevaar voor eigen leven? Vergeet het maar.'

'Best, dan ga ik zelf wel. Geef me de kist.'

Pavel steekt haar de kist toe, aarzelt, en trekt hem dan weer naar zich toe. 'Ik ga hier spijt van krijgen, hè?'

'Waarschijnlijk,' zegt ze met een klein glimlachje.

'Zeker weten,' zegt de opzichter. 'Luister, ik kan jullie niet tegenhouden, maar ik raad het ten zeerste af.'

'Kom op, Pavel, we gaan.'

'Hier, neem de grote lamp mee,' zegt de opzichter.

Cilka en Pavel dalen zwijgend met de lift af in de mijn. Het schijnsel van de lamp dringt nauwelijks door het dichte stof dat om hen heen dwarrelt. Wanneer de lift tot stilstand komt, stappen ze het donker in en schuifelen een paar minuten naar voren. Dan beginnen ze te roepen.

'Kan iemand me horen?' roept Cilka. 'Antwoord als je me hoort, zo luid mogelijk, zodat we je kunnen vinden. Is hier iemand?'

Niets. Ze lopen dieper de mijn in en komen dichter bij de plek van de explosie. De grond onder hun voeten lijkt wel een hindernisbaan, bezaaid met stukken rots en keien. Ze komen steeds moeilijker vooruit.

Pavel struikelt over een scherp stuk rots, valt en slaakt een kreet, meer van de schrik dan van de pijn.

'Gaat het?' vraagt Cilka bezorgd.

De reeks scheldwoorden die Pavel eruit gooit, weerkaatst tegen de muren. Wanneer de echo is weggestorven, horen ze iemand roepen.

'Hier, we zijn hier!'

'Blijf praten, we komen eraan,' roept Pavel, terwijl hij en Cilka zich in de richting van de stem haasten.

Het schijnsel van hun lampen verlicht verscheidene mannen die naar hen zwaaien en roepen. Zodra ze bij de mannen zijn, vraagt Pavel wie de leiding heeft. Een bewaker die naast een bewusteloze man zit, steekt zijn hand op.

'Vertel me wie hier allemaal zijn, en wat je van de anderen weet,' zegt Cilka.

Het zijn er zes – drie bewakers, twee gevangenen en de explosievenexpert, die bewusteloos blijkt te zijn. Hun helmen zijn bij de explosie van hun hoofd gevlogen, de lichten zijn tegelijkertijd uitgegaan en ze kunnen niet zien hoe iedereen eraan toe is.

Cilka vraagt of er iemand is die kan staan en zelfstandig kan lopen. Twee mannen zeggen dat ze denken dat dat wel zal lukken, ook al zijn ze gewond. De een meldt dat zijn arm gebroken moet zijn, aangezien het bot door de mouw van zijn shirt en zijn jas steekt.

Met behulp van de lamp onderzoeken Cilka en Pavel de mannen vlug. De ademhaling van de explosievenexpert is onregelmatig, en hij heeft een verwonding aan zijn hoofd. Cilka vraagt Pavel om een andere man te onderzoeken, die ook bewusteloos is. Het kost Pavel weinig tijd om vast te stellen dat de man dood is. Het is een van de bewakers.

Cilka concentreert zich op de explosievenexpert. Naast de hoofdwond lijkt hij een klap op zijn borst te hebben gekregen. Er zit een deuk die haar vertelt dat hij meerdere ribben moet hebben gebroken. Ze vraagt de mannen die er relatief goed aan toe zijn, om haar te helpen de expert recht te leggen. Ze legt een infuus aan en verbindt zijn hoofd zo goed mogelijk.

'En de anderen?' vraagt ze de bewaker. 'We hebben gehoord dat er een stuk of twaalf mannen beneden waren.'

De bewaker zegt dat ze haar licht wat verderop moet laten schijnen.

Als ze dat doet, ziet ze dat het pad vrijwel helemaal is geblokkeerd door puin dat bij de explosie omlaag is gekomen.

'Ze zitten aan de andere kant,' legt de bewaker uit.

'Hebben jullie naar ze geroepen, om te kijken of er iemand reageerde?'

'Dat is tijdverspilling. Ze liepen zo'n honderd meter voor ons. Zij gingen voorop met het dynamiet toen de boel ontplofte. Ze moeten vol door de eerste explosie zijn geraakt, en toen volgden er nog twee. Ze waren kansloos.'

'Ik begrijp het, dat kun je rapporteren wanneer we uit de mijn zijn. Laten we eerst eens kijken wie in staat is om de andere mannen te ondersteunen op weg naar de lift. Ik heb er in elk geval eentje nodig om Pavel te helpen met het dragen van onze expert.'

'Ik kan helpen,' biedt de bewaker aan.

'Ik ook,' zegt een van de gevangenen kuchend.

'Bedankt.' Cilka richt zich tot de andere gevangene: 'Kun jij een oogje op hem houden?' vraagt ze, knikkend naar de gewonde man. 'Hij heeft een akelige armbreuk.'

'Natuurlijk,' antwoordt de gevangene.

Cilka laat de lamp over het pad schijnen, en de mannen gaan schuifelend en met vertrokken gezichten op weg naar de lift. Pavel steekt zijn armen onder de oksels van de bewusteloze man en pakt hem stevig vast bij de borst. Cilka tilt de kist met medicijnen op, legt de fles met infuusvloeistof erbovenop en volgt de arbeiders door de lange, claustrofobische gang die naar de liftkooi leidt.

Bij de deuropening van de lift kijkt ze om. Door het dwarrelende stof in het schijnsel van de lamp ziet ze dat Pavel de gewonde man moeizaam voortsleept. Dan hoort ze gerommel. Nee! Losse stukken steen rollen omlaag en verspreiden wolken van stof. Ze hoort Pavel schreeuwen.

Dan hoort ze de andere mannen roepen, de hendel van de lift klikken, de deur van de liftkooi dichtslaan. Ze kucht hevig, haar oren fluiten. Dan zakt ze in elkaar en slaat met haar hoofd tegen de harde kooi van de lift. Ze blijft trillend op de grond liggen terwijl ze langzaam afdalen.

'Cilka, Cilka, knijp in mijn hand.' Jelena's geruststellende stem dringt Cilka's bewustzijn binnen.

Hand, voel de hand, knijp erin, draagt ze zichzelf op. Het kost haar zoveel inspanning om aan dit verzoek te voldoen dat er pijnscheuten door haar lichaam schieten en ze opnieuw van haar stokje gaat.

Ze ontwaakt door het geluid van iemand die een kreet slaakt. Zonder haar ogen te openen, luistert ze naar de vertrouwde geluiden van artsen en verpleegsters die hun werk doen, van patiënten die om hulp roepen of het uitschreeuwen van de pijn. Zelf zou ze het allebei wel willen doen.

'Ben je er weer, Cilka?' hoort ze Raisa fluisteren. Ze voelt Raisa's adem op haar wang; de verpleegster moet dicht over haar heen gebogen staan.

'Tijd om wakker te worden. Kom op, doe je ogen open.'

Langzaam opent ze haar ogen. De hele wereld is wazig. 'Ik zie niets,' fluistert ze.

'Het kan goed zijn dat je zicht tijdelijk wazig is, dus raak niet in paniek, Cilka,' stelt Raisa haar gerust. 'Het komt helemaal goed met je. Kun je mijn hand zien?'

Cilka ziet iets voor haar gezicht flitsen, een beweging. Het zou een hand kunnen zijn. Ze knippert een aantal keer met haar ogen, en elke keer ziet ze een beetje scherper, tot ze vingers kan onderscheiden. Ja, het is een hand.

'Ik zie hem, ik zie je hand,' mompelt ze zwakjes.

'Mooi zo. Ik zal je vertellen wat je mankeert, dan kun jij mij vertellen hoe je je voelt. Is dat goed?'

'Ja.'

'Je hebt een flinke klap op de achterkant van je hoofd gehad, en er waren twintig hechtingen voor nodig om de wond te sluiten. Het is ongelooflijk dat het je is gelukt om daar weg te komen, terwijl de hele tunnel instortte. Waar ben jij van gemaakt?'

'Sterker materiaal dan je dacht.'

'Ik ben bang dat we een deel van je haar moesten afscheren, maar dat groeit wel weer terug. Je zult de komende tijd flinke hoofdpijn hebben, en we willen niet dat je te veel praat of je te veel inspant.'

Cilka doet haar mond open om iets te vragen. Pavel. Ze herinnert zich de laatste momenten in de mijn. Moeizaam brengt ze zijn naam uit. 'Pavel...'

'Het spijt me, Cilka. Hij heeft het niet gehaald.'

En dat is mijn schuld, denkt ze. Ik heb hem overgehaald om de mijn in te gaan.

Ze doet haar ogen dicht.

Ik ben vervloekt. Iedereen om me heen sterft of wordt weggehaald. Het is niet veilig om bij mij in de buurt te zijn.

'Cilka, je hebt schaafwonden en kneuzingen op je bovenrug. Je stond waarschijnlijk voorovergebogen toen je geraakt werd door het puin. Maar het is niet ernstig, en het heelt goed.'

Ze probeert adem te halen. Hoe het met haar gaat, doet er niet toe.

'Hoe is het met de andere mannen?'

'O, Cilka. Echt iets voor jou om eerst naar de anderen te vragen. Dankzij jou gaat het grotendeels goed met de mannen die vóór jou de tunnel hebben verlaten.'

Cilka is opgelucht dat ze niet allemaal dood zijn. Maar Pavel... Ze had voorzichtiger moeten zijn.

'Luister,' zegt Raisa. 'Ik zal je vertellen hoe we je gaan behandelen, en ik wil dat je belooft dat je doet wat we zeggen. Je mag je er niet mee bemoeien, al denk je dat je meer weet dan wij allemaal bij elkaar.'

Cilka zegt niets.

'Je moet het beloven.'

'Ik beloof het,' mompelt ze.

'Wat beloof je?'

'Dat ik zal doen wat jullie zeggen, dat ik me er niet mee zal bemoeien en dat ik niet zal denken dat ik het beter weet.'

'Dat heb ik gehoord,' zegt Jelena, die stilletjes aan is komen lopen. 'Hoe gaat het met onze patiënte?'

'Het gaat –'

'Ik voer het woord, jij hebt beloofd om je mond te houden,' zegt Raisa.

'Ik heb niets gezegd over mijn mond houden.'

'Mijn vraag is zojuist beantwoord,' zegt Jelena glimlachend. 'Cilka, hoe voel je je? Waar doet het pijn?'

'Ik heb geen pijn.'

Jelena snuift. 'Ik wil dat je nog vierentwintig uur plat blijft liggen. Probeer niet te veel te bewegen, laat je lichaam herstellen, in het bijzonder je hoofd. Ik vermoed dat je een zware hersenschudding hebt, en die kan alleen met rust genezen.'

'Dank u,' weet Cilka uit te brengen.

'Probeer wat te rusten. Ik heb bericht gestuurd naar je hut om te laten weten dat je gewond bent geraakt, maar dat het helemaal goed met je komt. Ik weet dat je een hechte band hebt met de vrouwen daar, en ik dacht dat ze zich anders zorgen zouden gaan maken.'

Hannah zeker, denkt ze. Maar het laatste potje pillen dat Cilka haar heeft gegeven, zal nog wel een poosje meegaan.

Ze denkt weer aan Pavel, en een traan ontsnapt uit haar ooghoek en glijdt over haar wang.

Wanneer ze de volgende dag haar ogen opendoet, ziet ze dat er een vreemde man over haar heen gebogen staat. Voordat ze iets kan zeggen, pakt hij haar hand en drukt er een kus op.

'Dank je wel dat je mijn leven hebt gered, je bent een engel. Ik heb naar je gekeken terwijl je sliep, in de hoop dat je wakker zou worden, zodat ik je kon bedanken.'

Ze herkent hem als de explosievenexpert uit de mijn.

Ljoeba verschijnt naast de man. 'Hup, terug naar je bed. Ik zei toch dat je hier niet steeds kunt komen. Cilka heeft haar rust nodig.'

'Maar –'

'Ljoeba, het geeft niet, laat hem maar even blijven,' zegt Cilka met schorre stem.

'Opnieuw heel erg bedankt.'

'Hoe gaat het met je?' vraagt ze. 'De laatste keer dat ik je zag, zag je er niet al te best uit.'

'Dat heb ik ook gehoord, ja. Maar het gaat al veel beter met me. Tenminste, dat moet haast wel, want ik ga morgen terug naar mijn hut.'

Cilka weet er een glimlachje uit te persen. 'Ik vond het fijn om je te zien. Pas goed op jezelf.'

Als de man is teruggekeerd naar zijn bed, komt Ljoeba bij Cilka's bed staan.

'Ik hoor dat je zijn leven en dat van de andere arbeiders hebt gered. Hij houdt er maar niet over op.'

'Maar, Ljoeba, ik heb Pavel erbij betrokken, en nu is hij dood.'

'Je had hulp nodig, en hij koos er zelf voor.'

'Hij hielp me omdat hij om me gaf. Dat begrijp ik nu.'

'Nou, dan zou hij blij zijn dat je het hebt gered.'

'Mag ik bij haar?' Kirill verschijnt achter Ljoeba, en de verpleegster stapt opzij.

'Hoe voel je je?' vraagt hij, oprecht bezorgd.

'Het spijt me zo, Kirill. Het spijt me zo,' zegt ze en de tranen prikken weer in haar ogen.

'Het was niet jouw schuld, wat er met Pavel is gebeurd.'

'Maar hij ging alleen maar mee omdat ik het vroeg.'

'Hij zou je ook hebben geholpen als je het niet had gevraagd. Nu zul je het mij moeten vragen.'

'Ik denk niet dat ik dit nog wil doen, dat ik nog op de ambulance wil rijden, zonder Pavel.'

'Dat moet je niet zeggen. Natuurlijk kom je terug, je moet alleen eerst beter worden.'

Ze zucht. 'Ik denk niet dat ik degene kan zijn die de levens van anderen op het spel zet.'

'Cilka Klein, je vertelt anderen maar zelden wat ze moeten doen. Ze zetten juist hun leven op het spel omdat je het níét vraagt. Daarom willen ze je helpen. Snap je dat dan niet?'

Cilka kijkt naar Kirill, en ze ziet een andere man dan eerst. De bravoure en de minachting van eerst zijn verdwenen.

Hij raakt even met zijn grote harige hand de hare aan. 'Zorg dat je beter wordt, ik kom over een paar dagen weer bij je kijken. En Cilka... Pavel was niet de enige die om je gaf.'

Voordat Cilka iets kan zeggen, loopt hij weg.

Cilka houdt zich niet aan haar belofte. Gedurende de tien dagen van haar herstel wordt er streng tegen haar gesproken, geschreeuwd, gedreigd om haar vast te binden. Vooral 's avonds is ze actief, wanneer er weinig verpleegsters zijn. Ze probeert een aantal keer patiënten te helpen van wie ze hoort dat ze het benauwd hebben. Maar grotendeels zoekt ze andere patiënten op en biedt hun troost.

Haar wonden genezen, haar hoofdpijn wordt minder en de hechtingen worden uit haar schedel verwijderd. Ze verbergt de voortdurende pijn in haar rug, uit angst dat ze dan nog langer op de ziekenzaal zal moeten blijven, en ze vraagt Jelena om haar te ontslaan, zodat ze terug kan keren naar de hut. Nu houdt ze een bed bezet dat iemand anders mogelijk hard nodig heeft.

'Binnenkort,' belooft Jelena.

Wanneer Cilka en het medische team een paar dagen later 's avonds uit de operatiezaal komen – de eerste operatie voor Cilka sinds ze weer op de been is – worden ze opgewacht door een aantal hoge kampofficieren. De officieren informeren naar de explosievenexpert, en krijgen tot hun opluchting te horen dat hij het goed maakt en over een paar dagen zijn taken weer op zal kunnen pakken. Cilka mengt zich niet in het gesprek en houdt zich op de achtergrond. Wanneer ze weg probeert te glippen, roept een van de mannen haar echter na.

'Verpleegster, blijf waar je bent.'

Cilka verstijft. Ze weet niet wat ze verkeerd heeft gedaan, maar het is nooit een goed teken als een kampcommandant je rechtstreeks aanspreekt. Wanneer de dokter klaar is met zijn verslag, komt de commandant naar Cilka toe. Met zijn lange, slanke postuur en de pet die hij een tikje scheef op zijn hoofd draagt, doet hij haar denken aan iemand die ze ooit heeft gekend, iemand die haar heeft gebruikt. Ze begint te trillen wanneer er herinneringen opduiken die ze juist steeds probeert te onderdrukken.

'Ben jij de verpleegster die is afgedaald in de mijn en de gewonde mannen heeft gered?'

Cilka kan niets uitbrengen. De man herhaalt de vraag.

'Ja,' stamelt ze. 'Ik ben de mijn in gegaan, maar de dokters zijn degenen die de patiënten hebben gered.'

'Ik heb iets anders gehoord. Jouw moed heeft een aantal mannen het leven gered, en ik wil je laten weten dat we dankbaar zijn.'

'Dank u, ik deed gewoon mijn werk.'

'Hoe heet je?'

'Cilka Klein, meneer.'

'En je bent officieel als verpleegster aan het ziekenhuis verbonden?'

Voordat Cilka iets kan zeggen, komt Jelena tussenbeide. 'Cilka is hier opgeleid, door ervaren artsen en verpleegsters. Haar vaardigheden zijn buitengewoon, en we zijn zeer dankbaar dat ze bij ons wil werken.'

De commandant knikt. 'Maar je bent een gevangene.'

'Ja,' mompelt Cilka, met haar hoofd gebogen.

'Woon je in het verpleegstersverblijf?'

'Ik woon in hut 29.'

De commandant richt zich tot de dokter. 'Ze mag intrekken in het verpleegstersverblijf.'

Na die woorden vertrekt hij, op de voet gevolgd door zijn entourage.

Cilka glijdt omlaag langs de muur waar ze steun tegen had gezocht. Ze trilt hevig.

Jelena helpt haar overeind. 'Je zult wel doodmoe zijn, na alles wat je hebt meegemaakt. Blijf nog maar een nachtje op de ziekenzaal. Ik wil niet dat je vanavond teruggaat naar je hut. Morgen zullen we je verhuizing bespreken.'

Cilka laat zich wegleiden.

HOOFDSTUK 27

Cilka wordt wakker op de ziekenzaal en ziet een helderblauwe lucht door het raam. De zon staat weer hoger aan de hemel, en door het langere licht denkt ze nog sterker aan de vrouwen in haar hut.

Wanneer Jelena naar haar toe komt, zegt ze: 'Ik ben heel dankbaar voor het aanbod om bij de andere verpleegsters te gaan slapen, maar ik blijf liever waar ik ben.'

Jelena kijkt haar stomverbaasd aan.

'Als het mag, blijf ik liever bij mijn vriendinnen.'

'Maar daar ben je niet veilig.'

Cilka weet dat Jelena zich bewust is van wat er 's avonds in het kamp gebeurt – ze heeft de kneuzingen gezien. Haar beslissing moet nogal onverwacht overkomen op de dokter.

'Bij mijn vriendinnen,' herhaalt ze. Olga, Elena, Margarethe, Anastasia. En, denkt ze, als Hannah ze over mijn verleden heeft verteld, dan moet ik de confrontatie met ze aangaan. Met háár. 'Ik verwacht niet van u dat u het begrijpt.'

Jelena haalt diep adem. 'Het is jouw beslissing, en ik zal die respecteren. Maar mocht je van gedachten veranderen...'

'Dan bent u de eerste die het hoort.'

Ze moet wel terugkeren, want de vrouwen in hut 29 zijn haar familie geworden. Natuurlijk, ze zijn het niet altijd eens. Ze hebben vaak ruzie gehad, soms zelfs gevochten, maar dat gebeurt nu eenmaal in een grote ingewikkelde familie. Ze herinnert zich nog het gekibbel en het geduw en getrek tussen haar en haar zus toen ze klein waren. De samenwerking, het delen, weegt zwaarder dan de conflicten. De samenstelling van de hut mocht dan zijn veranderd, het centrale groepje was hetzelfde gebleven, met de norse Antonina Karpovna als belangrijk onderdeel daarvan.

Wanneer Cilka de hut binnengaat, kijken de vrouwen haar somber aan. Ze weten het, denkt ze. Ze zou direct weer naar buiten kunnen lopen, maar ze dwingt zichzelf om te blijven, om hen onder ogen te komen.

'O, Cilka,' zegt Margarethe. 'Olga is weg.'

'Hoe bedoel je, weg?' vraagt ze.

'Ze hebben haar vanochtend opgehaald toen we naar ons werk gingen. Haar straf zat erop.'

'Maar ik heb geen afscheid kunnen nemen,' zegt ze. Ze weet niet of ze het zal verdragen om nog meer mensen te moeten missen.

'Ze vroeg ons om jou namens haar gedag te zeggen. Wees blij voor haar, Cilka. Nu kan ze terug naar haar kinderen.'

Anastasia komt binnen. 'Cilka! Hebben ze het verteld?'

'Ja,' antwoordt Cilka. 'Ik zal haar missen.'

Anastasia slaat haar armen om Cilka heen. 'Wij hebben jou gemist.'

Het is die avond ongebruikelijk stil in de hut. Het lege bed herinnert de vrouwen eraan dat Olga weg is, en dat zij moeten blijven.

Als de lichten uit zijn, worden ze bezocht door een aantal mannen, onder wie Boris. Hij is terneergeslagen. Cilka ligt stilletjes naast hem.

'Wil je dan nooit over ons praten?' vraagt hij uiteindelijk.

'Ik weet niet wat je bedoelt met "ons".'

'Jij en ik, wat we voor elkaar betekenen. Je vertelt me nooit wat je voor me voelt.'

'Wat kan het jou schelen? Je bent alleen geïnteresseerd in mijn lichaam.'

Boris richt zich op en leunt op zijn elleboog. In het donker probeert hij Cilka's gezicht te zien, haar uitdrukking te lezen, haar in de ogen te kijken. 'Wat zou je ervan vinden als ik je vertelde dat ik verliefd op je ben?'

Ze zwijgt een poosje. Hij wacht.

'Dat is heel aardig van je.'

'Ik heb veel aan je gedacht toen je weg was, in het ziekenhuis. En wat voel jij voor mij?'

Niets, denkt ze. Ik toleer je alleen. Niet voor de eerste keer verschijnt het vriendelijke, aantrekkelijke gezicht van Aleksandr op haar netvlies. Maar ze moet zichzelf niet zo kwellen.

'Boris, je bent een heel aardige man, en ik zou niemand in het kamp liever bij me in bed hebben,' zegt ze. Ze kan zijn rode neus onderscheiden in het halfdonker, zijn vochtige lippen. Ze richt haar blik weer op het plafond.

'Houd je van me?'

'Ik weet niet wat liefde is. Als ik mezelf zou toestaan om verliefd te worden op iemand, dan zou ik moeten geloven dat er een toekomst is. Die is er niet.'

Ze weet echter dat ze in staat is om zich aangetrokken te voelen tot iemand, op een manier waar ze andere mensen over heeft horen praten. Het is wreed om je tot iemand aangetrokken te voelen op een plek als deze.

'Hoe weet je dat zo zeker? We kunnen best een toekomst hebben samen. We blijven hier niet de rest van ons leven.'

Het is beter om niets te voelen, denkt ze. 'Zie je dat lege bed daar?'

Boris tuurt in het donker. 'Nee.'

'Nou, er staat een leeg bed. Olga heeft daar elke nacht geslapen sinds de dag dat we hier aankwamen.'

'Ja...' zegt Boris. Hij begrijpt niet waar ze naartoe wil.

'Weet je waarom ze hier was?' Cilka's stem wordt luider, en in het donker roept iemand: 'Ssst!'

'Hoe moet ik dat nu weten? Ik weet niet eens waarom jij hier bent.'

'Ze was Russisch, en ze werd verliefd op een man uit Praag. Ze probeerden te trouwen, maar jullie wetten verbieden dat. Om die reden zijn ze allebei opgepakt. Olga kwam hier terecht, en ze heeft geen idee wat er met haar man is gebeurd, maar ze vermoedt dat hij dood is.'

'Wat heeft dat met ons te maken?'

'Ik kom uit Tsjecho-Slowakije en jij bent Russisch.'

'Die wet kan veranderen,' zegt hij koppig.

'Ja, dat zou kunnen, maar voorlopig hebben we het hiermee te doen.'

Hij kruipt tegen haar aan. Zijn hartstocht is verdwenen, hij zoekt enkel nog troost. Cilka ondergaat het.

Boris blijft haar bezoeken; de gewonden en de zieken blijven komen; de vriendschap in de hut wordt nog steeds stilletjes tot uiting gebracht door voedsel te delen, door elkaar in de zware omstandigheden te troosten en te steunen. Margarethe, Anastasia, Elena en Hannah blijven, maar met hen heeft Cilka een minder hechte band dan ze met Josie had. Wanneer ze maar de kans krijgt, herinnert Hannah Cilka eraan dat ze de vrede in de hut zou kunnen verstoren, dat ze alles zou kunnen onthullen. Die gedachte kan Cilka nog steeds niet aan. Ze heeft een goede, zij het onuitgesproken band met Jelena, die wordt uitgedrukt in blikken en gebaren tijdens het werk op de ziekenzaal. En hoewel ze het niet aan zichzelf wil toegeven, speurt ze naar Aleksandr – een rokende gestalte bij het administratiegebouw, zijn ogen gesloten in kortstondig genot, in de sneeuw, in de regen, in de incidentele zonneschijn – zijn gezicht omhoog gekeerd naar het licht. Wanneer ze hem ziet, maakt haar hart een sprongetje, maar toch loopt ze haastig verder. Er kan immers niets goeds van komen om aan zo'n verlangen toe te geven.

Ondertussen veranderen de seizoenen – duisternis gaat over in licht, witte nachten in lange, donkere winters. Cilka schrikt nog vaak wakker uit haar nachtmerries: uitgemergelde lichamen, fluitende dokters, de zwarte, glanzende laarzen van de commandant. Ze probeert zich wanhopig vast te klampen aan de goede herinneringen, maar die lijken haar steeds meer te ontglippen. Ze fantaseert over het leven van Josie en Natia, van Lale en Gita. In haar gedachten zijn ze veilig en warm en altijd samen. Ze houdt vol.

HOOFDSTUK 28

Goelag Vorkoeta, Siberië,
juni 1953

Alweer een zomer vol witte nachten. De eerste zondagavondwandelingetjes ontberen het enthousiasme en de vreugde van voorgaande zomers. Hun achtste zomer. Acht jaar van hun leven gestolen. Er heerst rusteloosheid in het kamp. Wanneer de zomer zijn hoogtepunt bereikt, vangt Cilka geruchten op over een staking. In een bepaald deel van het kamp weigeren de mannen het werk op te pakken. Die avond vertelt ze de anderen wat ze heeft gehoord.

Meteen ontstaat er opwinding. Elena heeft niets opgevangen in het naaiatelier waar ze dankzij de lessen van Olga nu een baan heeft. De anderen smeken haar en Cilka om te proberen zoveel mogelijk te weten te komen.

De volgende dag vraagt Cilka Raisa wat zij weet. Met gedempte stem vertelt Raisa haar dat ze heeft gehoord dat er nu ook andere arbeiders staken.

Wanneer ze die dag uitrijdt met de ambulance, iets wat ze nog steeds nu en dan combineert met haar werk op de ziekenzaal, ziet ze enkele tientallen mannen buiten een van de administratiegebouwen op de grond zitten.

Kirill mindert vaart om het opmerkelijke tafereel gade te slaan: arbeiders die midden op de dag niets doen. Een aantal bewakers kijkt van een afstandje toe.

'Goh, dat is weer eens iets anders,' merkt Fjodor op. Fjodor is de ambulancemedewerker met wie Cilka nu vaak samenwerkt.

'Heb je het niet gehoord?' zegt Cilka. 'Ze staken, ze weigeren te werken.'

'Misschien moeten we meedoen,' zegt Kirill. 'Ik draai de ambulance om.'

'Rijd door,' zegt Cilka vinnig. 'Je hoeft jezelf nou niet bepaald af te beulen in dit werk.'

'Ik vind het heerlijk als je zo fel doet, Cilka Klein. Het verbaast me dat jij niet een van de stakingsleiders bent.'

'Wat ken je me toch slecht, Kirill.'

'O, volgens mij ken ik je aardig goed.'

'Zeg, jongens, we zijn met zijn drieën,' zegt Fjodor.

Wanneer Cilka terugkeert in de ziekenzaal, hebben alle artsen en verpleegsters het over de staking, en hoe de autoriteiten erop zullen reageren. De mogelijkheden om een eind te maken aan de staking lijken beperkt, en de kans is groot dat ze tot een verhoogde werklast in het ziekenhuis zullen leiden. Niemand weet of de stakende arbeiders een specifiek doel hebben, en of een nieuwe groep gevangenen misschien de oudgedienden beïnvloedt; mannen die de energie nog hebben om te protesteren tegen de manier waarop ze worden behandeld.

Die avond vertelt Elena wat ze te weten is gekomen. Ze zegt dat de stakers betere leefomstandigheden eisen. De vrouwen kijken de hut rond, die ze zo aangenaam en gezellig mogelijk hebben gemaakt. Op een tafeltje staat een oude vaas met een paar bloemen erin, de muren zijn versierd met borduurwerkjes, en ze hebben allemaal een eigen bed, wat als een luxe beschouwd mag worden in het kamp.

'Wat nog meer?' vraagt iemand.

'Ze willen dat het prikkeldraad rond het kamp wordt weggehaald en dat we de nummers van ons uniform af mogen halen. Ze zeggen dat het vernederend is.'

Bij het horen van die laatste eis wrijft Cilka met haar rechterhand over de mouw van haar linkerarm, denkend aan het nummer dat permanent in haar huid is gekerfd.

'O, en ze willen dat we toestemming krijgen om eens per maand een brief naar onze familie te sturen.'

'Nog meer?' vraagt Margarethe.

'Ik heb iets gehoord over eisen voor politieke gevangenen,' doet Anastasia een duit in het zakje, 'maar ik heb niet zo goed opgelet.'

'Waarom niet?' vraagt Margarethe. 'Het gaat ons ook aan.'

'We zijn niet allemaal politieke gevangenen,' zegt Anastasia.

'We zijn allemaal slachtoffer van een onrechtvaardige, wrede dictator,' verklaart Elena.

'Elena, dat moet je niet zeggen,' fluistert Margarethe nadrukkelijk. 'Zelfs niet hier.'

'Ze mag zeggen wat ze wil,' zegt Hannah vurig.

'Ik ben niet geïnteresseerd in politiek,' zegt Anastasia. 'Ik heb nooit gestemd of meegedaan aan een demonstratie. Ik heb brood gestolen, zodat anderen te eten zouden krijgen.'

'Kunnen we alsjeblieft ophouden met dit gesprek? Zo komen we nog in de problemen,' zegt Margarethe.

Cilka knikt. 'Laten we niets zeggen of doen wat ons nog dieper in de problemen helpt dan we al zitten door hier te zijn.'

'Dat doe jij het liefst, hè, Cilka?' zegt Hannah. 'Gewoon gaan liggen en het over je heen laten komen.'

Elena staart nadrukkelijk naar Hannah.

'Het geeft niet, Elena,' zegt Cilka. 'Woede is wat we voelen wanneer we hopeloos zijn.'

Hannah springt van haar bed en spuugt voor Cilka's voeten op de grond. Daarna stormt ze de hut uit. Elena balt haar vuisten en maakt aanstalten om haar achterna te gaan.

'Niet doen,' zegt Cilka. 'Laat haar gaan.'

De volgende paar dagen groeit de onrust. Inmiddels doen er duizenden gevangenen aan de staking mee. Ook in de mijnen leggen de arbeiders het werk neer, en de ambulance hoeft niet meer uit te rijden. De machines komen tot stilstand. Duizenden gevangenen zitten op het terrein, zonder te dreigen te ontsnappen. Gewoon een passieve, vredige demonstratie.

Een verpleeghulp geeft Cilka, Raisa en Ljoeba zijn versie van een toespraak die een van de leiders van de opstand heeft gegeven.

'Wat onze nationaliteit ook is, waar we ook vandaan komen, ons lot is bezegeld. Binnenkort, broeders, zullen we weten wanneer we kunnen terugkeren naar onze families.'

Raisa en Ljoeba horen hem aan en haasten zich dan weg; ze willen er niet bij betrokken raken.

'Wat zei hij verder nog?' vraagt Cilka gretig. Ze mag dan geen familie meer hebben om naar terug te keren, maar ze zou op zoek kunnen gaan naar Josie, naar Gita. Gloort er werkelijk hoop?

'Niet veel. Hij vroeg ons om te blijven zitten en geen problemen te veroorzaken, die zwijnen geen reden te geven om ons aan te vallen.'

'Ons? Deed jij ook mee aan de demonstratie?'

De verpleeghulp kijkt schaapachtig. 'Een poosje. Ik sta achter ze, ik steun ze, maar mijn werk hier is belangrijk.'

'Wat goed van je,' zegt ze.

Er doen allerlei geruchten de ronde. Cilka zuigt alle informatie op die ze kan vinden. Elke avond deelt ze met de vrouwen in de hut wat ze te weten is gekomen. Elena doet hetzelfde. Sinds de dood van Stalin in maart van dit jaar hebben zich geheime groeperingen gevormd; de communicatie tussen de verschillende kampen is toegenomen, en er worden plannen verspreid voor een massale staking in goelags door heel Siberië. Een maand eerder, hebben ze begrepen, is er gestaakt in Oost-Berlijn, en de organisators in Vorkoeta hebben zich daardoor laten inspireren om zelf in opstand te komen tegen hun leef- en werkomstandigheden. Hannah is opvallend stil wanneer de vrouwen deze gesprekken voeren.

De dokters met wie Cilka samenwerkt, prijzen de vreedzame opzet van de staking en zijn dankbaar dat het niet tot bloedvergieten is gekomen. Tot nu toe.

'Ze hebben de gevangenis bestormd!' roept een verpleeghulp op een ochtend, terwijl hij de ziekenzaal binnenrent.

Al het personeel verzamelt zich om hem heen. Hij weet maar weinig te vertellen. Honderden mannen hebben het gebouw bestormd waar de maximaal beveiligde gevangenen worden vastgehouden, en er een heleboel uit hun cel gelaten. De bevrijde gevangenen hebben zich bij de anderen gevoegd, en de demonstratie is weer hervat.

Vijf dagen later trekken de bewakers op tegen de gevangenen. Cilka krijgt het advies om het ziekenhuis niet te verlaten. Gevangenen hebben barricades opgetrokken, en de zorg groeit dat de bewakers en de kampleiding van plan zijn om wraak te nemen.

Cilka maakt zich ernstig zorgen om haar vriendinnen, en hoopt vurig dat ze veilig zijn. Ze vreest ook voor Aleksandr.

De volgende dag wordt de patstelling doorbroken.

'Bereid je voor op gewonden,' waarschuwt Jelena het personeel.

Geweerschoten klinken door het kamp. Minuten later worden Cilka en haar collega's overstelpt door gevangenen die gewonden naar het ziekenhuis brengen. Overal is bloed. Een van de artsen schept orde in de aanvankelijke chaos alsof het een militaire operatie betreft. Niemand komt voorbij de behandelruimte aan de voorkant van de zaal zonder door een arts of verpleegster te zijn onderzocht. Cilka werkt aan één stuk door.

De slachtoffers blijven binnenstromen. Sommigen zijn bij aankomst al dood, en worden vlug meegenomen door degenen die hen naar het ziekenhuis hebben gedragen. De slachtoffers met levensbedreigende verwondingen worden direct behandeld, de anderen krijgen opdracht om te wachten.

Net als de andere verpleegsters en de dokters wordt Cilka verbaal en lichamelijk bedreigd door mannen die in paniek zijn en eisen dat hun kameraad als eerste wordt behandeld. Omdat er niemand is om hen te beschermen, moeten zij en haar collega's zichzelf verdedigen, gesteund door sommige gevangenen.

Omdat het licht buiten onveranderd blijft, heeft Cilka geen idee wanneer de dag overgaat in de nacht, en de nacht weer in de dag.

'Neem pauze, eet iets, drink iets,' draagt een met bloed besmeurde Jelena Cilka en Raisa op. De twee zijn samen bezig een zwaargewonde man te verbinden.

'Er is nog veel te veel te doen,' reageert Raisa.

'Neem pauze, en kom dan Ljoeba en mij aflossen,' zegt Jelena. Voor het eerst hoort Cilka de dokter haar stem verheffen. 'Anders gaan we het niet redden. We moeten voor onszelf zorgen.'

Cilka en Raisa halen een kop thee en een stuk brood voor zichzelf en nemen dat mee naar de ziekenzaal. Ze gaan zitten bij de slachtoffers die minder ernstig gewond zijn en op hun beurt wachten. Niemand zegt iets. Cilka dommelt een beetje.

Ze schrikt wakker wanneer meerdere mannen in uniform de ziekenzaal binnenstormen, haastig gevolgd door bewakers.

'Wie heeft hier de leiding?' schreeuwt een van hen.

Jelena loopt naar ze toe. 'Ik.'

'Ik wil de naam weten van iedere *zek* in deze zaal. Geef me de lijst.'

'Het spijt me, ik heb geen lijst. We hebben het veel te druk met het behandelen van de gewonden, het redden van hun levens, om naar hun namen te vragen.'

Jelena krijgt een harde klap in het gezicht, waardoor ze wankelt en op de grond valt.

'Over een uur ben ik terug, en dan wil ik een lijst met alle namen.'

Wanneer de mannen in uniform de ziekenzaal verlaten, buigt Cilka zich over Jelena heen. 'Gaat het? De rotzak. Hoe durft hij u te slaan!' Ze helpt Jelena overeind.

'Die zag ik niet aankomen,' zegt Jelena met een dappere glimlach.

'Wat kan ik doen om te helpen?'

'Haal papier en een pen en noteer de namen, alsjeblieft, Cilka.'

'Maar wat als ze bewusteloos zijn?'

'Dan verzin je een naam.'

De staking in Vorkoeta is voorbij. Een opstand die twee weken lang zonder bloedvergieten is verlopen, eindigt met tientallen doden en honderden gewonden.

Terwijl Cilka de namen vraagt van de gevangenen die kunnen praten en namen verzint voor de bewusteloze patiënten, wordt ze overspoeld door tegenstrijdige emoties. Wanneer ze zachtjes praat met de mannen die in staat zijn om haar vragen te beantwoorden, ontleent ze kracht aan hun moedige, standvastige poging om voor zichzelf op te komen. Veel van hen zijn trots op de verwondingen die ze hebben opgelopen terwijl ze vochten voor een zaak die in hun ogen rechtvaardig is – betere werk- en leefomstandigheden.

Wanneer ze naar de zwaargewonden kijkt – van wie een aantal het niet zal overleven – wordt ze echter overspoeld door verdriet. Verdriet om hun mislukte verzet; verdriet om het verlies van Pavel; verdriet om het vertrek van haar vriendinnen, Josie en Olga. Ze kan alleen maar hopen dat die twee veilig zijn. Hopen dat het de artsen en de verpleegsters zal lukken om een paar van de gewonden te redden die op het randje van leven en dood balanceren. Hopen dat er op een dag een nieuwe opstand zal komen met een betere uitkomst, en dat ze dan allemaal naar huis kunnen.

Ze loopt naar de achterste bedden en ploft neer. Dan ziet ze op het bed naast zich een vertrouwd gezicht.

'Hannah!'

Hannah kijkt door halfgesloten ogen naar Cilka.

Een dokter die vlakbij met een patiënt bezig is, kijkt haar aan. 'Kogel-wonden,' zegt hij met een sombere blik.

'Help me, Cilka,' brengt Hannah uit.

Er is erg veel bloed, maar Cilka kan zien dat de wonden in Hannahs arm en borst zitten.

'Ik ben zo terug,' zegt ze en ze rent naar de apotheek. Ze keert terug met een rubberen tourniquet en verbandgaas. Ze tilt Hannahs met bloed besmeurde arm op, haar een kreet van pijn ontlokkend, en trekt de tour-niquet strak. Dan begint ze met haar linkerhand en het opgevouwen ver-band druk uit oefenen op de borstwond. Ze weet niet precies hoelang geleden Hannah is neergeschoten, maar ze begrijpt wel waarom de dok-ter heeft besloten om zich te richten op patiënten met een betere overle-vingskans.

Ze strijkt Hannahs haar van haar voorhoofd, dat is bedekt met koud zweet.

De twee vrouwen kijken elkaar in de ogen. Ondanks alles wenst Cilka op dit moment vurig dat Hannah blijft leven. Ze begrijpt waarom Hannah zo hard is geworden op deze plek, waarom ze verslaafd is geraakt. Nu Hannah voor haar ligt, ziet Cilka alleen haar moed en haar menselijkheid.

'Hannah...'

Hannah hapt moeizaam naar adem. 'Ik kon me niet afzijdig houden, Cilka, en de mannen alle plezier gunnen.'

'Je bent zo sterk, Hannah.'

Overal om hen heen klinkt gejammer en gekreun.

Hannah haalt met korte, scherpe stoten adem. Ze steekt haar goede arm uit en grijpt de voorkant van Cilka's schort vast. 'Cilka,' zegt ze, haar stem verstikt van het bloed, 'jij bent ook sterk.'

De tranen springen Cilka in de ogen. Ze pakt Hannahs hand en vouwt haar vingers eromheen. Met haar andere hand blijft ze druk uitoefenen op de borstwond, in een vergeefse poging om de bloeding te stoppen.

Hannah knijpt in haar hand. 'Zorg ervoor...' zegt ze naar adem happend, '...dat ze je niet breken.' Deze laatste woorden perst ze eruit, moeizaam maar vol vuur. 'Alsjeblieft...' brengt ze uit. 'Zeg Elena gedag van mij.'

'Hannah...' De tranen stromen nu over Cilka's wangen, haar lippen. 'We hebben je nodig.'

'Ik ben niet bang,' zegt Hannah en ze doet haar ogen dicht.

Cilka blijft bij Hannah zitten wier ademtochten steeds moeizamer en spaarzamer worden en uiteindelijk helemaal uitblijven. Ze huilt om het verlies van een persoon met zoveel kracht en integriteit. Hannah mag Cilka dan niet hebben gemogen, of niet in staat zijn geweest om te begrijpen hoe het op die *andere plek* was, maar Cilka respecteerde haar. Iedereen die wordt geraakt door oorlog, gevangenschap of verdrukking reageert daar anders op. Mensen die het zelf niet meemaken, kunnen zich proberen voor te stellen hoe zij onder die omstandigheden zouden handelen of reageren. Maar écht weten kunnen ze het nooit.

Wanneer ze zichzelf weer bij elkaar heeft geraapt en het bloed van haar handen heeft gewassen, pakt ze de lijst en maakt haar taak af.

Ze geeft de lijst met namen aan Jelena. 'Ik hoop dat ze hier genoegen mee nemen,' zegt ze. Ondertussen denkt ze aan Hannah. Ze moet terug naar de hut om de vrouwen het nieuws te vertellen.

'Aha, hoop… Dat is een woord dat we hier vaker moeten gebruiken,' zegt Jelena. Ze kijkt op van de lijst en richt haar blik op Cilka. Ze fronst haar voorhoofd. 'Cilka, gaat het wel?'

Cilka knikt. Het is te veel om uit te leggen. 'Ik moet gewoon terug naar mijn hut.'

'Ga maar,' zegt Jelena.

Langzaamaan gaat het leven in het kamp en in het ziekenhuis weer zijn normale gangetje. Ondanks de witte nachten waagt niemand zich 's avonds naar buiten, uit angst voor de extra bewaking langs de omheining en het gevoel dat de bewakers nog steeds nerveus zijn.

De vrouwen in de hut rouwen om Hannah. Hoewel ze haar hutgenoten vaak het bloed onder de nagels vandaan haalde, werd ze ook bewonderd, zeker nu de vrouwen zien wat ze allemaal voor hen deed. Elena heeft het er het moeilijkst mee. Ze verwijt zichzelf dat ze niet wist wat Hannah van plan was, dat ze haar niet heeft gesteund.

Cilka hoort dat de gevangenen die de opstand hebben overleefd, niet verder gestraft zullen worden. Ze keren terug naar hun hutten, naar hun baantjes, naar hun alledaagse leven. Er doen geruchten de ronde over gevangenen die de lapjes met hun nummer van hun kleding hebben gehaald. Ze komen ermee weg, niemand dwingt hen om ze er weer aan te naaien.

Wanneer Cilka op een dag in het ziekenhuis arriveert, ziet ze tot haar opluchting aan de andere kant van het terrein de vertrouwde lange, zelfverzekerde gestalte van Aleksandr, die met gesloten ogen inhaleert en de rook uitblaast in de vrieslucht.

Ze gaat aan het werk, nog dagenlang terend op de aanblik, als een voedzame maaltijd.

HOOFDSTUK 29

Het donker keert terug.

Buiten woedt een sneeuwstorm, en slechts één man waagt de tocht naar hut 29. Boris. Hij is van streek. Hij heeft gehoord dat hij over een paar dagen wordt vrijgelaten en probeert nu voor elkaar te krijgen dat Cilka ook weg mag, zodat ze samen een nieuw leven kunnen beginnen.

Cilka luistert zwijgend terwijl hij zijn plannen uit de doeken doet. Hij wil terugkeren naar zijn woonplaats, naar zijn familie, en dan wil hij een baan zoeken, zodat hij Cilka kan onderhouden en een gezinnetje met haar kan stichten. Cilka voelt zich misselijk. Ze moet iets bedenken.

Wanneer hij tegen haar aan kruipt, laat ze haar vingers door zijn haar glijden.

Hij zegt dat hij van haar houdt.

Cilka wordt teruggeworpen naar een andere plek, een andere tijd.

Auschwitz-Birkenau, 1944

'Je weet dat ik om je geef, toch?'

'Ja, commandant Schwarzhuber,' antwoordt Cilka gedwee.

'Als het kon, zou ik iets doen met mijn gevoelens voor jou. Dat weet je toch?'

'Ja, meneer.'

'Noem me geen meneer als we in bed liggen. Gebruik mijn naam, Cilka.'

'Johann.'

'Wat klinkt dat heerlijk als jij het zegt. Je vindt me aardig, toch?'

Cilka dwingt zichzelf om haar stem liefdevol te laten klinken. Schwarzhuber ziet de tranen niet die ze uit haar ogen veegt terwijl ze de grootste leugen van haar leven vertelt. Een leugen die haar in leven zal houden.

'Natuurlijk, Johann.'

Voorzichtig strijkt ze met haar vingers door zijn haar. Hij spint als een kat en kruipt tegen haar borst aan.

'Johann?'

'Ja, kleintje.'

'Ik heb je nog nooit ergens om gevraagd, toch?'

'Hmm, nee, volgens mij niet. Hoezo?'

'Mag ik je om één ding vragen?'

'Dat lijkt me wel. Ja, als het iets is wat ik je kan geven. Wat heb je nodig?'

'Het is niet voor mezelf.'

'Voor wie dan?'

'Voor mijn vriendin Gita. Er is een man op wie ze gesteld is, zoals ik op jou gesteld ben, en het zou fijn zijn als hij zijn oude baantje terug kon krijgen. Hij was er erg goed in.'

'Wat voor baantje was dat?'

'Hij was de Tätowierer.'

'O ja, ik heb over hem gehoord. Weet je waar hij is?'

'Ja.'

'Waarom brengen we hem morgen dan niet een bezoekje?'

'Dank je, Johann. Heel erg bedankt.' *Cilka schraapt haar keel en slikt haar tranen in. Daar heeft ze niets aan op deze plek.*

Ze merkt dat Boris haar gezicht streelt, zijn handen langs haar hals laat glijden, en ze dwingt zichzelf om opnieuw die liefdevolle toon aan te slaan.

'O, Boris, ik weet niet wat ik moet zeggen. Ik geef zoveel om je; je bent zo belangrijk voor me geweest hier in het kamp.'

'Maar houd je van me, Cilka?'

Ze schraapt haar keel. 'Natuurlijk. Je bent mijn redding geweest.' Opnieuw verwondert ze zich over zijn onvermogen om haar stem te lezen, haar lichaamstaal, de dingen die niet liegen. Ze gelooft niet in wonderen, in liefde.

'Ik moet je meenemen. Ik wil dat je samen met mij weggaat. Ik kan de gedachte niet verdragen dat een van die schoften jou aanraakt. Ik heb gehoord dat ze al in de rij staan om zich aan je te vergrijpen zodra ik weg ben.'

De woorden treffen Cilka als een dolksteek. Ze drukt haar handen tegen haar borst. Boris interpreteert haar kreun als verdriet om zijn vertrek. Hij houdt haar vast en fluistert zachtjes in haar oor dat hij van haar houdt en dat hij voor haar zal zorgen.

De volgende ochtend zitten Cilka, Elena en Anastasia samen in de eetzaal over hun pap gebogen.

'Ik heb alles gehoord gisteravond,' zegt Anastasia tegen Cilka.

'Maak je geen zorgen, Anastasia,' zegt Cilka. Ze moet dit zelf oplossen.

'Wat heb je gehoord?' vraagt Elena.

Anastasia zegt: 'Boris komt vrij.'

Elena stopt even met eten. 'Cilka, je moet in het verpleegstersverblijf gaan wonen.'

'We lossen het wel op. Ik kan jullie niet achterlaten.'

'Cilka, doe niet zo dom!' Elena geeft haar een mep met haar lepel. 'Wij hebben allemaal mannen, of bescherming,' zegt ze, met een subtiel gebaar naar Antonina aan de andere kant van de eetzaal. 'Jou vreten ze met huid en haar op. Zelfs Antonina of die chique dokter van je zullen je niet kunnen redden.'

Anastasia's lip trilt. 'Cilka, ik zal je zo missen, maar Elena heeft gelijk. We zullen proberen om je te bezoeken in de witte nachten – zoals Josie, weet je nog?'

Cilka staart naar haar bord. Ze denkt na.

Na het appel waadt Cilka door de kniediepe sneeuw naar de ziekenzaal en gaat op zoek naar Jelena.

'Kan ik u spreken?'

'Natuurlijk, Cilka.'

'Mag ik alstublieft vandaag naar het verpleegstersverblijf verhuizen?' gooit ze eruit. 'Ik kan niet meer in de hut slapen.'

'Heeft iemand je kwaad gedaan?' vraagt Jelena.

'Nog niet, maar als ik blijf waar ik ben, gebeurt dat misschien wel. Help me, alstublieft.'

Ze vindt het nog steeds vreselijk om haar vriendinnen achter te laten, maar het klopt dat zij nu allemaal bescherming hebben. Voor hen maakt het niet uit of Cilka er is. Ze hebben haar ook niet meer nodig voor extra rantsoenen, want de meesten van hen hebben inmiddels zelf ook een beter baantje.

'Rustig maar. Natuurlijk helpen we je. Vanmiddag na je dienst ga je direct met Ljoeba mee naar het verpleegstersverblijf,' zegt Jelena. 'Wil je me vertellen wat er is gebeurd? Ik dacht dat de vrouwen met wie je een hut deelt, om je gaven.'

'Dat is ook zo. Het gaat niet om hen, het gaat om Boris.'

'Het zwijn dat zich aan je opdringt.'

'Ja. Gisteravond vertelde hij dat hij wordt vrijgelaten, en dat andere mannen zich staan te verdringen om zich aan mij te vergrijpen.'

'Daar komt niets van in, Cilka. Niemand vergrijpt zich aan jou. Niemand zal je nog kwaad doen, niet als het aan mij ligt.'

HOOFDSTUK 30

Wanneer Cilka eenmaal in haar nieuwe onderkomen woont, met een bed, een kleine ladekast en schone kleren, wordt haar dagelijkse leven een stuk makkelijker. Het is de beschikking over een douche die haar te veel wordt. Als een snikkend hoopje mens zit ze onder de waterstraal, tot Raisa haar vindt, haar armen om haar heen slaat, haar afdroogt, haar een nachtjapon aantrekt en haar in bed legt.

Elke avond keert Cilka terug naar de barak die ze met twaalf andere verpleegsters deelt. Als ze een bed ziet dat niet is opgemaakt, dan is dat binnen de kortste keren gebeurd. De vloer wordt geveegd, soms meerdere keren per dag, en de persoonlijke spulletjes en foto's van alle verpleegsters worden afgestoft en weer netjes op hun kastjes teruggezet. Door op deze manier bezig te blijven, probeert Cilka het intense gemis van haar vriendinnen in de hut te verjagen. Bovendien geeft het haar het gevoel dat ze iets kan bijdragen in haar nieuwe woonomgeving.

Ze is nu acht jaar in Vorkoeta. Er zijn elf jaar verstreken sinds ze als een onschuldig kind vanuit haar woonplaats Bardejov naar Auschwitz is vertrokken.

Ze denkt veel aan haar vader, haar lieve papa. De wetenschap dat haar moeder en haar zus zijn gestorven, heeft haar in staat gesteld om hen te rouwen, aan hen terug te denken. Het kwelt haar dat ze niet weet of haar vader nog leeft of niet. *Waarom kan ik zijn verlies niet voelen, zijn dood betreuren; waarom kan ik me niet troosten met de gedachte dat hij nog leeft en op me wacht?* Er is geen houvast in een van deze emoties. Er is slechts het onbekende.

Wanneer ze een week in het verpleegstersverblijf woont, komt Jelena tijdens een pauze bij haar zitten. Ze vertelt Cilka over een patiënte die ze een paar dagen geleden heeft behandeld, een vrouw met een brandwond op haar arm. Toen ze de patiënte vroeg wat er was gebeurd, vertelde de vrouw dat ze zichzelf de wond had toegebracht. De vrouw had zich voorgesteld als Elena, en ze had Jelena gevraagd om Cilka een boodschap door te geven.

Boris was naar de hut gekomen, op zoek naar Cilka, met het plan haar mee te nemen. Toen Elena hem had verteld dat het slecht ging met Cilka en dat ze in het ziekenhuis was opgenomen en het waarschijnlijk niet zou overleven, had Boris een woedeaanval gekregen en haar bed in elkaar getrapt. Elena wilde Cilka laten weten dat het hout hen die nacht warm had gehouden. Natuurlijk was haar boodschap een verkapte waarschuwing: Cilka moet wegblijven uit hut 29. Andere mannen zijn naar haar op zoek, slechte mannen…

Het vervult Cilka met afgrijzen dat Elena zichzelf zoiets heeft moeten aandoen om haar een boodschap te kunnen doorgeven.

'Heeft ze nog meer gezegd? Gaat het goed met de andere vrouwen?'

'Ja,' zegt Jelena. 'Ze zei dat je je geen zorgen hoeft te maken. Ze maken het allemaal goed.'

'En ben ik werkelijk veilig? Kunnen ze me hier niet vinden?'

'Je bent veilig. Geen van die kerels durft zich in de buurt van de personeelsverblijven te wagen. Ik ben hier al jaren en ik heb nog nooit iemand problemen zien veroorzaken. We hebben onze eigen bescherming.'

Langzaam begint het tot Cilka door te dringen: zelfs in de witte nachten zal ze haar vriendinnen misschien nooit meer zien. Zij is veilig. Haar vriendinnen zijn redelijk veilig. Maar opnieuw is ze gescheiden van de mensen die haar dierbaar zijn. Zal er dan nooit een blijvende relatie in haar leven zijn?

Niet dat ze haar ooit écht hebben gekend.

'Mag ik vragen hoe het met Petre Davitovitsj gaat?' vraagt ze. Ze kan in elk geval uitzoeken of het anderen gelukt is om op deze plek iets blijvends op te bouwen.

Ze denk aan de lange Aleksandr met zijn bruine ogen, maar ze weigert zichzelf toe te staan over hem te fantaseren.

'O, het gaat geweldig met hem, hij is…' Jelena zwijgt abrupt. 'Wacht eens even, wat weet jij over Petre Davitovitsj en mij?'

'Gewoon wat iedereen in het kamp weet, dat jullie iets met elkaar hebben. We zijn zo blij voor jullie!'

'Iedereen weet ervan?'

Cilka lacht. 'Natuurlijk. Waar moeten we hier anders over roddelen?'

'De pauze is voorbij. Hup, terug aan het werk.'

Tijdens de ambulanceritjes die winter valt het Cilka op dat er steeds minder gevangenen in de mijn lijken te werken. Fjodor vertelt haar dat er de afgelopen paar weken een heleboel gevangenen zijn vrijgelaten en dat er niet zoveel nieuwe meer bij komen. Ze bespreken wat dit betekent, of hun eigen vrijlating wellicht ook aanstaande is – ze hebben gehoord dat het weleens voorkomt dat gevangenen vervroegd worden vrijgelaten. Cilka durft de gedachte nauwelijks toe te laten, de hoop.

Al vlug is het weer lente; de dagen worden langer. Cilka ziet meer bloemen dan gebruikelijk. Ze steken hun kopjes boven de sneeuw en het ijs uit en wuiven in de wind. Cilka's vaste routine, het verstrijken van de tijd en de frisheid van de lente bezorgen haar een gevoel van relatieve kalmte, ondanks het hevige verdriet om haar verliezen en het gemis van haar vriendinnen. En haar geheime verlangen. Het verdriet maakt net zozeer deel uit van haar dagelijkse leven als de barre weersomstandigheden, het harde brood en de oproep 'Ambulance rijdt uit!'.

Op een dag komt de ambulance tot stilstand bij een groepje gebouwen waar onder andere voedsel en linnengoed wordt bewaard. Ze worden opgewacht en naar een ruimte gebracht waar Cilka niet eerder is geweest, maar die ze vlug herkent als het naaiatelier. Lange tafels die zó dicht bij elkaar staan dat de naaisters maar net achter de machines kunnen zitten.

Cilka kijkt om zich heen en ziet dat iemand haar, Kirill en Fjodor wenkt.

'Hier!'

Cilka loopt ernaartoe en schrikt als iemand haar zachtjes op haar schouder tikt. 'Hallo, vreemdeling,' zegt een stralende Elena.

'Elena!' De twee vrouwen omhelzen elkaar. Cilka geeft Elena de kans niet om ook maar een van haar vragen te beantwoorden, zo snel achter elkaar vuurt ze ze af. 'Hoe gaat het met Anastasia? En Margarethe?'

'Rustig aan, Cilka, laat me je eerst eens bekijken.'

'Maar –'

'Het gaat prima met Anastasia, en ook met Margarethe. We missen je enorm, maar we weten dat je in de hut niet veilig zou zijn. Je ziet er goed uit.'

'Ik mis jullie allemaal ontzettend. Ik wilde –'

'Cilka, we hebben hier een patiënt, zou jij naar hem willen kijken?'

Cilka ziet dat Fjodor en Kirill bezig zijn met een man die kreunend op de vloer ligt en naar zijn borst grijpt.

'Wat is er met hem aan de hand?' vraagt ze. Ze loopt naar de man toe, maar ze houdt Elena's hand vast, zodat Elena mee moet lopen en ze haar zo lang mogelijk bij zich kan houden.

'Pijn op de borst,' antwoordt Fjodor.

Cilka hurkt naast de man neer, samen met Elena. Ze vertelt de patiënt hoe ze heet en stelt hem een paar algemene vragen. Uit zijn antwoorden maakt ze op dat ze niets anders kan doen dan zorgen dat hij zo snel mogelijk naar het ziekenhuis wordt gebracht, zodat de artsen hem kunnen onderzoeken.

'Breng hem naar de ambulance,' draagt ze de mannen op. Ze omhelst Elena nog een laatste keer en loopt dan achter de brancard aan naar buiten. Ze werpt nog een laatste blik op haar vriendin voordat ze in de ambulance klimt en al haar aandacht op haar patiënt richt. Opnieuw stelt ze de vragen waar de artsen zo dadelijk het antwoord op zullen willen weten.

Wanneer ze die middag na haar dienst op weg is naar het verpleegstersverblijf, plukt ze zoveel bloemen als ze maar kan dragen. Wanneer de andere verpleegsters straks terugkeren, zullen ze worden verwelkomd door een kleurrijke bloemenpracht, geschikt in alle kannen en potten die Cilka maar heeft kunnen vinden.

De witte nachten keren terug. Cilka en de verpleegsters maken er een gewoonte van om 's avonds te gaan wandelen. Soms overweegt Cilka een bezoekje aan het gemeenschappelijke terrein te wagen, om haar vriendinnen te zien, tussen de hutten door te slenteren, te delen in de vreugde van deze tijd van het jaar. En misschien zal ze dan eindelijk de woorden kunnen vinden? Iets in haar binnenste verzet zich echter nog steeds tegen die gedachte. Ze weten dat sommige mannen haar zouden herkennen, dat ze nog steeds niet veilig is, en dus blijft ze weg. Op die zomeravonden ziet ze Aleksandr niet – misschien lopen hun diensten niet parallel – maar toch werpt ze vaak een blik op het administratiegebouw, voor het geval dat.

Ze is bijna dankbaar wanneer de herfststormen terugkeren, de zon ondergaat en haar verleidingen niet langer een bedreiging vormen. De winter blijkt echter nog strenger dan normaal. Dankzij de versoepeling in het beleid die de opstand van het vorige jaar ten koste van tientallen levens heeft opgeleverd, komt het werk op veel winterdagen tot stilstand. De gevangenen worden immers niet langer uit werken gestuurd in de bittere kou, met temperaturen ver onder het vriespunt. Op veel dagen kunnen de gevangenen hun hutten niet verlaten – door het hele kamp ligt een sneeuwlaag die zo dik is dat ze zelfs niet meer naar de eetzaal kunnen lopen voor de maaltijden. De weg tussen het kamp en de mijn is geblokkeerd, zodat het bijzonder moeilijk is om met vrachtwagens of treinen de kolen te vervoeren die door de hele Sovjet-Unie nodig zijn.

Gevangenen doen vergeefse pogingen om het pad voor hun hut sneeuwvrij te maken, zodat ze de eetzaal kunnen bereiken. Sommigen lukt het, maar de meesten geven het op – de sneeuw valt sneller dan ze hem weg kunnen schuiven.

Tussen het ziekenhuis en de verblijven van de artsen en de verpleegsters worden de paden schoongeveegd.

Vaker dan normaal krijgen Cilka en haar collega's te maken met verwondingen die zijn opgelopen door knokpartijen. Verveelde mannen en vrouwen die gedwongen zijn om dagenlang binnen te blijven, gieten hun overtollige energie in lichamelijk geweld. Bij sommige vechtpartijen gaat het er zo hard aan toe dat de verliezer het niet overleeft. Als gekooide dieren die niets hebben om voor te leven, storten de gevangenen zich op elkaar. Cilka's voorzichtig opbloeiende optimisme begint weer te verschrompelen. Zo gaan mensen altijd met elkaar om, denkt ze.

Omdat de gevangenen de deur niet meer uit willen om hun behoeftes te doen, verspreiden allerlei ziektes zich door het kamp, wat leidt tot een toename van het aantal patiënten op de ziekenzaal. De dokters klagen vaak dat ze hun tijd verspillen aan het behandelen van patiënten die binnen de kortste keren weer zullen terugkeren met dezelfde symptomen, dezelfde aandoeningen. En dan knapt het weer op en stijgt de temperatuur genoeg om de gevangenen weer buiten aan het werk te laten gaan.

'Ambulance rijdt uit,' roept Fjodor.

'Ik kom,' antwoordt Cilka en ze pakt haar jas en de nieuwe, zachtere sjaal die ze onlangs cadeau heeft gekregen van Raisa.

'Waar gaan we naartoe?' vraagt ze, wanneer de ambulance wegrijdt.

'Niet ver, naar de andere kant van het administratiegebouw,' antwoordt Kirill.

Er staat een groepje mannen rond de patiënt die hem aan het zicht onttrekken. Wanneer Cilka naar het groepje toe loopt, ziet ze een stuk hout op de grond liggen, besmeurd met bloed.

'Aan de kant,' roept Kirill.

Ze stappen opzij en Cilka ziet een man roerloos op de grond liggen. Een akelige rode vlek verspreidt zich over de witte sneeuw om hem heen. Terwijl Fjodor en Kirill naar de man toe lopen, verstijft Cilka en staart roerloos naar de met bloed bevlekte sneeuw.

Auschwitz-Birkenau, 1944

Cilka wordt gewekt door luid gebons op de deur van blok 25. Gedesoriënteerd kijkt ze om zich heen. Ze heeft gedroomd, en het duurt even voor ze weer weet waar ze is. Ze komt uit bed, pakt de jas die ze als extra deken gebruikt en trekt die aan. Dan steekt ze haar voeten in de laarzen die naast haar bed staan en trekt haar dikke handschoenen aan.

Ze opent de deur tussen haar kamer en de grote ruimte waar tientallen vrouwen zojuist hun laatste nacht op aarde hebben doorgebracht, en roept naar de persoon die op de deur bonst: 'Ik kom eraan!'

Ze loopt tussen de twee rijen stapelbedden door, schreeuwend naar de vrouwen: 'Opstaan! Opstaan en naar buiten!'

Ze schudt de vrouwen stuk voor stuk wakker en zendt ze een zachtere laatste boodschap met haar ogen. Tussen haar geschreeuw door, dat luid genoeg is voor de ss om te horen, mompelt en fluistert ze zachtjes – gebeden, een verontschuldiging, een gefrustreerde woordenstroom. Niet genoeg om tranen in haar eigen ogen te laten springen. En zonder de vrouwen aan te kijken. Dat brengt ze niet langer op. De vrouwen in blok 25 weten welk lot hun wacht. Niemand spreekt, niemand verzet zich; een griezelige kalmte omringt hen terwijl ze midden in de ruimte een rij vormen.

Wanneer Cilka de deur opendoet, weerkaatst het verblindende zonlicht op de zachte sneeuw die rond het gebouw ligt. Ze hoort de stationair draaiende motor van de vrachtwagen die even buiten het hek staat te wachten.

De vrouwen blijven achter haar staan, de opzichter van het dodenblok. 'Lopen!' schreeuwt ze. 'Vooruit, stelletje luilakken, naar buiten, schiet op.'

Ze houdt de deur open, en één voor één verlaten de vrouwen het blok en lopen ze tussen de ss-officieren naar de achterkant van de vrachtwagen. De laatste vrouw heeft moeite met lopen, en ze raakt steeds verder achterop. Cilka ziet dat de dichtstbijzijnde ss-officier zijn wapenstok uit de houder aan zijn riem trekt en op de vrouw afloopt. Cilka is eerder bij haar en begint tegen haar te schreeuwen. Ondertussen slaat ze haar arm om de vrouw heen en sleept haar half mee naar de vrachtwagen. De officier bergt zijn wapenstok weer op. Cilka blijft tegen de vrouw schreeuwen tot ze haar in de vrachtwagen heeft geholpen. De deuren worden dichtgeslagen en de vrachtwagen rijdt weg. De ss-officieren slenteren weg.

Cilka kijkt de vrachtwagen na. Ze is volledig uitgehold, hoewel ze gal in haar keel voelt branden. Ze ziet de gevangene pas wanneer ze vlak bij haar is.

'Moordenaar,' sist de gevangene tegen haar.

'Wat zei je?'

'Je hoorde me wel, moordzuchtig kreng. Je hebt net zoveel bloed aan je handen als zij,' zegt de vrouw met een bevende stem, wijzend naar de wegrijdende vrachtwagen. Ze loopt weg, draait zich om, staart haar dreigend aan.

Cilka kijkt van haar naar de vrachtwagen die een hoek omslaat en uit het zicht verdwijnt, en dan naar haar handen.

Ze rukt aan haar handschoenen. Ze bevrijdt haar vingers met haar tanden, gooit de handschoenen op de grond en laat zich ernaast vallen. Dan pakt ze handenvol sneeuw en schrobt daarmee haar handen, verwoed, wanhopig, terwijl de tranen over haar gezicht stromen.

'Cilka, Cilka,' roept een stem.

Haar vriendinnen Gita en Dana komen naar haar toe gerend. Ze buigen zich over haar heen en proberen haar op te tillen, maar ze verzet zich.

'Wat is er met je, Cilka?' vraagt Dana bezorgd.

'Help me om het af te wassen, om het weg te laten gaan.'

'Cilka, kom...'

Cilka houdt haar handen omhoog, die nu rood en rauw zijn. 'Ik krijg ze niet schoon,' jammert ze.

Dana pakt een van Cilka's handen en wrijft er met haar jas over om hem te drogen en een beetje warm te krijgen. Daarna schuift ze een van de weggegooide handschoenen eroverheen.

'Cilka, we zijn bij je. Het komt wel goed.'

Gita helpt haar overeind. 'Kom, dan brengen we je naar binnen,' zegt ze, 'naar je kamer.'

'Het bloed, zien jullie het bloed dan niet?'

'Kom, naar binnen, voordat je bevriest,' zegt Gita.

'Cilka, gaat het wel?' vraagt Kirill bezorgd. 'We kunnen je hulp hier gebruiken.'

'Zoveel bloed,' zegt ze, starend naar de sneeuw.

'Cilka.' Fjodor raakt zachtjes haar arm aan.

Ze krimpt ineen. Dan wordt ze zich weer bewust van geluid en licht en lucht. Ze slikt, haalt diep adem.

Ze concentreert zich op de bewusteloze man die bij haar voeten ligt. Hoewel zijn gezicht onder het bloed zit, denkt ze hem te herkennen.

Nee, niet hij. Alsjeblieft.

'Haal de brancard, Kirill,' weet ze uit te brengen. 'Ik kan zijn verwondingen niet zien. In de ambulance kan ik hem verder onderzoeken.'

Wanneer de man op de brancard ligt en naar de ambulance wordt gedragen, komt er een gevangene naar Cilka toe.

'Komt het goed met hem?'

'Dat weet ik nog niet. Kun je me vertellen hoe hij heet?'

'Petrik, Aleksandr Petrik,' zegt de man en dan loopt hij weg.

HOOFDSTUK 31

'Houd bed dertien in de gaten en noteer het tijdstip van overlijden,' zegt Joeri Petrovitsj de volgende ochtend tegen Cilka wanneer hij zijn ronde op de ziekenzaal begint.

Wat hij niet weet, is dat Cilka bed dertien al de hele nacht als een havik in de gaten heeft gehouden.

'Het verbaast me dat hij nog leeft,' merkt Joeri op. 'Ik had gedacht dat hij vannacht zou overlijden.'

'Ja,' zegt Cilka. Ze doet haar best om geen emotie in haar stem door te laten klinken. Tenslotte kent ze Aleksandr nauwelijks; ze heeft maar een paar woorden met hem gewisseld.

Terwijl ze naar bed dertien loopt, leest ze opnieuw de notities in het dossier van Aleksandr. Ze kijkt neer op zijn bewusteloze gedaante. Zijn gezicht is ernstig gezwollen en ze kan zien dat zijn neus en zijn linkerjukbeen zijn gebroken. Voorzichtig trekt ze zijn rechterooglid omhoog en stelt vast dat de pupil piepklein is en zwemt in het vocht. Het is raar om hem na al die tijd aan te raken, en onder deze omstandigheden.

'O, Aleksandr, wat heb je gedaan dat ze je zo in elkaar hebben geslagen?'

Ze slaat de deken terug en onderzoekt zijn borst. Zijn hele bovenlichaam is bedekt met donkerpaarse kneuzingen. Voorzichtig voelt ze aan zijn ribben. Die lijken niet gebroken te zijn. Ze onderzoekt zijn benen. Meerdere kneuzingen en een ernstig gezwollen, verdraaide linkerknie. Zo op het oog geen gebroken botten.

'Waarom wordt bed dertien niet actief behandeld?' vraagt ze Ljoeba.

'Ik zie een heleboel kneuzingen en zwellingen, en zijn gezicht is tot pulp geslagen, maar ik zie geen zware botbreuken.'

'Ik weet het niet precies,' antwoordt Ljoeba. 'Maar...' Ze dempt haar stem. '...ik heb gehoord dat ze hem hebben betrapt terwijl hij probeerde geschreven materiaal het kamp uit te smokkelen, en ze denken dat hij dat al een poosje deed.'

'Wie heeft dat gezegd?'

'Eerder vanochtend was hier een officier die naar hem vroeg. Hij vertrok toen hem werd verteld dat de patiënt het niet zou overleven.'

Cilka herinnert zich de volgekrabbelde stukjes papier op het bureau van Aleksandr in het administratiegebouw. Heeft de dokter haar deze patiënt toegewezen omdat hij wist dat ze hem niet zomaar zou laten doodgaan, terwijl de autoriteiten uit de officiële notities zouden opmaken dat hij niet behandeld werd?

'Ik ga zijn gezicht een beetje schoonmaken en kijken of ik een hoofdwond kan ontdekken.'

'Het is jouw patiënt,' zegt Ljoeba. 'Maar wees voorzichtig.'

Cilka verzorgt eerst haar andere patiënten en keert dan terug naar Aleksandr. Ze probeert haar aandacht voor hem niet te veel in het oog te laten lopen. Terwijl ze het opgedroogde bloed van zijn gezicht wast en houtsplinters uit zijn schedel verwijdert, praat ze zachtjes tegen hem. Vervolgens wast ze zijn borst en onderzoekt de verwondingen daar wat nauwkeuriger. Ze legt zijn verdraaide linkerbeen recht en meent iets van verzet te voelen, een reflex op de pijn die je zou verwachten van iemand die bij bewustzijn is.

Ze loopt naar buiten met een kom en vult die met verse lentesneeuw. Voorzichtig legt ze een opgevouwen handdoek onder zijn knie en pakt het gewricht in met samengeperste sneeuw, die ze met een tweede handdoek op zijn plek houdt. Ze noteert zijn hartslag, temperatuur en bloeddruk; niets wijst erop dat hij op het punt staat de strijd om te overleven te verliezen.

Gedurende de dag houdt ze Aleksandr goed in de gaten en ze vervangt de bevroren sneeuw wanneer die smelt. Het valt haar op dat de knie iets minder gezwollen is.

Die avond draagt ze de zorg voor Aleksandr over aan de nachtverpleegster, die het dossier van Aleksandr bekijkt en aan Cilka vraagt waar ze mee bezig is. Het is niet de bedoeling dat de patiënt actief wordt behandeld. Cilka antwoordt dat ze slechts basiszorg heeft verleend, dat ze de patiënt geen medicijnen heeft gegeven of iets heeft gedaan wat in strijd is met datgene wat ze geleerd heeft.

'Nou, als je maar niet van mij verwacht dat ik me zo voor hem uitsloof,' zegt de verpleegster.

'Natuurlijk niet,' zegt Cilka, beseffend dat ze voorzichtig moet zijn.

Ze vindt het moeilijk om het ziekenhuis te verlaten. Ze neemt zich voor om de volgende ochtend zo vroeg mogelijk terug te komen.

Aleksandr blijft vier dagen bewusteloos. Overdag wast Cilka hem, ze praat tegen hem, ze koelt zijn gezwollen linkerknie met sneeuw, controleert zijn reflexen. Die zijn er niet. 's Nachts wordt hij genegeerd.

'Hoelang blijf je nog voor bed dertien zorgen?' vraagt Jelena op de vijfde dag.

'Tot hij bijkomt of doodgaat,' antwoordt Cilka.

'We hadden niet gedacht dat hij zo lang zou blijven leven. Wat is je geheim?'

'Niets. Ik was hem gewoon en ik praat tegen hem. De zwellingen in zijn gezicht worden minder, je kunt zien dat hij een vriendelijk gezicht heeft,' zegt Cilka. Omdat ze weet dat ze eerlijk kan zijn tegen Jelena, zegt ze: 'Ik heb hem eerder ontmoet, weet u. Hij hééft iets.'

'Cilka, hoe vaak hebben we je niet verteld dat je je niet aan je patiënten moet hechten?' zegt Jelena vermanend.

'Ik wil hem gewoon een kans geven. Daarom doen we dit werk toch?'

'Alleen wanneer er hoop is op genezing. Dat weet je. Ik durf te wedden dat je niet meer weet hoeveel van de patiënten die je hebt verzorgd, zijn overleden.'

'Hoeveel het er ook zijn, ik wil niet dat er nog eentje bij komt,' zegt Cilka, een beetje bozer dan de bedoeling is.

'Goed. Laat het me weten als je wilt dat ik hem onderzoek, of als je een verandering waarneemt.'

Cilka loopt terug naar bed dertien.

'Nou, Aleksandr, je bezorgt me de nodige problemen. Nu wil ik dat je iets voor me doet, een van deze twee dingen. Je moet bijkomen, of... Nee. Je kunt maar één ding doen, en dat is bijkomen. Ik wil je stem weer horen.'

'Ambulance rijdt uit!'

Cilka keert terug met twee slachtoffers van een ongeluk – een vrachtwagen is geslipt in de modder en gekanteld. De rest van de dag heeft ze het druk. Uitgeput verlaat ze de ziekenzaal. De toestand van Aleksandr is onveranderd.

De volgende ochtend ligt Aleksandr er nog precies hetzelfde bij. Wanneer ze zijn gezicht begint te wassen, zegt hij zacht tegen haar: 'Ik dacht dat je me had opgegeven.'

Verschrikt hapt Cilka naar adem. 'Jelena Georgiëvna!'

Jelena staat in een oogwenk naast het bed. 'Wat is er?'

'Hij is wakker, hij zei iets tegen me!'

Jelena buigt zich over Aleksandr heen. Ze strijkt een lucifer af en beweegt die heen en weer boven zijn gezicht. Hij knippert een aantal keer met zijn ogen. De enige andere persoon die Cilka ooit heeft gekend met zulke donkerbruine ogen dat ze bijna zwart lijken, was haar vriendin Gita. Gita's gezicht verschijnt op haar netvlies.

Ze buigt zich over Aleksandr heen en kijkt hem in de ogen. 'Ik ben blij dat je er weer bent,' zegt ze.

'Cilka. Volgens mij hebben we al kennisgemaakt.'

Jelena kijkt glimlachend naar Cilka. 'Cilka, wil jij de zorg voor deze patiënt voortzetten? Ik denk dat je wel weet wat hij nodig heeft.'

'Dank u, Jelena Georgiëvna. Als ik u nodig heb, dan roep ik u.'

'Je hebt een prachtige stem, Cilka,' zegt Aleksandr. 'Ik heb genoten van onze gesprekken.'

'Welke gesprekken?' vraagt Cilka lachend. 'Volgens mij was ik de enige die praatte.'

'Ik gaf antwoord. Kon je mijn gedachten niet lezen?'

Cilka bloost. 'Ik weet niet eens meer wat ik tegen je heb gezegd.'

'Zal ik het je vertellen?'

'Doe maar niet. Nu wil ik dat je stil blijft liggen, zodat ik je verwondingen kan bekijken.'

In de loop van de volgende zes dagen genezen de verwondingen van Aleksandr goed. Pas wanneer hij probeert te staan en te lopen, wordt duidelijk hoe zwaar zijn knie beschadigd is. Hij kan het gewricht niet buigen zonder pijn.

Steeds wanneer Cilka even tijd heeft, helpt ze Aleksandr om uit bed te komen en ondersteunt ze hem terwijl hij oefent met het belasten van zijn knie en het zetten van langzame, pijnlijke stapjes.

Er verstrijken twee weken, en Aleksandr ligt nog steeds op de ziekenzaal.

Op een dag heeft Cilka het zo druk gehad met een ongeluk bij de mijn en een operatie waarbij ze moest assisteren, dat ze pas aan het eind van haar dienst bij Aleksandr kan gaan kijken.

'Kun je nog even blijven, om te praten?' vraagt hij, wanneer ze hem vertelt dat ze hem een goede nacht komt wensen.

'Ik kan wel een poosje blijven.'

Ze pakt een stoel en zet die bij het hoofdeinde van zijn bed. Nadat ze Aleksandr meer kussens ter ondersteuning heeft gegeven dan ze eigenlijk per patiënt uit mag reiken, gaat ze bij hem zitten. Ze praten. Ze lachen zachtjes. De tijd vliegt voorbij.

'Cilka,' zegt een verpleegster.

'Ja?'

'De patiënt heeft zijn rust nodig, en jij ook. Tijd om te gaan.'

'Sorry. Ik ga meteen.'

'Tot morgen, Cilka. Slaap lekker.'

De volgende ochtend vraagt Cilka Jelena of ze haar onder vier ogen kan spreken.

'Kom maar mee naar de apotheek,' stelt Jelena voor.

In de apotheek doet de dokter de deur achter hen dicht en kijkt Cilka vragend aan.

'Het gaat over het werk op de ambulance,' begint Cilka verlegen.

'Wat is daarmee?'

'Nou ja, ik vroeg me af of ik daar misschien een poosje mee zou mogen stoppen en in plaats daarvan op de ziekenzaal zou mogen werken.'

'Vroeg of laat moet hij weg, Cilka.'

'Natuurlijk. Het gaat elke dag beter met hem, dat weet ik.'

'Wil je stoppen met het werk op de ambulance tot hij het ziekenhuis mag verlaten?'

'Het gaat niet om Aleksandr.'

'Juist. Je wilt je leven niet langer riskeren. Ik denk dat ik dat wel begrijp.'

'Ik vraag me af of ik het niet lang genoeg heb gedaan.'

'Je hebt meer risico's genomen dan wie dan ook, ook wanneer niemand dat van je verwachtte. Wat mij betreft mag je ermee stoppen.'

'Misschien nog één keer, zodat ik afscheid kan nemen van Fjodor en Kirill. Ik ben erg op hen gesteld geraakt.'

'Op een zusterlijke manier.'

'Natuurlijk.'

'En Aleksandr? Je geeft om hem, hè?'

Cilka geeft geen antwoord.

'Het geeft niet, je mag iets voor een man voelen. Het doet me deugd om te zien dat je aan een toekomst denkt.'

'Hoe kan ik nu aan de toekomst denken zolang ik hier ben?'

'Dat kan best, en volgens mij doe je dat ook. Ga maar weer aan het werk. Nog één keertje mee met de ambulance.'

Wanneer Cilka de apotheek uit wil lopen, omhelst Jelena haar. 'Ik ben blij voor je,' fluistert ze in haar oor.

Cilka hoeft niet lang te wachten op haar laatste ambulanceritje. Die middag rijdt ze met Fjodor en Kirill naar de mijn, waar opnieuw een tunnel is ingestort. Deze keer is ze voorzichtig, en wacht ze tot de opzichter verklaart dat het veilig is, voordat ze zich in de mijn waagt. De twee mannen die onder het puin terecht zijn gekomen, kunnen niet worden gereanimeerd, en ze worden achtergelaten voor de vrachtwagen die de lijken naar het mortuarium zal brengen.

Tijdens de rit terug naar het ziekenhuis vertelt Cilka Fjodor en Kirill dat ze hen voortaan niet meer zal vergezellen. De andere verpleegsters zullen die rol om beurten op zich nemen.

Kirill zwijgt. Fjodor vertelt Cilka hoezeer hij haar gezelschap op prijs heeft gesteld en hoe fijn hij het vond om met haar samen te werken.

Wanneer ze terug zijn bij het ziekenhuis, krijgt ze van Fjodor een hartelijke omhelzing en een kus op de wang. Ze draait zich naar Kirill toe, in de verwachting dat hij op vergelijkbare wijze afscheid van haar zal nemen. Hij blijft echter op een afstandje staan en staart naar de grond.

'Kirill, het spijt me als je het niet leuk vindt dat ik stop met het ambulancewerk. Wil je alsjeblieft iets zeggen?'

'Kan ik iets zeggen wat je van gedachten zal doen veranderen?'

'Nee. Nee, dit is wat ik wil, voor mezelf.'

'En ik dan? Heb je erbij stilgestaan wat ik wil?'

'Kirill, wat bedoel je? Wat heeft mijn beslissing met jou te maken?'

'Kennelijk niets,' zegt hij, met nauwelijks verholen woede. 'Tot ziens, Cilka Klein. '

'Kirill, wacht. Kunnen we geen vrienden blijven? Ga alsjeblieft niet zo weg.'

Zonder om te kijken loopt Kirill weg, Cilka verbijsterd achterlatend. Wat had hij nu precies gezegd? Wat had hij niet gezegd?

HOOFDSTUK 32

'Nog twee dagen, langer kan ik je hier niet houden, vrees ik,' zegt Jelena tegen Aleksandr en Cilka.

'Dank u, we zullen er optimaal gebruik van maken,' zegt Aleksandr. 'Toch, Cilka?'

Cilka bloost. 'Ik heb werk te doen,' stamelt ze en ze maakt zich uit de voeten.

'Ze komt wel weer terug,' zegt Jelena met een knipoog tegen Aleksandr.

Cilka ziet Kirill bij de verpleegsterspost staan en ze loopt naar hem toe. 'Kirill, hallo, wat leuk om je te zien.'

'Wat is hier aan de hand?' snauwt hij, met een gebaar naar het bed van Aleksandr.

'Hoe bedoel je?' vraagt Cilka verbaasd.

Weet Kirill soms iets over de persoon die Aleksandr heeft aangevallen? Lopen ze in dat geval het risico dat hij de dader zal vertellen dat Aleksandr nog leeft? Haar hart gaat tekeer. Nee, Kirill is haar vriend. Zoiets zou hij nooit doen.

'Jij en die kerel, hoe zit dat?'

Aha, denkt ze. Dit gaat om iets heel anders.

'Je kunt maar beter vertrekken, Kirill. Ik heb werk te doen.'

Aan het eind van haar dienst gaat Cilka zitten op de stoel naast het bed van Aleksandr, de stoel die getuige is geworden van hun groeiende vriendschap.

De afgelopen weken heeft hij haar over zijn verleden verteld, over zijn arrestatie. Jaren geleden werkte hij als vertaler voor de Sovjetregering, maar hij speelde in het geheim informatie door aan het verzet. Toen hij werd opgepakt, werd hij gemarteld. Hij werd gedwongen om dagenlang op een krukje te zitten, tot hij helemaal verdoofd was, uitgehongerd, besmeurd met zijn eigen vuil. Hij weigerde echter namen te noemen. In zijn hoofd scheef hij poëzie. En toen hij na een verblijf in een ander kamp, waar hij zwaar lichamelijk werk moest doen, werd overgeplaatst naar Vorkoeta en een baantje kreeg in het administratiegebouw, was hij begonnen die gedichten op te schrijven. Soms verstopte hij de mooie woorden van het gedicht in stukken propaganda. Toen besefte hij dat hij dat óók met informatie kon doen. Al het geschreven materiaal dat het kamp verlaat, wordt echter gecontroleerd – en dus vermoedt hij dat een slimme contraspion hem heeft betrapt.

'En zo ben ik hier terechtgekomen. Maar mijn gedichten gingen nooit over blije dingen,' zegt hij tegen Cilka. 'Nu ik jou heb ontmoet, zal dat veranderen. En ik verheug me erop om ze met jou te delen.'

Cilka kijkt hem recht in de ogen. Ze vertrouwt erop dat zij ook dingen met hem zal kunnen delen.

'Ik moet je nog iets vertellen,' zegt Aleksandr ernstig.

Ze staart hem aan. Ze wacht.

'Ik ben verliefd op je geworden.'

Ze staat abrupt op, de stoel omverstotend. Die paar woorden zijn zo groot, zo overweldigend.

'Cilka, alsjeblieft, blijf hier en praat met me.'

'Het spijt me, Aleksandr. Ik moet nadenken. Ik moet gaan.'

'Cilka, blijf, ga niet weg,' smeekt hij.

'Het spijt me, ik moet wel.' Ze dwingt zichzelf om hem weer aan te kijken. 'Ik zie je morgenochtend.'

'Zul je nadenken over wat ik heb gezegd?'

Ze zwijgt even, staart in zijn donkerbruine ogen. 'Ik zal nergens anders aan denken.'

Cilka klopt op Raisa's slaapkamerdeur, in het personeelsverblijf. De verpleegsters hebben gedeelde kamers, en de gevangenen die in het ziekenhuis werken, slapen in een grotere slaapzaal in hetzelfde gebouw.

'Kom binnen,' roept Raisa slaperig.

Cilka doet de deur open en blijft een beetje voorovergebogen in de deuropening staan.

'Gaat het wel?'

'Ik voel me niet goed, volgens mij kan ik beter niet gaan werken.'

'Wil je dat ik je onderzoek?' vraagt Raisa. Ze zwaait haar benen over de rand van haar bed en gaat zitten.

'Nee, ik wil gewoon slapen.'

'Ga maar terug naar bed. Ik sta op en ik neem het begin van je dienst over. Ik weet zeker dat de anderen ook hun steentje zullen bijdragen.'

'Zou je tegen Jelena Georgiëvna willen zeggen dat ik denk dat ik beter een of twee dagen weg kan blijven? Wat ik ook mankeer, ik wil de patiënten niet aansteken.'

'Dat lijkt me heel verstandig. Ga maar weer slapen, dan stuur ik over een paar uur iemand naar je toe om je iets te eten te brengen en te kijken hoe het met je gaat.'

Cilka doet de deur dicht en keert terug naar haar bed.

Auschwitz-Birkenau, 1944

Cilka schrikt van voetstappen in het blok, gevolgd door geklop op haar deur. Ze blijft op haar bed liggen. Er wordt opnieuw geklopt.

'Kom binnen,' zegt ze, haar stem nauwelijks luider dan een fluistertoon.

Langzaam gaat de deur open. Er verschijnt een gezicht.

'Lale! Wat doe jij hier?' roept ze met gedempte stem uit. 'Je moet hier niet komen.'

'Mag ik binnenkomen?'

'Natuurlijk. Doe de deur dicht, vlug.'

Lale doet wat ze vraagt. Hij leunt met zijn rug tegen de deur en kijkt naar Cilka, die op de rand van haar bed is gaan zitten.

'Ik moest je zien. Ik wilde je persoonlijk bedanken, niet via Gita.'

'Het is gevaarlijk, Lale. Je moet hier niet komen. Je weet nooit wanneer er eentje langskomt.'

'Ik waag het erop. Jij nam een groter risico door te vragen of ik mijn baan terug kon krijgen. Ik moet dit doen.'

Cilka zucht. 'Ik ben blij dat het is gelukt. Het brak mijn hart om Gita zo overstuur te zien, om niet te weten of je nog leefde, en toen te horen waar je moest werken.'

'Zeg maar niets meer, ik verdraag het niet om te horen hoe erg het voor haar was. Ik ben door mijn eigen stommiteit in de problemen geraakt. Soms vraag ik me af of ik het ooit zal leren.' Hij schudt zijn hoofd.

'Ze houdt van je, weet je.'

Lale kijkt weer op. 'Dat heeft ze nooit tegen mij gezegd. Het betekent ontzettend veel voor me om het te horen.'

'Het is waar.'

'Cilka, als er ook maar iets is wat ik voor je kan doen, binnen de moge-lijkheden die ik nu heb... Stuur me dan bericht.'

'Dank je, Lale,' zegt ze, 'maar ik kan voor mezelf zorgen.'

Ze ziet hem fronsen, alsof hij de juiste woorden probeert te vinden. 'Wat jij doet, Cilka, is de enige vorm van verzet die tot je beschikking staat – in leven blijven. Je bent de moedigste persoon die ik ooit heb gekend, ik hoop dat je dat weet.'

'Dat hoef je niet te zeggen,' zegt ze en ze voelt schaamte in zich opborre-len.

'Ja, dat moet ik wel. Opnieuw bedankt.'

Ze knikt.

Hij verlaat de kamer, verlaat blok 25.

HOOFDSTUK 33

'Cilka, Cilka, word wakker.' Jelena schudt zachtjes aan Cilka's schouder, haar wekkend uit een droomloze slaap.

Cilka is gedesoriënteerd. Ze trekt de deken omhoog tot haar kin, in een poging zich te verstoppen, om te ontsnappen aan de dreiging die ze voelt naderen.

'Cilka, ik ben het, Jelena. Niet schrikken, maar ik wil je spreken.'

Cilka registreert de stem. Dwingt zichzelf om haar ogen te openen. 'Jelena Georgiëvna, hoe laat is het? Wat is er aan de hand?' Ze schuift op, zodat Jelena naast haar op het bed kan gaan zitten.

'Het is vroeg in de ochtend, maar ik moet je iets vertellen. Er is iets gebeurd met Aleksandr.'

Ze staart naar Jelena, maar er komen geen woorden over haar lippen.

'Vannacht is iemand de ziekenzaal binnengeglipt en heeft hem in elkaar geslagen. We weten niet hoe het is gebeurd, maar hij is een poosje geleden bewusteloos aangetroffen.'

'Wat? Hoe kon dat gebeuren?' Cilka is nu volledig wakker. 'Waar waren de verpleegsters, het personeel? Hoe kan iemand in elkaar worden geslagen in een ziekenhuis?'

'Rustig aan, ik kan niet al je vragen beantwoorden. Er was maar één verpleegster aanwezig, en zij had een drukke nacht. Op een gegeven moment heeft ze een korte pauze genomen, en toen moet iemand naar binnen zijn geslopen.'

'Maar hebben de andere patiënten dan niets gezien?'

'We proberen nog uit te zoeken hoe dit heeft kunnen gebeuren. De verpleegster kwam mij halen, en ik wilde het jou zo snel mogelijk vertellen. Hij is naar de operatiekamer gebracht voor onderzoek. Trek je kleren aan en kom met me mee.'

Met een schort over hun kleren en een masker voor hun mond en neus gaan Cilka en Jelena de operatiekamer binnen en lopen naar de tafel waar het roerloze lichaam van Aleksandr ligt. Raisa staat naast hem. Ze kijkt met een bedroefde, meelevende blik naar Cilka. Cilka legt voorzichtig haar hand op de schouder van Aleksandr. Hij ziet er verschrikkelijk kwetsbaar uit. Jelena slaat haar arm om Cilka heen.

'Wat kun je ons vertellen, Raisa?' vraagt Jelena.

'Ze moeten met zijn tweeën zijn geweest. Ik vermoed dat een van hen iets op zijn gezicht drukte, een kussen misschien, terwijl de ander hem sloeg met een stuk hout, afgaand op de splinters die ik in zijn huid heb gevonden.'

'En niemand heeft iets gehoord? Zelfs de patiënt niet die naast hem lag?' vraagt Cilka dringend.

'Dat weet ik niet, Cilka. We zullen moeten rondvragen, maar we moeten ook plannen maken...' Raisa kijkt naar Jelena.

Jelena neemt het over. 'Het is duidelijk dat iemand Aleksandr wil vermoorden, en we hebben geen idee of het iemand is...' Ze dempt haar stem. '...aan de binnenkant, of zelfs iemand met een connectie met de autoriteiten.'

'Denkt u dat het dezelfde persoon is als eerst?'

'Als die op de een of andere manier heeft ontdekt dat Aleksandr nog leeft, dan is dat heel waarschijnlijk.'

'Maar hoe...' Ze stopt. Ze vreest dat ze het antwoord al kent.

'Eerst moeten we Aleksandr helpen,' zegt Raisa. 'Later komen we hopelijk meer te weten.'

'Wat voor verwondingen heeft hij?' vraagt Jelena Raisa.

'Hij werd bewusteloos aangetroffen. Hij heeft klappen op zijn hoofd gehad, maar volgens mij is hij buiten bewustzijn omdat hij is verstikt. Geen botbreuken op zijn lichaam, godzijdank. Het spijt me zo, Cilka,' zegt Raisa. 'Waarom wacht je niet buiten op ons, dan komen we naar je toe zodra we hier klaar zijn.'

'Ik ga nergens naartoe,' zegt Cilka resoluut.

'Oké,' zegt Raisa.

Jelena loodst Cilka een stukje bij de tafel vandaan.

'We moeten een manier vinden om hem te beschermen,' zegt Cilka.

Een poosje later vergezelt Cilka Aleksandr van de operatiekamer naar het uiterste hoekje van de ziekenzaal, waar een scherm om zijn bed wordt geplaatst. Er wordt een stoel bijgeschoven voor Cilka, en ze staat erop om hem zelf te verplegen. Jelena en Raisa gaan niet tegen haar in. Later brengt iemand haar eten, dat ze nauwelijks aanraakt. De hete, troostende thee drinkt ze echter gretig op.

Jelena komt geregeld bij hen kijken. Als de dag ten einde loopt, vertelt Jelena Cilka dat ze de man in het bed naast Aleksandr heeft gesproken en meer te weten is gekomen.

De patiënt naast Aleksandr was wakker geworden van het geluid van hout dat op vlees werd gebeukt. De twee mannen hadden hem in zijn gezicht gestompt om hem te intimideren en hem opgedragen zijn mond te houden. Ze hadden gezegd dat hij na hun vertrek de verpleegster niet mocht waarschuwen, voor het geval Aleksandr nog niet dood was. De man was volledig overstuur.

Wie Aleksandr ook hebben aangevallen, ze moeten zich in de wachtruimte hebben verscholen, die 's nachts onbewaakt is. Mogelijk hebben ze de bewakers buiten het gebouw omgekocht of bedreigd. Jelena heeft de bewakers niet ondervraagd, uit angst dat ze de verkeerde persoon zouden vertellen dat Aleksandr nog leeft.

Dan bevestigt Jelena dat ze het plan heeft uitgevoerd dat ze met zijn allen hebben bedacht.

Ze spreekt zacht. 'We hebben in zijn dossier gezet dat hij is gestorven, en een nieuw dossier aangemaakt onder de naam van een patiënt die onlangs is overleden. Dat dossier hebben we aangepast, en nu staat erin dat de patiënt is genezen. Wat de administratie van het ziekenhuis betreft, is Aleksandr dus gestorven aan de verwondingen die hij aan een pak slaag heeft overgehouden. We laten het scherm nog een poosje rond zijn bed staan, terwijl we bedenken wat we hierna gaan doen. We hebben tegen de patiënt in het bed ernaast gezegd dat Aleksandr een besmettelijke ziekte heeft, en dat hij niet bij hem in de buurt moet komen.'

'Dank u.' Cilka's brein draait op volle toeren. 'Dat geeft ons wat tijd, maar wat doen we nu?'

'Iets beters kan ik op dit moment niet bedenken, Cilka.'

Wanneer Jelena vertrekt, legt Cilka haar hoofd naast dat van Aleksandr op het kussen.

Als Cilka de volgende dag wakker wordt, ziet ze dat Aleksandr naar haar kijkt. Even staren ze elkaar in de ogen en brengen ze zonder iets te zeggen hun gevoelens voor elkaar over. Ze worden verstoord door Raisa.

'Ik zie dat jullie allebei wakker zijn. Wie van jullie zal ik als eerste onderzoeken?'

Cilka glimlacht. 'Aleksandr natuurlijk.'

Raisa vertelt Aleksandr over zijn verwondingen en het behandelplan. Cilka kan het niet helpen; ze onderbreekt Raisa voortdurend om positieve voorspellingen over zijn herstel te doen.

Aleksandr zegt niets. Hij knikt slechts en hij kijkt dankbaar maar bezorgd, een weerspiegeling van Cilka's echte gedachten.

De dagen verstrijken en Aleksandr herstelt langzaam achter het scherm. Zijn blauwe plekken vervagen, maar bewegen doet hem nog pijn. Wanneer Cilka Kirill tegenkomt bij de verpleegsterspost, probeert ze zich vriendelijk en natuurlijk te gedragen. Zijn avances weert ze beleefd af, zonder hem boos te maken. Ze wil niet de aandacht richten op het scherm achter in de ziekenzaal. Ze vermoedt dat Kirill degene is die Aleksandr heeft aangevallen, of dat hij de oorspronkelijke dader heeft gewaarschuwd dat Aleksandr nog leefde, maar dat kan ze niet bewijzen.

Aleksandr accepteert zonder morren de pijn van het opstaan om ondersteund door Cilka wat rond te lopen. Eigenlijk is Cilka niet de beste verpleegster om hem hierbij te helpen; hij is zoveel langer dan zij dat ze hem eerder hindert dan steunt. Hier trekken ze zich echter niets van aan. Elke nacht slaapt Cilka zittend in een stoel naast zijn bed, met haar hoofd op zijn kussen. Sinds de aanval is ze nauwelijks van zijn zijde geweken.

Het aantal patiënten in het ziekenhuis neemt af, en het personeel vangt op dat het aantal gevangenen in de hele goelag terugloopt. Op bevel van secretaris-generaal Chroesjtsjov, de opvolger van Stalin, worden veel gevangenen vrijgelaten. Chroesjtsjov probeert de band met het Westen te verbeteren. De smet die het goelagsysteem over de Sovjet-Unie heeft geworpen, begint bekendheid te krijgen, en er zijn maatregelen nodig om de niet-communistische landen milder te stemmen en met hen in gesprek te blijven.

Aleksandr kan nu zonder hulp lopen, en het scherm begint op te vallen. Patiënten en personeel beginnen te vragen hoe erg de 'besmetting' van de patiënt erachter eigenlijk is. Het wordt tijd om de volgende stap te beramen.

'Cilka, kan ik je even spreken?' roept Jelena op een ochtend.

'Ik ben zo terug,' zegt Cilka tegen Aleksandr.

Jelena loodst Cilka mee naar de apotheek.

'In deze ruimte gebeurt nooit iets goeds,' merkt Cilka bezorgd op. 'Wat is er?'

'Vertrouw je me?' vraagt Jelena.

'Meer dan iedereen die ik ooit heb gekend, afgezien van mijn familie.'

'Dan wil ik je vragen om me nu te vertrouwen. Over twee dagen wordt Aleksandr ontslagen uit het ziekenhuis…'

'Nee, dat kunt u niet doen!' roept Cilka uit. 'U hebt het beloofd.'

'Luister. Hij komt niet terecht tussen de andere gevangenen, waar het iemand zou opvallen dat hij niet de dode man is wiens naam en nummer we hem hebben gegeven. Hij komt terecht in een hut in de buurt, waar hij veilig zal zijn. Ik wil dat je erop vertrouwt dat ik alles zal doen wat ik kan om te helpen.'

Cilka is sprakeloos. Dit is een goede zaak. Hij zal veilig zijn. Maar opnieuw wordt haar iemand afgenomen.

Ze probeert te glimlachen. 'U bent zo goed voor ons, Jelena Georgiëvna. Ik ben u dankbaar. Hij zal u dankbaar zijn.'

Jelena kijkt zorgelijk, op een manier die Cilka nog nooit bij haar heeft gezien. Ze is altijd stoïcijns, praktisch en positief.

'Cilka, er is nog iets.'

De moed zinkt Cilka in de schoenen.

'Ik heb een verzoek ingediend om overgeplaatst te worden naar Sotsji, waar ze net een nieuw ziekenhuis hebben gebouwd.'

Ze steekt haar hand uit naar Cilka, maar Cilka krimpt ineen. Ze weet niet wat ze moet zeggen. Jelena verdient het om op een betere plek terecht te komen, na de jaren die ze vrijwillig aan deze vreselijke plek heeft geschonken. Maar wat moet Cilka zonder haar beginnen?

'Cilka?'

Cilka kan de dokter niet aankijken. Ze houdt alles binnen. Ze heeft nooit ergens een keus in gehad. Alles is haar eenvoudigweg overkomen. Hoe graag ze het ook wil, ze kan mensen nooit vasthouden. Ze is alleen. Helemaal alleen op de wereld.

'Cilka, geloof me als ik zeg dat ik ook alles doe wat ik kan voor jou.'

Cilka stopt haar gevoelens zo ver mogelijk weg, diep in haar binnenste, en kijkt op naar Jelena. 'Dank u, Jelena Georgiëvna, voor alles.'

Jelena kijkt haar lange tijd aan.

Het voelt als een afscheid.

Nu heeft ze alleen de vrouwen uit hut 29 nog. Cilka denkt steeds aan de woorden van Lale, dat hij haar moedig vond. Ze denkt aan alle andere mensen die haar hebben verteld hoe moedig ze is. Ze denkt aan Aleksandr, die iets in haar wakker heeft gemaakt, de wil om te léven, niet slechts in leven te blijven.

En ze weet dat ze nog één keer moedig moet zijn.

Ze praat met de vertrouwelingen die dienstdoen als bewakers voor het verpleegstersverblijf en geeft hun haar voorraadje van extra rantsoenen. Ze stemmen ermee in om haar die avond – zondag – naar de hut te begeleiden. Ze moet de vrouwen spreken.

Terwijl ze over het terrein lopen, ziet ze dat verschillende mannen van een afstandje naar haar staren, maar ze durven haar niet te benaderen. Ze vraagt de bewakers om buiten te wachten en doet de deur van de hut open.

'Cilka!' Margarethe komt haastig naar haar toe en omhelst haar. 'Wat doe je hier? Het is gevaarlijk.'

Cilka begint te trillen. 'Ik wil jullie allemaal spreken.' Ze kijkt om zich heen. Er zijn een paar nieuwe gezichten, maar de hut wordt voor het grootste deel nog bewoond door vrouwen die ze herkent, onder wie haar oudste hutgenoten, Elena en Margarethe.

'Ga zitten, alsjeblieft,' zegt ze.

'Gaat het wel goed met je?' vraagt Elena.

'Ja,' zegt Cilka. 'Nu ja, ik heb iemand ontmoet, en ik heb gevoelens voor hem, en het zou kunnen dat ik hem alsnog kwijtraak, maar ik heb nooit geweten dat ik in staat zou zijn om iets voor een man te voelen, vanwege alles wat ik heb meegemaakt.'

De vrouwen luisteren beleefd. Elena knikt bemoedigend naar Cilka.

'Jullie hebben allemaal je verleden met mij gedeeld, jullie geheimen, en ik was te bang om hetzelfde te doen. Maar ik ben jullie mijn verhaal verschuldigd.'

Ze haalt diep adem. 'Ik zat in Auschwitz,' zegt ze. Margarethe schiet rechtop. 'Het concentratiekamp.' Ze slikt. 'Ik heb het overleefd omdat ik een bevoorrechte positie kreeg in het kamp, in het vrouwenkamp in Birkenau. Een beetje zoals Antonina. Maar...'

Elena knikt naar haar. 'Ga door, Cilka.'

Verder zegt niemand iets.

'Ik had mijn eigen kamer in het blok. Het blok waar ze de...' Het kost haar moeite de woorden uit te spreken. '...zieke en de stervende vrouwen naartoe brachten voordat ze in de gaskamers werden vermoord.'

De vrouwen slaan vol ongeloof hun handen voor hun mond.

'De ss-officieren brachten me onder in dat blok omdat daar geen getuigen waren.'

Stilte. Volledige stilte.

Ze slikt weer, ze voelt zich licht in het hoofd, duizelig.

Anastasia begint hoorbaar te huilen.

'Ik ken dat geluid, Anastasia, het is me zo vertrouwd,' zegt ze. 'Ik werd altijd boos. Ik weet niet waarom juist die emotie. Maar ze waren allemaal zo hulpeloos. Ik kon niet huilen. Ik had geen tranen. En dit is waarom ik het jullie niet kon vertellen. Ik had een bed, ik had eten. En zij waren naakt en stervende.'

'Hoe... Hoelang ben je daar geweest?' vraagt Elena.

'Drie jaar.'

Margarethe gaat vlak bij Cilka zitten en steekt haar hand naar haar uit. 'We weten geen van allen wat we zouden hebben gedaan. Hebben die rotzakken je familie vermoord?'

'Ik heb mijn moeder zelf naar de dodenwagen gebracht.'

Margarethe grijpt Cilka's hand stevig vast. 'De herinnering brengt je in shock. Ik hoor het aan je stem. En je beeft. Elena, zet een kop thee.'

Elena springt op en loopt naar de kachel.

De andere vrouwen zeggen niets. Maar Cilka is te zeer verdoofd om zich af te vragen hoe haar woorden zijn ontvangen. Een diepe uitputting maakt zich van haar meester.

Er is maar zo'n klein beetje tijd verstreken, maar de woorden waren zo groot.

Wanneer Elena terugkomt met de thee, zegt ze: 'Hannah wist het, hè?'

Cilka knikt.

'Ik hoop dat dit het niet erger maakt, Cilka, maar de meesten van ons hadden al geraden dat je daar bent geweest. Omdat je Joods bent, en niet over je arrestatie wilde praten.'

Cilka begint weer te beven. 'Echt?'

'Ja, en de dingen die je nu en dan zei.'

'O…'

'Je hebt het overleefd, Cilka,' zegt Elena. 'En je zult dit kamp ook overleven.'

Anastasia, de jongste, heeft haar hand nog steeds voor haar mond geslagen. Stille tranen stromen over haar wangen. Maar geen van de vrouwen heeft gereageerd zoals Cilka zich altijd had voorgesteld, zoals ze altijd had gevreesd. Ze keren haar niet de rug toe.

En dus kan ze dit Aleksandr misschien ook vertellen. Misschien kan hij haar helemaal leren kennen en toch van haar houden.

'Ik moet gaan,' zegt ze.

Elena staat ook op. 'Kom nog eens terug, als je kunt.'

Cilka laat zich door Elena omhelzen. En door Margarethe. Anastasia lijkt nog te zeer bevangen door de schok.

Duizelig en trillend verlaat ze de hut en stapt ze de nacht in.

'Goedemorgen,' begroet Cilka de receptioniste wanneer ze de volgende ochtend naar de ziekenzaal loopt. Ze heeft nog één dag met Aleksandr. Ze weet nog niet hoe ze in vredesnaam afscheid van hem moet nemen. Zal ze hem durven beloven dat ze zal proberen om hem op te zoeken, vele jaren later, buiten het kamp? Of moet ze haar lot gewoon accepteren, haar vloek?

Maar hoewel ze hem kwijtraakt, hoewel ze Jelena kwijtraakt en hoewel ze iedereen is kwijtgeraakt die haar dierbaar is, heeft Aleksandr iets in haar laten ontvlammen.

Geen boosheid, maar hoop.

Ze had immers nooit gedacht dat ze verliefd zou kunnen worden, na alles wat ze heeft meegemaakt. Ze had gedacht dat daarvoor een wonder nodig zou zijn. En nu is het gebeurd.

'Cilka,' zegt de receptioniste.

Cilka draait zich om.

'Ik moest je doorgeven dat je naar het hoofdadministratiegebouw moet gaan. Ze willen je spreken.'

Cilka laat de deurkruk van de deur naar de ziekenzaal los. 'Nu?'

Aleksandr is daarbinnen. Ze zou hem kunnen begroeten en dan naar het administratiegebouw gaan. Nee, ze zal dit eerst afhandelen, en dan de dag met hem doorbrengen, voordat hij het ziekenhuis zal verlaten. Een dag waarop ze hem alles kan vertellen, om er daarna voor altijd over te zwijgen.

Wanneer ze het administratiegebouw binnengaat, ziet Cilka een aantal andere gevangenen staan, allemaal mannen. De mannen staan in groepjes bijeen en vragen zich hardop af wat ze hier doen. Ze meldt zich bij de enige persoon die er officieel uitziet, een vrouw achter een bureau.

'Ik ben gevraagd om hiernaartoe te komen,' zegt ze, met een zelfverzekerdheid die ze niet voelt.

'Naam.'

'Cecilia Klein.'

'Nummer.'

'1-B494.'

De vrouw achter het bureau rommelt door een aantal enveloppen. Ze pakt er eentje en bekijkt het nummer dat erop staat. 1-B494.

'Hier, er zit wat geld in, en een brief die je bij het verlaten van het kamp aan de bewaker bij het hek moet geven.'

Cilka neemt de aangeboden enveloppe niet aan.

'Pak hem en maak dat je wegkomt,' snauwt de vrouw achter het bureau.

'Waar ga ik naartoe?'

'Eerst naar Moskou, en dan door naar je woonplaats.'

Gaat ze naar huis?

'Dus ik moet naar het treinstation gaan?'

'Ja. En nu wegwezen. Volgende!'

Het peertje aan het plafond knippert. Alweer een stuk papier. Alweer een moment waarop er buiten haar om over haar leven wordt besloten.

'Ik kan niet zomaar weg. Er zijn mensen die ik moet spreken.'

Aleksandr. Zou hij ook worden vrijgelaten? Vrijgelaten onder de naam van de dode man. Hoe moet ze hem ooit vinden?

Ze voelt pijn op haar borst, alsof er een zware kei op drukt. Jelena, Raisa, Ljoeba, Elena, Anastasia en Margarethe – als ze hen kan bereiken… Ze moet afscheid nemen!

Dan ziet ze Klavdia Arsenjevna, die toezicht houdt op de vrijlating van de gevangenen. Cilka heeft haar nog maar nauwelijks gezien sinds ze naar het verpleegstersverblijf is verhuisd. Nu komt de bewaker naar haar toe.

'Je boft, Cilka Klein, maar stel mijn geduld niet op de proef. Je moet onmiddellijk vertrekken, rechtstreeks naar het hek. Of ik kan een bewaker vragen om je naar het hol te slepen, als dat je voorkeur heeft?'

Trillend neemt Cilka de enveloppe aan. De mannen achter haar slaan het tafereel zwijgend gade.

'Volgende,' zegt de vrouw achter het bureau.

Cilka geeft de brief aan de bewaker bij het hek, die er een vluchtige blik op werpt en gebaart dat ze door mag lopen. Langzaam vervolgt ze haar weg, om zich heen kijkend, op zoek naar iemand die haar zal bevelen om te blijven staan, die haar zal vertellen dat het één grote vergissing is. De paar bewakers die ze passeert, negeren haar echter.

En dus loopt ze door, over de enige weg die ze ziet. Alleen.

Donkere wolken pakken zich boven haar samen. Ze bidt dat het vandaag niet zal gaan sneeuwen.

In de verte ziet ze kleine gebouwen. Huizen, denkt ze. Ze loopt verder. Verdrietig, met pijn in haar hart, maar ook duizelig door deze vreemde gewaarwording van vrijheid. Deze weg die voor haar ligt. De ene voet voor de andere. Hoe springen mensen hiermee om?

Ze loopt langs een straat met huizen en een paar winkels, en kijkt door de ramen naar binnen. Vrouwen met kinderen, die schoonmaken, spelen, koken, eten, wantrouwig naar haar staren. De heerlijke geuren van stoofpot en vers brood dringen haar neusgaten binnen.

Dan hoort ze een vertrouwd geluid, een trein die langzaam aan komt rijden, ergens achter de gebouwen. Ze haast zich ernaartoe. Tegen de tijd dat ze bij de spoorweg is, rijdt de trein net weg. Haar blik volgt het spoor naar een klein station. Ze loopt ernaartoe. Een man is net bezig om de deur naar een klein kantoortje af te sluiten.

'Pardon?'

De man blijft staan, met zijn sleutel in de deur, en staart haar aan.

'Wat wil je?'

'Waar ging die trein naartoe?'

'Uiteindelijk naar Moskou.'

'Hebt u onder de vrijgelaten gevangenen misschien een man gezien… Lang, met blauwe plekken op zijn gezicht…'

De man onderbreekt haar. 'Die trein zat bomvol, er waren zoveel mannen. Het spijt me, ik zou het je niet kunnen zeggen.'

Cilka pakt de enveloppe uit de zak van haar jas en opent die. Ze haalt al het geld eruit. 'Kan ik een kaartje kopen voor de volgende trein, alstublieft?'

Josie en Natia zijn in Moskou. Als alle treinen naar Moskou gaan, dan kan ze in Moskou naar hen op zoek gaan, en ook naar Aleksandr. Kon ze zich de naam van Maria Danilovna's vriendin maar herinneren. Het zal heel moeilijk worden om haar op te sporen. Maar ze kan het proberen. Ze zal het proberen.

'De trein gaat nog niet, maar het enige wat je nodig hebt, zijn je vrijlatingsdocumenten.'

'Wanneer komt de trein?'

'Morgen, je moet morgen terugkomen.'

De moed zinkt Cilka in de schoenen. Ze is zo moe, zo wanhopig. 'Waar moet ik vannacht slapen?' vraagt ze, bijna in tranen.

'Luister, ik kan je niet helpen. Je moet gewoon doen wat alle anderen zoals jij hebben gedaan: een warm plekje zoeken om te schuilen en morgen terugkomen.'

'Kan ik hier ergens blijven?'

'Nee, maar wees op je hoede voor de politie. Ze patrouilleren dag en nacht, op zoek naar gevangenen zoals jij. Er zitten lui bij die problemen veroorzaken door te vechten of te stelen.'

Ontmoedigd draait Cilka zich om en loopt terug naar het stadje.

Er zijn nog meer vrijgelaten gevangenen die van de stationschef te horen hebben gekregen dat ze de volgende dag moeten terugkomen. Ze dwalen over de straten. Ze krijgen het aan de stok met de plaatselijke bewoners. Er vloeit bloed. Cilka biedt niet aan om te helpen, ze kiest ervoor zich afzijdig te houden.

Ze kan nog steeds niet geloven dat ze vrij is. Misschien is de wereld gewoon één grote gevangenis, waar ze geen familie heeft, en geen vrienden en geen thuis. Ze heeft – had – Aleksandr. Zal ze zich de rest van haar leven afvragen hoe het hem is vergaan, zoals ze dat doet met haar vader, met Gita, met Josie? Hoe moet ze Josie ooit vinden in een enorme stad als Moskou? In elk geval weet ze dat Jelena veilig zal zijn. Ze heeft echter geen afscheid kunnen nemen, ze heeft haar niet kunnen omhelzen, haar fatsoenlijk kunnen bedanken. Ze voelt zich verscheurd. Ze brengt de nacht door achter een winkel, opgekruld in een portiek, schuilend voor de snijdende wind.

Voordat ze de trein hoort, hoort ze de commotie van tientallen schreeuwende mensen. De mist in haar hoofd klaart op zodra ze zich realiseert dat de nacht is overgegaan in de dag. De trein waarmee ze Vorkoeta voorgoed kan verlaten, rijdt het station binnen.

Ze voegt zich bij de anderen, en met zijn allen rennen ze dezelfde kant op. De trein staat al bij het perron te wachten. In het gedrang op het perron wordt Cilka een paar keer op de grond geduwd. Ze krabbelt overeind en probeert de trein te bereiken. Bij de deuren staat een lange rij. De stationschef heeft zijn kantoortje verlaten en loopt langs de rij van wachtende passagiers om hun papieren te controleren. Niemand overhandigt een kaartje. Cilka haalt het formulier uit haar zak en geeft het aan de stationschef.

De man steekt zijn hand uit.

'Dank u,' zegt ze tegen hem.

Hij legt zijn hand op de hare, kijkt haar glimlachend aan en knikt bemoedigend. 'Succes, kleintje. Vooruit, in de trein.'

Ze haast zich naar de open deuren van de wagon. Wanneer ze in wil stappen, wordt ze hard opzijgeduwd door twee mannen die willen voordringen. Zo te zien zit de wagon tjokvol, er kan nauwelijks nog iemand bij. Ze steekt haar armen naar binnen en probeert wanhopig de deuren vast te grijpen, zodat ze zich naar binnen kan wringen. De fluit van de trein klinkt, een waarschuwing dat dit de laatste mogelijkheid is om in te stappen. Voor haar wordt er geschreeuwd en geduwd, en een man tuimelt uit de wagon en komt naast haar op het perron terecht.

'Gaat het wel?' zegt ze en ze laat de deur los en buigt zich bezorgd over de man heen. Om haar heen verdringen de mensen zich om de wagon binnen te komen. De man kijkt op, en onder zijn hoed ziet ze de verbaasde bruine ogen van Aleksandr.

'Cilka!'

Met wild bonzend hart schuift ze haar handen onder zijn armen en helpt ze hem overeind. 'O, Aleksandr! Gaat het?' herhaalt ze, haar stem verstikt van de tranen.

Met een vertrokken gezicht richt hij zich op. De stroom mensen achter hen begint uit te dunnen. Haar handen liggen nog steeds onder zijn armen.

Opnieuw klinkt het fluiten van de trein. Cilka kijkt naar de deuren. Er is een kleine opening ontstaan in het gedrang.

'Kom op!' zegt ze. Ze pakt zijn hand vast en samen klimmen ze in de wagon. De trein komt al in beweging, en Aleksandr kan zijn voet nog maar net op tijd naar binnen trekken.

In de wagon slaat Aleksandr zijn armen om haar heen.

Ze huilt openlijk tegen zijn borst. 'Ik kan het niet geloven,' zegt ze. Ze kijkt omhoog, in zijn zachte, vriendelijke ogen.

'Ik wel,' zegt hij. Hij streelt haar haren, veegt de tranen van haar wangen. In zijn ogen ziet ze alles wat hij heeft meegemaakt, en, in reflectie, haar eigen ogen, en alles wat zij heeft meegemaakt.

'Het is tijd om te gaan leven, Cilka,' zegt hij. 'Zonder angst, en met het wonder van de liefde.'

'Is dat een gedicht?' vraagt ze, glimlachend door haar tranen.

'Het is het begin van een gedicht.'

EPILOOG

Košice, Tsjecho-Slowakije,
januari 1961

De bel van de deur van het koffiehuis rinkelt en er loopt een zeer charmante, zongebruinde vrouw met een hartvormig gezicht, gestifte lippen
en grote bruine ogen naar binnen.

Een andere vrouw, met krullen in haar haar en een vrolijke gebloemde
jurk die haar rondingen goed doet uitkomen, staat op van een tafeltje om
haar te begroeten.

Gita loopt naar Cilka toe, en de twee vrouwen, die elkaar bijna twintig
jaar niet hebben gezien, omhelzen elkaar. Ze zijn nu zo anders dan ze
toen waren: nu zijn ze warm, en gezond. Het moment is overweldigend.
Ze laten elkaar los.

Cilka kijkt naar Gita's glanzende bruine krullen, haar volle wangen,
haar schitterende ogen. 'Gita! Je ziet er geweldig uit.'

'Cilka, jij bent beeldschoon, mooier dan ooit.'

Lange tijd kijken ze elkaar simpelweg aan, raken elkaars haar aan,
glimlachend, terwijl de tranen aan hun ooghoeken ontsnappen.

Zal het ze lukken om over die *andere plek* te praten? Die tijd?

De serveerster komt naar hen toe, en ze beseffen dat ze nogal de aandacht trekken – zoals ze aan elkaar voelen, lachend en huilend. Ze gaan
zitten en bestellen koffie en taart. Verrukt kijken ze elkaar aan, genietend
van het besef dat dit dingen zijn die verboden waren, dat het nog elke dag
een wonder is dat ze het hebben overleefd. Deze simpele geneugten zullen hun anders smaken dan de andere bezoekers van het koffiehuis.

Als eerste informeert Cilka naar Lale, en ze luistert met glanzende ogen terwijl Gita vertelt hoe Lale en zij elkaar na de oorlog in Bratislava hebben teruggevonden, wat ze daarna hebben meegemaakt, en dat ze uiteindelijk zijn neergestreken in Australië. Gita stopt alleen met glimlachen wanneer ze vertelt dat ze lange tijd hebben geprobeerd om een kindje te krijgen, maar dat dit niet is gelukt. Wanneer ze dit vertelt, legt ze haar hand instinctief op haar buik, onder de tafel.

'Het is Aleksandr en mij ook niet gegeven,' zegt Cilka en ze pakt de andere hand van haar vriendin vast.

Dan vraagt Gita – met gedempte stem, iets dichter naar Cilka toe gebogen – of Cilka over de goelag wil praten.

'Daar heb ik Aleksandr ontmoet,' zegt Cilka, 'en andere vrienden gemaakt.' Het valt niet mee om de meedogenloze kou te beschrijven, de constante stroom van zieke en gewonde en dode gevangenen, de verkrachtingen die ze opnieuw moest ondergaan, de vernedering en de pijn van de opsluiting, na die *andere plek*.

'Cilka,' zegt Gita, 'ik weet niet hoe je het hebt volgehouden. Na alles wat we al hadden doorstaan.'

Cilka laat de tranen vrijelijk over haar wangen stromen. Ze praat hier nooit met anderen over. Niemand in haar omgeving, behalve Aleksandr, weet dat ze in Auschwitz heeft gezeten, behalve haar enige Joodse buurman, die als klein jongetje tijdens de Shoah ondergedoken heeft gezeten. En maar heel weinig mensen weten dat ze in Siberië is geweest. Ze heeft haar best gedaan om het verleden achter zich te laten, een nieuw leven te creëren.

'Ik weet dat de mensen die na ons in Birkenau kwamen, niet begrepen hoe het was om er zo lang te zijn.' Gita laat Cilka's hand niet los. 'Je was zestien en je was alles kwijtgeraakt.'

'We werden enkel voor onmogelijke keuzes gesteld,' zegt Cilka.

De zon schijnt door het raam naar binnen. Het verleden is gehuld in een getemperd grijs licht – kil, en nooit zo ver weg als ze zouden willen. De beelden en de geuren liggen vlak onder de oppervlakte van hun huid. Elk moment van verlies.

Ze keren hun gezicht echter naar het zonlicht toe dat naar binnen stroomt.

Gita vertelt verder over Lale, over hun zakelijke avonturen en over de Australische Gold Coast, waar ze hun vakanties vieren. Ze neemt hapjes van haar taart, haar ogen sluitend van genot, zoals Aleksandr nog steeds doet wanneer hij rookt of eet. En Cilka doet mee, ze vertelt over het heden, over het leven.

Ze heffen hun koffiekoppen en brengen een toost uit: '*L'Chaim*.'

NASCHRIFT VAN HEATHER MORRIS

'Heb ik je over Cilka verteld?'

'Nee, Lale. Wie was Cilka?'

'Ze was de moedigste persoon die ik ooit heb gekend. Niet het moedigste meisje; de moedigste persoon.'

'En?'

'Ze heeft mijn leven gered. Ze was beeldschoon, een klein opdondertje, en ze heeft mijn leven gered.'

Een kort gesprek, een paar woorden die ik op een dag te horen kreeg toen ik met Lale sprak over de tijd die hij in Auschwitz-Birkenau had doorgebracht als de tatoeëerder van Auschwitz.

Daarna heb ik het nog vele malen met Lale over Cilka gehad. Ik hield zijn hand vast terwijl hij me vertelde hoe ze zijn leven had gered en wat ze deed om in de positie te verkeren dat ze zijn leven kón redden. Hij raakte erg van slag door de herinneringen, en ik was geschokt. Dit was een meisje van zestien. Zestien nog maar. Ik raakte gefascineerd door Cilka, kon nauwelijks bevatten dat iemand van haar leeftijd de kracht bezat om te overleven zoals zij dat had gedaan. En waarom moest ze zo streng worden gestraft voor haar keuze om te leven?

Ik luisterde naar Gita die op haar Shoah-opnames over Cilka vertelt (hoewel ze haar naam niet noemt), de rollen die Cilka in het kamp vervulde, waaronder die in blok 25, en dat ze vond dat er veel te hard over haar was geoordeeld. 'Ik kende het meisje dat de blok *alteste* was. Ze woont nu in Košice. Iedereen heeft commentaar op haar, maar ze moest doen wat de ss haar opdroeg. Als Mengele tegen haar zei dat iemand naar blok 25 moest, dan nam ze haar mee, weet je? Ze kon zoveel mensen niet aan. Maar wie er niet de hele tijd geweest is, begrijpt het niet. Wie niet alles heeft meegemaakt wat er gebeurde. En dus zeggen ze, die was slecht, die was goed, maar ik heb je verteld – je redt de een, en dat gaat ten koste van de ander. Uit blok 25 kon je niemand redden.' Ze vertelt ook dat ze haar 'erna' in Košice heeft ontmoet, en dat heb ik ook van Lale gehoord.

Ik bestudeerde getuigenissen van andere overlevenden, op zoek naar verwijzingen naar Cilka. Die vond ik. Brachten ze me geruststelling? Nee, dat deden ze niet. Ik trof tegenstrijdige opmerkingen aan: ze deed slechte dingen om te overleven, ze gaf me extra rantsoenen toen ze ontdekte dat ik uit dezelfde plaats kwam als zij, ze schreeuwde tegen de veroordeelde vrouwen; ze stopte me stiekem eten toe toen ik zeker wist dat ik zou sterven van de honger.

Er kwam een beeld tevoorschijn van een heel jonge vrouw die overleefde in een dodenkamp, die toegaf aan de seksuele avances van niet één, maar twee hooggeplaatste ss-officieren. Een verhaal over moed, mededogen, vriendschap; een verhaal, net als dat van Lale, waarin je deed wat je moest doen om te overleven. Alleen was de consequentie voor Cilka dat ze nog tien jaar lang gevangen werd gehouden op de koudste plek op aarde – Goelag Vorkoeta, in Siberië, binnen de poolcirkel.

Na de publicatie van *De tatoeëerder van Auschwitz* werd ik overspoeld door e-mails en berichten uit de hele wereld. In verreweg de meeste daarvan werd de vraag gesteld: 'Wat is er van Cilka geworden?'

Met de steun van mijn redacteurs en uitgevers begon ik het onderzoek dat het verhaal aan het licht zou brengen waardoor deze roman is geïnspireerd.

Ik nam een professionele onderzoeker in Moskou in de arm om meer te weten te komen over het leven in Vorkoeta – de goelag waar Cilka tien jaar heeft doorgebracht.

Ik reisde naar Košice, en op uitnodiging van de eigenaars van het appartement waar Cilka en haar echtgenoot vijftig jaar hebben gewoond, bracht ik tijd door tussen de vier muren die Cilka haar thuis noemde. De eigenaar vertelde me dat ze nog vele maanden nadat ze in het appartement was getrokken, Cilka's aanwezigheid kon voelen.

Ik heb gesproken met haar buren, meneer en mevrouw Samuely, allebei in de negentig. Ze deelden verhalen over de tientallen jaren dat ze naast Cilka en haar echtgenoot hadden gewoond.

Ik ontmoette een andere buurman, die ook Klein heette. Hij vertelde me dat hij en Cilka de enige Joodse mensen in het complex waren. Op belangrijke Joodse feestdagen spraken ze zachtjes met elkaar. Ze deelden de hoop dat ze op een dag Israël zouden bezoeken. Het is er voor geen van beiden van gekomen, vertelde hij.

Op de plaatselijke begraafplaats bezocht ik de graven van Cilka en haar echtgenoot. Bij wijze van eerbetoon legde ik er bloemen neer en stak een kaars aan.

Met vertalers en een van mijn uitgevers bezocht ik Sabinov, een uur rijden ten noorden van Košice, waar we de geboortecertificaten van Cilka en haar zussen konden inzien (zie de aanvullende informatie hieronder voor details).

We zagen de trouwvergunning van haar ouders en ontdekten hoe haar grootouders heetten.

In Bardejov, waar Cilka en haar familie hebben gewoond en waarvandaan ze op transport zijn gezet, lazen we rapporten van de school die Cilka en haar zussen bezochten. Ze hadden allemaal uitstekende cijfers voor gedrag en goede manieren. Cilka blonk zowel uit in wiskunde als in sport.

Ik dwaalde door de straten van de oude stad. Stond voor het huis waar Cilka ooit heeft gewoond, liet mijn hand over de overblijfselen van de stadsmuur glijden, die de inwoners honderden jaren lang heeft beschermd tegen invasies van vijanden, maar die Cilka niet konden beschermen tegen de oproep om zich over te leveren aan de nazi's. Zo'n prachtige plek, zo'n vredige plek ook – in 2019.

Ik voel me getroost door de wetenschap dat Cilka bijna vijf decennia lang heeft doorgebracht met de man van wie ze hield, en dat ze, volgens haar vrienden en buren, een fijn leven heeft gehad. Mevrouw Samuely vertelde me dat Cilka vaak met de vriendinnen uit hun kringetje sprak over haar liefde voor haar man. De andere vrouwen, die minder gepassioneerde gevoelens voor hun echtgenoten koesterden, plaagden haar dan.

Toen ik schreef over de verkrachting, ja, er is geen ander woord voor, in Auschwitz-Birkenau, kon ik maar heel weinig informatie terugvinden in de gefilmde getuigenissen. Wat ik wel aantrof, waren artikelen die recenter zijn geschreven door *vrouwelijke* verslaggevers die met overlevenden over dit onderwerp spraken. Zij schreven over de diepe schaamte waarmee deze vrouwen tientallen jaren hadden geleefd, zonder ooit over het misbruik te spreken, zonder dat iemand hun ooit had gevraagd: 'Ben je seksueel misbruikt door de nazi's?' Wij zijn degenen die ons moeten schamen, niet zij. Zij hebben de waarheid, de realiteit van datgene wat hun is overkomen, diep vanbinnen begraven en er decennialang mee moeten leven.

Daar moet een eind aan komen. Het is tijd dat deze misdaden van verkrachting en seksueel misbruik worden erkend en benoemd. Misdaden die vaak zijn ontkend, omdat ze geen deel uitmaakten van het 'officiële nazibeleid'. Ik heb zelfs een specifieke verwijzing naar Schwarzhuber gevonden als een 'zelfgenoegzame viezerik' (van een vrouwelijke arts die gevangenzat in het kamp), en in een andere getuigenis las ik: 'Het gerucht ging dat zij [Cilka] hem [ss Unterscharführer Taube] ontving.' Hoewel miljoenen Joodse mannen, vrouwen en kinderen zijn gestorven, zijn er ook velen die het hebben overleefd en die de last van hun leed met zich meedroegen, te beschaamd om erover te praten met hun families, hun partners. Wie ontkent dat het is gebeurd, steekt zijn kop in het zand. Verkrachting wordt al sinds mensenheugenis ingezet als wapen bij oorlog en onderdrukking. Waarom zouden de nazi's, een van de meest kwaadaardige regimes die de wereld ooit heeft gekend, zich niet van deze specifieke vorm van wreedheid hebben bediend?

Het stemt me dankbaar dat ik Lale Sokolov drie jaar lang in mijn leven heb mogen hebben en zijn verhaal uit zijn eigen mond heb mogen horen. Die luxe had ik met Cilka niet. Vastberaden om haar verhaal te vertellen, om haar te eren, heb ik een manier gevonden om de feiten en de verslaglegging van haar verblijf in zowel Auschwitz-Birkenau als Goelag Vorkoeta te verweven met de getuigenissen van anderen, in het bijzonder vrouwen.

Om de fictieve en feitelijke elementen die benodigd zijn voor het schrijven van een roman met elkaar te verbinden, heb ik personages gecreëerd op basis van mijn onderzoek naar het dagelijkse leven in deze kampen. Het is een mengeling geworden van personages die zijn geïnspireerd op mensen die echt hebben bestaan, personages die meer dan één individu vertegenwoordigen, en personages die volledig verzonnen zijn. In de delen over Auschwitz-Birkenau komen meer personages voor die werkelijk hebben bestaan, omdat Lale me over deze mensen heeft verteld.

De geschiedenis geeft haar geheimen nooit zomaar prijs. Vijftien jaar lang heb ik ontdekkingen gedaan over de verbazingwekkende levens van gewone mensen onder de meest onvoorstelbare omstandigheden. Het is een reis die me van de buitenwijken van Melbourne, Australië, naar de straten van Israël heeft gebracht. Van kleine dorpjes in de heuvels van Slowakije naar de spoorweg bij Auschwitz-Birkenau en de gebouwen daarachter. Ik heb mensen gesproken die deze vreselijke periode hebben meegemaakt. Ik heb hun familie en hun vrienden gesproken. Ik heb uitgebreide documentatie van Yad Vashem en de Shoah Foundation doorgenomen, en handgeschreven documenten uit gemeentelijke archieven die teruggaan tot de negentiende eeuw. Uit al die informatie komt een beeld tevoorschijn, maar soms is dat beeld niet helder, en vaak komen de details niet met elkaar overeen. De uitdaging van het werken met de geschiedenis is dat je de kern van de waarheid moet zien te vinden, en de geest van de mensen die destijds leefden.

Enkele dagen voordat *Cilka's keuze* naar de drukker zou gaan, kwamen er nieuwe feiten over haar ouders aan het licht. Deze feiten stonden los van haar tijd in de kampen, maar wierpen wel een nieuw licht op deze opmerkelijke vrouw en haar achtergrond. Daardoor besefte ik dat het verhaal van *Cilka's keuze* nog lang niet volledig is verteld, zelfs niet in het boek dat je nu in handen hebt.

Verhalen zoals dat van Cilka verdienen het om verteld te worden, en ik voel me vereerd dat ik dat mag doen. Cilka was maar een meisje, dat uitgroeide tot een vrouw die de moedigste persoon was die Lale Sokolov ooit had gekend.

AANVULLENDE INFORMATIE

Cecilia 'Cilka' Klein is op 17 maart 1926 geboren in Sabinov, in Oost-Slowakije. Haar moeder was Fany Kleinova, meisjesnaam Blechova, en haar vader Miklaus Klein (geboren op 13 januari 1895). Cilka was de jongste van de drie dochters van Miklaus. Olga werd op 28 december 1921 geboren als dochter van Miklaus Klein en Cecilia Blechova. Klaarblijkelijk is Cecilia Blechova (geboren op 19 september 1897) op 26 maart 1922 gestorven, en is Miklaus daarna op 1 november 1923 getrouwd met Cecilia's zus, Fany Blechova (geboren op 10 mei 1903). Miklaus en Fany kregen twee dochters, Magdalena, 'Magda', geboren op 23 augustus 1924, en Cecilia, 'Cilka'. Daarnaast zal Fany Olga als haar eigen dochter hebben grootgebracht. Cilka is vernoemd naar haar tante, en Olga was zowel haar en Magda's nichtje als hun halfzus. In het boek heb ik Cilka's zussen samengevoegd tot één personage, Magda.

Op het geboortecertificaat van alle drie de meisjes staat Miklaus vermeld als 'niet-staatsburger', waarmee bedoeld wordt dat hij Hongaars was. Tsjecho-Slowakije werd aan het eind van de Eerste Wereldoorlog in het leven geroepen, toen het Oostenrijks-Hongaarse Rijk ophield te bestaan, en Oost-Slowakije lag langs de grens van deze nieuwe natie en Hongarije. Miklaus Klein was geboren in de Noord-Hongaarse plaats Szikszó, honderdzestig kilometer ten zuiden van Sabinov. Gedurende zijn leven is Miklaus nooit beschouwd als een Tsjechische staatsburger.

Ergens voor 1931 is de familie naar Bardejov verhuisd, waar alle drie de meisjes de plaatselijke school bezochten. Het is bekend dat het gezin aan de Klastorskastraat en de Halusovastraat heeft gewoond. Op de geboortecertificaten en de schoolrapporten van zijn dochters lopen de beroepen van Miklaus flink uiteen – hij is achtereenvolgens vertegenwoordiger, handelaar, werknemer in een industrieel bedrijf, en, als laatste, chauffeur. Het lijkt erop dat hij in Bardejov voor ene meneer Rozner werkte, mogelijk als zijn chauffeur.

Toen de Tweede Wereldoorlog uitbrak, annexeerde Duitsland wat nu de Tsjechische Republiek is. Hongarije koos de kant van de Duitsers, en het huidige Slowakije capituleerde. Hoewel de mensen zichzelf rond die tijd nog steeds officieel als Tsjechen beschouwden, was het land in tweeën gedeeld en viel ook een gebied in het zuidoostelijke deel onder Hongaars bestuur. Dit betekende dat het lot van de Joodse inwoners van Tsjecho-Slowakije varieerde, afhankelijk van het deel van het land waar ze woonden. De Joodse Hongaren werden in 1944 naar de kampen gestuurd.

In getuigenissen verwijzen overlevenden uit dit gebied vaak naar zichzelf als Slowaaks, en dus heb ik in het verhaal zowel Tsjecho-Slowakije als Slowakije gebruikt, afhankelijk van de officiële of persoonlijke context. Op vergelijkbare wijze noemen mensen uit de Tsjechische regio zichzelf vaak Tsjechisch. En Slowaaks en Tsjechisch waren, en zijn, twee verschillende (zij het sterk gelijkende) talen. Het zijn allebei West-Slavische talen en ze zijn allebei nauw verwant aan het Pools. Toen ik Cilka's woonplaats Bardejov bezocht, ontdekte ik dat ze ook Russisch moet hebben verstaan, doordat ze in aanraking kwam met het Roetheense dialect.

In 1942 begonnen de nazi's de Joden in de regio Slowakije op te pakken. Alle Joodse mensen in Bardejov kregen het bevel om naar Poprad te gaan, waar ze op transport werden gezet naar Auschwitz. Miklaus en de drie meisjes kwamen op 23 april 1942 aan in Auschwitz, waar Cilka het gevangenennummer 5907 kreeg. Er is geen documentatie waaruit blijkt dat Fany Kleinova op transport is gezet naar Auschwitz, maar zowel Lale Sokolov als andere getuigen hebben verklaard dat Cilka erbij was toen haar moeder in Birkenau in de dodenwagen werd geladen. Naar alle waarschijnlijkheid heeft het hele gezin Bardejov op dezelfde dag verlaten en in Poprad gewacht tot ze op transport werden gesteld. Cilka's beroep op het moment van haar aankomst in Auschwitz staat gedocumenteerd als 'kleermaakster', en haar oudere zussen zijn 'huisvrouwen'. In de roman heb ik me voorgesteld dat de dochters eerder vertrokken dan hun ouders, iets wat vaak gebeurde wanneer Joodse gezinnen het bevel kregen om gezonde jonge mensen (ouder dan zestien) als arbeidskracht aan de Duitsers te leveren.

Van het hele gezin, behalve Cilka en haar moeder, staat in het Yad Vashem-archief vermeld dat ze tijdens de Shoah zijn vermoord. We weten niet wanneer Miklaus, Fany, Magda en Olga zijn vermoord, maar we weten wel dat alleen Cilka Auschwitz heeft overleefd. (Ik heb een document gezien waarin staat dat ook Cilka in Auschwitz is vermoord, maar hetzelfde geldt voor Lale Sokolov, en we weten dat zij beiden het kamp hebben overleefd en terug zijn gekeerd naar Tsjecho-Slowakije.)

Aan het eind van de oorlog hebben de Russen Auschwitz-Birkenau bevrijd, en het schijnt dat Cilka daarna naar de Montelupich-gevangenis in Kraków is gebracht, mogelijk via een NKVD-zuiverings-/ondervragingspost (dit is versimpeld weergegeven in de roman). Ze werd veroordeeld wegens collaboratie, naar mijn beste weten vanwege haar rol in blok 25, en ervan beschuldigd dat ze 'het bed had gedeeld met de vijand'. Zo heeft Lale Sokolov het althans begrepen.

Vanaf de gevangenis heeft ze de lange, zware reis afgelegd naar Vorkoeta, binnen de poolcirkel. Bepaalde aspecten van haar verblijf daar heb ik ontleend aan verslagen: haar baan in het ziekenhuis; het feit dat een vrouwelijke arts haar onder haar hoede nam; haar werk op de ambulance. Alexei Koechtikov en zijn vrouw zijn losjes gebaseerd op echte mensen. Koechtikov was de directeur van beide gevangenenkampen in Vorkoeta, Vorkutlag en Rechlag, en tijdens zijn dienstverband daar gaf hij opdracht tot het bouwen van een kinderziekenhuis (uiteraard gebouwd door gevangenen).

Ik denk dat Cilka na haar vrijlating naar de Pankrácgevangenis of de Ruzyňegevangenis is gestuurd, allebei gelegen in Praag, en dat ze daarna is teruggekeerd naar Tsjecho-Slowakije. In 1959 is op haar geboortecertificaat vermeld dat ze Tsjechisch staatsburger was geworden. Cilka was weer thuis, en ze kon beginnen aan een leven met de man van wie ze hield, de man die ze in de goelag had ontmoet. Aleksandr is een volledig fictief personage. De naam van de man die Cilka in Vorkoeta heeft ontmoet en met wie ze vervolgens is getrouwd, heb ik weggelaten uit het boek, om de privacy van zijn nazaten te beschermen. Cilka en haar man vestigden zich in Košice, waar Cilka tot haar dood op 24 juli 2004 is blijven wonen. Ze hebben nooit kinderen gekregen, maar alle vrienden en kennissen die ik heb ontmoet, spraken over hun grote liefde voor elkaar.

Heather Morris, oktober 2019

NAWOORD DOOR OWEN MATTHEWS

Vorkoeta – De witte hel

Het laatste wat Cilka waarschijnlijk bij het verlaten van Auschwitz-Bir-kenau heeft gezien, waren de smeedijzeren letters boven het hek: '*Arbeit macht frei*' – werk brengt vrijheid. Het eerste wat ze zal hebben gezien toen ze aankwam in het Russische goelagkamp bij Vorkoeta, was op-nieuw een bord met een motto: 'Werken in de USSR is een zaak van eer en glorie.' Een ander bord verklaarde: 'Met ijzeren vuist zullen we de mensheid naar het geluk leiden.' Een voorkeur voor sadistische ironie was slechts een van de vele trekjes die nazi-Duitsland en Stalins USSR deelden.

Hitlers concentratiekampen en de Russische goelags dienden hetzelf-de doel – de maatschappij te zuiveren van haar vijanden, en voor hun dood zoveel mogelijk arbeid uit hen te persen. De enige echte verschillen waren de schaal – Stalins goelagsysteem was veel groter dan alles wat Hitler ooit heeft bedacht – en de efficiëntie. Stalin deelde Hitlers neiging tot massaal uitroeien en veroordeelde hele etnische groepen, zoals de Tsjetsjenen, de Krimtartaren en Wolga-Duitsers, tot massale deportatie, dodenmarsen en dwangarbeid. Maar terwijl de Duitsers het gifgas Zy-klon-B gebruikten, gaf Stalin er de voorkeur aan om de kou, de honger en de zware arbeid hun dodelijke werk te laten doen.

Tussen 1929 en Stalins dood in 1953 kwamen er volgens de nauwkeurige documentatie van de Sovjetstaat meer dan achttien miljoen mensen in het goelagsysteem terecht. Moderne wetenschappers schatten dat zo'n zes mil-joen hiervan in de gevangenis of kort na hun vrijlating zijn gestorven. Net als Hitlers concentratiekampen herbergden Stalins goelags zowel politieke gevangenen als gewone criminelen – plus mensen die waren veroordeeld omdat ze afkomstig waren uit politiek onbetrouwbare landen, zoals Polen, Joden en Oekraïners, of uit de verkeerde klasse, of het nu rijke boeren betrof of prerevolutionaire aristocraten. Aan het eind van de Tweede Wereldoorlog groeide de bevolking van de goelags substantieel door de toevoer van Duitse oorlogsmisdadigers en gewone Duitse oorlogsgevangenen, naast honderdduizenden Sovjetsoldaten die overgave boven de dood hadden verkozen en van wie daarom werd aangenomen dat ze hadden samengewerkt met de vijand. Gedurende Cilka's verblijf in Vorkoeta bevonden zich onder haar medegevangenen de commandant van het Duitse concentratiekamp Sachsenhausen, Anton Kaindl; beroemde Jiddische, Franse en Estse schrijvers; Russische kunstwetenschappers en schilders; Letse en Poolse katholieke priesters; Oost-Duitse liberaal-democraten en zelfs een Britse soldaat die bij het Britse Vrijkorps van de Waffen-ss had gevochten.

Naast de intellectuelen en de oorlogsmisdadigers was er een hele populatie van moordenaars, verkrachters en zelfs veroordeelde kannibalen.

Schrijver en Nobelprijswinnaar Aleksandr Solzjenitsyn, het beroemdste slachtoffer en de meest toegewijde kroniekschrijver van de goelags, beschreef Stalins systeem van dwangarbeidkampen als *De Goelag Archipel*. Het woord is toepasselijk, want de kampen lagen als een keten van onderling verbonden eilanden verspreid door de elf tijdzones van de Sovjet-Unie. Er waren goelags in de grootste Russische steden, waar soms Duitse oorlogsgevangenen verbleven die als slaven werden gebruikt, en andere waar ingenieurs en wetenschappers gedwongen in technisch geavanceerde gevangenislaboratoria werkten. De meeste goelags lagen echter in de meest afgelegen hoeken van het Siberische noorden en het verre oosten – in feite waren hele stukken van de ussr gekoloniseerd door staatsgevangenen die tientallen gloednieuwe steden, wegen, spoorwegen, dammen en fabrieken bouwden waar voorheen slechts kale woestenij was.

Vorkoeta was zo'n kolonie, zowel in de zin van een strafnederzetting als een piepklein eiland van leven in een onverbiddelijk, onverkend gebied. Aan het eind van de jaren twintig ontdekten Russische geologen enorme koolvoorraden in de bevroren wildernis van de taiga's, een gebied waar het zo koud was dat er geen bomen konden groeien, waar de Petsjorarivier uitmondde in de Noordelijke IJszee. De regio lag zo'n negentienhonderd kilometer (twaalfhonderd mijl) ten noorden van Moskou en honderdzestig kilometer (negenennegentig mijl) boven de poolcirkel. De Russische geheime politie was er als de kippen bij om een vooraanstaande Russische geoloog te arresteren, Nikolai Tichonovitsj, en hem opdracht te geven om een expeditie te organiseren en de eerste mijn in het gebied aan te leggen. In de vroege zomer van 1931 vertrok een team van drieëntwintig mannen per boot vanaf Ojetsjta in noordwaartse richting. Gevangenen-geologen gingen voorop, gewone gevangenen hanteerden de roeispanen, en een kleine delegatie van de geheime politie had de leiding. De groep roeide en marcheerde door de moerassen, die waren vergeven van de insecten die de toendra in de zomermaanden bevolken, en bouwde een geïmproviseerd kamp. 'De moed zonk ons in de schoenen bij de aanblik van het woeste, kale landschap,' herinnerde een van de gevangenen-specialisten zich, een geograaf genaamd Koelevski. 'De absurd grote, zwarte, eenzame uitkijktoren, de twee armzalige hutten, de taiga en de modder.' De zwaar op de proef gestelde groep wist de eerste winter op de een of andere manier te overleven, met temperaturen die vaak daalden tot veertig graden onder nul, en een zon die vier maanden lang niet boven de horizon uit kwam. In de lente van 1932 groeven ze de eerste mijn in Vorkoeta, met als enige hulpmiddelen pikhouwelen, spades en houten karren.

Stalins Zuiveringen – de massale arrestatie van verdachte partijleden en politiek onbetrouwbare rijke boeren – begonnen in 1934 en leverden de enorme hoeveelheid slavenarbeid die nodig was om van deze verlaten plek een groot industrieel centrum te maken. Tegen 1938 werd de nieuwe nederzetting bewoond door vijftienduizend gevangenen en was er 188.206 ton steenkool geproduceerd. Vorkoeta was het hoofdkwartier geworden van Vorkutlag, een wijdverspreid netwerk van 132 afzonderlijke werkkampen dat meer dan negentigduizend vierkante kilometer besloeg – een gebied dat groter is dan Ierland. In 1946, toen Cilka arriveerde, woonden er bijna drieënzestigduizend gevangenen in Vorkutlag en stond het bekend als een van de grootste en zwaarste kampen in het hele goelagsysteem. Naar schatting zijn er tussen 1931 en 1957 twee miljoen gevangenen in de kampen van Vorkoeta terechtgekomen – van wie er naar schatting tweehonderdduizend zijn gestorven aan ziekte, zware lichamelijke arbeid en ondervoeding in de barre weersomstandigheden van het poolgebied.

Tegen de jaren veertig was Vorkoeta via een door de gevangenen gebouwde spoorweg met de rest van Rusland verbonden; zelfs vandaag de dag loopt er nog geen weg naar Vorkoeta. Er was een gloednieuwe stad gebouwd op de onstabiele permafrost, de diepgelegen aarde die nooit ontdooit, zelfs niet midden in de zomer. De stad was in het trotse bezit van een geologisch instituut en een universiteit, theaters, zwembaden en crèches. De bewakers en bestuurders leefden in relatieve luxe. 'Het leven was er beter dan op andere plekken in de Sovjet-Unie,' herinnert Andrei Tsjeboerkin zich, een voorman uit de nabijgelegen goelag Norilsk, waar nikkel werd ontgonnen. 'Alle opzichters hadden een vrouwelijke gevangene als dienstmeisje. En je kreeg er geweldig te eten. Er waren allerlei soorten vis. Je kon het zelf vangen in de meren. Er waren bijna geen rantsoenkaarten, zoals in de rest van de Unie. Er was vlees. Boter. Als je champagne wilde, dan moest je er een krab bij nemen, daar waren er zoveel van. Kaviaar… Hele vaten van dat spul hadden ze staan.'

Voor de gevangenen waren de leefomstandigheden echter schrikbarend slecht. De meesten woonden in krakkemikkige houten barakken met ongepleisterde muren. De kieren waren volgestopt met modder. Het meubilair bestond uit rijen van primitieve stapelbedden, een paar eenvoudige tafels en banken en één kachel van metaalblik. Er is een foto van een vrouwenhut in omloop waarop je eenpersoonsbedden ziet, en borduurwerkjes aan de wanden, zoals in dit verhaal. Op foto's van Vorkoeta die in de winter van 1945 zijn genomen, zijn de barakken haast onzichtbaar – de sterk hellende daken reikten bijna tot aan de grond, zodat de sneeuw die zich eromheen verzamelde, ze zou isoleren tegen de bittere kou.

Vrijwel alle overlevenden spreken over de 'gruwelijke stank' die in de barakken hing. Maar weinig goelags boden de mogelijkheid om te wassen, en dus hingen er smerige, beschimmelde kleren te drogen over de randen van de stapelbedden, op de tafels en op ieder ander beschikbaar oppervlak. 's Nachts gebruikten de gevangenen een *parasja* – een gemeenschappelijke emmer – in plaats van een toilet. Eén gevangene schreef dat de parasja 's ochtends altijd zo vol zat dat hij 'onmogelijk te dragen was, en dat hij dus over de gladde vloer moest worden gesleept. De inhoud klotste altijd over de rand.' Door de stank was het 'bijna onmogelijk om adem te halen'.

In het midden van de meeste van de meer dan honderd kampen van Vorkutlag lag een groot open paradeterrein waar de gevangenen zich twee keer per dag opstelden om geteld te worden. Vlakbij lag een eetzaal, waar gevangenen dagelijks een soep kregen van 'verrotte kool en aardappels, soms met stukken varkensvet, en soms met haringkoppen' of 'vis- of dierenlongen en een paar aardappels'. Het terrein van de gevangenen was doorgaans afgezet met dubbele rollen prikkeldraad, bewaakt door Duitse herdershonden en omringd door wachttorens. Achter het hek stonden de barakken van de bewakers en de huizen van de kampleiding.

Wie waren de bewakers van deze helse wereld? 'Waar kwam deze wolventroep onder ons eigen volk vandaan?' vroeg Aleksandr Solzjenitsyn zich af. 'Stamt die werkelijk uit onze eigen wortels? Ons eigen bloed?' Sommige bewakers in de goelag waren zelf voormalige gevangenen. Nog veel meer veroordeelden deden dienst als *druzhinniki* – de vertrouwelingen die extra voedsel kregen om de orde in het kamp te bewaren en mogelijke onruststokers te rapporteren. De meeste bewakers waren echte professionele leden van de geheime politie die zich vrijwillig voor dit werk hadden aangemeld. De mannen die dienden bij de Russische geheime politie konden, in de beroemde woorden van stichter Feliks Dzerzjinksi, 'heiligen of schurken' zijn. Het is duidelijk dat de dienst een onevenredig aantal sadisten en psychopaten aantrok, zoals blijkt uit de memoires van kampofficier Ivan Tsjistjakov, die zijn dronken ondergeschikten als een 'stelletje ongeregeld' omschreef. De goelag noemde hij een 'bloederig gekkenhuis' en hij droomde er vaak van om de 'ongeletterdheid' en de 'wandaden' van zijn medeofficieren aan de kaak te stellen. Het meest huiveringwekkende psychologische inzicht dat het dagboek van Tsjistjakov biedt, is misschien wel het portret van een humane man die zich aanpast aan een inhumaan systeem. 'Ik begin dat merkteken op mijn gezicht te krijgen, het stempel van stupiditeit en bekrompenheid, een soort debiele uitdrukking,' schreef hij. 'Mijn hart is leeg, het verontrust me hevig.' Het dagboek is ook een kroniek van de wezenlijke zelfzucht van het menselijke lijden: Tsjistjakov beklaagt zich vaak over zijn eigen omstandigheden, maar zelden over die van de gevangenen, die hij omschreef als lui en oneerlijk. 'Vandaag... moest ik een vrouw gevangenzetten, er is onduidelijkheid over een ontsnapping, een conflict met een bendeleider, een messengevecht,' schreef Tsjistjakov. 'Laat ze allemaal naar de pomp lopen!' Maar zij, niet hij, waren degenen die werden uitgehongerd en zich dood werkten.

'Om kwaad te doen, moet een mens om te beginnen geloven dat datgene wat hij doet, goed is,' schreef Solzjenitsyn. 'Of anders dat het een weloverwogen handeling is die strookt met de natuurwetten.'

Tsjistjakov biedt geen rechtvaardiging voor het slavenarbeidsysteem dat hij in stand hielp te houden – alleen inzicht in de banaliteit van het kwaad. Hij en honderdduizenden andere officieren volgden slechts bevelen op, en het inhumane systeem waarvan hij deel uitmaakte, kwam hem net zo onverbiddelijk en onwankelbaar voor als de meedogenloze vrieskou en de gonzende zomervliegen.

In de bevroren hel van Vorkoeta moesten mannelijke gevangenen tien uur per dag werken – tot maart 1944 was dit nog twaalf uur, maar dat werd teruggebracht omdat het grote aantal ongelukken op het werk de productiviteit hinderde – in onzorgvuldig aangelegde en zeer onveilige steenkoolmijnen. Voor het jaar 1945 staan er in de mijnen van Vorkoeta alleen al 7124 ernstige ongelukken gedocumenteerd. Inspecteurs weten dit aan het tekort aan mijnlampen, aan elektrische storingen en aan de onervarenheid van de arbeiders.

Het kampleven was niet minder hard voor de tienduizenden vrouwen die in Vorkoeta gevangenzaten. Hoewel het werk in de mijnen hun werd bespaard, werd van vrouwelijke gevangenen evenzogoed verwacht dat ze zware lichamelijke arbeid verrichtten. Ze moesten kolen en water sjouwen, greppels graven, in steengroeves werken en barakken bouwen. De vrouwenverblijven werden door prikkeldraad van de mannenverblijven gescheiden, maar gedurende de dag liepen de gevangenen gewoon door elkaar. Veel kampbewakers, en ook de machtige vertrouwelingen, hadden vrouwelijke gevangenen als dienstmeisjes en minnaressen. Er werd vaak naar hen verwezen als 'kampechtgenoten' en 'kampvrouwen'. Verkrachting door medegevangenen en bewakers kwam veelvuldig voor. In een verslag uit 1955 wordt opgemerkt dat 'geslachtsziekten, abortussen en zwangerschappen aan de orde van de dag waren… Zwangere vrouwen werden naar een speciaal kamp gestuurd waar het werk lichter was. Een moeder mocht twee jaar bij haar kind blijven, waarna het naar een speciale opvang werd gebracht en de moeder terugkeerde naar haar oorspronkelijke kamp. Ze kreeg foto's en verslagen over de ontwikkeling van het kind en mocht het zo nu en dan zien.' In hetzelfde document staat dat tweehonderd van de duizend vrouwelijke gevangenen die in Steengroeve Nr. 2 van Vorkoeta werkten, aan tuberculose leden.

In de barre omstandigheden van de kampen groepeerden de gevangenen zich om te overleven. Polen, Balten, Oekraïners, Georgiërs, Armeniërs en Tsjetsjenen vormden allemaal hun eigen nationale brigades, sliepen gescheiden in nationale barakken en organiseerden vieringen van nationale feestdagen. Adam Galinski, een Pool die bij het anti-Russische Poolse Binnenlandse Leger had gevochten, schreef: 'We besteedden extra aandacht aan de jeugd… probeerden de moraal hoog te houden in de mensonterende sfeer van morele aftakeling die heerste onder de verschillende nationale groepen die in Vorkoeta gevangenzaten.' Joden vormden echter een bijzonder geval – hun ontbrak het aan de gemeenschappelijke taal en gedeelde nationale identiteit die nodig is om een samenhangende groep te vormen. Veel Joden – zoals de invloedrijke Jiddische schrijver Der Nister, die in 1950 in Vorkoeta overleed – waren gevangengezet omdat ze openlijk uiting gaven aan hun Joodse identiteit. Toch werden ze beschimpt en belaagd vanwege hun etnische verbintenis met de Joodse bolsjewieken, zoals Genrich Jagoda, die het goelagsysteem had ontworpen.

Tien maanden per jaar vormde de intense kou een constante, dodelijke metgezel van het leven in Vorkoeta. 'Je huid kon worden afgescheurd als je een metalen stuk gereedschap met je blote hand aanraakte,' herinnert een gevangene zich. 'Het was levensgevaarlijk om naar de wc te gaan. Een aanval van diarree kon je voor eeuwig in de sneeuw doen belanden.'

De gevangenen waren bedroevend slecht toegerust om het meedogenloze klimaat te weerstaan. Volgens de kampverslagen had in Vorkoeta slechts 25 tot 30 procent van de gevangenen onderkleding, en slechts 48 procent warme laarzen. De rest moest het doen met geïmproviseerd schoeisel, vervaardigd uit rubberbanden en lompen.

De poolzomer van Vorkoeta, waarin het scharlaken wilgenroosje bloeide en het laaggelegen landschap in een enorm moeras veranderde, was nauwelijks draaglijker. Muggen en muskieten verschenen in grote grijze wolken en maakten zoveel herrie dat het onmogelijk was om nog iets anders te horen. 'De muggen kropen in onze mouwen, in onze broekspijpen. Je gezicht zwol helemaal op van de steken,' herinnert een gevangene van Vorkoeta zich. 'Onze lunch werd naar de werkplek gebracht, en terwijl je je soep aan het eten was, kwamen er soms zoveel muggen in de kom terecht dat het wel leek alsof je boekweitsoep aan het eten was. Ze kropen in je ogen, in je neus en in je keel, en ze smaakten zoet, als bloed.'

Ontsnapping was ondenkbaar. Sommige van de meer afgelegen kampen hadden niet eens een omheining van prikkeldraad, zo onwaarschijnlijk was het dat het gevangenen ooit zou lukken om via de honderden kilometers wildernis de vrijheid te bereiken. Degenen die een poging waagden, deden dat in drietallen. De derde gevangene diende dan als 'koe' – voedsel voor de andere twee, voor het geval ze niets anders te eten konden vinden.

Voormalige gevangenen beschrijven hun tijd in de goelag vaak als een seizoen in een andere wereld, eentje met zijn eigen klimaat, regels, waarden en zelfs zijn eigen taal. Zoals Solzjenitsyn schreef, was de goelag 'een universum' met zijn eigen dialect en codes. Voor de kampleiding waren zwangere vrouwen 'boeken', vrouwen met kinderen waren 'kwitanties', mannen waren 'rekeningen', vrijgelaten gevangenen die in ballingschap bleven, waren 'vuilnis', gevangenen die onder verscherpt toezicht stonden, waren 'enveloppen', een kampafdeling was een 'fabriek'. *Tufta* was de kunst van het doen alsof je werkte, *mastyrka* de kunst van het simuleren. Er was een uitgebreide ondergrondse cultuur van tatoeageontwerpen voor politieke gevangenen, verslaafden, verkrachters, homoseksuelen, moordenaars. Het jargon van de goelag vond al snel zijn weg naar de hoofdcultuur en werd het jargon van de gehele Sovjet-Unie; het uitgebreide vocabulaire van Russische obsceniteiten is grotendeels ontwikkeld in de kampen.

Zo nu en dan kwamen de gekwelde slavenarbeiders van de goelag in opstand tegen hun onderdrukkers. De Vorkoeta-opstand, die plaatsvond in juli en augustus 1953, was een van de moedigste, maar ook een van de meest tragische. Stalin stierf in maart 1953, en zijn hoogste politiechef Lavrenti Beria werd kort daarna na een machtsstrijd in het Politbureau gearresteerd. Op een warme julidag legden de gevangenen van een van de kampen in Vorkoeta het werk neer en eisten dat ze toegang kregen tot een advocaat en de rechtvaardigheid die hun toekwam. Toen gevangenen in nabijgelegen kampen zagen dat de raderen van de mijnen in het rebellenkamp niet meer draaiden, deden zij ook mee aan de staking. Er werden hoge omes uit Moskou op afgestuurd – de hoofdofficier van justitie van de USSR en de commandant van de binnenlandse troepen probeerden de stakers om te praten. Op 26 juli bestormden gevangenen de zwaarbeveiligde strafbarakken en lieten 77 gevangenen vrij die opgesloten zaten in de isoleercellen die in de winter een zekere dood betekenden. Dagen later kwamen de autoriteiten eindelijk in actie en gaven gewapende troepen opdracht om het vuur op de rebellen te openen, waarbij 66 doden en 135 gewonden vielen.

De Vorkoetaopstand veranderde niets – maar in Moskou was het politieke klimaat aan het verschuiven. De winnaar van de strijd om de opvolging van Stalin, Nikita Chroesjtsjov, gaf opdracht tot de vrijlating van honderdduizenden politieke gevangenen. Later zou hij Stalins misdaden hekelen op een geheime bijeenkomst van de communistische partij, en bepalen dat de meeste politieke zaken uit de Grote Zuivering opnieuw onderzocht moesten worden. Tegen het eind van 1956 was aan meer dan zeshonderdduizend slachtoffers van de Zuivering officieel – postuum – gratie verleend.

Vrijgelaten gevangenen kregen een klein geldbedrag mee, en reisdocumenten naar andere delen van de USSR. De overgrote meerderheid bleef *limittsjiki* – het was hun verboden om zich binnen 101 kilometer van een grote stad te vestigen, vooral om te voorkomen dat hun verhalen een negatieve invloed zouden hebben op het vertrouwen in het communisme van stedelijke burgers. De overgebleven buitenlandse gevangenen, voornamelijk Duitse oorlogsgevangenen, mochten eindelijk terugkeren naar huis. Een paar vonden hun weg naar de Verenigde Staten en getuigden voor het Congres over de gruwelen van het goelagsysteem.

Vandaag de dag wonen er nog veertigduizend mensen in Vorkoeta – onder wie veel nazaten van gevangenen of kampbewakers, plus een paar geharde vrouwen van in de negentig die er ooit gevangen zijn gezet en nooit meer zijn vertrokken. In de Sovjetperiode kregen mijnwerkers en inwoners van Vorkoeta een ruime staatssubsidie voor het verdragen van de barre omstandigheden. Die subsidies verdwenen met het eind van het communisme, maar evenzogoed bleef het grootste deel van de bevolking er wonen. Aan het begin van deze eeuw werd er een nieuwe gaspijpleiding aangelegd, die nieuwe welvaart en een nieuwe generatie arbeiders bracht.

Elk jaar op 31 oktober komen de bewoners bijeen bij een monument voor de slachtoffers – een kleine ruimte die is gevuld met een bundel roestig prikkeldraad, op de plek waar onderzoeksgeoloog Georgi Tsjernov zijn tent in 1931 opzette, waarmee hij in wezen de stad stichtte.

Het meest blijvende monument voor de slachtoffers van de goelag zijn echter de gedrukte woorden van de overlevenden – de verhalen over hun levens en hun strijd, niet alleen om te overleven, maar om hun menselijkheid te behouden. Een eenvoudige opsomming van gruwelen verliest al snel zijn zeggingskracht. Zoals Boris Pasternak schreef over de door de mens veroorzaakte honger die aan het begin van de jaren dertig miljoenen slachtoffers maakte in de Oekraïne: 'Er was zoveel onmenselijke, onvoorstelbare ellende, zo'n afgrijselijk onheil, dat het bijna abstract begon te lijken, dat het niet meer binnen de grenzen van het bewustzijn paste.' Lezen over de goelag begint te voelen als het lezen van een verhaal over een andere planeet, die te ver weg staat om er iets van te kunnen begrijpen.

Maar luister naar de manier waarop Varlaam Sjalamov, een schrijver die zeventien jaar in Kolyma in het verre oosten van de Sovjet-Unie heeft weten te overleven, definieerde wat het betekende om je volledig mens te blijven voelen in de goelag. 'Ik geloofde dat een persoon zichzelf als mens kon beschouwen zolang hij een volledige bereidheid voelde om zich van het leven te beroven,' zegt een personage in een van Sjalamovs *Berichten uit Kolyma*. 'Dit bewustzijn gaf mij de wil om te leven. Ik controleerde het regelmatig bij mezelf en voelde dat ik de kracht had om te sterven, en dus bleef ik leven.' Zowel hij als Cilka heeft het overleefd. En dat was een overwinning.

Het laatste woord moet voor Aleksandr Solzjenitsyn zijn. 'Ik draag dit op aan iedereen die het niet heeft kunnen navertellen,' schreef hij in het voorwoord bij zijn klassieke studie *De Goelag Archipel*. 'Ik hoop dat ze me willen vergeven dat ik het niet allemaal heb gezien, dat ik het me niet allemaal herinner en dat ik het niet allemaal heb voorzien.'

DANKWOORD

Lale Sokolov – je gaf me je prachtige verhaal en je deelde met me wat je wist over Cilka Klein. Mijn oprechte dank dat je me hebt geïnspireerd om *Cilka's keuze* te schrijven.

Angela Meyer, tijdens een bezoek aan Lales oude woonplaats Krompachy zat je tot diep in de nacht naast me in een raamkozijn, terwijl we slivovitsj dronken en de wereldproblematiek oplosten. Je moedigde me aan om van Cilka's verhaal mijn volgende project te maken. Je hebt me bij elke stap op deze weg vergezeld als mijn vriendin en mijn redacteur. Je bent eenvoudigweg briljant, grappig, toegewijd aan het goed vertellen van verhalen. Vanuit het diepst van mijn hart – dank je.

Kate Parkin, managing director van Adult Trade Publishing, Bonnier Books UK. Hoeveel auteurs kunnen hun uitgever tot hun vrienden rekenen? Ik kan dat. Jouw begeleiding, wijsheid en steun in het verleden, het heden en de toekomst zijn altijd bij me. Dank je hartelijk.

Margaret Stead (Maverick), medekiwi, medereiziger, publishing director, Zaffre, Bonnier Books UK: *Mauruuru*. Wat een talent, wat een persoon om in mijn team te hebben.

Ruth Logan, rights director, Bonnier Books UK, dank je wel dat je Cilka's verhaal naar alle uithoeken van de wereld hebt laten vliegen, competent bijgestaan door de geweldige Ilaria Tarasconi.

Jennie Rothwell, assistant editor, Zaffre, Bonnier Books UK, jouw haviksoog bij het produceren van de hoogste kwaliteit content maakt mijn schrijfwerk beter dan het zou zijn geweest of zou moeten zijn. Ik sta bij je in het krijt.

Francesca Russel, publicity director bij Zaffre, en Clare Kelly, publicity manager bij Zaffre, bedankt dat jullie me bezighielden en zorgden dat ik de verhalen kon delen die dankzij de inspanningen van het team bij Zaffre gepubliceerd konden worden.

Er zijn nog anderen bij Zaffre die ik wil bedanken voor hun briljante werk in ontwerp, marketing en sales. Nick Stearn, Stephen Dumughn en zijn team, en Nico Poilblanc en zijn team. Allemaal hartelijk dank. Ik trakteer op slivovitsj.

Bij St. Martin's Press in de Verenigde Staten werken een heleboel geweldige mensen die betrokken zijn geweest bij het ontwikkelen en het persklaar maken van het verhaal. Ik wil er hier een paar noemen; een uitgebreid dankwoord aan hen staat in de Amerikaanse editie.

Een vrouw die me in een lift in New York met een brede glimlach en een hartelijke omhelzing welkom heette, de directeur en uitgever van St. Martin's Press, Sally Richardson. Dank je. Dank je. Dit welkom mocht ik ook ontvangen van superuitgeefster Jennifer Enderlin. Opnieuw mijn oprechte dank. De rest van het team, accepteer alsjeblieft mijn dank, jullie namen en functies zullen worden vermeld in de Amerikaanse editie.

Benny Agius (Thelma), general manager, Echo Publishing, je bent een schitterend baken, en je houdt me op veel momenten overeind. Iemand met wie ik kan lachen en mijn zorgen kan delen wanneer mijn leven alle kanten op wordt getrokken. Dank je dat je er bent.

Dakujem (dank je), Lenka Pustay. Je raakte in de ban van het onderzoek naar Cilka. Jouw tijd, je inspanningen en je vastberadenheid om geen steen op de andere te laten in de zoektocht naar deze informatie zijn voor mij een geschenk geweest.

Anna Pustay – dakujem. Jij hebt me de weg gewezen naar Krompachy. Je hebt het verhaal van Lale omarmd en raakte op dezelfde manier betrokken bij het verhaal van Cilka. Je bent een prachtige dame.

De inwoners van Košice die Cilka hebben gekend, die me bij hen thuis uitnodigden en verhalen deelden over Cilka en haar man. Meneer en mevrouw Samuely; Valeria Feketova; Michael Klein – dakujem.

Mijn vrienden in Krompachy aan wie ik zo gehecht ben geraakt, die me op zoveel manieren hebben geholpen met *Cilka's keuze* – burgemeester Iveta Rusinova, Darius Dubinak, Stanislav Barbus en de immer glimlachende chauffeur die me veilig afzette bij zoveel bestemmingen op het platteland, Peter Lacko – dakujem.

Hartelijk dank aan professioneel onderzoeker Svetlana Tsjervonnaja in Moskou, voor haar uitstekende onderzoek naar het leven in de goelags en in Vorkoeta in het bijzonder.

Owen Matthews, hartelijk dank voor je briljante nawoord over het Russische goelagsysteem. Je hebt wetenschappelijk onderzoek weten te comprimeren tot een leesbare, begrijpelijke beschrijving van deze tijd en plek.

Vrienden en familie die me steunden bij het schrijven van *Cilka's keuze* en met wie ik me zeer gelukkig mag prijzen. Ik houd zielsveel van ze. Mijn grote broer John Williamson, die tot mijn verdriet is overleden voor dit boek werd gepubliceerd, maar die ik beschouw als een veel betere schrijver dan ikzelf, en voor wiens steun bij het schrijven ik eeuwig dankbaar zal zijn. Ian Williamson, Peggi Shea, Bruce Williamson, Stewart Williamson, Kathie Fong Yoneda, Pamela Wallace, Denny Yoneda, Gloria Winstone, Ian Winstone.

Dank aan de mensen die het belangrijkst voor me zijn, maar die soms tekortkomen wanneer ik al mijn tijd besteed aan onderzoek, schrijven en reizen – mijn kinderen en kleinkinderen. Ahren en Bronwyn, Jared en Rebecca, Azure-Dea en Evan, en de prachtige kleine mensjes voor wie ik gewoon oma ben – Henry, Nathan, Jack, Rachel en Ashton. Jullie betekenen alles voor me.

Alyth en Alan Townsend, bedankt dat jullie me onderdak boden in de stad van mijn hart, Christchurch, Nieuw-Zeeland, om *Cilka's keuze* te kunnen schrijven. Wij kennen elkaar al lange tijd.

En in het bijzonder de man van mijn leven, met wie ik al zesenveertig jaar samen ben. Steve, volgens mij ben jij er het meest bij ingeschoten tijdens de krankzinnige reis die ik heb ondernomen. Dank je wel voor je liefde, je begrip, je onvoorwaardelijke steun. En ja, ik weet het, je bent mijn grootste fan.

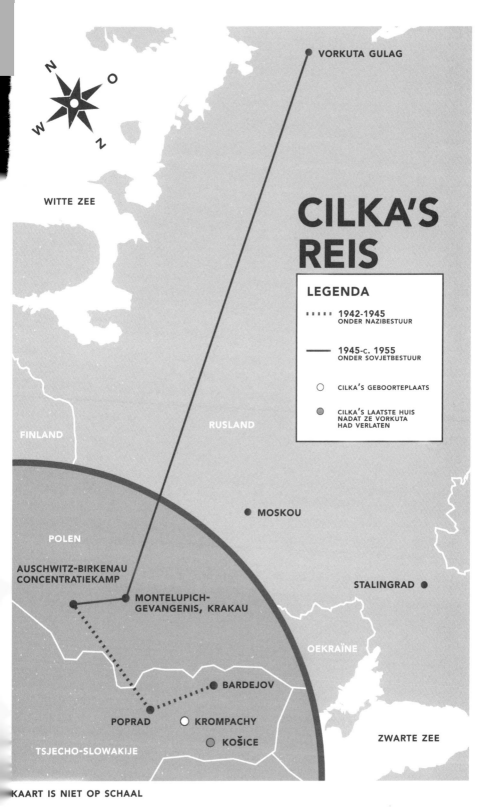